专业实务版

中华人民共和国民法典

含新司法解释及典型案例

中国法治出版社
CHINA LEGAL PUBLISHING HOUSE

编辑说明

2021年1月1日，新中国成立以来的第一部以法典命名、具有里程碑意义的法律——《中华人民共和国民法典》开始施行。为确保正确适用民法典，统一民事法律适用标准，最高人民法院对标民法典立法精神和法律规定，对新中国成立以来现行的591件司法解释及相关规范性文件进行了全面的清理，并修改制定了第一批与民法典配套的司法解释和规范性文件。

清理结果具体包括三种情况：第一种情况是，与民法典规定一致的共364件，未作修改、继续适用；第二种情况是，对标民法典，需要对名称和部分条款进行修改的共111件，经修改颁布后自2021年1月1日施行；第三种情况是，决定废止的司法解释及相关规范性文件共116件，自2021年1月1日失效。后面两种修改制定和废止的情况，以最高人民法院审判委员会审议通过的废止决定和修改决定的形式统一发布，116件决定废止的文件目录也同时公布。

2022—2025年，最高人民法院陆续发布了《关于适用〈中华人民共和国民法典〉总则编若干问题的解释》《关于适用〈中华人民共和国民法典〉合同编通则若干问题的解释》《关于适用〈中华人民共和国民法典〉侵权责任编的解释（一）》《关于适用〈中华人民共和国民法典〉婚姻家庭编的解释（二）》等新司法解释。

为满足社会各界尤其是公检法系统、律师和民法教研人员对民法典及相关司法解释学习、查阅、使用的需要，我们编辑出版了这本《中华人民共和国民法典（专业实务版）：含新司法解释及典型案例》，将相关司法解释对照主体法条进行了细致的编辑加工，突出以下特色：

关联对照——本书将根据司法实践筛选出的相关重要司法解释附到《民法典》主体法条之后，方便读者直接参照阅读。

相关文件——为方便读者查阅，本书附录收录9个民法典配套司法解释、10个民法典具体领域司法解释以及《民事案件案由规定》。

典型案例——收录最高人民法院发布的人民法院贯彻实施民法典典型案例、《关于适用〈中华人民共和国民法典〉合同编通则若干问题的解释》相关典型案例、涉婚姻家庭纠纷典型案例、人民法院涉彩礼纠纷典型案例。

希望这些对法律文件的编纂能够有益于广大专业型的读者学习与使用新法新规，希望这本书能够成为您工作或学习常用的手边书！此外，对于本书的不足之处，还望读者不吝批评指正！

司法解释缩略语对照表

简称	全称
《总则编解释》	《最高人民法院关于适用〈中华人民共和国民法典〉总则编若干问题的解释》（法释〔2022〕6号）
《时间效力规定》	《最高人民法院关于适用〈中华人民共和国民法典〉时间效力的若干规定》（法释〔2020〕15号）
《物权编解释》	《最高人民法院关于适用〈中华人民共和国民法典〉物权编的解释（一）》（法释〔2020〕24号）
《合同编通则解释》	《最高人民法院关于适用〈中华人民共和国民法典〉合同编通则若干问题的解释》（法释〔2023〕13号）
《担保制度解释》	《最高人民法院关于适用〈中华人民共和国民法典〉有关担保制度的解释》（法释〔2020〕28号）
《建筑物区分所有权解释》	《最高人民法院关于审理建筑物区分所有权纠纷案件适用法律若干问题的解释》（法释〔2020〕17号）
《土地承包解释》	《最高人民法院关于审理涉及农村土地承包纠纷案件适用法律问题的解释》（法释〔2020〕17号）
《国有土地使用权解释》	《最高人民法院关于审理涉及国有土地使用权合同纠纷案件适用法律问题的解释》（法释〔2020〕17号）
《买卖合同解释》	《最高人民法院关于审理买卖合同纠纷案件适用法律问题的解释》（法释〔2020〕17号）
《商品房买卖合同解释》	《最高人民法院关于审理商品房买卖合同纠纷案件适用法律若干问题的解释》（法释〔2020〕17号）
《民间借贷规定》	《最高人民法院关于审理民间借贷案件适用法律若干问题的规定》（法释〔2020〕17号）

简称	全称
《房屋租赁合同解释》	《最高人民法院关于审理城镇房屋租赁合同纠纷案件具体应用法律若干问题的解释》（法释〔2020〕17号）
《融资租赁合同解释》	《最高人民法院关于审理融资租赁合同纠纷案件适用法律问题的解释》（法释〔2020〕17号）
《建设工程施工合同解释》	《最高人民法院关于审理建设工程施工合同纠纷案件适用法律问题的解释（一）》（法释〔2020〕25号）
《婚姻家庭编解释（一）》	《最高人民法院关于适用〈中华人民共和国民法典〉婚姻家庭编的解释（一）》（法释〔2020〕22号）
《婚姻家庭编解释（二）》	《最高人民法院关于适用〈中华人民共和国民法典〉婚姻家庭编的解释（二）》（法释〔2025〕1号）
《彩礼纠纷规定》	《最高人民法院关于审理涉彩礼纠纷案件适用法律若干问题的规定》（法释〔2024〕1号）
《继承编解释》	《最高人民法院关于适用〈中华人民共和国民法典〉继承编的解释（一）》（法释〔2020〕23号）
《侵权责任编解释》	《最高人民法院关于适用〈中华人民共和国民法典〉侵权责任编的解释（一）》（法释〔2024〕12号）
《人身安全保护令规定》	《最高人民法院关于办理人身安全保护令案件适用法律若干问题的规定》（法释〔2022〕17号）
《人脸识别规定》	《最高人民法院关于审理使用人脸识别技术处理个人信息相关民事案件适用法律若干问题的规定》（法释〔2021〕15号）
《生态环境侵权责任解释》	《最高人民法院关于审理生态环境侵权责任纠纷案件适用法律若干问题的解释》（法释〔2023〕5号）

目　　录

中华人民共和国民法典 …………………………………………… 1
（2020年5月28日）
第一编　总　　则 ……………………………………………… 1
第一章　基本规定 …………………………………………… 1
第二章　自然人 ……………………………………………… 3
　　第一节　民事权利能力和民事行为能力 ………………… 3
　　第二节　监　　护 ………………………………………… 5
　　第三节　宣告失踪和宣告死亡 …………………………… 11
　　第四节　个体工商户和农村承包经营户 ………………… 14
第三章　法　　人 …………………………………………… 15
　　第一节　一般规定 ………………………………………… 15
　　第二节　营利法人 ………………………………………… 18
　　第三节　非营利法人 ……………………………………… 19
　　第四节　特别法人 ………………………………………… 21
第四章　非法人组织 ………………………………………… 21
第五章　民事权利 …………………………………………… 22
第六章　民事法律行为 ……………………………………… 25
　　第一节　一般规定 ………………………………………… 25
　　第二节　意思表示 ………………………………………… 26
　　第三节　民事法律行为的效力 …………………………… 27
　　第四节　民事法律行为的附条件和附期限 ……………… 35
第七章　代　　理 …………………………………………… 36
　　第一节　一般规定 ………………………………………… 36
　　第二节　委托代理 ………………………………………… 37
　　第三节　代理终止 ………………………………………… 40
第八章　民事责任 …………………………………………… 41
第九章　诉讼时效 …………………………………………… 45
第十章　期间计算 …………………………………………… 49
第二编　物　　权 ……………………………………………… 50
第一分编　通　　则 ………………………………………… 50
第一章　一般规定 …………………………………………… 50
第二章　物权的设立、变更、转让和消灭 ………………… 51
　　第一节　不动产登记 ……………………………………… 51
　　第二节　动产交付 ………………………………………… 54

1

	第三节	其他规定 ……………………………………	55
	第三章	物权的保护 ……………………………………	57
第二分编	所有权	………………………………………………	58
	第四章	一般规定 ……………………………………	58
	第五章	国家所有权和集体所有权、私人所有权 ……	60
	第六章	业主的建筑物区分所有权 ……………………	63
	第七章	相邻关系 ……………………………………	70
	第八章	共　　有 ……………………………………	71
	第九章	所有权取得的特别规定 ………………………	74
第三分编	用益物权	……………………………………………	78
	第十章	一般规定 ……………………………………	78
	第十一章	土地承包经营权 ………………………………	79
	第十二章	建设用地使用权 ………………………………	82
	第十三章	宅基地使用权 …………………………………	85
	第十四章	居住权 ………………………………………	86
	第十五章	地役权 ………………………………………	86
第四分编	担保物权	……………………………………………	88
	第十六章	一般规定 ……………………………………	88
	第十七章	抵押权 ………………………………………	92
	第一节	一般抵押权 …………………………………	92
	第二节	最高额抵押权 ………………………………	102
	第十八章	质　　权 ……………………………………	103
	第一节	动产质权 ……………………………………	103
	第二节	权利质权 ……………………………………	106
	第十九章	留置权 ………………………………………	110
第五分编	占　　有	……………………………………………	112
	第二十章	占　　有 ……………………………………	112
第三编 合　同	………………………………………………………	113	
第一分编	通　　则	……………………………………………	113
	第一章	一般规定 ……………………………………	113
	第二章	合同的订立 …………………………………	115
	第三章	合同的效力 …………………………………	123
	第四章	合同的履行 …………………………………	129
	第五章	合同的保全 …………………………………	138
	第六章	合同的变更和转让 ……………………………	143
	第七章	合同的权利义务终止 …………………………	147
	第八章	违约责任 ……………………………………	154
第二分编	典型合同	……………………………………………	162
	第九章	买卖合同 ……………………………………	162
	第十章	供用电、水、气、热力合同 ………………………	176
	第十一章	赠与合同 ……………………………………	177

第十二章　借款合同 …………………………………… 179
　第十三章　保证合同 …………………………………… 183
　　第一节　一般规定 …………………………………… 183
　　第二节　保证责任 …………………………………… 191
　第十四章　租赁合同 …………………………………… 196
　第十五章　融资租赁合同 ……………………………… 203
　第十六章　保理合同 …………………………………… 208
　第十七章　承揽合同 …………………………………… 210
　第十八章　建设工程合同 ……………………………… 212
　第十九章　运输合同 …………………………………… 222
　　第一节　一般规定 …………………………………… 222
　　第二节　客运合同 …………………………………… 223
　　第三节　货运合同 …………………………………… 224
　　第四节　多式联运合同 ……………………………… 226
　第二十章　技术合同 …………………………………… 227
　　第一节　一般规定 …………………………………… 227
　　第二节　技术开发合同 ……………………………… 228
　　第三节　技术转让合同和技术许可合同 …………… 230
　　第四节　技术咨询合同和技术服务合同 …………… 233
　第二十一章　保管合同 ………………………………… 234
　第二十二章　仓储合同 ………………………………… 236
　第二十三章　委托合同 ………………………………… 238
　第二十四章　物业服务合同 …………………………… 241
　第二十五章　行纪合同 ………………………………… 244
　第二十六章　中介合同 ………………………………… 245
　第二十七章　合伙合同 ………………………………… 246
　第三分编　准合同 ……………………………………… 248
　第二十八章　无因管理 ………………………………… 248
　第二十九章　不当得利 ………………………………… 249
第四编　人格权 …………………………………………… 249
　第一章　一般规定 ……………………………………… 249
　第二章　生命权、身体权和健康权 …………………… 252
　第三章　姓名权和名称权 ……………………………… 253
　第四章　肖像权 ………………………………………… 254
　第五章　名誉权和荣誉权 ……………………………… 255
　第六章　隐私权和个人信息保护 ……………………… 257
第五编　婚姻家庭 ………………………………………… 262
　第一章　一般规定 ……………………………………… 262
　第二章　结　婚 ………………………………………… 265
　第三章　家庭关系 ……………………………………… 270
　　第一节　夫妻关系 …………………………………… 270

3

第二节　父母子女关系和其他近亲属关系 276
　第四章　离　婚 279
　第五章　收　养 296
　　第一节　收养关系的成立 296
　　第二节　收养的效力 299
　　第三节　收养关系的解除 299
第六编　继　承 300
　第一章　一般规定 300
　第二章　法定继承 304
　第三章　遗嘱继承和遗赠 308
　第四章　遗产的处理 312
第七编　侵权责任 316
　第一章　一般规定 316
　第二章　损害赔偿 323
　第三章　责任主体的特殊规定 325
　第四章　产品责任 332
　第五章　机动车交通事故责任 333
　第六章　医疗损害责任 336
　第七章　环境污染和生态破坏责任 338
　第八章　高度危险责任 339
　第九章　饲养动物损害责任 341
　第十章　建筑物和物件损害责任 342
附　则 344

民法典配套司法解释

最高人民法院关于适用《中华人民共和国民法典》时间效力的若干规定 346
　（2020年12月29日）
最高人民法院关于适用《中华人民共和国民法典》总则编若干问题的解释 348
　（2022年2月24日）
最高人民法院关于适用《中华人民共和国民法典》物权编的解释（一） 354
　（2020年12月29日）
最高人民法院关于适用《中华人民共和国民法典》合同编通则若干问题的解释 356
　（2023年12月4日）
最高人民法院关于适用《中华人民共和国民法典》有关担保制度的解释 371
　（2020年12月31日）
最高人民法院关于适用《中华人民共和国民法典》婚姻家庭编的解释
　（一） 384
　（2020年12月29日）

最高人民法院关于适用《中华人民共和国民法典》婚姻家庭编的解释
（二） ………………………………………………………………… 393
（2025年1月15日）
最高人民法院关于适用《中华人民共和国民法典》继承编的解释（一） … 397
（2020年12月29日）
最高人民法院关于适用《中华人民共和国民法典》侵权责任编的解释
（一） ………………………………………………………………… 401
（2024年9月25日）

民法典具体领域司法解释

最高人民法院关于审理买卖合同纠纷案件适用法律问题的解释 ………… 405
（2020年12月29日）
最高人民法院关于审理商品房买卖合同纠纷案件适用法律若干问题的解释 …… 410
（2020年12月29日）
最高人民法院关于审理劳动争议案件适用法律问题的解释（一） ……… 413
（2020年12月29日）
最高人民法院关于审理建设工程施工合同纠纷案件适用法律问题的解释
（一） ………………………………………………………………… 420
（2020年12月29日）
最高人民法院关于审理使用人脸识别技术处理个人信息相关民事案件适
用法律若干问题的规定 …………………………………………… 424
（2021年7月27日）
最高人民法院关于审理网络消费纠纷案件适用法律若干问题的规定（一） … 427
（2022年3月1日）
最高人民法院关于办理人身安全保护令案件适用法律若干问题的规定 … 429
（2022年7月14日）
最高人民法院关于审理人身损害赔偿案件适用法律若干问题的解释 …… 431
（2022年4月24日）
最高人民法院关于确定民事侵权精神损害赔偿责任若干问题的解释 …… 434
（2020年12月29日）
最高人民法院关于审理涉彩礼纠纷案件适用法律若干问题的规定 ……… 435
（2024年1月17日）

民法典其他相关司法规范性文件

民事案件案由规定 ………………………………………………………… 437
（2020年12月14日）

人民法院贯彻实施民法典典型案例

一、广州市黄埔区民政局与陈某金申请变更监护人案 ………………… 462

二、梅河口市儿童福利院与张某柔申请撤销监护人资格案 463
三、乐平市民政局申请撤销罗某监护人资格案 463
四、李某良、钟某梅诉吴某闲等生命权纠纷案 464
五、杭州市临平区人民检察院诉陈某英雄烈士保护民事公益诉讼案 465
六、杭州市上城区人民检察院诉某网络科技有限公司英雄烈士保护民事公益诉讼案 466
七、邱某光与董某军居住权执行案 467
八、某金属表面处理公司与某铁塔公司破产债权确认纠纷案 468
九、某物流有限公司诉吴某运输合同纠纷案 469
十、邹某玲诉某医院医疗服务合同纠纷案 469
十一、蔡某勤诉姚某、杨某昊买卖合同纠纷案 470
十二、北京某旅游公司诉北京某村村民委员会等合同纠纷案 471
十三、楼某熙诉杜某峰、某网络技术有限公司肖像权纠纷案 472
十四、安徽某医疗科技公司诉安徽某健康科技公司名誉权纠纷案 473
十五、孙某燕与某通信公司某市分公司等隐私权、个人信息保护纠纷案 474
十六、林某诉张某撤销婚姻纠纷案 475
十七、马某臣、段某娥诉于某艳探望权纠纷案 476
十八、曾某泉、曾某军、曾某、李某军与孙某学婚姻家庭纠纷案 477
十九、刘某起与刘某海、刘某霞、刘某华遗嘱继承纠纷案 478
二十、苏某甲诉李某田等法定继承纠纷案 478
二十一、欧某士申请指定遗产管理人案 479
二十二、柳某诉张某莲、某物业公司健康权纠纷案 480
二十三、宋某祯诉周某身体权纠纷案 481
二十四、浮梁县人民检察院诉某化工集团有限公司环境污染民事公益诉讼案 482
二十五、某种业科技有限公司诉某农业产业发展有限公司侵害植物新品种权纠纷案 483
二十六、庾某娴诉黄某辉高空抛物损害责任纠纷案 484
二十七、稳健股份公司诉苏州稳健公司、某包装公司、滑某侵害商标权及不正当竞争纠纷案 485
二十八、上海市奉贤区生态环境局与张某新、童某勇、王某平生态环境损害赔偿诉讼案 486

《合同编通则解释》相关典型案例

一、某物业管理有限公司与某研究所房屋租赁合同纠纷案 487
二、某通讯公司与某实业公司房屋买卖合同纠纷案 488
三、某甲银行和某乙银行合同纠纷案 490
四、某旅游管理公司与某村村民委员会等合同纠纷案 491
五、某控股株式会社与某利公司等债权人代位权纠纷案 492
六、周某与丁某、薛某债权人撤销权纠纷案 492

七、孙某与某房地产公司合资、合作开发房地产合同纠纷案·············· 493
八、某实业发展公司与某棉纺织品公司委托合同纠纷案·············· 494
九、某石材公司与某采石公司买卖合同纠纷案·············· 495
十、柴某与某管理公司房屋租赁合同纠纷案·············· 496

涉婚姻家庭纠纷典型案例

案例一：一方在结婚后将其婚前房产为另一方"加名"，离婚分割夫妻共同财产时，人民法院可以判决房屋归给予方所有，并综合考虑共同生活情况等因素合理补偿对方——崔某某与陈某某离婚纠纷案·············· 497

案例二：婚姻关系存续期间，一方父母将其房产转移登记至夫妻双方名下，离婚分割夫妻共同财产时，人民法院可以判决房屋归出资方子女所有，并综合考虑婚姻关系存续时间、共同生活情况等因素合理补偿对方——范某某与许某某离婚纠纷案·············· 498

案例三：父母一方或者其近亲属等抢夺、藏匿未成年子女，另一方向人民法院申请人格权侵害禁令的，人民法院应予支持——颜某某申请人格权侵害禁令案·············· 499

案例四：夫妻一方在婚姻关系存续期间违反忠实义务将夫妻共同财产赠与第三人的行为无效，另一方请求第三人全部返还的，人民法院应予支持——崔某某与叶某某及高某某赠与合同纠纷案·············· 500

人民法院涉彩礼纠纷典型案例

一、已办理结婚登记但共同生活时间较短，离婚时应当根据共同生活时间、孕育子女等事实对数额过高的彩礼酌情返还——王某某与李某某离婚纠纷案·············· 501

二、男女双方举行结婚仪式后共同生活较长时间且已育有子女，一般不支持返还彩礼——张某与赵某婚约财产纠纷案·············· 502

三、已办理结婚登记，仅有短暂同居经历尚未形成稳定共同生活的，应扣除共同消费等费用后返还部分彩礼——刘某与朱某婚约财产纠纷案·············· 503

四、婚约财产纠纷中，接受彩礼的婚约方父母可作为共同被告——张某某与赵某某、赵某、王某婚约财产纠纷案·············· 504

五、短期内多次"闪婚"并收取高额彩礼，可以认定以彩礼为名借婚姻索取财物——赵某诉孙某离婚纠纷案·············· 505

六、一方基于索取财物目的与另一方建立恋爱关系、作出结婚承诺，可以认定为借婚姻索取财物——王某诉李某婚约财产纠纷案·············· 505

七、婚介机构以保证"闪婚"为名收取高额服务费，应结合合同履行情况返还部分费用——林某诉某婚介公司服务合同纠纷案·············· 506

八、因彩礼给付方隐瞒自身重大疾病导致未办理结婚登记的，应考虑其过错情况对彩礼返还数额予以酌减——吴某诉刘某婚约财产纠纷案·············· 507

中华人民共和国民法典

（2020年5月28日第十三届全国人民代表大会第三次会议通过 2020年5月28日中华人民共和国主席令第45号公布 自2021年1月1日起施行）

第一编 总 则

第一章 基本规定

第一条 【立法目的和依据】① 为了保护民事主体的合法权益，调整民事关系，维护社会和经济秩序，适应中国特色社会主义发展要求，弘扬社会主义核心价值观，根据宪法，制定本法。

第二条 【调整范围】民法调整平等主体的自然人、法人和非法人组织之间的人身关系和财产关系。

第三条 【民事权利及其他合法权益受法律保护】民事主体的人身权利、财产权利以及其他合法权益受法律保护，任何组织或者个人不得侵犯。

第四条 【平等原则】民事主体在民事活动中的法律地位一律平等。

第五条 【自愿原则】民事主体从事民事活动，应当遵循自愿原则，按照自己的意思设立、变更、终止民事法律关系。

第六条 【公平原则】民事主体从事民事活动，应当遵循公平原则，合理确定各方的权利和义务。

第七条 【诚信原则】民事主体从事民事活动，应当遵循诚信原

---

① 条文主旨为编者所加，方便读者检索法条，下同。

则，秉持诚实，恪守承诺。

第八条 【守法与公序良俗原则】民事主体从事民事活动，不得违反法律，不得违背公序良俗。

第九条 【绿色原则】民事主体从事民事活动，应当有利于节约资源、保护生态环境。

第十条 【处理民事纠纷的依据】处理民事纠纷，应当依照法律；法律没有规定的，可以适用习惯，但是不得违背公序良俗。

关联对照

《总则编解释》

第二条 在一定地域、行业范围内长期为一般人从事民事活动时普遍遵守的民间习俗、惯常做法等，可以认定为民法典第十条规定的习惯。

当事人主张适用习惯的，应当就习惯及其具体内容提供相应证据；必要时，人民法院可以依职权查明。

适用习惯，不得违背社会主义核心价值观，不得违背公序良俗。

第十一条 【特别法优先】其他法律对民事关系有特别规定的，依照其规定。

关联对照

《总则编解释》

第一条 民法典第二编至第七编对民事关系有规定的，人民法院直接适用该规定；民法典第二编至第七编没有规定的，适用民法典第一编的规定，但是根据其性质不能适用的除外。

就同一民事关系，其他民事法律的规定属于对民法典相应规定的细化的，应当适用该民事法律的规定。民法典规定适用其他法律的，适用该法律的规定。

民法典及其他法律对民事关系没有具体规定的，可以遵循民法典关于基本原则的规定。

第十二条 【民法的效力范围】中华人民共和国领域内的民事活动，适用中华人民共和国法律。法律另有规定的，依照其规定。

第二章 自 然 人

第一节 民事权利能力和民事行为能力

第十三条 【自然人民事权利能力的起止时间】自然人从出生时起到死亡时止，具有民事权利能力，依法享有民事权利，承担民事义务。

第十四条 【民事权利能力平等】自然人的民事权利能力一律平等。

第十五条 【出生和死亡时间的认定】自然人的出生时间和死亡时间，以出生证明、死亡证明记载的时间为准；没有出生证明、死亡证明的，以户籍登记或者其他有效身份登记记载的时间为准。有其他证据足以推翻以上记载时间的，以该证据证明的时间为准。

第十六条 【胎儿利益保护】涉及遗产继承、接受赠与等胎儿利益保护的，胎儿视为具有民事权利能力。但是，胎儿娩出时为死体的，其民事权利能力自始不存在。

❖ 关联对照

《总则编解释》

第四条　涉及遗产继承、接受赠与等胎儿利益保护，父母在胎儿娩出前作为法定代理人主张相应权利的，人民法院依法予以支持。

第十七条 【成年时间】十八周岁以上的自然人为成年人。不满十八周岁的自然人为未成年人。

第十八条 【完全民事行为能力人】成年人为完全民事行为能力人，可以独立实施民事法律行为。

十六周岁以上的未成年人，以自己的劳动收入为主要生活来源的，视为完全民事行为能力人。

第十九条 【限制民事行为能力的未成年人】八周岁以上的未成年人为限制民事行为能力人，实施民事法律行为由其法定代理人代理或者经其法定代理人同意、追认；但是，可以独立实施纯获利益的民事法律行为或者与其年龄、智力相适应的民事法律行为。

第二十条 【无民事行为能力的未成年人】不满八周岁的未成年人为无民事行为能力人，由其法定代理人代理实施民事法律行为。

第二十一条 【无民事行为能力的成年人】不能辨认自己行为的成年人为无民事行为能力人，由其法定代理人代理实施民事法律行为。

八周岁以上的未成年人不能辨认自己行为的，适用前款规定。

第二十二条 【限制民事行为能力的成年人】不能完全辨认自己行为的成年人为限制民事行为能力人，实施民事法律行为由其法定代理人代理或者经其法定代理人同意、追认；但是，可以独立实施纯获利益的民事法律行为或者与其智力、精神健康状况相适应的民事法律行为。

关联对照

《总则编解释》

第五条 限制民事行为能力人实施的民事法律行为是否与其年龄、智力、精神健康状况相适应，人民法院可以从行为与本人生活相关联的程度，本人的智力、精神健康状况能否理解其行为并预见相应的后果，以及标的、数量、价款或者报酬等方面认定。

第二十三条 【非完全民事行为能力人的法定代理人】无民事行为能力人、限制民事行为能力人的监护人是其法定代理人。

第二十四条 【民事行为能力的认定及恢复】不能辨认或者不能完

全辨认自己行为的成年人，其利害关系人或者有关组织，可以向人民法院申请认定该成年人为无民事行为能力人或者限制民事行为能力人。

被人民法院认定为无民事行为能力人或者限制民事行为能力人的，经本人、利害关系人或者有关组织申请，人民法院可以根据其智力、精神健康恢复的状况，认定该成年人恢复为限制民事行为能力人或者完全民事行为能力人。

本条规定的有关组织包括：居民委员会、村民委员会、学校、医疗机构、妇女联合会、残疾人联合会、依法设立的老年人组织、民政部门等。

第二十五条　【自然人的住所】 自然人以户籍登记或者其他有效身份登记记载的居所为住所；经常居所与住所不一致的，经常居所视为住所。

第二节　监　护

第二十六条　【父母子女之间的法律义务】 父母对未成年子女负有抚养、教育和保护的义务。

成年子女对父母负有赡养、扶助和保护的义务。

第二十七条　【未成年人的监护人】 父母是未成年子女的监护人。

未成年人的父母已经死亡或者没有监护能力的，由下列有监护能力的人按顺序担任监护人：

（一）祖父母、外祖父母；

（二）兄、姐；

（三）其他愿意担任监护人的个人或者组织，但是须经未成年人住所地的居民委员会、村民委员会或者民政部门同意。

关联对照

《总则编解释》

第六条　人民法院认定自然人的监护能力，应当根据其年龄、身心健康状况、经济条件等因素确定；认定有关组织的监护能力，应当根据其资质、信用、财产状况等因素确定。

第二十八条 【非完全民事行为能力成年人的监护人】无民事行为能力或者限制民事行为能力的成年人,由下列有监护能力的人按顺序担任监护人:

(一)配偶;

(二)父母、子女;

(三)其他近亲属;

(四)其他愿意担任监护人的个人或者组织,但是须经被监护人住所地的居民委员会、村民委员会或者民政部门同意。

第二十九条 【遗嘱指定监护】被监护人的父母担任监护人的,可以通过遗嘱指定监护人。

关联对照

《总则编解释》

第七条 担任监护人的被监护人父母通过遗嘱指定监护人,遗嘱生效时被指定的人不同意担任监护人的,人民法院应当适用民法典第二十七条、第二十八条的规定确定监护人。

未成年人由父母担任监护人,父母中的一方通过遗嘱指定监护人,另一方在遗嘱生效时有监护能力,有关当事人对监护人的确定有争议的,人民法院应当适用民法典第二十七条第一款的规定确定监护人。

第三十条 【协议确定监护人】依法具有监护资格的人之间可以协议确定监护人。协议确定监护人应当尊重被监护人的真实意愿。

关联对照

《总则编解释》

第八条 未成年人的父母与其他依法具有监护资格的人订立协

议，约定免除具有监护能力的父母的监护职责的，人民法院不予支持。协议约定在未成年人的父母丧失监护能力时由该具有监护资格的人担任监护人的，人民法院依法予以支持。

依法具有监护资格的人之间依据民法典第三十条的规定，约定由民法典第二十七条第二款、第二十八条规定的不同顺序的人共同担任监护人，或者由顺序在后的人担任监护人的，人民法院依法予以支持。

第三十一条 【监护争议解决程序】对监护人的确定有争议的，由被监护人住所地的居民委员会、村民委员会或者民政部门指定监护人，有关当事人对指定不服的，可以向人民法院申请指定监护人；有关当事人也可以直接向人民法院申请指定监护人。

居民委员会、村民委员会、民政部门或者人民法院应当尊重被监护人的真实意愿，按照最有利于被监护人的原则在依法具有监护资格的人中指定监护人。

依据本条第一款规定指定监护人前，被监护人的人身权利、财产权利以及其他合法权益处于无人保护状态的，由被监护人住所地的居民委员会、村民委员会、法律规定的有关组织或者民政部门担任临时监护人。

监护人被指定后，不得擅自变更；擅自变更的，不免除被指定的监护人的责任。

关联对照

《总则编解释》

第九条 人民法院依据民法典第三十一条第二款、第三十六条第一款的规定指定监护人时，应当尊重被监护人的真实意愿，按照最有利于被监护人的原则指定，具体参考以下因素：

（一）与被监护人生活、情感联系的密切程度；

（二）依法具有监护资格的人的监护顺序；

（三）是否有不利于履行监护职责的违法犯罪等情形；

（四）依法具有监护资格的人的监护能力、意愿、品行等。

人民法院依法指定的监护人一般应当是一人，由数人共同担任监护人更有利于保护被监护人利益的，也可以是数人。

第十条 有关当事人不服居民委员会、村民委员会或者民政部门的指定，在接到指定通知之日起三十日内向人民法院申请指定监护人的，人民法院经审理认为指定并无不当，依法裁定驳回申请；认为指定不当，依法判决撤销指定并另行指定监护人。

有关当事人在接到指定通知之日起三十日后提出申请的，人民法院应当按照变更监护关系处理。

第三十二条 【公职监护人】没有依法具有监护资格的人的，监护人由民政部门担任，也可以由具备履行监护职责条件的被监护人住所地的居民委员会、村民委员会担任。

第三十三条 【意定监护】具有完全民事行为能力的成年人，可以与其近亲属、其他愿意担任监护人的个人或者组织事先协商，以书面形式确定自己的监护人，在自己丧失或者部分丧失民事行为能力时，由该监护人履行监护职责。

关联对照

《总则编解释》

第十一条 具有完全民事行为能力的成年人与他人依据民法典第三十三条的规定订立书面协议事先确定自己的监护人后，协议的任何一方在该成年人丧失或者部分丧失民事行为能力前请求解除协议的，人民法院依法予以支持。该成年人丧失或者部分丧失民事行为能力后，协议确定的监护人无正当理由请求解除协议的，人民法院不予支持。

该成年人丧失或者部分丧失民事行为能力后，协议确定的监护人有民法典第三十六条第一款规定的情形之一，该条第二款规定的有关个人、组织申请撤销其监护人资格的，人民法院依法予以支持。

第三十四条　【监护职责及临时生活照料】监护人的职责是代理被监护人实施民事法律行为，保护被监护人的人身权利、财产权利以及其他合法权益等。

监护人依法履行监护职责产生的权利，受法律保护。

监护人不履行监护职责或者侵害被监护人合法权益的，应当承担法律责任。

因发生突发事件等紧急情况，监护人暂时无法履行监护职责，被监护人的生活处于无人照料状态的，被监护人住所地的居民委员会、村民委员会或者民政部门应当为被监护人安排必要的临时生活照料措施。

关联对照

《总则编解释》

第十三条　监护人因患病、外出务工等原因在一定期限内不能完全履行监护职责，将全部或者部分监护职责委托给他人，当事人主张受托人因此成为监护人的，人民法院不予支持。

第三十五条　【履行监护职责应遵循的原则】监护人应当按照最有利于被监护人的原则履行监护职责。监护人除为维护被监护人利益外，不得处分被监护人的财产。

未成年人的监护人履行监护职责，在作出与被监护人利益有关的决定时，应当根据被监护人的年龄和智力状况，尊重被监护人的真实意愿。

成年人的监护人履行监护职责，应当最大程度地尊重被监护人的真实意愿，保障并协助被监护人实施与其智力、精神健康状况相适应的民事法律行为。对被监护人有能力独立处理的事务，监护人不得干涉。

第三十六条　【监护人资格的撤销】监护人有下列情形之一的，人民法院根据有关个人或者组织的申请,撤销其监护人资格,安排必要的临时监护措施,并按照最有利于被监护人的原则依法指定监护人:

(一)实施严重损害被监护人身心健康的行为;

(二)怠于履行监护职责,或者无法履行监护职责且拒绝将监护职责部分或者全部委托给他人,导致被监护人处于危困状态;

(三)实施严重侵害被监护人合法权益的其他行为。

本条规定的有关个人、组织包括:其他依法具有监护资格的人,居民委员会、村民委员会、学校、医疗机构、妇女联合会、残疾人联合会、未成年人保护组织、依法设立的老年人组织、民政部门等。

前款规定的个人和民政部门以外的组织未及时向人民法院申请撤销监护人资格的,民政部门应当向人民法院申请。

❋ 关联对照

《婚姻家庭编解释(一)》

第六十二条 无民事行为能力人的配偶有民法典第三十六条第一款规定行为,其他有监护资格的人可以要求撤销其监护资格,并依法指定新的监护人;变更后的监护人代理无民事行为能力一方提起离婚诉讼的,人民法院应予受理。

第三十七条 【监护人资格撤销后的义务】依法负担被监护人抚养费、赡养费、扶养费的父母、子女、配偶等,被人民法院撤销监护人资格后,应当继续履行负担的义务。

第三十八条 【监护人资格的恢复】被监护人的父母或者子女被人民法院撤销监护人资格后,除对被监护人实施故意犯罪的外,确有悔改表现的,经其申请,人民法院可以在尊重被监护人真实意愿的前提下,视情况恢复其监护人资格,人民法院指定的监护人与被监护人的监护关系同时终止。

第三十九条 【监护关系的终止】有下列情形之一的,监护关系终止:

（一）被监护人取得或者恢复完全民事行为能力；
（二）监护人丧失监护能力；
（三）被监护人或者监护人死亡；
（四）人民法院认定监护关系终止的其他情形。

监护关系终止后，被监护人仍然需要监护的，应当依法另行确定监护人。

关联对照

《总则编解释》

第十二条 监护人、其他依法具有监护资格的人之间就监护人是否有民法典第三十九条第一款第二项、第四项规定的应当终止监护关系的情形发生争议，申请变更监护人的，人民法院应当依法受理。经审理认为理由成立的，人民法院依法予以支持。

被依法指定的监护人与其他具有监护资格的人之间协议变更监护人的，人民法院应当尊重被监护人的真实意愿，按照最有利于被监护人的原则作出裁判。

第三节 宣告失踪和宣告死亡

第四十条 【**宣告失踪**】自然人下落不明满二年的，利害关系人可以向人民法院申请宣告该自然人为失踪人。

关联对照

《总则编解释》

第十四条 人民法院审理宣告失踪案件时，下列人员应当认定为民法典第四十条规定的利害关系人：

（一）被申请人的近亲属；
（二）依据民法典第一千一百二十八条、第一千一百二十九条规定对被申请人有继承权的亲属；

（三）债权人、债务人、合伙人等与被申请人有民事权利义务关系的民事主体，但是不申请宣告失踪不影响其权利行使、义务履行的除外。

第四十一条　【下落不明的起算时间】 自然人下落不明的时间自其失去音讯之日起计算。战争期间下落不明的，下落不明的时间自战争结束之日或者有关机关确定的下落不明之日起计算。

第四十二条　【财产代管人】 失踪人的财产由其配偶、成年子女、父母或者其他愿意担任财产代管人的人代管。

代管有争议，没有前款规定的人，或者前款规定的人无代管能力的，由人民法院指定的人代管。

第四十三条　【财产代管人的职责】 财产代管人应当妥善管理失踪人的财产，维护其财产权益。

失踪人所欠税款、债务和应付的其他费用，由财产代管人从失踪人的财产中支付。

财产代管人因故意或者重大过失造成失踪人财产损失的，应当承担赔偿责任。

✦ 关联对照

《总则编解释》

第十五条　失踪人的财产代管人向失踪人的债务人请求偿还债务的，人民法院应当将财产代管人列为原告。

债权人提起诉讼，请求失踪人的财产代管人支付失踪人所欠的债务和其他费用的，人民法院应当将财产代管人列为被告。经审理认为债权人的诉讼请求成立的，人民法院应当判决财产代管人从失踪人的财产中支付失踪人所欠的债务和其他费用。

第四十四条　【财产代管人的变更】 财产代管人不履行代管职责、侵害失踪人财产权益或者丧失代管能力的，失踪人的利害关系人可以向人民法院申请变更财产代管人。

财产代管人有正当理由的，可以向人民法院申请变更财产代管人。

人民法院变更财产代管人的，变更后的财产代管人有权请求原财产代管人及时移交有关财产并报告财产代管情况。

第四十五条　【失踪宣告的撤销】 失踪人重新出现，经本人或者利害关系人申请，人民法院应当撤销失踪宣告。

失踪人重新出现，有权请求财产代管人及时移交有关财产并报告财产代管情况。

第四十六条　【宣告死亡】 自然人有下列情形之一的，利害关系人可以向人民法院申请宣告该自然人死亡：

（一）下落不明满四年；

（二）因意外事件，下落不明满二年。

因意外事件下落不明，经有关机关证明该自然人不可能生存的，申请宣告死亡不受二年时间的限制。

关联对照

《总则编解释》

第十六条　人民法院审理宣告死亡案件时，被申请人的配偶、父母、子女，以及依据民法典第一千一百二十九条规定对被申请人有继承权的亲属应当认定为民法典第四十六条规定的利害关系人。

符合下列情形之一的，被申请人的其他近亲属，以及依据民法典第一千一百二十八条规定对被申请人有继承权的亲属应当认定为民法典第四十六条规定的利害关系人：

（一）被申请人的配偶、父母、子女均已死亡或者下落不明的；

（二）不申请宣告死亡不能保护其相应合法权益的。

被申请人的债权人、债务人、合伙人等民事主体不能认定为民法典第四十六条规定的利害关系人，但是不申请宣告死亡不能保护其相应合法权益的除外。

第十七条　自然人在战争期间下落不明的，利害关系人申请宣告死亡的期间适用民法典第四十六条第一款第一项的规定，自战争结束之日或者有关机关确定的下落不明之日起计算。

　　第四十七条　【宣告失踪与宣告死亡申请的竞合】对同一自然人，有的利害关系人申请宣告死亡，有的利害关系人申请宣告失踪，符合本法规定的宣告死亡条件的，人民法院应当宣告死亡。

　　第四十八条　【死亡日期的确定】被宣告死亡的人，人民法院宣告死亡的判决作出之日视为其死亡的日期；因意外事件下落不明宣告死亡的，意外事件发生之日视为其死亡的日期。

　　第四十九条　【被宣告死亡人实际生存时的行为效力】自然人被宣告死亡但是并未死亡的，不影响该自然人在被宣告死亡期间实施的民事法律行为的效力。

　　第五十条　【死亡宣告的撤销】被宣告死亡的人重新出现，经本人或者利害关系人申请，人民法院应当撤销死亡宣告。

　　第五十一条　【宣告死亡及其撤销后婚姻关系的效力】被宣告死亡的人的婚姻关系，自死亡宣告之日起消除。死亡宣告被撤销的，婚姻关系自撤销死亡宣告之日起自行恢复。但是，其配偶再婚或者向婚姻登记机关书面声明不愿意恢复的除外。

　　第五十二条　【死亡宣告撤销后子女被收养的效力】被宣告死亡的人在被宣告死亡期间，其子女被他人依法收养的，在死亡宣告被撤销后，不得以未经本人同意为由主张收养行为无效。

　　第五十三条　【死亡宣告撤销后的财产返还与赔偿责任】被撤销死亡宣告的人有权请求依照本法第六编取得其财产的民事主体返还财产；无法返还的，应当给予适当补偿。

　　利害关系人隐瞒真实情况，致使他人被宣告死亡而取得其财产的，除应当返还财产外，还应当对由此造成的损失承担赔偿责任。

第四节　个体工商户和农村承包经营户

　　第五十四条　【个体工商户】自然人从事工商业经营，经依法登记，为个体工商户。个体工商户可以起字号。

第五十五条 【农村承包经营户】农村集体经济组织的成员，依法取得农村土地承包经营权，从事家庭承包经营的，为农村承包经营户。

第五十六条 【"两户"的债务承担】个体工商户的债务，个人经营的，以个人财产承担；家庭经营的，以家庭财产承担；无法区分的，以家庭财产承担。

农村承包经营户的债务，以从事农村土地承包经营的农户财产承担；事实上由农户部分成员经营的，以该部分成员的财产承担。

第三章 法 人

第一节 一般规定

第五十七条 【法人的定义】法人是具有民事权利能力和民事行为能力，依法独立享有民事权利和承担民事义务的组织。

第五十八条 【法人的成立】法人应当依法成立。

法人应当有自己的名称、组织机构、住所、财产或者经费。法人成立的具体条件和程序，依照法律、行政法规的规定。

设立法人，法律、行政法规规定须经有关机关批准的，依照其规定。

第五十九条 【法人的民事权利能力和民事行为能力】法人的民事权利能力和民事行为能力，从法人成立时产生，到法人终止时消灭。

第六十条 【法人的民事责任承担】法人以其全部财产独立承担民事责任。

第六十一条 【法定代表人】依照法律或者法人章程的规定，代表法人从事民事活动的负责人，为法人的法定代表人。

法定代表人以法人名义从事的民事活动，其法律后果由法人承受。

法人章程或者法人权力机构对法定代表人代表权的限制，不得对抗善意相对人。

第六十二条 【法定代表人职务行为的法律责任】法定代表人因执行职务造成他人损害的,由法人承担民事责任。

法人承担民事责任后,依照法律或者法人章程的规定,可以向有过错的法定代表人追偿。

第六十三条 【法人的住所】法人以其主要办事机构所在地为住所。依法需要办理法人登记的,应当将主要办事机构所在地登记为住所。

第六十四条 【法人的变更登记】法人存续期间登记事项发生变化的,应当依法向登记机关申请变更登记。

第六十五条 【法人登记的对抗效力】法人的实际情况与登记的事项不一致的,不得对抗善意相对人。

第六十六条 【法人登记公示制度】登记机关应当依法及时公示法人登记的有关信息。

第六十七条 【法人合并、分立后的权利义务承担】法人合并的,其权利和义务由合并后的法人享有和承担。

法人分立的,其权利和义务由分立后的法人享有连带债权,承担连带债务,但是债权人和债务人另有约定的除外。

第六十八条 【法人的终止】有下列原因之一并依法完成清算、注销登记的,法人终止:

(一)法人解散;

(二)法人被宣告破产;

(三)法律规定的其他原因。

法人终止,法律、行政法规规定须经有关机关批准的,依照其规定。

第六十九条 【法人的解散】有下列情形之一的,法人解散:

(一)法人章程规定的存续期间届满或者法人章程规定的其他解散事由出现;

(二)法人的权力机构决议解散;

(三)因法人合并或者分立需要解散;

（四）法人依法被吊销营业执照、登记证书，被责令关闭或者被撤销；

（五）法律规定的其他情形。

第七十条 【法人解散后的清算】法人解散的，除合并或者分立的情形外，清算义务人应当及时组成清算组进行清算。

法人的董事、理事等执行机构或者决策机构的成员为清算义务人。法律、行政法规另有规定的，依照其规定。

清算义务人未及时履行清算义务，造成损害的，应当承担民事责任；主管机关或者利害关系人可以申请人民法院指定有关人员组成清算组进行清算。

第七十一条 【法人清算的法律适用】法人的清算程序和清算组职权，依照有关法律的规定；没有规定的，参照适用公司法律的有关规定。

第七十二条 【清算的法律效果】清算期间法人存续，但是不得从事与清算无关的活动。

法人清算后的剩余财产，按照法人章程的规定或者法人权力机构的决议处理。法律另有规定的，依照其规定。

清算结束并完成法人注销登记时，法人终止；依法不需要办理法人登记的，清算结束时，法人终止。

第七十三条 【法人因破产而终止】法人被宣告破产的，依法进行破产清算并完成法人注销登记时，法人终止。

第七十四条 【法人的分支机构】法人可以依法设立分支机构。法律、行政法规规定分支机构应当登记的，依照其规定。

分支机构以自己的名义从事民事活动，产生的民事责任由法人承担；也可以先以该分支机构管理的财产承担，不足以承担的，由法人承担。

第七十五条 【法人设立行为的法律后果】设立人为设立法人从事的民事活动，其法律后果由法人承受；法人未成立的，其法律后果由设立人承受，设立人为二人以上的，享有连带债权，承担连带债务。

设立人为设立法人以自己的名义从事民事活动产生的民事责任,第三人有权选择请求法人或者设立人承担。

第二节 营利法人

第七十六条 【营利法人的定义和类型】以取得利润并分配给股东等出资人为目的成立的法人,为营利法人。

营利法人包括有限责任公司、股份有限公司和其他企业法人等。

第七十七条 【营利法人的成立】营利法人经依法登记成立。

第七十八条 【营利法人的营业执照】依法设立的营利法人,由登记机关发给营利法人营业执照。营业执照签发日期为营利法人的成立日期。

第七十九条 【营利法人的章程】设立营利法人应当依法制定法人章程。

第八十条 【营利法人的权力机构】营利法人应当设权力机构。

权力机构行使修改法人章程,选举或者更换执行机构、监督机构成员,以及法人章程规定的其他职权。

第八十一条 【营利法人的执行机构】营利法人应当设执行机构。

执行机构行使召集权力机构会议,决定法人的经营计划和投资方案,决定法人内部管理机构的设置,以及法人章程规定的其他职权。

执行机构为董事会或者执行董事的,董事长、执行董事或者经理按照法人章程的规定担任法定代表人;未设董事会或者执行董事的,法人章程规定的主要负责人为其执行机构和法定代表人。

第八十二条 【营利法人的监督机构】营利法人设监事会或者监事等监督机构的,监督机构依法行使检查法人财务,监督执行机构成员、高级管理人员执行法人职务的行为,以及法人章程规定的其他职权。

第八十三条 【出资人滥用权利的责任承担】营利法人的出资人不得滥用出资人权利损害法人或者其他出资人的利益;滥用出资人权利造成法人或者其他出资人损失的,应当依法承担民事责任。

营利法人的出资人不得滥用法人独立地位和出资人有限责任损害法

人债权人的利益；滥用法人独立地位和出资人有限责任，逃避债务，严重损害法人债权人的利益的，应当对法人债务承担连带责任。

第八十四条 【利用关联关系造成损失的赔偿责任】营利法人的控股出资人、实际控制人、董事、监事、高级管理人员不得利用其关联关系损害法人的利益；利用关联关系造成法人损失的，应当承担赔偿责任。

第八十五条 【营利法人出资人对瑕疵决议的撤销权】营利法人的权力机构、执行机构作出决议的会议召集程序、表决方式违反法律、行政法规、法人章程，或者决议内容违反法人章程的，营利法人的出资人可以请求人民法院撤销该决议。但是，营利法人依据该决议与善意相对人形成的民事法律关系不受影响。

第八十六条 【营利法人的社会责任】营利法人从事经营活动，应当遵守商业道德，维护交易安全，接受政府和社会的监督，承担社会责任。

第三节　非营利法人

第八十七条 【非营利法人的定义和范围】为公益目的或者其他非营利目的成立，不向出资人、设立人或者会员分配所取得利润的法人，为非营利法人。

非营利法人包括事业单位、社会团体、基金会、社会服务机构等。

第八十八条 【事业单位法人资格的取得】具备法人条件，为适应经济社会发展需要，提供公益服务设立的事业单位，经依法登记成立，取得事业单位法人资格；依法不需要办理法人登记的，从成立之日起，具有事业单位法人资格。

第八十九条 【事业单位法人的组织机构】事业单位法人设理事会的，除法律另有规定外，理事会为其决策机构。事业单位法人的法定代表人依照法律、行政法规或者法人章程的规定产生。

第九十条 【社会团体法人资格的取得】具备法人条件，基于会员共同意愿，为公益目的或者会员共同利益等非营利目的设立的社会团体，经依法登记成立，取得社会团体法人资格；依法不需要办理法人登记的，从成立之日起，具有社会团体法人资格。

第九十一条 【社会团体法人章程和组织机构】设立社会团体法人应当依法制定法人章程。

社会团体法人应当设会员大会或者会员代表大会等权力机构。

社会团体法人应当设理事会等执行机构。理事长或者会长等负责人按照法人章程的规定担任法定代表人。

第九十二条 【捐助法人】具备法人条件，为公益目的以捐助财产设立的基金会、社会服务机构等，经依法登记成立，取得捐助法人资格。

依法设立的宗教活动场所，具备法人条件的，可以申请法人登记，取得捐助法人资格。法律、行政法规对宗教活动场所有规定的，依照其规定。

第九十三条 【捐助法人章程和组织机构】设立捐助法人应当依法制定法人章程。

捐助法人应当设理事会、民主管理组织等决策机构，并设执行机构。理事长等负责人按照法人章程的规定担任法定代表人。

捐助法人应当设监事会等监督机构。

第九十四条 【捐助人的权利】捐助人有权向捐助法人查询捐助财产的使用、管理情况，并提出意见和建议，捐助法人应当及时、如实答复。

捐助法人的决策机构、执行机构或者法定代表人作出决定的程序违反法律、行政法规、法人章程，或者决定内容违反法人章程的，捐助人等利害关系人或者主管机关可以请求人民法院撤销该决定。但是，捐助法人依据该决定与善意相对人形成的民事法律关系不受影响。

第九十五条 【公益性非营利法人剩余财产的处理】为公益目的成立的非营利法人终止时，不得向出资人、设立人或者会员分配剩余财产。剩余财产应当按照法人章程的规定或者权力机构的决议用于公益目的；无法按照法人章程的规定或者权力机构的决议处理的，由主管机关主持转给宗旨相同或者相近的法人，并向社会公告。

第四节　特　别　法　人

第九十六条　【特别法人的类型】本节规定的机关法人、农村集体经济组织法人、城镇农村的合作经济组织法人、基层群众性自治组织法人，为特别法人。

第九十七条　【机关法人】有独立经费的机关和承担行政职能的法定机构从成立之日起，具有机关法人资格，可以从事为履行职能所需要的民事活动。

第九十八条　【机关法人的终止】机关法人被撤销的，法人终止，其民事权利和义务由继任的机关法人享有和承担；没有继任的机关法人的，由作出撤销决定的机关法人享有和承担。

第九十九条　【农村集体经济组织法人】农村集体经济组织依法取得法人资格。

法律、行政法规对农村集体经济组织有规定的，依照其规定。

第一百条　【合作经济组织法人】城镇农村的合作经济组织依法取得法人资格。

法律、行政法规对城镇农村的合作经济组织有规定的，依照其规定。

第一百零一条　【基层群众性自治组织法人】居民委员会、村民委员会具有基层群众性自治组织法人资格，可以从事为履行职能所需要的民事活动。

未设立村集体经济组织的，村民委员会可以依法代行村集体经济组织的职能。

第四章　非法人组织

第一百零二条　【非法人组织的定义】非法人组织是不具有法人资格，但是能够依法以自己的名义从事民事活动的组织。

非法人组织包括个人独资企业、合伙企业、不具有法人资格的专业服务机构等。

第一百零三条 【非法人组织的设立程序】非法人组织应当依照法律的规定登记。

设立非法人组织，法律、行政法规规定须经有关机关批准的，依照其规定。

第一百零四条 【非法人组织的债务承担】非法人组织的财产不足以清偿债务的，其出资人或者设立人承担无限责任。法律另有规定的，依照其规定。

第一百零五条 【非法人组织的代表人】非法人组织可以确定一人或者数人代表该组织从事民事活动。

第一百零六条 【非法人组织的解散】有下列情形之一的，非法人组织解散：

（一）章程规定的存续期间届满或者章程规定的其他解散事由出现；

（二）出资人或者设立人决定解散；

（三）法律规定的其他情形。

第一百零七条 【非法人组织的清算】非法人组织解散的，应当依法进行清算。

第一百零八条 【非法人组织的参照适用规定】非法人组织除适用本章规定外，参照适用本编第三章第一节的有关规定。

第五章 民事权利

第一百零九条 【一般人格权】自然人的人身自由、人格尊严受法律保护。

第一百一十条 【民事主体的人格权】自然人享有生命权、身体权、健康权、姓名权、肖像权、名誉权、荣誉权、隐私权、婚姻自主权等权利。

法人、非法人组织享有名称权、名誉权和荣誉权。

第一百一十一条 　【个人信息受法律保护】自然人的个人信息受法律保护。任何组织或者个人需要获取他人个人信息的，应当依法取得并确保信息安全，不得非法收集、使用、加工、传输他人个人信息，不得非法买卖、提供或者公开他人个人信息。

第一百一十二条 　【婚姻家庭关系等产生的人身权利】自然人因婚姻家庭关系等产生的人身权利受法律保护。

第一百一十三条 　【财产权受法律平等保护】民事主体的财产权利受法律平等保护。

第一百一十四条 　【物权的定义及类型】民事主体依法享有物权。

物权是权利人依法对特定的物享有直接支配和排他的权利，包括所有权、用益物权和担保物权。

第一百一十五条 　【物权的客体】物包括不动产和动产。法律规定权利作为物权客体的，依照其规定。

第一百一十六条 　【物权法定原则】物权的种类和内容，由法律规定。

第一百一十七条 　【征收与征用】为了公共利益的需要，依照法律规定的权限和程序征收、征用不动产或者动产的，应当给予公平、合理的补偿。

第一百一十八条 　【债权的定义】民事主体依法享有债权。

债权是因合同、侵权行为、无因管理、不当得利以及法律的其他规定，权利人请求特定义务人为或者不为一定行为的权利。

第一百一十九条 　【合同之债】依法成立的合同，对当事人具有法律约束力。

第一百二十条 　【侵权之债】民事权益受到侵害的，被侵权人有权请求侵权人承担侵权责任。

第一百二十一条 　【无因管理之债】没有法定的或者约定的义务，为避免他人利益受损失而进行管理的人，有权请求受益人偿还由此支出的必要费用。

第一百二十二条 　【不当得利之债】因他人没有法律根据，取得不当利益，受损失的人有权请求其返还不当利益。

第一百二十三条 【知识产权及其客体】民事主体依法享有知识产权。

知识产权是权利人依法就下列客体享有的专有的权利：

（一）作品；

（二）发明、实用新型、外观设计；

（三）商标；

（四）地理标志；

（五）商业秘密；

（六）集成电路布图设计；

（七）植物新品种；

（八）法律规定的其他客体。

第一百二十四条 【继承权及其客体】自然人依法享有继承权。

自然人合法的私有财产，可以依法继承。

第一百二十五条 【投资性权利】民事主体依法享有股权和其他投资性权利。

第一百二十六条 【其他民事权益】民事主体享有法律规定的其他民事权利和利益。

第一百二十七条 【对数据和网络虚拟财产的保护】法律对数据、网络虚拟财产的保护有规定的，依照其规定。

第一百二十八条 【对弱势群体的特别保护】法律对未成年人、老年人、残疾人、妇女、消费者等的民事权利保护有特别规定的，依照其规定。

第一百二十九条 【民事权利的取得方式】民事权利可以依据民事法律行为、事实行为、法律规定的事件或者法律规定的其他方式取得。

第一百三十条 【权利行使的自愿原则】民事主体按照自己的意愿依法行使民事权利，不受干涉。

第一百三十一条 【权利人的义务履行】民事主体行使权利时，应当履行法律规定的和当事人约定的义务。

第一百三十二条 【禁止权利滥用】民事主体不得滥用民事权利损

害国家利益、社会公共利益或者他人合法权益。

> **关联对照**
>
> **《总则编解释》**
>
> 第三条 对于民法典第一百三十二条所称的滥用民事权利，人民法院可以根据权利行使的对象、目的、时间、方式、造成当事人之间利益失衡的程度等因素作出认定。
>
> 行为人以损害国家利益、社会公共利益、他人合法权益为主要目的行使民事权利的，人民法院应当认定构成滥用民事权利。
>
> 构成滥用民事权利的，人民法院应当认定该滥用行为不发生相应的法律效力。滥用民事权利造成损害的，依照民法典第七编等有关规定处理。

第六章 民事法律行为

第一节 一般规定

第一百三十三条 【民事法律行为的定义】民事法律行为是民事主体通过意思表示设立、变更、终止民事法律关系的行为。

第一百三十四条 【民事法律行为的成立】民事法律行为可以基于双方或者多方的意思表示一致成立，也可以基于单方的意思表示成立。

法人、非法人组织依照法律或者章程规定的议事方式和表决程序作出决议的，该决议行为成立。

第一百三十五条 【民事法律行为的形式】民事法律行为可以采用书面形式、口头形式或者其他形式；法律、行政法规规定或者当事人约定采用特定形式的，应当采用特定形式。

> **关联对照**

《总则编解释》
第十八条 当事人未采用书面形式或者口头形式,但是实施的行为本身表明已经作出相应意思表示,并符合民事法律行为成立条件的,人民法院可以认定为民法典第一百三十五条规定的采用其他形式实施的民事法律行为。

第一百三十六条 【民事法律行为的生效】民事法律行为自成立时生效,但是法律另有规定或者当事人另有约定的除外。

行为人非依法律规定或者未经对方同意,不得擅自变更或者解除民事法律行为。

第二节 意思表示

第一百三十七条 【有相对人的意思表示的生效时间】以对话方式作出的意思表示,相对人知道其内容时生效。

以非对话方式作出的意思表示,到达相对人时生效。以非对话方式作出的采用数据电文形式的意思表示,相对人指定特定系统接收数据电文的,该数据电文进入该特定系统时生效;未指定特定系统的,相对人知道或者应当知道该数据电文进入其系统时生效。当事人对采用数据电文形式的意思表示的生效时间另有约定的,按照其约定。

第一百三十八条 【无相对人的意思表示的生效时间】无相对人的意思表示,表示完成时生效。法律另有规定的,依照其规定。

第一百三十九条 【公告的意思表示的生效时间】以公告方式作出的意思表示,公告发布时生效。

第一百四十条 【意思表示的方式】行为人可以明示或者默示作出意思表示。

沉默只有在有法律规定、当事人约定或者符合当事人之间的交易习惯时,才可以视为意思表示。

第一百四十一条 【意思表示的撤回】行为人可以撤回意思表示。撤回意思表示的通知应当在意思表示到达相对人前或者与意思表示同时到达相对人。

第一百四十二条 【意思表示的解释】有相对人的意思表示的解释,应当按照所使用的词句,结合相关条款、行为的性质和目的、习惯以及诚信原则,确定意思表示的含义。

无相对人的意思表示的解释,不能完全拘泥于所使用的词句,而应当结合相关条款、行为的性质和目的、习惯以及诚信原则,确定行为人的真实意思。

关联对照

《合同编通则解释》

第一条 人民法院依据民法典第一百四十二条第一款、第四百六十六条第一款的规定解释合同条款时,应当以词句的通常含义为基础,结合相关条款、合同的性质和目的、习惯以及诚信原则,参考缔约背景、磋商过程、履行行为等因素确定争议条款的含义。

有证据证明当事人之间对合同条款有不同于词句的通常含义的其他共同理解,一方主张按照词句的通常含义理解合同条款的,人民法院不予支持。

对合同条款有两种以上解释,可能影响该条款效力的,人民法院应当选择有利于该条款有效的解释;属于无偿合同的,应当选择对债务人负担较轻的解释。

第三节 民事法律行为的效力

第一百四十三条 【民事法律行为的有效条件】具备下列条件的民事法律行为有效:

(一)行为人具有相应的民事行为能力;
(二)意思表示真实;
(三)不违反法律、行政法规的强制性规定,不违背公序良俗。

第一百四十四条 【无民事行为能力人实施的民事法律行为】无民事行为能力人实施的民事法律行为无效。

第一百四十五条 【限制民事行为能力人实施的民事法律行为】限制民事行为能力人实施的纯获利益的民事法律行为或者与其年龄、智力、精神健康状况相适应的民事法律行为有效；实施的其他民事法律行为经法定代理人同意或者追认后有效。

相对人可以催告法定代理人自收到通知之日起三十日内予以追认。法定代理人未作表示的，视为拒绝追认。民事法律行为被追认前，善意相对人有撤销的权利。撤销应当以通知的方式作出。

关联对照

《总则编解释》

第二十九条　法定代理人、被代理人依据民法典第一百四十五条、第一百七十一条的规定向相对人作出追认的意思表示的，人民法院应当依据民法典第一百三十七条的规定确认其追认意思表示的生效时间。

第一百四十六条 【虚假表示与隐藏行为效力】行为人与相对人以虚假的意思表示实施的民事法律行为无效。

以虚假的意思表示隐藏的民事法律行为的效力，依照有关法律规定处理。

第一百四十七条 【重大误解】基于重大误解实施的民事法律行为，行为人有权请求人民法院或者仲裁机构予以撤销。

关联对照

《总则编解释》

第十九条　行为人对行为的性质、对方当事人或者标的物的品种、质量、规格、价格、数量等产生错误认识，按照通常理解如果不发生该错误认识行为人就不会作出相应意思表示的，人民法院可以认定为民法典第一百四十七条规定的重大误解。

行为人能够证明自己实施民事法律行为时存在重大误解，并请求撤销该民事法律行为的，人民法院依法予以支持；但是，根据交易习惯等认定行为人无权请求撤销的除外。

第二十条　行为人以其意思表示存在第三人转达错误为由请求撤销民事法律行为的，适用本解释第十九条的规定。

第一百四十八条　【欺诈】一方以欺诈手段，使对方在违背真实意思的情况下实施的民事法律行为，受欺诈方有权请求人民法院或者仲裁机构予以撤销。

第一百四十九条　【第三人欺诈】第三人实施欺诈行为，使一方在违背真实意思的情况下实施的民事法律行为，对方知道或者应当知道该欺诈行为的，受欺诈方有权请求人民法院或者仲裁机构予以撤销。

关联对照

《总则编解释》

第二十一条　故意告知虚假情况，或者负有告知义务的人故意隐瞒真实情况，致使当事人基于错误认识作出意思表示的，人民法院可以认定为民法典第一百四十八条、第一百四十九条规定的欺诈。

《合同编通则解释》

第五条　第三人实施欺诈、胁迫行为，使当事人在违背真实意思的情况下订立合同，受到损失的当事人请求第三人承担赔偿责任的，人民法院依法予以支持；当事人亦有违背诚信原则的行为的，人民法院应当根据各自的过错确定相应的责任。但是，法律、司法解释对当事人与第三人的民事责任另有规定的，依照其规定。

第一百五十条　【胁迫】一方或者第三人以胁迫手段，使对方在违背真实意思的情况下实施的民事法律行为，受胁迫方有权请求人民法院或者仲裁机构予以撤销。

✦ **关联对照**

《总则编解释》
　　第二十二条　以给自然人及其近亲属等的人身权利、财产权利以及其他合法权益造成损害或者以给法人、非法人组织的名誉、荣誉、财产权益等造成损害为要挟，迫使其基于恐惧心理作出意思表示的，人民法院可以认定为民法典第一百五十条规定的胁迫。

　　第一百五十一条　【乘人之危导致的显失公平】一方利用对方处于危困状态、缺乏判断能力等情形，致使民事法律行为成立时显失公平的，受损害方有权请求人民法院或者仲裁机构予以撤销。

✦ **关联对照**

《合同编通则解释》
　　第十一条　当事人一方是自然人，根据该当事人的年龄、智力、知识、经验并结合交易的复杂程度，能够认定其对合同的性质、合同订立的法律后果或者交易中存在的特定风险缺乏应有的认知能力的，人民法院可以认定该情形构成民法典第一百五十一条规定的"缺乏判断能力"。

　　第一百五十二条　【撤销权的消灭期间】有下列情形之一的，撤销权消灭：
　　（一）当事人自知道或者应当知道撤销事由之日起一年内、重大误解的当事人自知道或者应当知道撤销事由之日起九十日内没有行使撤销权；
　　（二）当事人受胁迫，自胁迫行为终止之日起一年内没有行使撤销权；
　　（三）当事人知道撤销事由后明确表示或者以自己的行为表明放弃撤销权。

当事人自民事法律行为发生之日起五年内没有行使撤销权的，撤销权消灭。

第一百五十三条 【违反强制性规定及违背公序良俗的民事法律行为的效力】违反法律、行政法规的强制性规定的民事法律行为无效。但是，该强制性规定不导致该民事法律行为无效的除外。

违背公序良俗的民事法律行为无效。

关联对照

《合同编通则解释》

第十四条 当事人之间就同一交易订立多份合同，人民法院应当认定其中以虚假意思表示订立的合同无效。当事人为规避法律、行政法规的强制性规定，以虚假意思表示隐藏真实意思表示的，人民法院应当依据民法典第一百五十三条第一款的规定认定被隐藏合同的效力；当事人为规避法律、行政法规关于合同应当办理批准等手续的规定，以虚假意思表示隐藏真实意思表示的，人民法院应当依据民法典第五百零二条第二款的规定认定被隐藏合同的效力。

依据前款规定认定被隐藏合同无效或者确定不发生效力的，人民法院应当以被隐藏合同为事实基础，依据民法典第一百五十七条的规定确定当事人的民事责任。但是，法律另有规定的除外。

当事人就同一交易订立的多份合同均系真实意思表示，且不存在其他影响合同效力情形的，人民法院应当在查明各合同成立先后顺序和实际履行情况的基础上，认定合同内容是否发生变更。法律、行政法规禁止变更合同内容的，人民法院应当认定合同的相应变更无效。

第十五条 人民法院认定当事人之间的权利义务关系，不应当拘泥于合同使用的名称，而应当根据合同约定的内容。当事人主张的权利义务关系与根据合同内容认定的权利义务关系不一致的，人民法院应当结合缔约背景、交易目的、交易结构、履行行为以及当事人是否存在虚构交易标的等事实认定当事人之间的实际民事法律关系。

第十六条 合同违反法律、行政法规的强制性规定，有下列情形之一，由行为人承担行政责任或者刑事责任能够实现强制性规定的立法目的的，人民法院可以依据民法典第一百五十三条第一款关于"该强制性规定不导致该民事法律行为无效的除外"的规定认定该合同不因违反强制性规定无效：

（一）强制性规定虽然旨在维护社会公共秩序，但是合同的实际履行对社会公共秩序造成的影响显著轻微，认定合同无效将导致案件处理结果有失公平公正；

（二）强制性规定旨在维护政府的税收、土地出让金等国家利益或者其他民事主体的合法利益而非合同当事人的民事权益，认定合同有效不会影响该规范目的的实现；

（三）强制性规定旨在要求当事人一方加强风险控制、内部管理等，对方无能力或者无义务审查合同是否违反强制性规定，认定合同无效将使其承担不利后果；

（四）当事人一方虽然在订立合同时违反强制性规定，但是在合同订立后其已经具备补正违反强制性规定的条件却违背诚信原则不予补正；

（五）法律、司法解释规定的其他情形。

法律、行政法规的强制性规定旨在规制合同订立后的履行行为，当事人以合同违反强制性规定为由请求认定合同无效的，人民法院不予支持。但是，合同履行必然导致违反强制性规定或者法律、司法解释另有规定的除外。

依据前两款认定合同有效，但是当事人的违法行为未经处理的，人民法院应当向有关行政管理部门提出司法建议。当事人的行为涉嫌犯罪的，应当将案件线索移送刑事侦查机关；属于刑事自诉案件的，应当告知当事人可以向有管辖权的人民法院另行提起诉讼。

第十七条 合同虽然不违反法律、行政法规的强制性规定，但是有下列情形之一，人民法院应当依据民法典第一百五十三条第二款的规定认定合同无效：

（一）合同影响政治安全、经济安全、军事安全等国家安全的；

（二）合同影响社会稳定、公平竞争秩序或者损害社会公共利益等违背社会公共秩序的；

（三）合同背离社会公德、家庭伦理或者有损人格尊严等违背善良风俗的。

人民法院在认定合同是否违背公序良俗时，应当以社会主义核心价值观为导向，综合考虑当事人的主观动机和交易目的、政府部门的监管强度、一定期限内当事人从事类似交易的频次、行为的社会后果等因素，并在裁判文书中充分说理。当事人确因生活需要进行交易，未给社会公共秩序造成重大影响，且不影响国家安全，也不违背善良风俗的，人民法院不应当认定合同无效。

第十八条 法律、行政法规的规定虽然有"应当""必须"或者"不得"等表述，但是该规定旨在限制或者赋予民事权利，行为人违反该规定将构成无权处分、无权代理、越权代表等，或者导致合同相对人、第三人因此获得撤销权、解除权等民事权利的，人民法院应当依据法律、行政法规规定的关于违反该规定的民事法律后果认定合同效力。

《建设工程施工合同解释》

第一条 建设工程施工合同具有下列情形之一的，应当依据民法典第一百五十三条第一款的规定，认定无效：

（一）承包人未取得建筑业企业资质或者超越资质等级的；

（二）没有资质的实际施工人借用有资质的建筑施工企业名义的；

（三）建设工程必须进行招标而未招标或者中标无效的。

承包人因转包、违法分包建设工程与他人签订的建设工程施工合同，应当依据民法典第一百五十三条第一款及第七百九十一条第二款、第三款的规定，认定无效。

第一百五十四条 【恶意串通】行为人与相对人恶意串通,损害他人合法权益的民事法律行为无效。

第一百五十五条 【无效或者被撤销民事法律行为自始无效】无效的或者被撤销的民事法律行为自始没有法律约束力。

第一百五十六条 【民事法律行为部分无效】民事法律行为部分无效,不影响其他部分效力的,其他部分仍然有效。

第一百五十七条 【民事法律行为无效、被撤销、不生效力的法律后果】民事法律行为无效、被撤销或者确定不发生效力后,行为人因该行为取得的财产,应当予以返还;不能返还或者没有必要返还的,应当折价补偿。有过错的一方应当赔偿对方由此所受到的损失;各方都有过错的,应当各自承担相应的责任。法律另有规定的,依照其规定。

关联对照

《总则编解释》

第二十三条 民事法律行为不成立,当事人请求返还财产、折价补偿或者赔偿损失的,参照适用民法典第一百五十七条的规定。

《合同编通则解释》

第二十四条 合同不成立、无效、被撤销或者确定不发生效力,当事人请求返还财产,经审查财产能够返还的,人民法院应当根据案件具体情况,单独或者合并适用返还占有的标的物、更正登记簿册记载等方式;经审查财产不能返还或者没有必要返还的,人民法院应当以认定合同不成立、无效、被撤销或者确定不发生效力之日该财产的市场价值或者以其他合理方式计算的价值为基准判决折价补偿。

除前款规定的情形外,当事人还请求赔偿损失的,人民法院应当结合财产返还或者折价补偿的情况,综合考虑财产增值收益和贬值损失、交易成本的支出等事实,按照双方当事人的过错程度及原因力大小,根据诚信原则和公平原则,合理确定损失赔偿额。

合同不成立、无效、被撤销或者确定不发生效力,当事人的行为涉嫌违法且未经处理，可能导致一方或者双方通过违法行为获得不当利益的，人民法院应当向有关行政管理部门提出司法建议。当事人的行为涉嫌犯罪的，应当将案件线索移送刑事侦查机关；属于刑事自诉案件的，应当告知当事人可以向有管辖权的人民法院另行提起诉讼。

第二十五条　合同不成立、无效、被撤销或者确定不发生效力，有权请求返还价款或者报酬的当事人一方请求对方支付资金占用费的，人民法院应当在当事人请求的范围内按照中国人民银行授权全国银行间同业拆借中心公布的一年期贷款市场报价利率（LPR）计算。但是，占用资金的当事人对于合同不成立、无效、被撤销或者确定不发生效力没有过错的，应当以中国人民银行公布的同期同类存款基准利率计算。

双方互负返还义务，当事人主张同时履行的，人民法院应予支持；占有标的物的一方对标的物存在使用或者依法可以使用的情形，对方请求将其应支付的资金占用费与应收取的标的物使用费相互抵销的，人民法院应予支持，但是法律另有规定的除外。

第四节　民事法律行为的附条件和附期限

第一百五十八条　【附条件的民事法律行为】民事法律行为可以附条件，但是根据其性质不得附条件的除外。附生效条件的民事法律行为，自条件成就时生效。附解除条件的民事法律行为，自条件成就时失效。

● 关联对照

《总则编解释》

第二十四条　民事法律行为所附条件不可能发生，当事人约定为生效条件的，人民法院应当认定民事法律行为不发生效力；当事人约定为解除条件的，应当认定未附条件，民事法律行为是否失效，依照民法典和相关法律、行政法规的规定认定。

第一百五十九条 【条件成就或不成就的拟制】附条件的民事法律行为，当事人为自己的利益不正当地阻止条件成就的，视为条件已经成就；不正当地促成条件成就的，视为条件不成就。

第一百六十条 【附期限的民事法律行为】民事法律行为可以附期限，但是根据其性质不得附期限的除外。附生效期限的民事法律行为，自期限届至时生效。附终止期限的民事法律行为，自期限届满时失效。

第七章 代　　理

第一节 一　般　规　定

第一百六十一条 【代理的适用范围】民事主体可以通过代理人实施民事法律行为。

依照法律规定、当事人约定或者民事法律行为的性质，应当由本人亲自实施的民事法律行为，不得代理。

第一百六十二条 【代理的效力】代理人在代理权限内，以被代理人名义实施的民事法律行为，对被代理人发生效力。

第一百六十三条 【代理的类型】代理包括委托代理和法定代理。

委托代理人按照被代理人的委托行使代理权。法定代理人依照法律的规定行使代理权。

第一百六十四条 【不当代理的民事责任】代理人不履行或者不完全履行职责，造成被代理人损害的，应当承担民事责任。

代理人和相对人恶意串通，损害被代理人合法权益的，代理人和相对人应当承担连带责任。

第二节 委托代理

第一百六十五条 【授权委托书】委托代理授权采用书面形式的,授权委托书应当载明代理人的姓名或者名称、代理事项、权限和期限,并由被代理人签名或者盖章。

第一百六十六条 【共同代理】数人为同一代理事项的代理人的,应当共同行使代理权,但是当事人另有约定的除外。

第一百六十七条 【违法代理的责任承担】代理人知道或者应当知道代理事项违法仍然实施代理行为,或者被代理人知道或者应当知道代理人的代理行为违法未作反对表示的,被代理人和代理人应当承担连带责任。

第一百六十八条 【禁止自己代理和双方代理】代理人不得以被代理人的名义与自己实施民事法律行为,但是被代理人同意或者追认的除外。

代理人不得以被代理人的名义与自己同时代理的其他人实施民事法律行为,但是被代理的双方同意或者追认的除外。

第一百六十九条 【复代理】代理人需要转委托第三人代理的,应当取得被代理人的同意或者追认。

转委托代理经被代理人同意或者追认的,被代理人可以就代理事务直接指示转委托的第三人,代理人仅就第三人的选任以及对第三人的指示承担责任。

转委托代理未经被代理人同意或者追认的,代理人应当对转委托的第三人的行为承担责任;但是,在紧急情况下代理人为了维护被代理人的利益需要转委托第三人代理的除外。

关联对照

《总则编解释》

第二十六条 由于急病、通讯联络中断、疫情防控等特殊原因,委托代理人自己不能办理代理事项,又不能与被代理人及时取得联系，如不及时转委托第三人代理，会给被代理人的利益造成损失或者扩大损失的，人民法院应当认定为民法典第一百六十九条规定的紧急情况。

第一百七十条 【职务代理】执行法人或者非法人组织工作任务的人员，就其职权范围内的事项，以法人或者非法人组织的名义实施的民事法律行为，对法人或者非法人组织发生效力。

法人或者非法人组织对执行其工作任务的人员职权范围的限制，不得对抗善意相对人。

第一百七十一条 【无权代理】行为人没有代理权、超越代理权或者代理权终止后，仍然实施代理行为，未经被代理人追认的，对被代理人不发生效力。

相对人可以催告被代理人自收到通知之日起三十日内予以追认。被代理人未作表示的，视为拒绝追认。行为人实施的行为被追认前，善意相对人有撤销的权利。撤销应当以通知的方式作出。

行为人实施的行为未被追认的，善意相对人有权请求行为人履行债务或者就其受到的损害请求行为人赔偿。但是，赔偿的范围不得超过被代理人追认时相对人所能获得的利益。

相对人知道或者应当知道行为人无权代理的，相对人和行为人按照各自的过错承担责任。

关联对照

《总则编解释》

第二十七条 无权代理行为未被追认，相对人请求行为人履行债务或者赔偿损失的，由行为人就相对人知道或者应当知道行为人无权代理承担举证责任。行为人不能证明的，人民法院依法支持相对人的相应诉讼请求；行为人能够证明的，人民法院应当按照各自的过错认定行为人与相对人的责任。

第二十九条 法定代理人、被代理人依据民法典第一百四十五条、第一百七十一条的规定向相对人作出追认的意思表示的，人民法院应当依据民法典第一百三十七条的规定确认其追认意思表示的生效时间。

第一百七十二条　【表见代理】行为人没有代理权、超越代理权或者代理权终止后，仍然实施代理行为，相对人有理由相信行为人有代理权的，代理行为有效。

关联对照

《总则编解释》

第二十五条　数个委托代理人共同行使代理权，其中一人或者数人未与其他委托代理人协商，擅自行使代理权的，依据民法典第一百七十一条、第一百七十二条等规定处理。

第二十八条　同时符合下列条件的，人民法院可以认定为民法典第一百七十二条规定的相对人有理由相信行为人有代理权：

（一）存在代理权的外观；

（二）相对人不知道行为人行为时没有代理权，且无过失。

因是否构成表见代理发生争议的，相对人应当就无权代理符合前款第一项规定的条件承担举证责任；被代理人应当就相对人不符合前款第二项规定的条件承担举证责任。

《合同编通则解释》

第二十一条　法人、非法人组织的工作人员就超越其职权范围的事项以法人、非法人组织的名义订立合同，相对人主张该合同对法人、非法人组织发生效力并由其承担违约责任的，人民法院不予支持。但是，法人、非法人组织有过错的，人民法院可以参照民法典第一百五十七条的规定判决其承担相应的赔偿责任。前述情形，构成表见代理的，人民法院应当依据民法典第一百七十二条的规定处理。

合同所涉事项有下列情形之一的，人民法院应当认定法人、非法人组织的工作人员在订立合同时超越其职权范围：

（一）依法应当由法人、非法人组织的权力机构或者决策机构决议的事项；

（二）依法应当由法人、非法人组织的执行机构决定的事项；

（三）依法应当由法定代表人、负责人代表法人、非法人组织实施的事项；

（四）不属于通常情形下依其职权可以处理的事项。

合同所涉事项未超越依据前款确定的职权范围，但是超越法人、非法人组织对工作人员职权范围的限制，相对人主张该合同对法人、非法人组织发生效力并由其承担违约责任的，人民法院应予支持。但是，法人、非法人组织举证证明相对人知道或者应当知道该限制的除外。

法人、非法人组织承担民事责任后，向故意或者有重大过失的工作人员追偿的，人民法院依法予以支持。

第三节 代理终止

第一百七十三条　【委托代理的终止】有下列情形之一的，委托代理终止：

（一）代理期限届满或者代理事务完成；

（二）被代理人取消委托或者代理人辞去委托；

（三）代理人丧失民事行为能力；

（四）代理人或者被代理人死亡；

（五）作为代理人或者被代理人的法人、非法人组织终止。

第一百七十四条　【委托代理终止的例外】被代理人死亡后，有下列情形之一的，委托代理人实施的代理行为有效：

（一）代理人不知道且不应当知道被代理人死亡；

（二）被代理人的继承人予以承认；

（三）授权中明确代理权在代理事务完成时终止；

（四）被代理人死亡前已经实施，为了被代理人的继承人的利益继续代理。

作为被代理人的法人、非法人组织终止的，参照适用前款规定。

第一百七十五条　【法定代理的终止】有下列情形之一的，法定代理终止：

（一）被代理人取得或者恢复完全民事行为能力；

（二）代理人丧失民事行为能力；

（三）代理人或者被代理人死亡；

（四）法律规定的其他情形。

第八章　民事责任

第一百七十六条　【民事责任】民事主体依照法律规定或者按照当事人约定，履行民事义务，承担民事责任。

第一百七十七条　【按份责任】二人以上依法承担按份责任，能够确定责任大小的，各自承担相应的责任；难以确定责任大小的，平均承担责任。

第一百七十八条　【连带责任】二人以上依法承担连带责任的，权利人有权请求部分或者全部连带责任人承担责任。

连带责任人的责任份额根据各自责任大小确定；难以确定责任大小的，平均承担责任。实际承担责任超过自己责任份额的连带责任人，有权向其他连带责任人追偿。

连带责任，由法律规定或者当事人约定。

第一百七十九条　【民事责任的承担方式】承担民事责任的方式主要有：

（一）停止侵害；

（二）排除妨碍；

（三）消除危险；

（四）返还财产；

（五）恢复原状；

（六）修理、重作、更换；

（七）继续履行；

（八）赔偿损失；

（九）支付违约金；

（十）消除影响、恢复名誉；

（十一）赔礼道歉。

法律规定惩罚性赔偿的，依照其规定。

本条规定的承担民事责任的方式，可以单独适用，也可以合并适用。

第一百八十条　【不可抗力】 因不可抗力不能履行民事义务的，不承担民事责任。法律另有规定的，依照其规定。

不可抗力是不能预见、不能避免且不能克服的客观情况。

第一百八十一条　【正当防卫】 因正当防卫造成损害的，不承担民事责任。

正当防卫超过必要的限度，造成不应有的损害的，正当防卫人应当承担适当的民事责任。

关联对照

《总则编解释》

第三十条　为了使国家利益、社会公共利益、本人或者他人的人身权利、财产权利以及其他合法权益免受正在进行的不法侵害，而针对实施侵害行为的人采取的制止不法侵害的行为，应当认定为民法典第一百八十一条规定的正当防卫。

第三十一条　对于正当防卫是否超过必要的限度，人民法院应当综合不法侵害的性质、手段、强度、危害程度和防卫的时机、手段、强度、损害后果等因素判断。

经审理，正当防卫没有超过必要限度的，人民法院应当认定正当防卫人不承担责任。正当防卫超过必要限度的，人民法院应当认定正当防卫人在造成不应有的损害范围内承担部分责任；实施侵害行为的人请求正当防卫人承担全部责任的，人民法院不予支持。

实施侵害行为的人不能证明防卫行为造成不应有的损害，仅以正当防卫人采取的反击方式和强度与不法侵害不相当为由主张防卫过当的，人民法院不予支持。

第一百八十二条　【紧急避险】因紧急避险造成损害的，由引起险情发生的人承担民事责任。

危险由自然原因引起的，紧急避险人不承担民事责任，可以给予适当补偿。

紧急避险采取措施不当或者超过必要的限度，造成不应有的损害的，紧急避险人应当承担适当的民事责任。

关联对照

《总则编解释》

第三十二条　为了使国家利益、社会公共利益、本人或者他人的人身权利、财产权利以及其他合法权益免受正在发生的急迫危险，不得已而采取紧急措施的，应当认定为民法典第一百八十二条规定的紧急避险。

第三十三条　对于紧急避险是否采取措施不当或者超过必要的限度，人民法院应当综合危险的性质、急迫程度、避险行为所保护的权益以及造成的损害后果等因素判断。

经审理，紧急避险采取措施并无不当且没有超过必要限度的，人民法院应当认定紧急避险人不承担责任。紧急避险采取措施不当或者超过必要限度的，人民法院应当根据紧急避险人的过错程度、避险措施造成不应有的损害的原因力大小、紧急避险人是否为受益人等因素认定紧急避险人在造成的不应有的损害范围内承担相应的责任。

第一百八十三条 　**【因保护他人民事权益而受损的责任承担】**因保护他人民事权益使自己受到损害的，由侵权人承担民事责任，受益人可以给予适当补偿。没有侵权人、侵权人逃逸或者无力承担民事责任，受害人请求补偿的，受益人应当给予适当补偿。

※ 关联对照

《总则编解释》

　　第三十四条　因保护他人民事权益使自己受到损害，受害人依据民法典第一百八十三条的规定请求受益人适当补偿的，人民法院可以根据受害人所受损失和已获赔偿的情况、受益人受益的多少及其经济条件等因素确定受益人承担的补偿数额。

第一百八十四条　**【紧急救助的责任豁免】**因自愿实施紧急救助行为造成受助人损害的，救助人不承担民事责任。

第一百八十五条　**【英雄烈士人格利益的保护】**侵害英雄烈士等的姓名、肖像、名誉、荣誉，损害社会公共利益的，应当承担民事责任。

※ 关联对照

《时间效力规定》

　　第六条　《中华人民共和国民法总则》施行前，侵害英雄烈士等的姓名、肖像、名誉、荣誉，损害社会公共利益引起的民事纠纷案件，适用民法典第一百八十五条的规定。

第一百八十六条　**【违约责任与侵权责任的竞合】**因当事人一方的违约行为，损害对方人身权益、财产权益的，受损害方有权选择请求其承担违约责任或者侵权责任。

第一百八十七条　**【民事责任优先】**民事主体因同一行为应当承担民事责任、行政责任和刑事责任的，承担行政责任或者刑事责任不影响承担民事责任；民事主体的财产不足以支付的，优先用于承担民事责任。

第九章 诉讼时效

第一百八十八条 【普通诉讼时效】向人民法院请求保护民事权利的诉讼时效期间为三年。法律另有规定的，依照其规定。

诉讼时效期间自权利人知道或者应当知道权利受到损害以及义务人之日起计算。法律另有规定的，依照其规定。但是，自权利受到损害之日起超过二十年的，人民法院不予保护，有特殊情况的，人民法院可以根据权利人的申请决定延长。

✿ 关联对照

《总则编解释》

第三十五条　民法典第一百八十八条第一款规定的三年诉讼时效期间，可以适用民法典有关诉讼时效中止、中断的规定，不适用延长的规定。该条第二款规定的二十年期间不适用中止、中断的规定。

第三十六条　无民事行为能力人或者限制民事行为能力人的权利受到损害的，诉讼时效期间自其法定代理人知道或者应当知道权利受到损害以及义务人之日起计算，但是法律另有规定的除外。

第三十七条　无民事行为能力人、限制民事行为能力人的权利受到原法定代理人损害，且在取得、恢复完全民事行为能力或者在原法定代理终止并确定新的法定代理人后，相应民事主体才知道或者应当知道权利受到损害的，有关请求权诉讼时效期间的计算适用民法典第一百八十八条第二款、本解释第三十六条的规定。

第一百八十九条 【分期履行债务诉讼时效的起算】当事人约定同一债务分期履行的，诉讼时效期间自最后一期履行期限届满之日起计算。

第一百九十条 【对法定代理人请求权诉讼时效的起算】无民事行为能力人或者限制民事行为能力人对其法定代理人的请求权的诉讼时效

期间，自该法定代理终止之日起计算。

第一百九十一条　【未成年人遭受性侵害的损害赔偿诉讼时效的起算】未成年人遭受性侵害的损害赔偿请求权的诉讼时效期间，自受害人年满十八周岁之日起计算。

第一百九十二条　【诉讼时效届满的法律效果】诉讼时效期间届满的，义务人可以提出不履行义务的抗辩。

诉讼时效期间届满后，义务人同意履行的，不得以诉讼时效期间届满为由抗辩；义务人已经自愿履行的，不得请求返还。

第一百九十三条　【诉讼时效援用】人民法院不得主动适用诉讼时效的规定。

第一百九十四条　【诉讼时效的中止】在诉讼时效期间的最后六个月内，因下列障碍，不能行使请求权的，诉讼时效中止：

（一）不可抗力；

（二）无民事行为能力人或者限制民事行为能力人没有法定代理人，或者法定代理人死亡、丧失民事行为能力、丧失代理权；

（三）继承开始后未确定继承人或者遗产管理人；

（四）权利人被义务人或者其他人控制；

（五）其他导致权利人不能行使请求权的障碍。

自中止时效的原因消除之日起满六个月，诉讼时效期间届满。

第一百九十五条　【诉讼时效的中断】有下列情形之一的，诉讼时效中断，从中断、有关程序终结时起，诉讼时效期间重新计算：

（一）权利人向义务人提出履行请求；

（二）义务人同意履行义务；

（三）权利人提起诉讼或者申请仲裁；

（四）与提起诉讼或者申请仲裁具有同等效力的其他情形。

关联对照

《总则编解释》

第三十八条　诉讼时效依据民法典第一百九十五条的规定中断

后,在新的诉讼时效期间内,再次出现第一百九十五条规定的中断事由,可以认定为诉讼时效再次中断。

权利人向义务人的代理人、财产代管人或者遗产管理人等提出履行请求的,可以认定为民法典第一百九十五条规定的诉讼时效中断。

《最高人民法院关于审理民事案件适用诉讼时效制度若干问题的规定》

第八条 具有下列情形之一的,应当认定为民法典第一百九十五条规定的"权利人向义务人提出履行请求",产生诉讼时效中断的效力:

(一)当事人一方直接向对方当事人送交主张权利文书,对方当事人在文书上签名、盖章、按指印或者虽未签名、盖章、按指印但能够以其他方式证明该文书到达对方当事人的;

(二)当事人一方以发送信件或者数据电文方式主张权利,信件或者数据电文到达或者应当到达对方当事人的;

(三)当事人一方为金融机构,依照法律规定或者当事人约定从对方当事人账户中扣收欠款本息的;

(四)当事人一方下落不明,对方当事人在国家级或者下落不明的当事人一方住所地的省级有影响的媒体上刊登具有主张权利内容的公告的,但法律和司法解释另有特别规定的,适用其规定。

前款第(一)项情形中,对方当事人为法人或者其他组织的,签收人可以是其法定代表人、主要负责人、负责收发信件的部门或者被授权主体;对方当事人为自然人的,签收人可以是自然人本人、同住的具有完全行为能力的亲属或者被授权主体。

第九条 权利人对同一债权中的部分债权主张权利,诉讼时效中断的效力及于剩余债权,但权利人明确表示放弃剩余债权的情形除外。

第十条 当事人一方向人民法院提交起诉状或者口头起诉的,诉讼时效从提交起诉状或者口头起诉之日起中断。

第十一条 下列事项之一,人民法院应当认定与提起诉讼具有同等诉讼时效中断的效力：

（一）申请支付令；

（二）申请破产、申报破产债权；

（三）为主张权利而申请宣告义务人失踪或死亡；

（四）申请诉前财产保全、诉前临时禁令等诉前措施；

（五）申请强制执行；

（六）申请追加当事人或者被通知参加诉讼；

（七）在诉讼中主张抵销；

（八）其他与提起诉讼具有同等诉讼时效中断效力的事项。

第十二条　权利人向人民调解委员会以及其他依法有权解决相关民事纠纷的国家机关、事业单位、社会团体等社会组织提出保护相应民事权利的请求，诉讼时效从提出请求之日起中断。

第十三条　权利人向公安机关、人民检察院、人民法院报案或者控告，请求保护其民事权利的，诉讼时效从其报案或者控告之日起中断。

上述机关决定不立案、撤销案件、不起诉的，诉讼时效期间从权利人知道或者应当知道不立案、撤销案件或者不起诉之日起重新计算；刑事案件进入审理阶段，诉讼时效期间从刑事裁判文书生效之日起重新计算。

第十四条　义务人作出分期履行、部分履行、提供担保、请求延期履行、制定清偿债务计划等承诺或者行为的，应当认定为民法典第一百九十五条规定的"义务人同意履行义务"。

第十五条　对于连带债权人中的一人发生诉讼时效中断效力的事由，应当认定对其他连带债权人也发生诉讼时效中断的效力。

对于连带债务人中的一人发生诉讼时效中断效力的事由，应当认定对其他连带债务人也发生诉讼时效中断的效力。

第十六条　债权人提起代位权诉讼的，应当认定对债权人的债权和债务人的债权均发生诉讼时效中断的效力。

第十七条　债权转让的，应当认定诉讼时效从债权转让通知到达债务人之日起中断。

债务承担情形下，构成原债务人对债务承认的，应当认定诉讼时效从债务承担意思表示到达债权人之日起中断。

第一百九十六条　**【不适用诉讼时效的情形】**下列请求权不适用诉讼时效的规定：

（一）请求停止侵害、排除妨碍、消除危险；
（二）不动产物权和登记的动产物权的权利人请求返还财产；
（三）请求支付抚养费、赡养费或者扶养费；
（四）依法不适用诉讼时效的其他请求权。

第一百九十七条　**【诉讼时效法定】**诉讼时效的期间、计算方法以及中止、中断的事由由法律规定，当事人约定无效。

当事人对诉讼时效利益的预先放弃无效。

第一百九十八条　**【仲裁时效】**法律对仲裁时效有规定的，依照其规定；没有规定的，适用诉讼时效的规定。

第一百九十九条　**【除斥期间】**法律规定或者当事人约定的撤销权、解除权等权利的存续期间，除法律另有规定外，自权利人知道或者应当知道权利产生之日起计算，不适用有关诉讼时效中止、中断和延长的规定。存续期间届满，撤销权、解除权等权利消灭。

第十章　期间计算

第二百条　**【期间的计算单位】**民法所称的期间按照公历年、月、日、小时计算。

第二百零一条　**【期间的起算】**按照年、月、日计算期间的，开始的当日不计入，自下一日开始计算。

按照小时计算期间的，自法律规定或者当事人约定的时间开始计算。

第二百零二条　**【期间结束】**按照年、月计算期间的，到期月的对应日为期间的最后一日；没有对应日的，月末日为期间的最后一日。

第二百零三条 【期间计算的特殊规定】期间的最后一日是法定休假日的，以法定休假日结束的次日为期间的最后一日。

期间的最后一日的截止时间为二十四时；有业务时间的，停止业务活动的时间为截止时间。

第二百零四条 【期间法定或约定】期间的计算方法依照本法的规定，但是法律另有规定或者当事人另有约定的除外。

第二编 物 权

第一分编 通 则

第一章 一般规定

第二百零五条 【物权编的调整范围】本编调整因物的归属和利用产生的民事关系。

❋ 关联对照

《物权编解释》

第一条 因不动产物权的归属，以及作为不动产物权登记基础的买卖、赠与、抵押等产生争议，当事人提起民事诉讼的，应当依法受理。当事人已经在行政诉讼中申请一并解决上述民事争议，且人民法院一并审理的除外。

第二百零六条 【我国基本经济制度与社会主义市场经济原则】国家坚持和完善公有制为主体、多种所有制经济共同发展，按劳分配为主体、多种分配方式并存，社会主义市场经济体制等社会主义基本经济制度。

国家巩固和发展公有制经济，鼓励、支持和引导非公有制经济的发展。

国家实行社会主义市场经济，保障一切市场主体的平等法律地位和发展权利。

第二百零七条 【平等保护原则】国家、集体、私人的物权和其他权利人的物权受法律平等保护，任何组织或者个人不得侵犯。

第二百零八条 【物权公示原则】不动产物权的设立、变更、转让和消灭，应当依照法律规定登记。动产物权的设立和转让，应当依照法律规定交付。

第二章 物权的设立、变更、转让和消灭

第一节 不动产登记

第二百零九条 【不动产物权的登记生效原则及其例外】不动产物权的设立、变更、转让和消灭，经依法登记，发生效力；未经登记，不发生效力，但是法律另有规定的除外。

依法属于国家所有的自然资源，所有权可以不登记。

第二百一十条 【不动产登记机构和不动产统一登记】不动产登记，由不动产所在地的登记机构办理。

国家对不动产实行统一登记制度。统一登记的范围、登记机构和登记办法，由法律、行政法规规定。

第二百一十一条 【申请不动产登记应提供的必要材料】当事人申请登记，应当根据不同登记事项提供权属证明和不动产界址、面积等必要材料。

第二百一十二条 【不动产登记机构应当履行的职责】登记机构应当履行下列职责：

（一）查验申请人提供的权属证明和其他必要材料；

（二）就有关登记事项询问申请人；

（三）如实、及时登记有关事项；

（四）法律、行政法规规定的其他职责。

申请登记的不动产的有关情况需要进一步证明的，登记机构可以要求申请人补充材料，必要时可以实地查看。

第二百一十三条　【不动产登记机构的禁止行为】登记机构不得有下列行为：

（一）要求对不动产进行评估；

（二）以年检等名义进行重复登记；

（三）超出登记职责范围的其他行为。

第二百一十四条　【不动产物权变动的生效时间】不动产物权的设立、变更、转让和消灭，依照法律规定应当登记的，自记载于不动产登记簿时发生效力。

第二百一十五条　【合同效力和物权效力区分】当事人之间订立有关设立、变更、转让和消灭不动产物权的合同，除法律另有规定或者当事人另有约定外，自合同成立时生效；未办理物权登记的，不影响合同效力。

第二百一十六条　【不动产登记簿效力及管理机构】不动产登记簿是物权归属和内容的根据。

不动产登记簿由登记机构管理。

第二百一十七条　【不动产登记簿与不动产权属证书的关系】不动产权属证书是权利人享有该不动产物权的证明。不动产权属证书记载的事项，应当与不动产登记簿一致；记载不一致的，除有证据证明不动产登记簿确有错误外，以不动产登记簿为准。

第二百一十八条　【不动产登记资料的查询、复制】权利人、利害关系人可以申请查询、复制不动产登记资料，登记机构应当提供。

第二百一十九条　【利害关系人的非法利用不动产登记资料禁止义务】利害关系人不得公开、非法使用权利人的不动产登记资料。

第二百二十条　【更正登记和异议登记】权利人、利害关系人认为不动产登记簿记载的事项错误的，可以申请更正登记。不动产登记簿记载的权利人书面同意更正或者有证据证明登记确有错误的，登记机构应当予以更正。

不动产登记簿记载的权利人不同意更正的，利害关系人可以申请异议登记。登记机构予以异议登记，申请人自异议登记之日起十五日内不提起诉讼的，异议登记失效。异议登记不当，造成权利人损害的，权利人可以向申请人请求损害赔偿。

关联对照

《物权编解释》

第二条　当事人有证据证明不动产登记簿的记载与真实权利状态不符、其为该不动产物权的真实权利人，请求确认其享有物权的，应予支持。

第三条　异议登记因民法典第二百二十条第二款规定的事由失效后，当事人提起民事诉讼，请求确认物权归属的，应当依法受理。异议登记失效不影响人民法院对案件的实体审理。

第二百二十一条　【预告登记】当事人签订买卖房屋的协议或者签订其他不动产物权的协议，为保障将来实现物权，按照约定可以向登记机构申请预告登记。预告登记后，未经预告登记的权利人同意，处分该不动产的，不发生物权效力。

预告登记后，债权消灭或者自能够进行不动产登记之日起九十日内未申请登记的，预告登记失效。

关联对照

《物权编解释》

第四条　未经预告登记的权利人同意，转让不动产所有权等物权，或者设立建设用地使用权、居住权、地役权、抵押权等其他物权的，应当依照民法典第二百二十一条第一款的规定，认定其不发生物权效力。

第五条　预告登记的买卖不动产物权的协议被认定无效、被撤销，或者预告登记的权利人放弃债权的，应当认定为民法典第二百二十一条第二款所称的"债权消灭"。

第二百二十二条　【不动产登记错误损害赔偿责任】当事人提供虚假材料申请登记，造成他人损害的，应当承担赔偿责任。

因登记错误，造成他人损害的，登记机构应当承担赔偿责任。登记机构赔偿后，可以向造成登记错误的人追偿。

第二百二十三条　【不动产登记收费标准的确定】不动产登记费按件收取，不得按照不动产的面积、体积或者价款的比例收取。

第二节　动产交付

第二百二十四条　【动产物权变动生效时间】动产物权的设立和转让，自交付时发生效力，但是法律另有规定的除外。

第二百二十五条　【船舶、航空器和机动车物权变动采取登记对抗主义】船舶、航空器和机动车等的物权的设立、变更、转让和消灭，未经登记，不得对抗善意第三人。

关联对照

《物权编解释》

第六条　转让人转让船舶、航空器和机动车等所有权，受让人已经支付合理价款并取得占有，虽未经登记，但转让人的债权人主张其为民法典第二百二十五条所称的"善意第三人"的，不予支持，法律另有规定的除外。

第二百二十六条　【简易交付】动产物权设立和转让前，权利人已经占有该动产的，物权自民事法律行为生效时发生效力。

第二百二十七条　【指示交付】动产物权设立和转让前，第三人占有该动产的，负有交付义务的人可以通过转让请求第三人返还原物的权利代替交付。

第二百二十八条 【占有改定】动产物权转让时,当事人又约定由出让人继续占有该动产的,物权自该约定生效时发生效力。

第三节 其他规定

第二百二十九条 【法律文书、征收决定导致物权变动效力发生时间】因人民法院、仲裁机构的法律文书或者人民政府的征收决定等,导致物权设立、变更、转让或者消灭的,自法律文书或者征收决定等生效时发生效力。

关联对照

《物权编解释》

第七条 人民法院、仲裁机构在分割共有不动产或者动产等案件中作出并依法生效的改变原有物权关系的判决书、裁决书、调解书,以及人民法院在执行程序中作出的拍卖成交裁定书、变卖成交裁定书、以物抵债裁定书,应当认定为民法典第二百二十九条所称导致物权设立、变更、转让或者消灭的人民法院、仲裁机构的法律文书。

《合同编通则解释》

第二十七条 债务人或者第三人与债权人在债务履行期限届满后达成以物抵债协议,不存在影响合同效力情形的,人民法院应当认定该协议自当事人意思表示一致时生效。

债务人或者第三人履行以物抵债协议后,人民法院应当认定相应的原债务同时消灭;债务人或者第三人未按照约定履行以物抵债协议,经催告后在合理期限内仍不履行,债权人选择请求履行原债务或者以物抵债协议的,人民法院应予支持,但是法律另有规定或者当事人另有约定的除外。

前款规定的以物抵债协议经人民法院确认或者人民法院根据当事人达成的以物抵债协议制作成调解书,债权人主张财产权利自确认书、调解书生效时发生变动或者具有对抗善意第三人效力的,人民法院不予支持。

债务人或者第三人以自己不享有所有权或者处分权的财产权利订立以物抵债协议的，依据本解释第十九条的规定处理。

第二十八条 债务人或者第三人与债权人在债务履行期限届满前达成以物抵债协议的，人民法院应当在审理债权债务关系的基础上认定该协议的效力。

当事人约定债务人到期没有清偿债务，债权人可以对抵债财产拍卖、变卖、折价以实现债权的，人民法院应当认定该约定有效。当事人约定债务人到期没有清偿债务，抵债财产归债权人所有的，人民法院应当认定该约定无效，但是不影响其他部分的效力；债权人请求对抵债财产拍卖、变卖、折价以实现债权的，人民法院应予支持。

当事人订立前款规定的以物抵债协议后，债务人或者第三人未将财产权利转移至债权人名下，债权人主张优先受偿的，人民法院不予支持；债务人或者第三人已将财产权利转移至债权人名下的，依据《最高人民法院关于适用〈中华人民共和国民法典〉有关担保制度的解释》第六十八条的规定处理。

《担保制度解释》

第六十八条 债务人或者第三人与债权人约定将财产形式上转移至债权人名下，债务人不履行到期债务，债权人有权对财产折价或者以拍卖、变卖该财产所得价款偿还债务的，人民法院应当认定该约定有效。当事人已经完成财产权利变动的公示，债务人不履行到期债务，债权人请求参照民法典关于担保物权的有关规定就该财产优先受偿的，人民法院应予支持。

债务人或者第三人与债权人约定将财产形式上转移至债权人名下，债务人不履行到期债务，财产归债权人所有的，人民法院应当认定该约定无效，但是不影响当事人有关提供担保的意思表示的效力。当事人已经完成财产权利变动的公示，债务人不履行到期债务，债权人请求对该财产享有所有权的，人民法院不予支持；债权人请求参照民法典关于担保物权的规定对财产折价或者以拍卖、变卖该财产所得的价款优先受偿的，人民法院应予支持；债务人履行债务后请求返还财产，或者请求对财产折价或者以拍卖、变卖所得的价款清偿债务的，人民法院应予支持。

债务人与债权人约定将财产转移至债权人名下，在一定期间后再由债务人或者其指定的第三人以交易本金加上溢价款回购，债务人到期不履行回购义务，财产归债权人所有的，人民法院应当参照第二款规定处理。回购对象自始不存在的，人民法院应当依照民法典第一百四十六条第二款的规定，按照其实际构成的法律关系处理。

第二百三十条　【因继承取得物权的生效时间】因继承取得物权的，自继承开始时发生效力。

第二百三十一条　【因事实行为设立或者消灭物权的生效时间】因合法建造、拆除房屋等事实行为设立或者消灭物权的，自事实行为成就时发生效力。

第二百三十二条　【非依民事法律行为享有的不动产物权变动】处分依照本节规定享有的不动产物权，依照法律规定需要办理登记的，未经登记，不发生物权效力。

第三章　物权的保护

第二百三十三条　【物权保护争讼程序】物权受到侵害的，权利人可以通过和解、调解、仲裁、诉讼等途径解决。

第二百三十四条　【物权确认请求权】因物权的归属、内容发生争议的，利害关系人可以请求确认权利。

第二百三十五条　【返还原物请求权】无权占有不动产或者动产的，权利人可以请求返还原物。

第二百三十六条　【排除妨害、消除危险请求权】妨害物权或者可能妨害物权的，权利人可以请求排除妨害或者消除危险。

第二百三十七条 【修理、重作、更换或者恢复原状请求权】造成不动产或者动产毁损的，权利人可以依法请求修理、重作、更换或者恢复原状。

第二百三十八条 【物权损害赔偿请求权】侵害物权，造成权利人损害的，权利人可以依法请求损害赔偿，也可以依法请求承担其他民事责任。

> **关联对照**
>
> 《物权编解释》
> 　　第八条　依据民法典第二百二十九条至第二百三十一条规定享有物权，但尚未完成动产交付或者不动产登记的权利人，依据民法典第二百三十五条至第二百三十八条的规定，请求保护其物权的，应予支持。

第二百三十九条 【物权保护方式的单用和并用】本章规定的物权保护方式，可以单独适用，也可以根据权利被侵害的情形合并适用。

第二分编　所　有　权

第四章　一　般　规　定

第二百四十条 【所有权的定义】所有权人对自己的不动产或者动产，依法享有占有、使用、收益和处分的权利。

第二百四十一条 【所有权人设立他物权】所有权人有权在自己的不动产或者动产上设立用益物权和担保物权。用益物权人、担保物权人行使权利，不得损害所有权人的权益。

第二百四十二条 【国家专有】法律规定专属于国家所有的不动产

和动产，任何组织或者个人不能取得所有权。

第二百四十三条 【征收】为了公共利益的需要，依照法律规定的权限和程序可以征收集体所有的土地和组织、个人的房屋以及其他不动产。

征收集体所有的土地，应当依法及时足额支付土地补偿费、安置补助费以及农村村民住宅、其他地上附着物和青苗等的补偿费用，并安排被征地农民的社会保障费用，保障被征地农民的生活，维护被征地农民的合法权益。

征收组织、个人的房屋以及其他不动产，应当依法给予征收补偿，维护被征收人的合法权益；征收个人住宅的，还应当保障被征收人的居住条件。

任何组织或者个人不得贪污、挪用、私分、截留、拖欠征收补偿费等费用。

关联对照

《土地承包解释》

第二十条　承包地被依法征收，承包方请求发包方给付已经收到的地上附着物和青苗的补偿费的，应予支持。

承包方已将土地经营权以出租、入股或者其他方式流转给第三人的，除当事人另有约定外，青苗补偿费归实际投入人所有，地上附着物补偿费归附着物所有人所有。

第二十一条　承包地被依法征收，放弃统一安置的家庭承包方，请求发包方给付已经收到的安置补助费的，应予支持。

第二百四十四条 【保护耕地与禁止违法征地】国家对耕地实行特殊保护，严格限制农用地转为建设用地，控制建设用地总量。不得违反法律规定的权限和程序征收集体所有的土地。

第二百四十五条 【征用】因抢险救灾、疫情防控等紧急需要，依照法律规定的权限和程序可以征用组织、个人的不动产或者动产。被征用的不动产或者动产使用后,应当返还被征用人。组织、个人的不动产或者动产被征用或者征用后毁损、灭失的,应当给予补偿。

第五章 国家所有权和集体所有权、私人所有权

第二百四十六条 【国家所有权】法律规定属于国家所有的财产,属于国家所有即全民所有。

国有财产由国务院代表国家行使所有权。法律另有规定的,依照其规定。

第二百四十七条 【矿藏、水流和海域的国家所有权】矿藏、水流、海域属于国家所有。

第二百四十八条 【无居民海岛的国家所有权】无居民海岛属于国家所有,国务院代表国家行使无居民海岛所有权。

第二百四十九条 【国家所有土地的范围】城市的土地,属于国家所有。法律规定属于国家所有的农村和城市郊区的土地,属于国家所有。

第二百五十条 【国家所有的自然资源】森林、山岭、草原、荒地、滩涂等自然资源,属于国家所有,但是法律规定属于集体所有的除外。

第二百五十一条 【国家所有的野生动植物资源】法律规定属于国家所有的野生动植物资源,属于国家所有。

第二百五十二条 【无线电频谱资源的国家所有权】无线电频谱资源属于国家所有。

第二百五十三条 【国家所有的文物的范围】法律规定属于国家所有的文物,属于国家所有。

第二百五十四条 【国防资产、基础设施的国家所有权】国防资产属于国家所有。

铁路、公路、电力设施、电信设施和油气管道等基础设施,依照法律规定为国家所有的,属于国家所有。

第二百五十五条 【国家机关的物权】国家机关对其直接支配的不动产和动产,享有占有、使用以及依照法律和国务院的有关规定处分的

权利。

第二百五十六条 【国家举办的事业单位的物权】国家举办的事业单位对其直接支配的不动产和动产，享有占有、使用以及依照法律和国务院的有关规定收益、处分的权利。

第二百五十七条 【国有企业出资人制度】国家出资的企业，由国务院、地方人民政府依照法律、行政法规规定分别代表国家履行出资人职责，享有出资人权益。

第二百五十八条 【国有财产的保护】国家所有的财产受法律保护，禁止任何组织或者个人侵占、哄抢、私分、截留、破坏。

第二百五十九条 【国有财产管理法律责任】履行国有财产管理、监督职责的机构及其工作人员，应当依法加强对国有财产的管理、监督，促进国有财产保值增值，防止国有财产损失；滥用职权，玩忽职守，造成国有财产损失的，应当依法承担法律责任。

违反国有财产管理规定，在企业改制、合并分立、关联交易等过程中，低价转让、合谋私分、擅自担保或者以其他方式造成国有财产损失的，应当依法承担法律责任。

第二百六十条 【集体财产范围】集体所有的不动产和动产包括：

（一）法律规定属于集体所有的土地和森林、山岭、草原、荒地、滩涂；

（二）集体所有的建筑物、生产设施、农田水利设施；

（三）集体所有的教育、科学、文化、卫生、体育等设施；

（四）集体所有的其他不动产和动产。

第二百六十一条 【农民集体所有财产归属及重大事项集体决定】农民集体所有的不动产和动产，属于本集体成员集体所有。

下列事项应当依照法定程序经本集体成员决定：

（一）土地承包方案以及将土地发包给本集体以外的组织或者个人承包；

（二）个别土地承包经营权人之间承包地的调整；

（三）土地补偿费等费用的使用、分配办法；

（四）集体出资的企业的所有权变动等事项；

（五）法律规定的其他事项。

第二百六十二条　【行使集体所有权的主体】 对于集体所有的土地和森林、山岭、草原、荒地、滩涂等，依照下列规定行使所有权：

（一）属于村农民集体所有的，由村集体经济组织或者村民委员会依法代表集体行使所有权；

（二）分别属于村内两个以上农民集体所有的，由村内各该集体经济组织或者村民小组依法代表集体行使所有权；

（三）属于乡镇农民集体所有的，由乡镇集体经济组织代表集体行使所有权。

第二百六十三条　【城镇集体财产权利】 城镇集体所有的不动产和动产，依照法律、行政法规的规定由本集体享有占有、使用、收益和处分的权利。

第二百六十四条　【集体财产状况的公布】 农村集体经济组织或者村民委员会、村民小组应当依照法律、行政法规以及章程、村规民约向本集体成员公布集体财产的状况。集体成员有权查阅、复制相关资料。

第二百六十五条　【集体财产的保护】 集体所有的财产受法律保护，禁止任何组织或者个人侵占、哄抢、私分、破坏。

农村集体经济组织、村民委员会或者其负责人作出的决定侵害集体成员合法权益的，受侵害的集体成员可以请求人民法院予以撤销。

第二百六十六条　【私人所有权】 私人对其合法的收入、房屋、生活用品、生产工具、原材料等不动产和动产享有所有权。

第二百六十七条　【私有财产的保护】 私人的合法财产受法律保护，禁止任何组织或者个人侵占、哄抢、破坏。

第二百六十八条　【企业出资人的权利】 国家、集体和私人依法可以出资设立有限责任公司、股份有限公司或者其他企业。国家、集体和私人所有的不动产或者动产投到企业的，由出资人按照约定或者出资比例享有资产收益、重大决策以及选择经营管理者等权利并履行义务。

第二百六十九条　【法人财产权】 营利法人对其不动产和动产依照

法律、行政法规以及章程享有占有、使用、收益和处分的权利。

营利法人以外的法人，对其不动产和动产的权利，适用有关法律、行政法规以及章程的规定。

第二百七十条 【社会团体法人、捐助法人合法财产的保护】社会团体法人、捐助法人依法所有的不动产和动产，受法律保护。

第六章 业主的建筑物区分所有权

第二百七十一条 【建筑物区分所有权】业主对建筑物内的住宅、经营性用房等专有部分享有所有权，对专有部分以外的共有部分享有共有和共同管理的权利。

关联对照

《建筑物区分所有权解释》

第一条 依法登记取得或者依据民法典第二百二十九条至第二百三十一条规定取得建筑物专有部分所有权的人，应当认定为民法典第二编第六章所称的业主。

基于与建设单位之间的商品房买卖民事法律行为，已经合法占有建筑物专有部分，但尚未依法办理所有权登记的人，可以认定为民法典第二编第六章所称的业主。

第二条 建筑区划内符合下列条件的房屋，以及车位、摊位等特定空间，应当认定为民法典第二编第六章所称的专有部分：

（一）具有构造上的独立性，能够明确区分；

（二）具有利用上的独立性，可以排他使用；

（三）能够登记成为特定业主所有权的客体。

规划上专属于特定房屋，且建设单位销售时已经根据规划列入该特定房屋买卖合同中的露台等，应当认定为前款所称的专有部分的组成部分。

本条第一款所称房屋，包括整栋建筑物。

第三条　除法律、行政法规规定的共有部分外，建筑区划内的以下部分，也应当认定为民法典第二编第六章所称的共有部分：

（一）建筑物的基础、承重结构、外墙、屋顶等基本结构部分，通道、楼梯、大堂等公共通行部分，消防、公共照明等附属设施、设备，避难层、设备层或者设备间等结构部分；

（二）其他不属于业主专有部分，也不属于市政公用部分或者其他权利人所有的场所及设施等。

建筑区划内的土地，依法由业主共同享有建设用地使用权，但属于业主专有的整栋建筑物的规划占地或者城镇公共道路、绿地占地除外。

第二百七十二条　【业主对专有部分的专有权】业主对其建筑物专有部分享有占有、使用、收益和处分的权利。业主行使权利不得危及建筑物的安全，不得损害其他业主的合法权益。

关联对照

《建筑物区分所有权解释》

第四条　业主基于对住宅、经营性用房等专有部分特定使用功能的合理需要，无偿利用屋顶以及与其专有部分相对应的外墙面等共有部分的，不应认定为侵权。但违反法律、法规、管理规约，损害他人合法权益的除外。

第二百七十三条　【业主对共有部分的共有权及义务】业主对建筑物专有部分以外的共有部分，享有权利，承担义务；不得以放弃权利为由不履行义务。

业主转让建筑物内的住宅、经营性用房，其对共有部分享有的共有和共同管理的权利一并转让。

第二百七十四条　【建筑区划内的道路、绿地等场所和设施属于业主共有财产】建筑区划内的道路，属于业主共有，但是属于城镇公共道路的除外。建筑区划内的绿地，属于业主共有，但是属于城镇公共绿地或者明示属于个人的除外。建筑区划内的其他公共场所、公用设施和物业服务用房，属于业主共有。

第二百七十五条 【车位、车库的归属规则】建筑区划内，规划用于停放汽车的车位、车库的归属，由当事人通过出售、附赠或者出租等方式约定。

占用业主共有的道路或者其他场地用于停放汽车的车位，属于业主共有。

关联对照

《建筑物区分所有权解释》

第六条 建筑区划内在规划用于停放汽车的车位之外，占用业主共有道路或者其他场地增设的车位，应当认定为民法典第二百七十五条第二款所称的车位。

第二百七十六条 【车位、车库优先满足业主需求】建筑区划内，规划用于停放汽车的车位、车库应当首先满足业主的需要。

关联对照

《建筑物区分所有权解释》

第五条 建设单位按照配置比例将车位、车库，以出售、附赠或者出租等方式处分给业主的，应当认定其行为符合民法典第二百七十六条有关"应当首先满足业主的需要"的规定。

前款所称配置比例是指规划确定的建筑区划内规划用于停放汽车的车位、车库与房屋套数的比例。

第二百七十七条 【设立业主大会和选举业主委员会】业主可以设立业主大会，选举业主委员会。业主大会、业主委员会成立的具体条件和程序，依照法律、法规的规定。

地方人民政府有关部门、居民委员会应当对设立业主大会和选举业主委员会给予指导和协助。

第二百七十八条 【由业主共同决定的事项以及表决规则】下列事项由业主共同决定：

（一）制定和修改业主大会议事规则；

（二）制定和修改管理规约；

（三）选举业主委员会或者更换业主委员会成员；

（四）选聘和解聘物业服务企业或者其他管理人；

（五）使用建筑物及其附属设施的维修资金；

（六）筹集建筑物及其附属设施的维修资金；

（七）改建、重建建筑物及其附属设施；

（八）改变共有部分的用途或者利用共有部分从事经营活动；

（九）有关共有和共同管理权利的其他重大事项。

业主共同决定事项，应当由专有部分面积占比三分之二以上的业主且人数占比三分之二以上的业主参与表决。决定前款第六项至第八项规定的事项，应当经参与表决专有部分面积四分之三以上的业主且参与表决人数四分之三以上的业主同意。决定前款其他事项，应当经参与表决专有部分面积过半数的业主且参与表决人数过半数的业主同意。

关联对照

《建筑物区分所有权解释》

第七条 处分共有部分，以及业主大会依法决定或者管理规约依法确定应由业主共同决定的事项，应当认定为民法典第二百七十八条第一款第（九）项规定的有关共有和共同管理权利的"其他重大事项"。

第八条 民法典第二百七十八条第二款和第二百八十三条规定的专有部分面积可以按照不动产登记簿记载的面积计算；尚未进行物权登记的，暂按测绘机构的实测面积计算；尚未进行实测的，暂按房屋买卖合同记载的面积计算。

第九条　民法典第二百七十八条第二款规定的业主人数可以按照专有部分的数量计算，一个专有部分按一人计算。但建设单位尚未出售和虽已出售但尚未交付的部分，以及同一买受人拥有一个以上专有部分的，按一人计算。

第二百七十九条　【业主将住宅转变为经营性用房应当遵循的规则】业主不得违反法律、法规以及管理规约，将住宅改变为经营性用房。业主将住宅改变为经营性用房的，除遵守法律、法规以及管理规约外，应当经有利害关系的业主一致同意。

关联对照

《建筑物区分所有权解释》

第十条　业主将住宅改变为经营性用房，未依据民法典第二百七十九条的规定经有利害关系的业主一致同意，有利害关系的业主请求排除妨害、消除危险、恢复原状或者赔偿损失的，人民法院应予支持。

将住宅改变为经营性用房的业主以多数有利害关系的业主同意其行为进行抗辩的，人民法院不予支持。

第十一条　业主将住宅改变为经营性用房，本栋建筑物内的其他业主，应当认定为民法典第二百七十九条所称"有利害关系的业主"。建筑区划内，本栋建筑物之外的业主，主张与自己有利害关系的，应证明其房屋价值、生活质量受到或者可能受到不利影响。

第二百八十条　【业主大会、业主委员会决定的效力】业主大会或者业主委员会的决定，对业主具有法律约束力。

业主大会或者业主委员会作出的决定侵害业主合法权益的，受侵害的业主可以请求人民法院予以撤销。

> **关联对照**
>
> 《建筑物区分所有权解释》
>
> 　　第十二条　业主以业主大会或者业主委员会作出的决定侵害其合法权益或者违反了法律规定的程序为由，依据民法典第二百八十条第二款的规定请求人民法院撤销该决定的，应当在知道或者应当知道业主大会或者业主委员会作出决定之日起一年内行使。

　　第二百八十一条　【建筑物及其附属设施维修资金的归属和处分】建筑物及其附属设施的维修资金，属于业主共有。经业主共同决定，可以用于电梯、屋顶、外墙、无障碍设施等共有部分的维修、更新和改造。建筑物及其附属设施的维修资金的筹集、使用情况应当定期公布。

　　紧急情况下需要维修建筑物及其附属设施的，业主大会或者业主委员会可以依法申请使用建筑物及其附属设施的维修资金。

　　第二百八十二条　【业主共有部分产生收入的归属】建设单位、物业服务企业或者其他管理人等利用业主的共有部分产生的收入，在扣除合理成本之后，属于业主共有。

　　第二百八十三条　【建筑物及其附属设施的费用分摊和收益分配确定规则】建筑物及其附属设施的费用分摊、收益分配等事项，有约定的，按照约定；没有约定或者约定不明确的，按照业主专有部分面积所占比例确定。

　　第二百八十四条　【建筑物及其附属设施的管理】业主可以自行管理建筑物及其附属设施，也可以委托物业服务企业或者其他管理人管理。

　　对建设单位聘请的物业服务企业或者其他管理人，业主有权依法更换。

　　第二百八十五条　【物业服务企业或其他接受业主委托的管理人的管理义务】物业服务企业或者其他管理人根据业主的委托，依照本法第三编有关物业服务合同的规定管理建筑区划内的建筑物及其附属设施，接受业主的监督，并及时答复业主对物业服务情况提出的询问。

物业服务企业或者其他管理人应当执行政府依法实施的应急处置措施和其他管理措施，积极配合开展相关工作。

第二百八十六条　【业主守法义务和业主大会与业主委员会职责】业主应当遵守法律、法规以及管理规约，相关行为应当符合节约资源、保护生态环境的要求。对于物业服务企业或者其他管理人执行政府依法实施的应急处置措施和其他管理措施，业主应当依法予以配合。

业主大会或者业主委员会，对任意弃置垃圾、排放污染物或者噪声、违反规定饲养动物、违章搭建、侵占通道、拒付物业费等损害他人合法权益的行为，有权依照法律、法规以及管理规约，请求行为人停止侵害、排除妨碍、消除危险、恢复原状、赔偿损失。

业主或者其他行为人拒不履行相关义务的，有关当事人可以向有关行政主管部门报告或者投诉，有关行政主管部门应当依法处理。

关联对照

《建筑物区分所有权解释》

第十五条　业主或者其他行为人违反法律、法规、国家相关强制性标准、管理规约，或者违反业主大会、业主委员会依法作出的决定，实施下列行为的，可以认定为民法典第二百八十六条第二款所称的其他"损害他人合法权益的行为"：

（一）损害房屋承重结构，损害或者违章使用电力、燃气、消防设施，在建筑物内放置危险、放射性物品等危及建筑物安全或者妨碍建筑物正常使用；

（二）违反规定破坏、改变建筑物外墙面的形状、颜色等损害建筑物外观；

（三）违反规定进行房屋装饰装修；

（四）违章加建、改建，侵占、挖掘公共通道、道路、场地或者其他共有部分。

第十六条　建筑物区分所有权纠纷涉及专有部分的承租人、借用人等物业使用人的，参照本解释处理。

专有部分的承租人、借用人等物业使用人，根据法律、法规、管理规约、业主大会或者业主委员会依法作出的决定，以及其与业主的约定，享有相应权利，承担相应义务。

第二百八十七条　【业主请求权】业主对建设单位、物业服务企业或者其他管理人以及其他业主侵害自己合法权益的行为，有权请求其承担民事责任。

关联对照

《建筑物区分所有权解释》

第十四条　建设单位、物业服务企业或者其他管理人等擅自占用、处分业主共有部分、改变其使用功能或者进行经营性活动，权利人请求排除妨害、恢复原状、确认处分行为无效或者赔偿损失的，人民法院应予支持。

属于前款所称擅自进行经营性活动的情形，权利人请求建设单位、物业服务企业或者其他管理人等将扣除合理成本之后的收益用于补充专项维修资金或者业主共同决定的其他用途的，人民法院应予支持。行为人对成本的支出及其合理性承担举证责任。

第七章　相邻关系

第二百八十八条　【处理相邻关系的原则】不动产的相邻权利人应当按照有利生产、方便生活、团结互助、公平合理的原则，正确处理相邻关系。

第二百八十九条　【处理相邻关系的依据】法律、法规对处理相邻关系有规定的，依照其规定；法律、法规没有规定的，可以按照当地习惯。

第二百九十条 【相邻用水、排水、流水关系】不动产权利人应当为相邻权利人用水、排水提供必要的便利。

对自然流水的利用，应当在不动产的相邻权利人之间合理分配。对自然流水的排放，应当尊重自然流向。

第二百九十一条 【相邻关系中的通行权】不动产权利人对相邻权利人因通行等必须利用其土地的，应当提供必要的便利。

第二百九十二条 【相邻土地的利用】不动产权利人因建造、修缮建筑物以及铺设电线、电缆、水管、暖气和燃气管线等必须利用相邻土地、建筑物的，该土地、建筑物的权利人应当提供必要的便利。

第二百九十三条 【相邻建筑物通风、采光、日照】建造建筑物，不得违反国家有关工程建设标准，不得妨碍相邻建筑物的通风、采光和日照。

第二百九十四条 【相邻不动产之间不得排放、施放污染物】不动产权利人不得违反国家规定弃置固体废物，排放大气污染物、水污染物、土壤污染物、噪声、光辐射、电磁辐射等有害物质。

第二百九十五条 【维护相邻不动产安全】不动产权利人挖掘土地、建造建筑物、铺设管线以及安装设备等，不得危及相邻不动产的安全。

第二百九十六条 【相邻权的限度】不动产权利人因用水、排水、通行、铺设管线等利用相邻不动产的，应当尽量避免对相邻的不动产权利人造成损害。

第八章 共　　有

第二百九十七条 【共有及其形式】不动产或者动产可以由两个以上组织、个人共有。共有包括按份共有和共同共有。

第二百九十八条 【按份共有】按份共有人对共有的不动产或者动产按照其份额享有所有权。

第二百九十九条 【共同共有】共同共有人对共有的不动产或者动产共同享有所有权。

第三百条　【共有物的管理】共有人按照约定管理共有的不动产或者动产；没有约定或者约定不明确的，各共有人都有管理的权利和义务。

第三百零一条　【共有人对共有财产重大事项的表决权规则】处分共有的不动产或者动产以及对共有的不动产或者动产作重大修缮、变更性质或者用途的，应当经占份额三分之二以上的按份共有人或者全体共同共有人同意，但是共有人之间另有约定的除外。

第三百零二条　【共有物管理费用的分担规则】共有人对共有物的管理费用以及其他负担，有约定的，按照其约定；没有约定或者约定不明确的，按份共有人按照其份额负担，共同共有人共同负担。

第三百零三条　【共有物的分割规则】共有人约定不得分割共有的不动产或者动产，以维持共有关系的，应当按照约定，但是共有人有重大理由需要分割的，可以请求分割；没有约定或者约定不明确的，按份共有人可以随时请求分割，共同共有人在共有的基础丧失或者有重大理由需要分割时可以请求分割。因分割造成其他共有人损害的，应当给予赔偿。

第三百零四条　【共有物分割的方式】共有人可以协商确定分割方式。达不成协议，共有的不动产或者动产可以分割且不会因分割减损价值的，应当对实物予以分割；难以分割或者因分割会减损价值的，应当对折价或者拍卖、变卖取得的价款予以分割。

共有人分割所得的不动产或者动产有瑕疵的，其他共有人应当分担损失。

第三百零五条　【按份共有人的优先购买权】按份共有人可以转让其享有的共有的不动产或者动产份额。其他共有人在同等条件下享有优先购买的权利。

关联对照

《物权编解释》

第九条　共有份额的权利主体因继承、遗赠等原因发生变化时，其他按份共有人主张优先购买的，不予支持，但按份共有人之间另有约定的除外。

第十条 民法典第三百零五条所称的"同等条件",应当综合共有份额的转让价格、价款履行方式及期限等因素确定。

第十一条 优先购买权的行使期间,按份共有人之间有约定的,按照约定处理;没有约定或者约定不明的,按照下列情形确定:

(一)转让人向其他按份共有人发出的包含同等条件内容的通知中载明行使期间的,以该期间为准;

(二)通知中未载明行使期间,或者载明的期间短于通知送达之日起十五日的,为十五日;

(三)转让人未通知的,为其他按份共有人知道或者应当知道最终确定的同等条件之日起十五日;

(四)转让人未通知,且无法确定其他按份共有人知道或者应当知道最终确定的同等条件的,为共有份额权属转移之日起六个月。

第十二条 按份共有人向共有人之外的人转让其份额,其他按份共有人根据法律、司法解释规定,请求按照同等条件优先购买该共有份额的,应予支持。其他按份共有人的请求具有下列情形之一的,不予支持:

(一)未在本解释第十一条规定的期间内主张优先购买,或者虽主张优先购买,但提出减少转让价款、增加转让人负担等实质性变更要求;

(二)以其优先购买权受到侵害为由,仅请求撤销共有份额转让合同或者认定该合同无效。

第十三条 按份共有人之间转让共有份额,其他按份共有人主张依据民法典第三百零五条规定优先购买的,不予支持,但按份共有人之间另有约定的除外。

第三百零六条 【按份共有人行使优先购买权的规则】按份共有人

转让其享有的共有的不动产或者动产份额的，应当将转让条件及时通知其他共有人。其他共有人应当在合理期限内行使优先购买权。

两个以上其他共有人主张行使优先购买权的，协商确定各自的购买比例；协商不成的，按照转让时各自的共有份额比例行使优先购买权。

第三百零七条　【因共有产生的债权债务承担规则】因共有的不动产或者动产产生的债权债务，在对外关系上，共有人享有连带债权、承担连带债务，但是法律另有规定或者第三人知道共有人不具有连带债权债务关系的除外；在共有人内部关系上，除共有人另有约定外，按份共有人按照份额享有债权、承担债务，共同共有人共同享有债权、承担债务。偿还债务超过自己应当承担份额的按份共有人，有权向其他共有人追偿。

第三百零八条　【共有关系不明时对共有关系性质的推定】共有人对共有的不动产或者动产没有约定为按份共有或者共同共有，或者约定不明确的，除共有人具有家庭关系等外，视为按份共有。

第三百零九条　【按份共有人份额不明时份额的确定】按份共有人对共有的不动产或者动产享有的份额，没有约定或者约定不明确的，按照出资额确定；不能确定出资额的，视为等额享有。

第三百一十条　【准共有】两个以上组织、个人共同享有用益物权、担保物权的，参照适用本章的有关规定。

第九章　所有权取得的特别规定

第三百一十一条　【善意取得】无处分权人将不动产或者动产转让给受让人的，所有权人有权追回；除法律另有规定外，符合下列情形的，受让人取得该不动产或者动产的所有权：

（一）受让人受让该不动产或者动产时是善意；

（二）以合理的价格转让；

（三）转让的不动产或者动产依照法律规定应当登记的已经登记，不需要登记的已经交付给受让人。

受让人依据前款规定取得不动产或者动产的所有权的，原所有权人有权向无处分权人请求损害赔偿。

当事人善意取得其他物权的，参照适用前两款规定。

关联对照

《物权编解释》

第十四条　受让人受让不动产或者动产时，不知道转让人无处分权，且无重大过失的，应当认定受让人为善意。

真实权利人主张受让人不构成善意的，应当承担举证证明责任。

第十五条　具有下列情形之一的，应当认定不动产受让人知道转让人无处分权：

（一）登记簿上存在有效的异议登记；

（二）预告登记有效期内，未经预告登记的权利人同意；

（三）登记簿上已经记载司法机关或者行政机关依法裁定、决定查封或者以其他形式限制不动产权利的有关事项；

（四）受让人知道登记簿上记载的权利主体错误；

（五）受让人知道他人已经依法享有不动产物权。

真实权利人有证据证明不动产受让人应当知道转让人无处分权的，应当认定受让人具有重大过失。

第十六条　受让人受让动产时，交易的对象、场所或者时机等不符合交易习惯的，应当认定受让人具有重大过失。

第十七条　民法典第三百一十一条第一款第一项所称的"受让人受让该不动产或者动产时"，是指依法完成不动产物权转移登记或者动产交付之时。

当事人以民法典第二百二十六条规定的方式交付动产的，转让动产民事法律行为生效时为动产交付之时；当事人以民法典第二百二十七条规定的方式交付动产的，转让人与受让人之间有关转让返还原物请求权的协议生效时为动产交付之时。

法律对不动产、动产物权的设立另有规定的，应当按照法律规定的时间认定权利人是否为善意。

第十八条　民法典第三百一十一条第一款第二项所称"合理的价格"，应当根据转让标的物的性质、数量以及付款方式等具体情况，参考转让时交易地市场价格以及交易习惯等因素综合认定。

第十九条　转让人将民法典第二百二十五条规定的船舶、航空器和机动车等交付给受让人的，应当认定符合民法典第三百一十一条第一款第三项规定的善意取得的条件。

第二十条　具有下列情形之一，受让人主张依据民法典第三百一十一条规定取得所有权的，不予支持：

（一）转让合同被认定无效；

（二）转让合同被撤销。

《担保制度解释》

第三十七条　当事人以所有权、使用权不明或者有争议的财产抵押，经审查构成无权处分的，人民法院应当依照民法典第三百一十一条的规定处理。

当事人以依法被查封或者扣押的财产抵押，抵押权人请求行使抵押权，经审查查封或者扣押措施已经解除的，人民法院应予支持。抵押人以抵押权设立时财产被查封或者扣押为由主张抵押合同无效的，人民法院不予支持。

以依法被监管的财产抵押的，适用前款规定。

《合同编通则解释》

第十九条　以转让或者设定财产权利为目的订立的合同，当事人或者真正权利人仅以让与人在订立合同时对标的物没有所有权或者处分权为由主张合同无效的，人民法院不予支持；因未取得真正权利人事后同意或者让与人事后未取得处分权导致合同不能履行，受让人主张解除合同并请求让与人承担违反合同的赔偿责任的，人民法院依法予以支持。

前款规定的合同被认定有效，且让与人已经将财产交付或者移转登记至受让人，真正权利人请求认定财产权利未发生变动或者请求返还财产的，人民法院应予支持。但是，受让人依据民法典第三百一十一条等规定善意取得财产权利的除外。

第三百一十二条　【遗失物的善意取得】所有权人或者其他权利人有权追回遗失物。该遗失物通过转让被他人占有的，权利人有权向无处分权人请求损害赔偿，或者自知道或者应当知道受让人之日起二年内向受让人请求返还原物；但是，受让人通过拍卖或者向具有经营资格的经营者购得该遗失物的，权利人请求返还原物时应当支付受让人所付的费用。权利人向受让人支付所付费用后，有权向无处分权人追偿。

第三百一十三条　【善意取得的动产上原有的权利负担消灭及其例外】善意受让人取得动产后，该动产上的原有权利消灭。但是，善意受让人在受让时知道或者应当知道该权利的除外。

第三百一十四条　【拾得遗失物的返还】拾得遗失物，应当返还权利人。拾得人应当及时通知权利人领取，或者送交公安等有关部门。

第三百一十五条　【有关部门收到遗失物的处理】有关部门收到遗失物，知道权利人的，应当及时通知其领取；不知道的，应当及时发布招领公告。

第三百一十六条　【遗失物的妥善保管义务】拾得人在遗失物送交有关部门前，有关部门在遗失物被领取前，应当妥善保管遗失物。因故意或者重大过失致使遗失物毁损、灭失的，应当承担民事责任。

第三百一十七条　【权利人领取遗失物时的费用支付义务】权利人领取遗失物时，应当向拾得人或者有关部门支付保管遗失物等支出的必要费用。

权利人悬赏寻找遗失物的，领取遗失物时应当按照承诺履行义务。

拾得人侵占遗失物的，无权请求保管遗失物等支出的费用，也无权请求权利人按照承诺履行义务。

第三百一十八条　【无人认领的遗失物的处理规则】遗失物自发布招领公告之日起一年内无人认领的，归国家所有。

第三百一十九条 【拾得漂流物、埋藏物或者隐藏物】拾得漂流物、发现埋藏物或者隐藏物的,参照适用拾得遗失物的有关规定。法律另有规定的,依照其规定。

第三百二十条 【从物随主物转让规则】主物转让的,从物随主物转让,但是当事人另有约定的除外。

第三百二十一条 【孳息的归属】天然孳息,由所有权人取得;既有所有权人又有用益物权人的,由用益物权人取得。当事人另有约定的,按照其约定。

法定孳息,当事人有约定的,按照约定取得;没有约定或者约定不明确的,按照交易习惯取得。

第三百二十二条 【添附】因加工、附合、混合而产生的物的归属,有约定的,按照约定;没有约定或者约定不明确的,依照法律规定;法律没有规定的,按照充分发挥物的效用以及保护无过错当事人的原则确定。因一方当事人的过错或者确定物的归属造成另一方当事人损害的,应当给予赔偿或者补偿。

第三分编 用益物权

第十章 一般规定

第三百二十三条 【用益物权的定义】用益物权人对他人所有的不动产或者动产,依法享有占有、使用和收益的权利。

第三百二十四条 【国家和集体所有的自然资源的使用规则】国家所有或者国家所有由集体使用以及法律规定属于集体所有的自然资源,组织、个人依法可以占有、使用和收益。

第三百二十五条 【自然资源有偿使用制度】国家实行自然资源有偿使用制度,但是法律另有规定的除外。

第三百二十六条 【用益物权的行使规范】用益物权人行使权利,

应当遵守法律有关保护和合理开发利用资源、保护生态环境的规定。所有权人不得干涉用益物权人行使权利。

第三百二十七条 【被征收、征用时用益物权人的补偿请求权】因不动产或者动产被征收、征用致使用益物权消灭或者影响用益物权行使的，用益物权人有权依据本法第二百四十三条、第二百四十五条的规定获得相应补偿。

第三百二十八条 【海域使用权】依法取得的海域使用权受法律保护。

第三百二十九条 【特许物权依法保护】依法取得的探矿权、采矿权、取水权和使用水域、滩涂从事养殖、捕捞的权利受法律保护。

第十一章　土地承包经营权

第三百三十条 【农村土地承包经营】农村集体经济组织实行家庭承包经营为基础、统分结合的双层经营体制。

农民集体所有和国家所有由农民集体使用的耕地、林地、草地以及其他用于农业的土地，依法实行土地承包经营制度。

第三百三十一条 【土地承包经营权内容】土地承包经营权人依法对其承包经营的耕地、林地、草地等享有占有、使用和收益的权利，有权从事种植业、林业、畜牧业等农业生产。

第三百三十二条 【土地的承包期限】耕地的承包期为三十年。草地的承包期为三十年至五十年。林地的承包期为三十年至七十年。

前款规定的承包期限届满，由土地承包经营权人依照农村土地承包的法律规定继续承包。

❋ 关联对照

《土地承包解释》

第七条　承包合同约定或者土地承包经营权证等证书记载的承包期限短于农村土地承包法规定的期限，承包方请求延长的，应予支持。

79

第三百三十三条 【土地承包经营权的设立与登记】土地承包经营权自土地承包经营权合同生效时设立。

登记机构应当向土地承包经营权人发放土地承包经营权证、林权证等证书,并登记造册,确认土地承包经营权。

第三百三十四条 【土地承包经营权的互换、转让】土地承包经营权人依照法律规定,有权将土地承包经营权互换、转让。未经依法批准,不得将承包地用于非农建设。

关联对照

《土地承包解释》

第八条 承包方违反农村土地承包法第十八条规定,未经依法批准将承包地用于非农建设或者对承包地造成永久性损害,发包方请求承包方停止侵害、恢复原状或者赔偿损失的,应予支持。

第三百三十五条 【土地承包经营权流转的登记对抗主义】土地承包经营权互换、转让的,当事人可以向登记机构申请登记;未经登记,不得对抗善意第三人。

第三百三十六条 【承包地的调整】承包期内发包人不得调整承包地。

因自然灾害严重毁损承包地等特殊情形,需要适当调整承包的耕地和草地的,应当依照农村土地承包的法律规定办理。

第三百三十七条 【承包地的收回】承包期内发包人不得收回承包地。法律另有规定的,依照其规定。

关联对照

《土地承包解释》

第五条 承包合同中有关收回、调整承包地的约定违反农村土地承包法第二十七条、第二十八条、第三十一条规定的,应当认定该约定无效。

第六条 因发包方违法收回、调整承包地，或者因发包方收回承包方弃耕、撂荒的承包地产生的纠纷，按照下列情形，分别处理：

（一）发包方未将承包地另行发包，承包方请求返还承包地的，应予支持；

（二）发包方已将承包地另行发包给第三人，承包方以发包方和第三人为共同被告，请求确认其所签订的承包合同无效、返还承包地并赔偿损失的，应予支持。但属于承包方弃耕、撂荒情形的，对其赔偿损失的诉讼请求，不予支持。

前款第（二）项所称的第三人，请求受益方补偿其在承包地上的合理投入的，应予支持。

第三百三十八条 【征收承包地的补偿规则】承包地被征收的，土地承包经营权人有权依据本法第二百四十三条的规定获得相应补偿。

第三百三十九条 【土地经营权的流转】土地承包经营权人可以自主决定依法采取出租、入股或者其他方式向他人流转土地经营权。

关联对照

《土地承包解释》

第十二条 发包方胁迫承包方将土地经营权流转给第三人，承包方请求撤销其与第三人签订的流转合同的，应予支持。

发包方阻碍承包方依法流转土地经营权，承包方请求排除妨碍、赔偿损失的，应予支持。

第三百四十条 【土地经营权人的基本权利】土地经营权人有权在合同约定的期限内占有农村土地，自主开展农业生产经营并取得收益。

第三百四十一条 【土地经营权的设立与登记】流转期限为五年以上的土地经营权，自流转合同生效时设立。当事人可以向登记机构申请土地经营权登记；未经登记，不得对抗善意第三人。

第三百四十二条 【以其他方式承包取得的土地经营权流转】通过招标、拍卖、公开协商等方式承包农村土地，经依法登记取得权属证书的，可以依法采取出租、入股、抵押或者其他方式流转土地经营权。

> ✦ 关联对照

《土地承包解释》

第十四条 承包方依法采取出租、入股或者其他方式流转土地经营权，发包方仅以该土地经营权流转合同未报其备案为由，请求确认合同无效的，不予支持。

第三百四十三条 【国有农用地承包经营的法律适用】国家所有的农用地实行承包经营的，参照适用本编的有关规定。

第十二章 建设用地使用权

第三百四十四条 【建设用地使用权的概念】建设用地使用权人依法对国家所有的土地享有占有、使用和收益的权利，有权利用该土地建造建筑物、构筑物及其附属设施。

第三百四十五条 【建设用地使用权的分层设立】建设用地使用权可以在土地的地表、地上或者地下分别设立。

第三百四十六条 【建设用地使用权的设立原则】设立建设用地使用权，应当符合节约资源、保护生态环境的要求，遵守法律、行政法规关于土地用途的规定，不得损害已经设立的用益物权。

第三百四十七条 【建设用地使用权的出让方式】设立建设用地使用权，可以采取出让或者划拨等方式。

工业、商业、旅游、娱乐和商品住宅等经营性用地以及同一土地有两个以上意向用地者的，应当采取招标、拍卖等公开竞价的方式出让。

严格限制以划拨方式设立建设用地使用权。

第三百四十八条 【建设用地使用权出让合同】通过招标、拍卖、协议等出让方式设立建设用地使用权的,当事人应当采用书面形式订立建设用地使用权出让合同。

建设用地使用权出让合同一般包括下列条款:
(一) 当事人的名称和住所;
(二) 土地界址、面积等;
(三) 建筑物、构筑物及其附属设施占用的空间;
(四) 土地用途、规划条件;
(五) 建设用地使用权期限;
(六) 出让金等费用及其支付方式;
(七) 解决争议的方法。

关联对照

《国有土地使用权解释》

第三条 经市、县人民政府批准同意以协议方式出让的土地使用权,土地使用权出让金低于订立合同时当地政府按照国家规定确定的最低价的,应当认定土地使用权出让合同约定的价格条款无效。

当事人请求按照订立合同时的市场评估价格交纳土地使用权出让金的,应予支持;受让方不同意按照市场评估价格补足,请求解除合同的,应予支持。因此造成的损失,由当事人按照过错承担责任。

第三百四十九条 【建设用地使用权的登记】设立建设用地使用权的,应当向登记机构申请建设用地使用权登记。建设用地使用权自登记时设立。登记机构应当向建设用地使用权人发放权属证书。

第三百五十条 【土地用途限定规则】建设用地使用权人应当合理利用土地,不得改变土地用途;需要改变土地用途的,应当依法经有关行政主管部门批准。

> **关联对照**
>
> 《国有土地使用权解释》
>
> 　　第五条　受让方经出让方和市、县人民政府城市规划行政主管部门同意，改变土地使用权出让合同约定的土地用途，当事人请求按照起诉时同种用途的土地出让金标准调整土地出让金的，应予支持。
>
> 　　第六条　受让方擅自改变土地使用权出让合同约定的土地用途，出让方请求解除合同的，应予支持。

　　第三百五十一条　【建设用地使用权人支付出让金等费用的义务】建设用地使用权人应当依照法律规定以及合同约定支付出让金等费用。

　　第三百五十二条　【建设用地使用权人建造的建筑物、构筑物及其附属设施的归属】建设用地使用权人建造的建筑物、构筑物及其附属设施的所有权属于建设用地使用权人，但是有相反证据证明的除外。

　　第三百五十三条　【建设用地使用权的流转方式】建设用地使用权人有权将建设用地使用权转让、互换、出资、赠与或者抵押，但是法律另有规定的除外。

　　第三百五十四条　【建设用地使用权流转的合同形式和期限】建设用地使用权转让、互换、出资、赠与或者抵押的，当事人应当采用书面形式订立相应的合同。使用期限由当事人约定，但是不得超过建设用地使用权的剩余期限。

　　第三百五十五条　【建设用地使用权流转登记】建设用地使用权转让、互换、出资或者赠与的，应当向登记机构申请变更登记。

　　第三百五十六条　【建设用地使用权流转之房随地走】建设用地使用权转让、互换、出资或者赠与的，附着于该土地上的建筑物、构筑物及其附属设施一并处分。

　　第三百五十七条　【建设用地使用权流转之地随房走】建筑物、构筑物及其附属设施转让、互换、出资或者赠与的，该建筑物、构筑物及其附属设施占用范围内的建设用地使用权一并处分。

第三百五十八条 【建设用地使用权的提前收回及其补偿】建设用地使用权期限届满前，因公共利益需要提前收回该土地的，应当依据本法第二百四十三条的规定对该土地上的房屋以及其他不动产给予补偿，并退还相应的出让金。

第三百五十九条 【建设用地使用权期限届满的处理规则】住宅建设用地使用权期限届满的，自动续期。续期费用的缴纳或者减免，依照法律、行政法规的规定办理。

非住宅建设用地使用权期限届满后的续期，依照法律规定办理。该土地上的房屋以及其他不动产的归属，有约定的，按照约定；没有约定或者约定不明确的，依照法律、行政法规的规定办理。

第三百六十条 【建设用地使用权注销登记】建设用地使用权消灭的，出让人应当及时办理注销登记。登记机构应当收回权属证书。

第三百六十一条 【集体土地作为建设用地的法律适用】集体所有的土地作为建设用地的，应当依照土地管理的法律规定办理。

第十三章　宅基地使用权

第三百六十二条 【宅基地使用权内容】宅基地使用权人依法对集体所有的土地享有占有和使用的权利，有权依法利用该土地建造住宅及其附属设施。

第三百六十三条 【宅基地使用权的法律适用】宅基地使用权的取得、行使和转让，适用土地管理的法律和国家有关规定。

第三百六十四条 【宅基地灭失后的重新分配】宅基地因自然灾害等原因灭失的，宅基地使用权消灭。对失去宅基地的村民，应当依法重新分配宅基地。

第三百六十五条 【宅基地使用权的变更登记与注销登记】已经登记的宅基地使用权转让或者消灭的，应当及时办理变更登记或者注销登记。

第十四章 居 住 权

第三百六十六条 【居住权的定义】居住权人有权按照合同约定，对他人的住宅享有占有、使用的用益物权，以满足生活居住的需要。

第三百六十七条 【居住权合同】设立居住权，当事人应当采用书面形式订立居住权合同。

居住权合同一般包括下列条款：

（一）当事人的姓名或者名称和住所；

（二）住宅的位置；

（三）居住的条件和要求；

（四）居住权期限；

（五）解决争议的方法。

第三百六十八条 【居住权的设立】居住权无偿设立，但是当事人另有约定的除外。设立居住权的，应当向登记机构申请居住权登记。居住权自登记时设立。

第三百六十九条 【居住权的限制性规定及例外】居住权不得转让、继承。设立居住权的住宅不得出租，但是当事人另有约定的除外。

第三百七十条 【居住权的消灭】居住权期限届满或者居住权人死亡的，居住权消灭。居住权消灭的，应当及时办理注销登记。

第三百七十一条 【以遗嘱设立居住权的法律适用】以遗嘱方式设立居住权的，参照适用本章的有关规定。

第十五章 地 役 权

第三百七十二条 【地役权的定义】地役权人有权按照合同约定，利用他人的不动产，以提高自己的不动产的效益。

前款所称他人的不动产为供役地，自己的不动产为需役地。

第三百七十三条 【地役权合同】设立地役权，当事人应当采用书面形式订立地役权合同。

地役权合同一般包括下列条款：

（一）当事人的姓名或者名称和住所；

（二）供役地和需役地的位置；

（三）利用目的和方法；

（四）地役权期限；

（五）费用及其支付方式；

（六）解决争议的方法。

第三百七十四条 【地役权的设立与登记】地役权自地役权合同生效时设立。当事人要求登记的，可以向登记机构申请地役权登记；未经登记，不得对抗善意第三人。

第三百七十五条 【供役地权利人的义务】供役地权利人应当按照合同约定，允许地役权人利用其不动产，不得妨害地役权人行使权利。

第三百七十六条 【地役权人的义务】地役权人应当按照合同约定的利用目的和方法利用供役地，尽量减少对供役地权利人物权的限制。

第三百七十七条 【地役权的期限】地役权期限由当事人约定；但是，不得超过土地承包经营权、建设用地使用权等用益物权的剩余期限。

第三百七十八条 【在享有或者负担地役权的土地上设立用益物权的规则】土地所有权人享有地役权或者负担地役权的，设立土地承包经营权、宅基地使用权等用益物权时，该用益物权人继续享有或者负担已经设立的地役权。

第三百七十九条 【土地所有权人在已设立用益物权的土地上设立地役权的规则】土地上已经设立土地承包经营权、建设用地使用权、宅基地使用权等用益物权的，未经用益物权人同意，土地所有权人不得设立地役权。

第三百八十条 【地役权的转让规则】地役权不得单独转让。土地承包经营权、建设用地使用权等转让的，地役权一并转让，但是合同另有约定的除外。

第三百八十一条 【地役权不得单独抵押】地役权不得单独抵押。土地经营权、建设用地使用权等抵押的，在实现抵押权时，地役权一并转让。

第三百八十二条 【需役地部分转让效果】需役地以及需役地上的土地承包经营权、建设用地使用权等部分转让时，转让部分涉及地役权的，受让人同时享有地役权。

第三百八十三条 【供役地部分转让效果】供役地以及供役地上的土地承包经营权、建设用地使用权等部分转让时，转让部分涉及地役权的，地役权对受让人具有法律约束力。

第三百八十四条 【供役地权利人解除权】地役权人有下列情形之一的，供役地权利人有权解除地役权合同，地役权消灭：

（一）违反法律规定或者合同约定，滥用地役权；

（二）有偿利用供役地，约定的付款期限届满后在合理期限内经两次催告未支付费用。

第三百八十五条 【地役权变动后的登记】已经登记的地役权变更、转让或者消灭的，应当及时办理变更登记或者注销登记。

第四分编 担保物权

第十六章 一般规定

第三百八十六条 【担保物权的定义】担保物权人在债务人不履行到期债务或者发生当事人约定的实现担保物权的情形，依法享有就担保财产优先受偿的权利，但是法律另有规定的除外。

❖ 关联对照

《担保制度解释》

第四条 有下列情形之一，当事人将担保物权登记在他人名下，债务人不履行到期债务或者发生当事人约定的实现担保物权的情形，债权人或者其受托人主张就该财产优先受偿的，人民法院依法予以支持：

（一）为债券持有人提供的担保物权登记在债券受托管理人名下；

（二）为委托贷款人提供的担保物权登记在受托人名下；

（三）担保人知道债权人与他人之间存在委托关系的其他情形。

第四十五条　当事人约定当债务人不履行到期债务或者发生当事人约定的实现担保物权的情形，担保物权人有权将担保财产自行拍卖、变卖并就所得的价款优先受偿的，该约定有效。因担保人的原因导致担保物权人无法自行对担保财产进行拍卖、变卖，担保物权人请求担保人承担因此增加的费用的，人民法院应予支持。

当事人依照民事诉讼法有关"实现担保物权案件"的规定，申请拍卖、变卖担保财产，被申请人以担保合同约定仲裁条款为由主张驳回申请的，人民法院经审查后，应当按照以下情形分别处理：

（一）当事人对担保物权无实质性争议且实现担保物权条件已经成就的，应当裁定准许拍卖、变卖担保财产；

（二）当事人对实现担保物权有部分实质性争议的，可以就无争议的部分裁定准许拍卖、变卖担保财产，并告知可以就有争议的部分申请仲裁；

（三）当事人对实现担保物权有实质性争议的，裁定驳回申请，并告知可以向仲裁机构申请仲裁。

债权人以诉讼方式行使担保物权的，应当以债务人和担保人作为共同被告。

第五十六条　买受人在出卖人正常经营活动中通过支付合理对价取得已被设立担保物权的动产，担保物权人请求就该动产优先受偿的，人民法院不予支持，但是有下列情形之一的除外：

（一）购买商品的数量明显超过一般买受人；

（二）购买出卖人的生产设备；

（三）订立买卖合同的目的在于担保出卖人或者第三人履行债务；

（四）买受人与出卖人存在直接或者间接的控制关系；

（五）买受人应当查询抵押登记而未查询的其他情形。

前款所称出卖人正常经营活动，是指出卖人的经营活动属于其营业执照明确记载的经营范围，且出卖人持续销售同类商品。前款所称担保物权人，是指已经办理登记的抵押权人、所有权保留买卖的出卖人、融资租赁合同的出租人。

第六十八条　债务人或者第三人与债权人约定将财产形式上转移至债权人名下，债务人不履行到期债务，债权人有权对财产折价或者以拍卖、变卖该财产所得价款偿还债务的，人民法院应当认定该约定有效。当事人已经完成财产权利变动的公示，债务人不履行到期债务，债权人请求参照民法典关于担保物权的有关规定就该财产优先受偿的，人民法院应予支持。

债务人或者第三人与债权人约定将财产形式上转移至债权人名下，债务人不履行到期债务，财产归债权人所有的，人民法院应当认定该约定无效，但是不影响当事人有关提供担保的意思表示的效力。当事人已经完成财产权利变动的公示，债务人不履行到期债务，债权人请求对该财产享有所有权的，人民法院不予支持；债权人请求参照民法典关于担保物权的规定对财产折价或者以拍卖、变卖该财产所得的价款优先受偿的，人民法院应予支持；债务人履行债务后请求返还财产，或者请求对财产折价或者以拍卖、变卖所得的价款清偿债务的，人民法院应予支持。

债务人与债权人约定将财产转移至债权人名下，在一定期间后再由债务人或者其指定的第三人以交易本金加上溢价款回购，债务人到期不履行回购义务，财产归债权人所有的，人民法院应当参照第二款规定处理。回购对象自始不存在的，人民法院应当依照民法典第一百四十六条第二款的规定，按照其实际构成的法律关系处理。

第六十九条 股东以将其股权转移至债权人名下的方式为债务履行提供担保，公司或者公司的债权人以股东未履行或者未全面履行出资义务、抽逃出资等为由，请求作为名义股东的债权人与股东承担连带责任的，人民法院不予支持。

第七十条 债务人或者第三人为担保债务的履行，设立专门的保证金账户并由债权人实际控制，或者将其资金存入债权人设立的保证金账户，债权人主张就账户内的款项优先受偿的，人民法院应予支持。当事人以保证金账户内的款项浮动为由，主张实际控制该账户的债权人对账户内的款项不享有优先受偿权的，人民法院不予支持。

在银行账户下设立的保证金分户，参照前款规定处理。

当事人约定的保证金并非为担保债务的履行设立，或者不符合前两款规定的情形，债权人主张就保证金优先受偿的，人民法院不予支持，但是不影响当事人依照法律的规定或者按照当事人的约定主张权利。

第三百八十七条 【担保物权适用范围及反担保】债权人在借贷、买卖等民事活动中，为保障实现其债权，需要担保的，可以依照本法和其他法律的规定设立担保物权。

第三人为债务人向债权人提供担保的，可以要求债务人提供反担保。反担保适用本法和其他法律的规定。

第三百八十八条 【担保合同及其与主合同的关系】设立担保物权，应当依照本法和其他法律的规定订立担保合同。担保合同包括抵押合同、质押合同和其他具有担保功能的合同。担保合同是主债权债务合同的从合同。主债权债务合同无效的，担保合同无效，但是法律另有规定的除外。

担保合同被确认无效后，债务人、担保人、债权人有过错的，应当根据其过错各自承担相应的民事责任。

第三百八十九条 【担保范围】担保物权的担保范围包括主债权及

其利息、违约金、损害赔偿金、保管担保财产和实现担保物权的费用。当事人另有约定的，按照其约定。

第三百九十条　【担保物权的物上代位性】担保期间，担保财产毁损、灭失或者被征收等，担保物权人可以就获得的保险金、赔偿金或者补偿金等优先受偿。被担保债权的履行期限未届满的，也可以提存该保险金、赔偿金或者补偿金等。

第三百九十一条　【债务转让对担保物权的效力】第三人提供担保，未经其书面同意，债权人允许债务人转移全部或者部分债务的，担保人不再承担相应的担保责任。

第三百九十二条　【人保和物保并存时的处理规则】被担保的债权既有物的担保又有人的担保的，债务人不履行到期债务或者发生当事人约定的实现担保物权的情形，债权人应当按照约定实现债权；没有约定或者约定不明确，债务人自己提供物的担保的，债权人应当先就该物的担保实现债权；第三人提供物的担保的，债权人可以就物的担保实现债权，也可以请求保证人承担保证责任。提供担保的第三人承担担保责任后，有权向债务人追偿。

第三百九十三条　【担保物权消灭的情形】有下列情形之一的，担保物权消灭：

（一）主债权消灭；

（二）担保物权实现；

（三）债权人放弃担保物权；

（四）法律规定担保物权消灭的其他情形。

第十七章　抵　押　权

第一节　一般抵押权

第三百九十四条　【抵押权的定义】为担保债务的履行，债务人或者第三人不转移财产的占有，将该财产抵押给债权人的，债务人不履行到期债务或者发生当事人约定的实现抵押权的情形，债权人有权就该财产优先受偿。

前款规定的债务人或者第三人为抵押人，债权人为抵押权人，提供担保的财产为抵押财产。

第三百九十五条 【可抵押财产的范围】债务人或者第三人有权处分的下列财产可以抵押：

（一）建筑物和其他土地附着物；

（二）建设用地使用权；

（三）海域使用权；

（四）生产设备、原材料、半成品、产品；

（五）正在建造的建筑物、船舶、航空器；

（六）交通运输工具；

（七）法律、行政法规未禁止抵押的其他财产。

抵押人可以将前款所列财产一并抵押。

关联对照

《担保制度解释》

第四十条 从物产生于抵押权依法设立前，抵押权人主张抵押权的效力及于从物的，人民法院应予支持，但是当事人另有约定的除外。

从物产生于抵押权依法设立后，抵押权人主张抵押权的效力及于从物的，人民法院不予支持，但是在抵押权实现时可以一并处分。

第四十一条 抵押权依法设立后，抵押财产被添附，添附物归第三人所有，抵押权人主张抵押权效力及于补偿金的，人民法院应予支持。

抵押权依法设立后，抵押财产被添附，抵押人对添附物享有所有权，抵押权人主张抵押权的效力及于添附物的，人民法院应予支持，但是添附导致抵押财产价值增加的，抵押权的效力不及于增加的价值部分。

抵押权依法设立后，抵押人与第三人因添附成为添附物的共有人，抵押权人主张抵押权的效力及于抵押人对共有物享有的份额的，人民法院应予支持。

本条所称添附，包括附合、混合与加工。

第四十二条　抵押权依法设立后，抵押财产毁损、灭失或者被征收等，抵押权人请求按照原抵押权的顺位就保险金、赔偿金或者补偿金等优先受偿的，人民法院应予支持。

给付义务人已经向抵押人给付了保险金、赔偿金或者补偿金，抵押权人请求给付义务人向其给付保险金、赔偿金或者补偿金的，人民法院不予支持，但是给付义务人接到抵押权人要求向其给付的通知后仍然向抵押人给付的除外。

抵押权人请求给付义务人向其给付保险金、赔偿金或者补偿金的，人民法院可以通知抵押人作为第三人参加诉讼。

第三百九十六条　【浮动抵押】企业、个体工商户、农业生产经营者可以将现有的以及将有的生产设备、原材料、半成品、产品抵押，债务人不履行到期债务或者发生当事人约定的实现抵押权的情形，债权人有权就抵押财产确定时的动产优先受偿。

关联对照

《担保制度解释》

第五十七条　担保人在设立动产浮动抵押并办理抵押登记后又购入或者以融资租赁方式承租新的动产，下列权利人为担保价款债权或者租金的实现而订立担保合同，并在该动产交付后十日内办理登记，主张其权利优先于在先设立的浮动抵押权的，人民法院应予支持：

（一）在该动产上设立抵押权或者保留所有权的出卖人；

（二）为价款支付提供融资而在该动产上设立抵押权的债权人；

（三）以融资租赁方式出租该动产的出租人。

买受人取得动产但未付清价款或者承租人以融资租赁方式占有

租赁物但是未付清全部租金，又以标的物为他人设立担保物权，前款所列权利人为担保价款债权或者租金的实现而订立担保合同，并在该动产交付后十日内办理登记，主张其权利优先于买受人为他人设立的担保物权的，人民法院应予支持。

同一动产上存在多个价款优先权的，人民法院应当按照登记的时间先后确定清偿顺序。

第三百九十七条　【建筑物和相应的建设用地使用权一并抵押规则】 以建筑物抵押的，该建筑物占用范围内的建设用地使用权一并抵押。以建设用地使用权抵押的，该土地上的建筑物一并抵押。

抵押人未依据前款规定一并抵押的，未抵押的财产视为一并抵押。

第三百九十八条　【乡镇、村企业的建设用地使用权与房屋一并抵押规则】 乡镇、村企业的建设用地使用权不得单独抵押。以乡镇、村企业的厂房等建筑物抵押的，其占用范围内的建设用地使用权一并抵押。

第三百九十九条　【禁止抵押的财产范围】 下列财产不得抵押：

（一）土地所有权；

（二）宅基地、自留地、自留山等集体所有土地的使用权，但是法律规定可以抵押的除外；

（三）学校、幼儿园、医疗机构等为公益目的成立的非营利法人的教育设施、医疗卫生设施和其他公益设施；

（四）所有权、使用权不明或者有争议的财产；

（五）依法被查封、扣押、监管的财产；

（六）法律、行政法规规定不得抵押的其他财产。

第四百条　【抵押合同】 设立抵押权，当事人应当采用书面形式订立抵押合同。

抵押合同一般包括下列条款：

（一）被担保债权的种类和数额；

（二）债务人履行债务的期限；

（三）抵押财产的名称、数量等情况；

（四）担保的范围。

第四百零一条 【流押条款的效力】抵押权人在债务履行期限届满前，与抵押人约定债务人不履行到期债务时抵押财产归债权人所有的，只能依法就抵押财产优先受偿。

关联对照

《时间效力规定》

第七条 民法典施行前，当事人在债务履行期限届满前约定债务人不履行到期债务时抵押财产或者质押财产归债权人所有的，适用民法典第四百零一条和第四百二十八条的规定。

第四百零二条 【不动产抵押登记】以本法第三百九十五条第一款第一项至第三项规定的财产或者第五项规定的正在建造的建筑物抵押的，应当办理抵押登记。抵押权自登记时设立。

关联对照

《担保制度解释》

第四十六条 不动产抵押合同生效后未办理抵押登记手续，债权人请求抵押人办理抵押登记手续的，人民法院应予支持。

抵押财产因不可归责于抵押人自身的原因灭失或者被征收等导致不能办理抵押登记，债权人请求抵押人在约定的担保范围内承担责任的，人民法院不予支持；但是抵押人已经获得保险金、赔偿金或者补偿金等，债权人请求抵押人在其所获金额范围内承担赔偿责任的，人民法院依法予以支持。

因抵押人转让抵押财产或者其他可归责于抵押人自身的原因导致不能办理抵押登记，债权人请求抵押人在约定的担保范围内承担责任的，人民法院依法予以支持，但是不得超过抵押权能够设立时抵押人应当承担的责任范围。

第四十七条 不动产登记簿就抵押财产、被担保的债权范围等所作的记载与抵押合同约定不一致的，人民法院应当根据登记簿的记载确定抵押财产、被担保的债权范围等事项。

第四十八条　当事人申请办理抵押登记手续时，因登记机构的过错致使其不能办理抵押登记，当事人请求登记机构承担赔偿责任的，人民法院依法予以支持。

第四十九条　以违法的建筑物抵押的，抵押合同无效，但是一审法庭辩论终结前已经办理合法手续的除外。抵押合同无效的法律后果，依照本解释第十七条的有关规定处理。

当事人以建设用地使用权依法设立抵押，抵押人以土地上存在违法的建筑物为由主张抵押合同无效的，人民法院不予支持。

第五十条　抵押人以划拨建设用地上的建筑物抵押，当事人以该建设用地使用权不能抵押或者未办理批准手续为由主张抵押合同无效或者不生效的，人民法院不予支持。抵押权依法实现时，拍卖、变卖建筑物所得的价款，应当优先用于补缴建设用地使用权出让金。

当事人以划拨方式取得的建设用地使用权抵押，抵押人以未办理批准手续为由主张抵押合同无效或者不生效的，人民法院不予支持。已经依法办理抵押登记，抵押权人主张行使抵押权的，人民法院应予支持。抵押权依法实现时所得的价款，参照前款有关规定处理。

第五十一条　当事人仅以建设用地使用权抵押，债权人主张抵押权的效力及于土地上已有的建筑物以及正在建造的建筑物已完成部分的，人民法院应予支持。债权人主张抵押权的效力及于正在建造的建筑物的续建部分以及新增建筑物的，人民法院不予支持。

当事人以正在建造的建筑物抵押，抵押权的效力范围限于已办理抵押登记的部分。当事人按照担保合同的约定，主张抵押权的效力及于续建部分、新增建筑物以及规划中尚未建造的建筑物的，人民法院不予支持。

抵押人将建设用地使用权、土地上的建筑物或者正在建造的建筑物分别抵押给不同债权人的,人民法院应当根据抵押登记的时间先后确定清偿顺序。

第五十二条 当事人办理抵押预告登记后,预告登记权利人请求就抵押财产优先受偿,经审查存在尚未办理建筑物所有权首次登记、预告登记的财产与办理建筑物所有权首次登记时的财产不一致、抵押预告登记已经失效等情形,导致不具备办理抵押登记条件的,人民法院不予支持;经审查已经办理建筑物所有权首次登记,且不存在预告登记失效等情形的,人民法院应予支持,并应当认定抵押权自预告登记之日起设立。

当事人办理了抵押预告登记,抵押人破产,经审查抵押财产属于破产财产,预告登记权利人主张就抵押财产优先受偿的,人民法院应当在受理破产申请时抵押财产的价值范围内予以支持,但是在人民法院受理破产申请前一年内,债务人对没有财产担保的债务设立抵押预告登记的除外。

第四百零三条 【动产抵押的效力】以动产抵押的,抵押权自抵押合同生效时设立;未经登记,不得对抗善意第三人。

关联对照

《担保制度解释》

第五十三条 当事人在动产和权利担保合同中对担保财产进行概括描述,该描述能够合理识别担保财产的,人民法院应当认定担保成立。

第五十四条 动产抵押合同订立后未办理抵押登记,动产抵押权的效力按照下列情形分别处理:

(一)抵押人转让抵押财产,受让人占有抵押财产后,抵押权人向受让人请求行使抵押权的,人民法院不予支持,但是抵押权人能够举证证明受让人知道或者应当知道已经订立抵押合同的除外;

(二)抵押人将抵押财产出租给他人并移转占有,抵押权人行

使抵押权的,租赁关系不受影响,但是抵押权人能够举证证明承租人知道或者应当知道已经订立抵押合同的除外;

(三)抵押人的其他债权人向人民法院申请保全或者执行抵押财产,人民法院已经作出财产保全裁定或者采取执行措施,抵押权人主张对抵押财产优先受偿的,人民法院不予支持;

(四)抵押人破产,抵押权人主张对抵押财产优先受偿的,人民法院不予支持。

第六十七条 在所有权保留买卖、融资租赁等合同中,出卖人、出租人的所有权未经登记不得对抗的"善意第三人"的范围及其效力,参照本解释第五十四条的规定处理。

第四百零四条 【动产抵押权对抗效力的限制】以动产抵押的,不得对抗正常经营活动中已经支付合理价款并取得抵押财产的买受人。

第四百零五条 【抵押权和租赁权的关系】抵押权设立前,抵押财产已经出租并转移占有的,原租赁关系不受该抵押权的影响。

第四百零六条 【抵押期间抵押财产转让应当遵循的规则】抵押期间,抵押人可以转让抵押财产。当事人另有约定的,按照其约定。抵押财产转让的,抵押权不受影响。

抵押人转让抵押财产的,应当及时通知抵押权人。抵押权人能够证明抵押财产转让可能损害抵押权的,可以请求抵押人将转让所得的价款向抵押权人提前清偿债务或者提存。转让的价款超过债权数额的部分归抵押人所有,不足部分由债务人清偿。

关联对照

《担保制度解释》

第四十三条 当事人约定禁止或者限制转让抵押财产但是未将约定登记,抵押人违反约定转让抵押财产,抵押权人请求确认转让合同无效的,人民法院不予支持;抵押财产已经交付或者登记,抵押权人请求确认转让不发生物权效力的,人民法院不予支持,但是抵押权人有证据证明受让人知道的除外；抵押权人请求抵押人承担违约责任的，人民法院依法予以支持。

当事人约定禁止或者限制转让抵押财产且已经将约定登记，抵押人违反约定转让抵押财产，抵押权人请求确认转让合同无效的，人民法院不予支持；抵押财产已经交付或者登记，抵押权人主张转让不发生物权效力的，人民法院应予支持，但是因受让人代替债务人清偿债务导致抵押权消灭的除外。

第四百零七条　【抵押权的从属性】抵押权不得与债权分离而单独转让或者作为其他债权的担保。债权转让的，担保该债权的抵押权一并转让，但是法律另有规定或者当事人另有约定的除外。

第四百零八条　【抵押财产价值减少时抵押权人的保护措施】抵押人的行为足以使抵押财产价值减少的，抵押权人有权请求抵押人停止其行为；抵押财产价值减少的，抵押权人有权请求恢复抵押财产的价值，或者提供与减少的价值相应的担保。抵押人不恢复抵押财产的价值，也不提供担保的，抵押权人有权请求债务人提前清偿债务。

第四百零九条　【抵押权人放弃抵押权或抵押权顺位的法律后果】抵押权人可以放弃抵押权或者抵押权的顺位。抵押权人与抵押人可以协议变更抵押权顺位以及被担保的债权数额等内容。但是，抵押权的变更未经其他抵押权人书面同意的，不得对其他抵押权人产生不利影响。

债务人以自己的财产设定抵押，抵押权人放弃该抵押权、抵押权顺位或者变更抵押权的，其他担保人在抵押权人丧失优先受偿权益的范围内免除担保责任，但是其他担保人承诺仍然提供担保的除外。

第四百一十条　【抵押权实现的方式和程序】债务人不履行到期债务或者发生当事人约定的实现抵押权的情形，抵押权人可以与抵押人协议以抵押财产折价或者以拍卖、变卖该抵押财产所得的价款优先受偿。协议损害其他债权人利益的，其他债权人可以请求人民法院撤销该协议。

抵押权人与抵押人未就抵押权实现方式达成协议的，抵押权人可以请求人民法院拍卖、变卖抵押财产。

抵押财产折价或者变卖的，应当参照市场价格。

第四百一十一条　【浮动抵押财产的确定】依据本法第三百九十六条规定设定抵押的，抵押财产自下列情形之一发生时确定：

（一）债务履行期限届满，债权未实现；

（二）抵押人被宣告破产或者解散；

（三）当事人约定的实现抵押权的情形；

（四）严重影响债权实现的其他情形。

第四百一十二条　【抵押财产孳息归属】债务人不履行到期债务或者发生当事人约定的实现抵押权的情形，致使抵押财产被人民法院依法扣押的，自扣押之日起，抵押权人有权收取该抵押财产的天然孳息或者法定孳息，但是抵押权人未通知应当清偿法定孳息义务人的除外。

前款规定的孳息应当先充抵收取孳息的费用。

第四百一十三条　【抵押财产变价款的归属原则】抵押财产折价或者拍卖、变卖后，其价款超过债权数额的部分归抵押人所有，不足部分由债务人清偿。

第四百一十四条　【同一财产上多个抵押权的效力顺序】同一财产向两个以上债权人抵押的，拍卖、变卖抵押财产所得的价款依照下列规定清偿：

（一）抵押权已经登记的，按照登记的时间先后确定清偿顺序；

（二）抵押权已经登记的先于未登记的受偿；

（三）抵押权未登记的，按照债权比例清偿。

其他可以登记的担保物权，清偿顺序参照适用前款规定。

第四百一十五条　【既有抵押权又有质权的财产的清偿顺序】同一财产既设立抵押权又设立质权的，拍卖、变卖该财产所得的价款按照登记、交付的时间先后确定清偿顺序。

第四百一十六条　【买卖价款抵押权】动产抵押担保的主债权是抵押物的价款，标的物交付后十日内办理抵押登记的，该抵押权人优先于抵押物买受人的其他担保物权人受偿，但是留置权人除外。

第四百一十七条　【抵押权对新增建筑物的效力】建设用地使用权

抵押后，该土地上新增的建筑物不属于抵押财产。该建设用地使用权实现抵押权时，应当将该土地上新增的建筑物与建设用地使用权一并处分。但是，新增建筑物所得的价款，抵押权人无权优先受偿。

第四百一十八条 【集体所有土地使用权抵押权的实现效果】以集体所有土地的使用权依法抵押的，实现抵押权后，未经法定程序，不得改变土地所有权的性质和土地用途。

第四百一十九条 【抵押权的存续期间】抵押权人应当在主债权诉讼时效期间行使抵押权；未行使的，人民法院不予保护。

关联对照

《担保制度解释》

第四十四条 主债权诉讼时效期间届满后，抵押权人主张行使抵押权的，人民法院不予支持；抵押人以主债权诉讼时效期间届满为由，主张不承担担保责任的，人民法院应予支持。主债权诉讼时效期间届满前，债权人仅对债务人提起诉讼，经人民法院判决或者调解后未在民事诉讼法规定的申请执行时效期间内对债务人申请强制执行，其向抵押人主张行使抵押权的，人民法院不予支持。

主债权诉讼时效期间届满后，财产被留置的债务人或者对留置财产享有所有权的第三人请求债权人返还留置财产的，人民法院不予支持；债务人或者第三人请求拍卖、变卖留置财产并以所得价款清偿债务的，人民法院应予支持。

主债权诉讼时效期间届满的法律后果，以登记作为公示方式的权利质权，参照适用第一款的规定；动产质权、以交付权利凭证作为公示方式的权利质权，参照适用第二款的规定。

第二节 最高额抵押权

第四百二十条 【最高额抵押规则】为担保债务的履行，债务人或者第三人对一定期间内将要连续发生的债权提供担保财产的，债务人不履行到期债务或者发生当事人约定的实现抵押权的情形，抵押权人有权在最高债权额限度内就该担保财产优先受偿。

最高额抵押权设立前已经存在的债权，经当事人同意，可以转入最高额抵押担保的债权范围。

第四百二十一条 【最高额抵押权担保的部分债权转让效力】最高额抵押担保的债权确定前，部分债权转让的，最高额抵押权不得转让，但是当事人另有约定的除外。

第四百二十二条 【最高额抵押合同条款变更】最高额抵押担保的债权确定前，抵押权人与抵押人可以通过协议变更债权确定的期间、债权范围以及最高债权额。但是，变更的内容不得对其他抵押权人产生不利影响。

第四百二十三条 【最高额抵押所担保债权的确定事由】有下列情形之一的，抵押权人的债权确定：

（一）约定的债权确定期间届满；

（二）没有约定债权确定期间或者约定不明确，抵押权人或者抵押人自最高额抵押权设立之日起满二年后请求确定债权；

（三）新的债权不可能发生；

（四）抵押权人知道或者应当知道抵押财产被查封、扣押；

（五）债务人、抵押人被宣告破产或者解散；

（六）法律规定债权确定的其他情形。

第四百二十四条 【最高额抵押的法律适用】最高额抵押权除适用本节规定外，适用本章第一节的有关规定。

第十八章 质 权

第一节 动产质权

第四百二十五条 【动产质权概念】为担保债务的履行，债务人或者第三人将其动产出质给债权人占有的，债务人不履行到期债务或者发生当事人约定的实现质权的情形,债权人有权就该动产优先受偿。

前款规定的债务人或者第三人为出质人,债权人为质权人,交付的动产为质押财产。

第四百二十六条 【禁止出质的动产范围】法律、行政法规禁止转让的动产不得出质。

第四百二十七条 【质押合同形式及内容】设立质权,当事人应当采用书面形式订立质押合同。

质押合同一般包括下列条款:

(一) 被担保债权的种类和数额;

(二) 债务人履行债务的期限;

(三) 质押财产的名称、数量等情况;

(四) 担保的范围;

(五) 质押财产交付的时间、方式。

第四百二十八条 【流质条款的效力】质权人在债务履行期限届满前,与出质人约定债务人不履行到期债务时质押财产归债权人所有的,只能依法就质押财产优先受偿。

关联对照

《时间效力规定》

第七条 民法典施行前,当事人在债务履行期限届满前约定债务人不履行到期债务时抵押财产或者质押财产归债权人所有的,适用民法典第四百零一条和第四百二十八条的规定。

第四百二十九条 【质权的设立】质权自出质人交付质押财产时设立。

关联对照

《担保制度解释》

第五十五条 债权人、出质人与监管人订立三方协议,出质人以通过一定数量、品种等概括描述能够确定范围的货物为债务的履行提供担保，当事人有证据证明监管人系受债权人的委托监管并实际控制该货物的，人民法院应当认定质权于监管人实际控制货物之日起设立。监管人违反约定向出质人或者其他人放货、因保管不善导致货物毁损灭失，债权人请求监管人承担违约责任的，人民法院依法予以支持。

在前款规定情形下，当事人有证据证明监管人系受出质人委托监管该货物，或者虽然受债权人委托但是未实际履行监管职责，导致货物仍由出质人实际控制的，人民法院应当认定质权未设立。债权人可以基于质押合同的约定请求出质人承担违约责任，但是不得超过质权有效设立时出质人应当承担的责任范围。监管人未履行监管职责，债权人请求监管人承担责任的，人民法院依法予以支持。

第四百三十条　【质权人的孳息收取权】质权人有权收取质押财产的孳息，但是合同另有约定的除外。

前款规定的孳息应当先充抵收取孳息的费用。

第四百三十一条　【质权人对质押财产处分的限制及其法律责任】质权人在质权存续期间，未经出质人同意，擅自使用、处分质押财产，造成出质人损害的，应当承担赔偿责任。

第四百三十二条　【质物保管义务】质权人负有妥善保管质押财产的义务；因保管不善致使质押财产毁损、灭失的，应当承担赔偿责任。

质权人的行为可能使质押财产毁损、灭失的，出质人可以请求质权人将质押财产提存，或者请求提前清偿债务并返还质押财产。

第四百三十三条　【质押财产保全】因不可归责于质权人的事由可能使质押财产毁损或者价值明显减少，足以危害质权人权利的，质权人有权请求出质人提供相应的担保；出质人不提供的，质权人可以拍卖、变卖质押财产，并与出质人协议将拍卖、变卖所得的价款提前清偿债务或者提存。

第四百三十四条　【转质】质权人在质权存续期间，未经出质人同意转质，造成质押财产毁损、灭失的，应当承担赔偿责任。

第四百三十五条　【放弃质权】质权人可以放弃质权。债务人以自己的财产出质，质权人放弃该质权的，其他担保人在质权人丧失优先受偿权益的范围内免除担保责任，但是其他担保人承诺仍然提供担保的除外。

第四百三十六条　【质物返还与质权实现】债务人履行债务或者出质人提前清偿所担保的债权的，质权人应当返还质押财产。

债务人不履行到期债务或者发生当事人约定的实现质权的情形，质权人可以与出质人协议以质押财产折价，也可以就拍卖、变卖质押财产所得的价款优先受偿。

质押财产折价或者变卖的，应当参照市场价格。

第四百三十七条　【出质人请求质权人及时行使质权】出质人可以请求质权人在债务履行期限届满后及时行使质权；质权人不行使的，出质人可以请求人民法院拍卖、变卖质押财产。

出质人请求质权人及时行使质权，因质权人怠于行使权利造成出质人损害的，由质权人承担赔偿责任。

第四百三十八条　【质押财产变价款归属原则】质押财产折价或者拍卖、变卖后，其价款超过债权数额的部分归出质人所有，不足部分由债务人清偿。

第四百三十九条　【最高额质权】出质人与质权人可以协议设立最高额质权。

最高额质权除适用本节有关规定外，参照适用本编第十七章第二节的有关规定。

第二节　权利质权

第四百四十条　【可出质的权利的范围】债务人或者第三人有权处分的下列权利可以出质：

（一）汇票、本票、支票；

（二）债券、存款单；

（三）仓单、提单；

（四）可以转让的基金份额、股权；

（五）可以转让的注册商标专用权、专利权、著作权等知识产权中的财产权；

（六）现有的以及将有的应收账款；

（七）法律、行政法规规定可以出质的其他财产权利。

第四四十一条 【有价证券质权】以汇票、本票、支票、债券、存款单、仓单、提单出质的，质权自权利凭证交付质权人时设立；没有权利凭证的，质权自办理出质登记时设立。法律另有规定的，依照其规定。

关联对照

《担保制度解释》

第五十八条 以汇票出质，当事人以背书记载"质押"字样并在汇票上签章，汇票已经交付质权人的，人民法院应当认定质权自汇票交付质权人时设立。

第五十九条 存货人或者仓单持有人在仓单上以背书记载"质押"字样，并经保管人签章，仓单已经交付质权人的，人民法院应当认定质权自仓单交付质权人时设立。没有权利凭证的仓单，依法可以办理出质登记的，仓单质权自办理出质登记时设立。

出质人既以仓单出质，又以仓储物设立担保，按照公示的先后确定清偿顺序；难以确定先后的，按照债权比例清偿。

保管人为同一货物签发多份仓单，出质人在多份仓单上设立多个质权，按照公示的先后确定清偿顺序；难以确定先后的，按照债权比例受偿。

存在第二款、第三款规定的情形，债权人举证证明其损失系由出质人与保管人的共同行为所致，请求出质人与保管人承担连带赔偿责任的，人民法院应予支持。

第四百四十二条 【有价证券质权人行使权利的特别规定】汇票、本票、支票、债券、存款单、仓单、提单的兑现日期或者提货日期先于主债权到期的，质权人可以兑现或者提货，并与出质人协议将兑现的价款或者提取的货物提前清偿债务或者提存。

关联对照

《担保制度解释》

第六十条　在跟单信用证交易中，开证行与开证申请人之间约定以提单作为担保的，人民法院应当依照民法典关于质权的有关规定处理。

在跟单信用证交易中，开证行依据其与开证申请人之间的约定或者跟单信用证的惯例持有提单，开证申请人未按照约定付款赎单，开证行主张对提单项下货物优先受偿的，人民法院应予支持；开证行主张对提单项下货物享有所有权的，人民法院不予支持。

在跟单信用证交易中，开证行依据其与开证申请人之间的约定或者跟单信用证的惯例，通过转让提单或者提单项下货物取得价款，开证申请人请求返还超出债权部分的，人民法院应予支持。

前三款规定不影响合法持有提单的开证行以提单持有人身份主张运输合同项下的权利。

第四百四十三条 【基金份额质权、股权质权】以基金份额、股权出质的，质权自办理出质登记时设立。

基金份额、股权出质后，不得转让，但是出质人与质权人协商同意的除外。出质人转让基金份额、股权所得的价款，应当向质权人提前清偿债务或者提存。

第四百四十四条 【知识产权质权】以注册商标专用权、专利权、著作权等知识产权中的财产权出质的，质权自办理出质登记时设立。

知识产权中的财产权出质后，出质人不得转让或者许可他人使用，但是出质人与质权人协商同意的除外。出质人转让或者许可他人使用出质的知识产权中的财产权所得的价款，应当向质权人提前清偿债务或者提存。

第四百四十五条 【应收账款质权】以应收账款出质的，质权自办理出质登记时设立。

应收账款出质后，不得转让，但是出质人与质权人协商同意的除外。出质人转让应收账款所得的价款，应当向质权人提前清偿债务或者提存。

关联对照

《担保制度解释》

第六十一条 以现有的应收账款出质，应收账款债务人向质权人确认应收账款的真实性后，又以应收账款不存在或者已经消灭为由主张不承担责任的，人民法院不予支持。

以现有的应收账款出质，应收账款债务人未确认应收账款的真实性，质权人以应收账款债务人为被告，请求就应收账款优先受偿，能够举证证明办理出质登记时应收账款真实存在的，人民法院应予支持；质权人不能举证证明办理出质登记时应收账款真实存在，仅以已经办理出质登记为由，请求就应收账款优先受偿的，人民法院不予支持。

以现有的应收账款出质，应收账款债务人已经向应收账款债权人履行了债务，质权人请求应收账款债务人履行债务的，人民法院不予支持，但是应收账款债务人接到质权人要求向其履行的通知后，仍然向应收账款债权人履行的除外。

以基础设施和公用事业项目收益权、提供服务或者劳务产生的债权以及其他将有的应收账款出质，当事人为应收账款设立特定账户，发生法定或者约定的质权实现事由时，质权人请求就该特定账户内的款项优先受偿的，人民法院应予支持；特定账户内的款项不足以清偿债务或者未设立特定账户，质权人请求折价或者拍卖、变卖项目收益权等将有的应收账款，并以所得的价款优先受偿的，人民法院依法予以支持。

第四百四十六条　【权利质权的法律适用】权利质权除适用本节规定外，适用本章第一节的有关规定。

第十九章　留　置　权

第四百四十七条　【留置权的定义】债务人不履行到期债务，债权人可以留置已经合法占有的债务人的动产，并有权就该动产优先受偿。

前款规定的债权人为留置权人，占有的动产为留置财产。

● 关联对照

《担保制度解释》

第六十二条　债务人不履行到期债务，债权人因同一法律关系留置合法占有的第三人的动产，并主张就该留置财产优先受偿的，人民法院应予支持。第三人以该留置财产并非债务人的财产为由请求返还的，人民法院不予支持。

企业之间留置的动产与债权并非同一法律关系，债务人以该债权不属于企业持续经营中发生的债权为由请求债权人返还留置财产的，人民法院应予支持。

企业之间留置的动产与债权并非同一法律关系，债权人留置第三人的财产，第三人请求债权人返还留置财产的，人民法院应予支持。

第四百四十八条　【留置财产与债权的关系】债权人留置的动产，应当与债权属于同一法律关系，但是企业之间留置的除外。

第四百四十九条　【留置权适用范围的限制性规定】法律规定或者

当事人约定不得留置的动产，不得留置。

第四百五十条 【可分留置物】留置财产为可分物的，留置财产的价值应当相当于债务的金额。

关联对照

《担保制度解释》

第三十八条 主债权未受全部清偿，担保物权人主张就担保财产的全部行使担保物权的，人民法院应予支持，但是留置权人行使留置权的，应当依照民法典第四百五十条的规定处理。

担保财产被分割或者部分转让，担保物权人主张就分割或者转让后的担保财产行使担保物权的，人民法院应予支持，但是法律或者司法解释另有规定的除外。

第四百五十一条 【留置权人保管义务】留置权人负有妥善保管留置财产的义务；因保管不善致使留置财产毁损、灭失的，应当承担赔偿责任。

第四百五十二条 【留置财产的孳息收取】留置权人有权收取留置财产的孳息。

前款规定的孳息应当先充抵收取孳息的费用。

第四百五十三条 【留置权的实现】留置权人与债务人应当约定留置财产后的债务履行期限；没有约定或者约定不明确的，留置权人应当给债务人六十日以上履行债务的期限，但是鲜活易腐等不易保管的动产除外。债务人逾期未履行的，留置权人可以与债务人协议以留置财产折价，也可以就拍卖、变卖留置财产所得的价款优先受偿。

留置财产折价或者变卖的，应当参照市场价格。

第四百五十四条 【债务人请求留置权人行使留置权】债务人可以请求留置权人在债务履行期限届满后行使留置权；留置权人不行使的，债务人可以请求人民法院拍卖、变卖留置财产。

第四百五十五条 【留置权实现方式】留置财产折价或者拍卖、变卖后，其价款超过债权数额的部分归债务人所有，不足部分由债务人清偿。

第四百五十六条 【留置权优先于其他担保物权效力】同一动产上已经设立抵押权或者质权，该动产又被留置的，留置权人优先受偿。

第四百五十七条 【留置权消灭】留置权人对留置财产丧失占有或者留置权人接受债务人另行提供担保的，留置权消灭。

第五分编 占 有

第二十章 占 有

第四百五十八条 【有权占有法律适用】基于合同关系等产生的占有，有关不动产或者动产的使用、收益、违约责任等，按照合同约定；合同没有约定或者约定不明确的，依照有关法律规定。

第四百五十九条 【恶意占有人的损害赔偿责任】占有人因使用占有的不动产或者动产，致使该不动产或者动产受到损害的，恶意占有人应当承担赔偿责任。

第四百六十条 【权利人的返还请求权和占有人的费用求偿权】不动产或者动产被占有人占有的，权利人可以请求返还原物及其孳息；但是，应当支付善意占有人因维护该不动产或者动产支出的必要费用。

第四百六十一条 【占有物毁损或者灭失时占有人的责任】占有的不动产或者动产毁损、灭失，该不动产或者动产的权利人请求赔偿的，占有人应当将因毁损、灭失取得的保险金、赔偿金或者补偿金等返还给权利人；权利人的损害未得到足够弥补的，恶意占有人还应当赔偿损失。

第四百六十二条 【占有保护的方法】占有的不动产或者动产被侵占的，占有人有权请求返还原物；对妨害占有的行为，占有人有权请求排除妨害或者消除危险；因侵占或者妨害造成损害的，占有人有权依法请求损害赔偿。

占有人返还原物的请求权，自侵占发生之日起一年内未行使的，该请求权消灭。

第三编 合　　同

第一分编 通　　则

第一章　一　般　规　定

第四百六十三条　【合同编的调整范围】本编调整因合同产生的民事关系。

> **关联对照**
>
> 《时间效力规定》
> 　　第八条　民法典施行前成立的合同，适用当时的法律、司法解释的规定合同无效而适用民法典的规定合同有效的，适用民法典的相关规定。

第四百六十四条　【合同的定义及身份关系协议的法律适用】合同是民事主体之间设立、变更、终止民事法律关系的协议。

婚姻、收养、监护等有关身份关系的协议，适用有关该身份关系的法律规定；没有规定的，可以根据其性质参照适用本编规定。

第四百六十五条　【依法成立的合同受法律保护及合同相对性原则】依法成立的合同，受法律保护。

依法成立的合同，仅对当事人具有法律约束力，但是法律另有规定

113

的除外。

第四百六十六条 【合同的解释规则】当事人对合同条款的理解有争议的,应当依据本法第一百四十二条第一款的规定,确定争议条款的含义。

合同文本采用两种以上文字订立并约定具有同等效力的,对各文本使用的词句推定具有相同含义。各文本使用的词句不一致的,应当根据合同的相关条款、性质、目的以及诚信原则等予以解释。

❖ 关联对照

《合同编通则解释》

第一条 人民法院依据民法典第一百四十二条第一款、第四百六十六条第一款的规定解释合同条款时,应当以词句的通常含义为基础,结合相关条款、合同的性质和目的、习惯以及诚信原则,参考缔约背景、磋商过程、履行行为等因素确定争议条款的含义。

有证据证明当事人之间对合同条款有不同于词句的通常含义的其他共同理解,一方主张按照词句的通常含义理解合同条款的,人民法院不予支持。

对合同条款有两种以上解释,可能影响该条款效力的,人民法院应当选择有利于该条款有效的解释;属于无偿合同的,应当选择对债务人负担较轻的解释。

第四百六十七条 【非典型合同及特定涉外合同的法律适用】本法或者其他法律没有明文规定的合同,适用本编通则的规定,并可以参照适用本编或者其他法律最相类似合同的规定。

在中华人民共和国境内履行的中外合资经营企业合同、中外合作经营企业合同、中外合作勘探开发自然资源合同,适用中华人民共和国法律。

第四百六十八条 【非合同之债的法律适用】非因合同产生的债权债务关系,适用有关该债权债务关系的法律规定;没有规定的,适用本编通则的有关规定，但是根据其性质不能适用的除外。

第二章　合同的订立

第四百六十九条　【合同形式】当事人订立合同，可以采用书面形式、口头形式或者其他形式。

书面形式是合同书、信件、电报、电传、传真等可以有形地表现所载内容的形式。

以电子数据交换、电子邮件等方式能够有形地表现所载内容，并可以随时调取查用的数据电文，视为书面形式。

第四百七十条　【合同主要条款及示范文本】合同的内容由当事人约定，一般包括下列条款：

（一）当事人的姓名或者名称和住所；

（二）标的；

（三）数量；

（四）质量；

（五）价款或者报酬；

（六）履行期限、地点和方式；

（七）违约责任；

（八）解决争议的方法。

当事人可以参照各类合同的示范文本订立合同。

● 关联对照

《合同编通则解释》

第三条　当事人对合同是否成立存在争议，人民法院能够确定当事人姓名或者名称、标的和数量的，一般应当认定合同成立。但是，法律另有规定或者当事人另有约定的除外。

根据前款规定能够认定合同已经成立的，对合同欠缺的内容，人民法院应当依据民法典第五百一十条、第五百一十一条等规定予以确定。

当事人主张合同无效或者请求撤销、解除合同等，人民法院认为合同不成立的，应当依据《最高人民法院关于民事诉讼证据的若干规定》第五十三条的规定将合同是否成立作为焦点问题进行审理，并可以根据案件的具体情况重新指定举证期限。

《最高人民法院关于民事诉讼证据的若干规定》

第五十三条　诉讼过程中，当事人主张的法律关系性质或者民事行为效力与人民法院根据案件事实作出的认定不一致的，人民法院应当将法律关系性质或者民事行为效力作为焦点问题进行审理。但法律关系性质对裁判理由及结果没有影响，或者有关问题已经当事人充分辩论的除外。

存在前款情形，当事人根据法庭审理情况变更诉讼请求的，人民法院应当准许并可以根据案件的具体情况重新指定举证期限。

第四百七十一条　【订立合同的方式】当事人订立合同，可以采取要约、承诺方式或者其他方式。

第四百七十二条　【要约的定义及其构成】要约是希望与他人订立合同的意思表示，该意思表示应当符合下列条件：

（一）内容具体确定；

（二）表明经受要约人承诺，要约人即受该意思表示约束。

第四百七十三条　【要约邀请】要约邀请是希望他人向自己发出要约的表示。拍卖公告、招标公告、招股说明书、债券募集办法、基金招募说明书、商业广告和宣传、寄送的价目表等为要约邀请。

商业广告和宣传的内容符合要约条件的，构成要约。

第四百七十四条　【要约的生效时间】要约生效的时间适用本法第一百三十七条的规定。

第四百七十五条　【要约的撤回】要约可以撤回。要约的撤回适用本法第一百四十一条的规定。

第四百七十六条　【要约不得撤销情形】要约可以撤销，但是有下列情形之一的除外：

（一）要约人以确定承诺期限或者其他形式明示要约不可撤销；

（二）受要约人有理由认为要约是不可撤销的，并已经为履行合同做了合理准备工作。

第四百七十七条　【要约撤销条件】撤销要约的意思表示以对话方式作出的，该意思表示的内容应当在受要约人作出承诺之前为受要约人所知道；撤销要约的意思表示以非对话方式作出的，应当在受要约人作出承诺之前到达受要约人。

第四百七十八条　【要约失效】有下列情形之一的，要约失效：

（一）要约被拒绝；

（二）要约被依法撤销；

（三）承诺期限届满，受要约人未作出承诺；

（四）受要约人对要约的内容作出实质性变更。

第四百七十九条　【承诺的定义】承诺是受要约人同意要约的意思表示。

第四百八十条　【承诺的方式】承诺应当以通知的方式作出；但是，根据交易习惯或者要约表明可以通过行为作出承诺的除外。

第四百八十一条　【承诺的期限】承诺应当在要约确定的期限内到达要约人。

要约没有确定承诺期限的，承诺应当依照下列规定到达：

（一）要约以对话方式作出的，应当即时作出承诺；

（二）要约以非对话方式作出的，承诺应当在合理期限内到达。

第四百八十二条　【承诺期限的起算】要约以信件或者电报作出的，承诺期限自信件载明的日期或者电报交发之日开始计算。信件未载明日期的，自投寄该信件的邮戳日期开始计算。要约以电话、传真、电子邮件等快速通讯方式作出的，承诺期限自要约到达受要约人时开始计算。

第四百八十三条　【合同成立时间】承诺生效时合同成立，但是法律另有规定或者当事人另有约定的除外。

第四百八十四条 【承诺生效时间】以通知方式作出的承诺，生效的时间适用本法第一百三十七条的规定。

承诺不需要通知的，根据交易习惯或者要约的要求作出承诺的行为时生效。

第四百八十五条 【承诺的撤回】承诺可以撤回。承诺的撤回适用本法第一百四十一条的规定。

第四百八十六条 【逾期承诺及效果】受要约人超过承诺期限发出承诺，或者在承诺期限内发出承诺，按照通常情形不能及时到达要约人的，为新要约；但是，要约人及时通知受要约人该承诺有效的除外。

第四百八十七条 【迟到的承诺】受要约人在承诺期限内发出承诺，按照通常情形能够及时到达要约人，但是因其他原因致使承诺到达要约人时超过承诺期限的，除要约人及时通知受要约人因承诺超过期限不接受该承诺外，该承诺有效。

第四百八十八条 【承诺对要约内容的实质性变更】承诺的内容应当与要约的内容一致。受要约人对要约的内容作出实质性变更的，为新要约。有关合同标的、数量、质量、价款或者报酬、履行期限、履行地点和方式、违约责任和解决争议方法等的变更，是对要约内容的实质性变更。

第四百八十九条 【承诺对要约内容的非实质性变更】承诺对要约的内容作出非实质性变更的，除要约人及时表示反对或者要约表明承诺不得对要约的内容作出任何变更外，该承诺有效，合同的内容以承诺的内容为准。

第四百九十条 【采用书面形式订立合同的成立时间】当事人采用合同书形式订立合同的，自当事人均签名、盖章或者按指印时合同成立。在签名、盖章或者按指印之前，当事人一方已经履行主要义务，对方接受时，该合同成立。

法律、行政法规规定或者当事人约定合同应当采用书面形式订立，当事人未采用书面形式但是一方已经履行主要义务，对方接受时，该合同成立。

第四百九十一条 【签订确认书的合同及电子合同成立时间】当事

人采用信件、数据电文等形式订立合同要求签订确认书的，签订确认书时合同成立。

当事人一方通过互联网等信息网络发布的商品或者服务信息符合要约条件的，对方选择该商品或者服务并提交订单成功时合同成立，但是当事人另有约定的除外。

关联对照

《合同编通则解释》

第四条　采取招标方式订立合同，当事人请求确认合同自中标通知书到达中标人时成立的，人民法院应予支持。合同成立后，当事人拒绝签订书面合同的，人民法院应当依据招标文件、投标文件和中标通知书等确定合同内容。

采取现场拍卖、网络拍卖等公开竞价方式订立合同，当事人请求确认合同自拍卖师落槌、电子交易系统确认成交时成立的，人民法院应予支持。合同成立后，当事人拒绝签订成交确认书的，人民法院应当依据拍卖公告、竞买人的报价等确定合同内容。

产权交易所等机构主持拍卖、挂牌交易，其公布的拍卖公告、交易规则等文件公开确定了合同成立需要具备的条件，当事人请求确认合同自该条件具备时成立的，人民法院应予支持。

第四百九十二条　【合同成立的地点】承诺生效的地点为合同成立的地点。

采用数据电文形式订立合同的，收件人的主营业地为合同成立的地点；没有主营业地的，其住所地为合同成立的地点。当事人另有约定的，按照其约定。

第四百九十三条　【采用合同书订立合同的成立地点】当事人采用合同书形式订立合同的，最后签名、盖章或者按指印的地点为合同成立的地点，但是当事人另有约定的除外。

第四百九十四条　【强制缔约义务】国家根据抢险救灾、疫情防控或者其他需要下达国家订货任务、指令性任务的，有关民事主体之间应当依照有关法律、行政法规规定的权利和义务订立合同。

依照法律、行政法规的规定负有发出要约义务的当事人，应当及时发出合理的要约。

依照法律、行政法规的规定负有作出承诺义务的当事人，不得拒绝对方合理的订立合同要求。

第四百九十五条 【预约合同】当事人约定在将来一定期限内订立合同的认购书、订购书、预订书等，构成预约合同。

当事人一方不履行预约合同约定的订立合同义务的，对方可以请求其承担预约合同的违约责任。

关联对照

《合同编通则解释》

第六条　当事人以认购书、订购书、预订书等形式约定在将来一定期限内订立合同，或者为担保在将来一定期限内订立合同交付了定金，能够确定将来所要订立合同的主体、标的等内容的，人民法院应当认定预约合同成立。

当事人通过签订意向书或者备忘录等方式，仅表达交易的意向，未约定在将来一定期限内订立合同，或者虽然有约定但是难以确定将来所要订立合同的主体、标的等内容，一方主张预约合同成立的，人民法院不予支持。

当事人订立的认购书、订购书、预订书等已就合同标的、数量、价款或者报酬等主要内容达成合意，符合本解释第三条第一款规定的合同成立条件，未明确约定在将来一定期限内另行订立合同，或者虽然有约定但是当事人一方已实施履行行为且对方接受的，人民法院应当认定本约合同成立。

第七条　预约合同生效后，当事人一方拒绝订立本约合同或者在磋商订立本约合同时违背诚信原则导致未能订立本约合同的，人民法院应当认定该当事人不履行预约合同约定的义务。

人民法院认定当事人一方在磋商订立本约合同时是否违背诚信原则,应当综合考虑该当事人在磋商时提出的条件是否明显背离预约合同约定的内容以及是否已尽合理努力进行协商等因素。

第八条　预约合同生效后,当事人一方不履行订立本约合同的义务,对方请求其赔偿因此造成的损失的,人民法院依法予以支持。

前款规定的损失赔偿,当事人有约定的,按照约定;没有约定的,人民法院应当综合考虑预约合同在内容上的完备程度以及订立本约合同的条件的成就程度等因素酌定。

第四百九十六条　【格式条款】格式条款是当事人为了重复使用而预先拟定,并在订立合同时未与对方协商的条款。

采用格式条款订立合同的,提供格式条款的一方应当遵循公平原则确定当事人之间的权利和义务,并采取合理的方式提示对方注意免除或者减轻其责任等与对方有重大利害关系的条款,按照对方的要求,对该条款予以说明。提供格式条款的一方未履行提示或者说明义务,致使对方没有注意或者理解与其有重大利害关系的条款的,对方可以主张该条款不成为合同的内容。

关联对照

《合同编通则解释》

第九条　合同条款符合民法典第四百九十六条第一款规定的情形,当事人仅以合同系依据合同示范文本制作或者双方已经明确约定合同条款不属于格式条款为由主张该条款不是格式条款的,人民法院不予支持。

从事经营活动的当事人一方仅以未实际重复使用为由主张其预先拟定且未与对方协商的合同条款不是格式条款的,人民法院不予支持。但是,有证据证明该条款不是为了重复使用而预先拟定的除外。

第十条　提供格式条款的一方在合同订立时采用通常足以引起

对方注意的文字、符号、字体等明显标识，提示对方注意免除或者减轻其责任、排除或者限制对方权利等与对方有重大利害关系的异常条款的，人民法院可以认定其已经履行民法典第四百九十六条第二款规定的提示义务。

提供格式条款的一方按照对方的要求，就与对方有重大利害关系的异常条款的概念、内容及其法律后果以书面或者口头形式向对方作出通常能够理解的解释说明的，人民法院可以认定其已经履行民法典第四百九十六条第二款规定的说明义务。

提供格式条款的一方对其已经尽到提示义务或者说明义务承担举证责任。对于通过互联网等信息网络订立的电子合同，提供格式条款的一方仅以采取了设置勾选、弹窗等方式为由主张其已经履行提示义务或者说明义务的，人民法院不予支持，但是其举证符合前两款规定的除外。

《时间效力规定》

第九条 民法典施行前订立的合同，提供格式条款一方未履行提示或者说明义务，涉及格式条款效力认定的，适用民法典第四百九十六条的规定。

第四百九十七条 【格式条款无效的情形】有下列情形之一的，该格式条款无效：

（一）具有本法第一编第六章第三节和本法第五百零六条规定的无效情形；

（二）提供格式条款一方不合理地免除或者减轻其责任、加重对方责任、限制对方主要权利；

（三）提供格式条款一方排除对方主要权利。

关联对照

《人脸识别规定》

第十一条 信息处理者采用格式条款与自然人订立合同，要求自然人授予其无期限限制、不可撤销、可任意转授权等处理人脸信息的权利，该自然人依据民法典第四百九十七条请求确认格式条款无效的，人民法院依法予以支持。

第四百九十八条 【格式条款的解释方法】对格式条款的理解发生争议的，应当按照通常理解予以解释。对格式条款有两种以上解释的，应当作出不利于提供格式条款一方的解释。格式条款和非格式条款不一致的，应当采用非格式条款。

第四百九十九条 【悬赏广告】悬赏人以公开方式声明对完成特定行为的人支付报酬的，完成该行为的人可以请求其支付。

第五百条 【缔约过失责任】当事人在订立合同过程中有下列情形之一，造成对方损失的，应当承担赔偿责任：

（一）假借订立合同，恶意进行磋商；
（二）故意隐瞒与订立合同有关的重要事实或者提供虚假情况；
（三）有其他违背诚信原则的行为。

第五百零一条 【合同缔结人的保密义务】当事人在订立合同过程中知悉的商业秘密或者其他应当保密的信息，无论合同是否成立，不得泄露或者不正当地使用；泄露、不正当地使用该商业秘密或者信息，造成对方损失的，应当承担赔偿责任。

第三章　合同的效力

第五百零二条 【合同生效时间及未办理批准手续的处理规则】依法成立的合同，自成立时生效，但是法律另有规定或者当事人另有约定的除外。

依照法律、行政法规的规定，合同应当办理批准等手续的，依照其规定。未办理批准等手续影响合同生效的，不影响合同中履行报批等义务条款以及相关条款的效力。应当办理申请批准等手续的当事人未履行义务的，对方可以请求其承担违反该义务的责任。

依照法律、行政法规的规定，合同的变更、转让、解除等情形应当办理批准等手续的，适用前款规定。

关联对照

《合同编通则解释》

第十二条 合同依法成立后，负有报批义务的当事人不履行报批义务或者履行报批义务不符合合同的约定或者法律、行政法规的规定，对方请求其继续履行报批义务的，人民法院应予支持；对方主张解除合同并请求其承担违反报批义务的赔偿责任的，人民法院应予支持。

人民法院判决当事人一方履行报批义务后，其仍不履行，对方主张解除合同并参照违反合同的违约责任请求其承担赔偿责任的，人民法院应予支持。

合同获得批准前，当事人一方起诉请求对方履行合同约定的主要义务，经释明后拒绝变更诉讼请求的，人民法院应当判决驳回其诉讼请求，但是不影响其另行提起诉讼。

负有报批义务的当事人已经办理申请批准等手续或者已经履行生效判决确定的报批义务，批准机关决定不予批准，对方请求其承担赔偿责任的，人民法院不予支持。但是，因迟延履行报批义务等可归责于当事人的原因导致合同未获批准，对方请求赔偿因此受到的损失的，人民法院应当依据民法典第一百五十七条的规定处理。

第十三条 合同存在无效或者可撤销的情形，当事人以该合同已在有关行政管理部门办理备案、已经批准机关批准或者已依据该合同办理财产权利的变更登记、移转登记等为由主张合同有效的，人民法院不予支持。

第十四条 当事人之间就同一交易订立多份合同，人民法院应当认定其中以虚假意思表示订立的合同无效。当事人为规避法律、行政法规的强制性规定，以虚假意思表示隐藏真实意思表示的，人民法院应当依据民法典第一百五十三条第一款的规定认定被隐藏合同的效力；当事人为规避法律、行政法规关于合同应当办理批准等手续的规定，以虚假意思表示隐藏真实意思表示的，人民法院应当依据民法典第五百零二条第二款的规定认定被隐藏合同的效力。

依据前款规定认定被隐藏合同无效或者确定不发生效力的，人民法院应当以被隐藏合同为事实基础，依据民法典第一百五十七条的规定确定当事人的民事责任。但是，法律另有规定的除外。

当事人就同一交易订立的多份合同均系真实意思表示，且不存在其他影响合同效力情形的，人民法院应当在查明各合同成立先后顺序和实际履行情况的基础上，认定合同内容是否发生变更。法律、行政法规禁止变更合同内容的，人民法院应当认定合同的相应变更无效。

第五百零三条　【被代理人以默示方式追认无权代理】 无权代理人以被代理人的名义订立合同，被代理人已经开始履行合同义务或者接受相对人履行的，视为对合同的追认。

第五百零四条　【超越权限订立合同的效力】 法人的法定代表人或者非法人组织的负责人超越权限订立的合同，除相对人知道或者应当知道其超越权限外，该代表行为有效，订立的合同对法人或者非法人组织发生效力。

关联对照

《合同编通则解释》

第二十条　法律、行政法规为限制法人的法定代表人或者非法人组织的负责人的代表权，规定合同所涉事项应当由法人、非法人组织的权力机构或者决策机构决议，或者应当由法人、非法人组织的执行机构决定，法定代表人、负责人未取得授权而以法人、非法人组织的名义订立合同，未尽到合理审查义务的相对人主张该合同对法人、非法人组织发生效力并由其承担违约责任的，人民法院不予支持，但是法人、非法人组织有过错的，可以参照民法典第一百五十七条的规定判决其承担相应的赔偿责任。相对人已尽到合理审查义务，构成表见代表的，人民法院应当依据民法典第五百零四条的规定处理。

合同所涉事项未超越法律、行政法规规定的法定代表人或者负责人的代表权限，但是超越法人、非法人组织的章程或者权力机构等对代表权的限制，相对人主张该合同对法人、非法人组织发生效力并由其承担违约责任的，人民法院依法予以支持。但是，法人、非法人组织举证证明相对人知道或者应当知道该限制的除外。

法人、非法人组织承担民事责任后，向有过错的法定代表人、负责人追偿因越权代表行为造成的损失的，人民法院依法予以支持。法律、司法解释对法定代表人、负责人的民事责任另有规定的，依照其规定。

第二十一条　法人、非法人组织的工作人员就超越其职权范围的事项以法人、非法人组织的名义订立合同，相对人主张该合同对法人、非法人组织发生效力并由其承担违约责任的，人民法院不予支持。但是，法人、非法人组织有过错的，人民法院可以参照民法典第一百五十七条的规定判决其承担相应的赔偿责任。前述情形，构成表见代理的，人民法院应当依据民法典第一百七十二条的规定处理。

合同所涉事项有下列情形之一的，人民法院应当认定法人、非法人组织的工作人员在订立合同时超越其职权范围：

（一）依法应当由法人、非法人组织的权力机构或者决策机构决议的事项；

（二）依法应当由法人、非法人组织的执行机构决定的事项；

（三）依法应当由法定代表人、负责人代表法人、非法人组织实施的事项；

（四）不属于通常情形下依其职权可以处理的事项。

合同所涉事项未超越依据前款确定的职权范围，但是超越法人、非法人组织对工作人员职权范围的限制，相对人主张该合同对法人、非法人组织发生效力并由其承担违约责任的，人民法院应予支持。但是,法人、非法人组织举证证明相对人知道或者应当知道该限制的除外。

法人、非法人组织承担民事责任后,向故意或者有重大过失的工作人员追偿的,人民法院依法予以支持。

第二十二条　法定代表人、负责人或者工作人员以法人、非法人组织的名义订立合同且未超越权限,法人、非法人组织仅以合同加盖的印章不是备案印章或者系伪造的印章为由主张该合同对其不发生效力的,人民法院不予支持。

合同系以法人、非法人组织的名义订立,但是仅有法定代表人、负责人或者工作人员签名或者按指印而未加盖法人、非法人组织的印章,相对人能够证明法定代表人、负责人或者工作人员在订立合同时未超越权限的,人民法院应当认定合同对法人、非法人组织发生效力。但是,当事人约定以加盖印章作为合同成立条件的除外。

合同仅加盖法人、非法人组织的印章而无人员签名或者按指印,相对人能够证明合同系法定代表人、负责人或者工作人员在其权限范围内订立的,人民法院应当认定该合同对法人、非法人组织发生效力。

在前三款规定的情形下,法定代表人、负责人或者工作人员在订立合同时虽然超越代表或者代理权限,但是依据民法典第五百零四条的规定构成表见代表,或者依据民法典第一百七十二条的规定构成表见代理的,人民法院应当认定合同对法人、非法人组织发生效力。

第二十三条　法定代表人、负责人或者代理人与相对人恶意串通,以法人、非法人组织的名义订立合同,损害法人、非法人组织的合法权益,法人、非法人组织主张不承担民事责任的,人民法院应予支持。法人、非法人组织请求法定代表人、负责人或者代理人与相对人对因此受到的损失承担连带赔偿责任的,人民法院应予支持。

根据法人、非法人组织的举证，综合考虑当事人之间的交易习惯、合同在订立时是否显失公平、相关人员是否获取了不正当利益、合同的履行情况等因素，人民法院能够认定法定代表人、负责人或者代理人与相对人存在恶意串通的高度可能性的，可以要求前述人员就合同订立、履行的过程等相关事实作出陈述或者提供相应的证据。其无正当理由拒绝作出陈述，或者所作陈述不具合理性又不能提供相应证据的，人民法院可以认定恶意串通的事实成立。

《担保制度解释》

第七条　公司的法定代表人违反公司法关于公司对外担保决议程序的规定，超越权限代表公司与相对人订立担保合同，人民法院应当依照民法典第六十一条和第五百零四条等规定处理：

（一）相对人善意的，担保合同对公司发生效力；相对人请求公司承担担保责任的，人民法院应予支持。

（二）相对人非善意的，担保合同对公司不发生效力；相对人请求公司承担赔偿责任的，参照适用本解释第十七条的有关规定。

法定代表人超越权限提供担保造成公司损失，公司请求法定代表人承担赔偿责任的，人民法院应予支持。

第一款所称善意，是指相对人在订立担保合同时不知道且不应当知道法定代表人超越权限。相对人有证据证明已对公司决议进行了合理审查，人民法院应当认定其构成善意，但是公司有证据证明相对人知道或者应当知道决议系伪造、变造的除外。

第五百零五条　【超越经营范围订立的合同效力】当事人超越经营范围订立的合同的效力，应当依照本法第一编第六章第三节和本编的有关规定确定，不得仅以超越经营范围确认合同无效。

第五百零六条　【免责条款无效情形】合同中的下列免责条款无效：

（一）造成对方人身损害的；

（二）因故意或者重大过失造成对方财产损失的。

第五百零七条 【争议解决条款的独立性】合同不生效、无效、被撤销或者终止的，不影响合同中有关解决争议方法的条款的效力。

第五百零八条 【合同效力适用指引】本编对合同的效力没有规定的，适用本法第一编第六章的有关规定。

第四章 合同的履行

第五百零九条 【合同履行的原则】当事人应当按照约定全面履行自己的义务。

当事人应当遵循诚信原则，根据合同的性质、目的和交易习惯履行通知、协助、保密等义务。

当事人在履行合同过程中，应当避免浪费资源、污染环境和破坏生态。

关联对照

《合同编通则解释》

第二条 下列情形，不违反法律、行政法规的强制性规定且不违背公序良俗的，人民法院可以认定为民法典所称的"交易习惯"：

（一）当事人之间在交易活动中的惯常做法；

（二）在交易行为当地或者某一领域、某一行业通常采用并为交易对方订立合同时所知道或者应当知道的做法。

对于交易习惯，由提出主张的当事人一方承担举证责任。

第十五条 人民法院认定当事人之间的权利义务关系，不应当拘泥于合同使用的名称，而应当根据合同约定的内容。当事人主张的权利义务关系与根据合同内容认定的权利义务关系不一致的，人民法院应当结合缔约背景、交易目的、交易结构、履行行为以及当事人是否存在虚构交易标的等事实认定当事人之间的实际民事法律关系。

第二十六条 当事人一方未根据法律规定或者合同约定履行开

具发票、提供证明文件等非主要债务，对方请求继续履行该债务并赔偿因怠于履行该债务造成的损失的，人民法院依法予以支持；对方请求解除合同的，人民法院不予支持，但是不履行该债务致使不能实现合同目的或者当事人另有约定的除外。

第五百一十条 【约定不明时合同内容的确定】合同生效后，当事人就质量、价款或者报酬、履行地点等内容没有约定或者约定不明确的，可以协议补充；不能达成补充协议的，按照合同相关条款或者交易习惯确定。

第五百一十一条 【质量、价款、履行地点等内容的确定】当事人就有关合同内容约定不明确，依据前条规定仍不能确定的，适用下列规定：

（一）质量要求不明确的，按照强制性国家标准履行；没有强制性国家标准的，按照推荐性国家标准履行；没有推荐性国家标准的，按照行业标准履行；没有国家标准、行业标准的，按照通常标准或者符合合同目的的特定标准履行。

（二）价款或者报酬不明确的，按照订立合同时履行地的市场价格履行；依法应当执行政府定价或者政府指导价的，依照规定履行。

（三）履行地点不明确，给付货币的，在接受货币一方所在地履行；交付不动产的，在不动产所在地履行；其他标的，在履行义务一方所在地履行。

（四）履行期限不明确的，债务人可以随时履行，债权人也可以随时请求履行，但是应当给对方必要的准备时间。

（五）履行方式不明确的，按照有利于实现合同目的的方式履行。

（六）履行费用的负担不明确的，由履行义务一方负担；因债权人原因增加的履行费用，由债权人负担。

第五百一十二条 【电子合同交付时间的认定】通过互联网等信息网络订立的电子合同的标的为交付商品并采用快递物流方式交付的，收货人的签收时间为交付时间。电子合同的标的为提供服务的，生成的电子凭证或者实物凭证中载明的时间为提供服务时间；前述凭证没有载明时间或者载明时间与实际提供服务时间不一致的，以实际提供服务的时间为准。

电子合同的标的物为采用在线传输方式交付的，合同标的物进入对方当事人指定的特定系统且能够检索识别的时间为交付时间。

电子合同当事人对交付商品或者提供服务的方式、时间另有约定的，按照其约定。

第五百一十三条　【执行政府定价或指导价的合同价格确定】执行政府定价或者政府指导价的，在合同约定的交付期限内政府价格调整时，按照交付时的价格计价。逾期交付标的物的，遇价格上涨时，按照原价格执行；价格下降时，按照新价格执行。逾期提取标的物或者逾期付款的，遇价格上涨时，按照新价格执行；价格下降时，按照原价格执行。

第五百一十四条　【金钱之债给付货币的确定规则】以支付金钱为内容的债，除法律另有规定或者当事人另有约定外，债权人可以请求债务人以实际履行地的法定货币履行。

第五百一十五条　【选择之债中债务人的选择权】标的有多项而债务人只需履行其中一项的，债务人享有选择权；但是，法律另有规定、当事人另有约定或者另有交易习惯的除外。

享有选择权的当事人在约定期限内或者履行期限届满未作选择，经催告后在合理期限内仍未选择的，选择权转移至对方。

第五百一十六条　【选择权的行使】当事人行使选择权应当及时通知对方，通知到达对方时，标的确定。标的确定后不得变更，但是经对方同意的除外。

可选择的标的发生不能履行情形的，享有选择权的当事人不得选择不能履行的标的，但是该不能履行的情形是由对方造成的除外。

第五百一十七条　【按份债权与按份债务】债权人为二人以上，标的可分，按照份额各自享有债权的，为按份债权；债务人为二人以上，标的可分，按照份额各自负担债务的，为按份债务。

按份债权人或者按份债务人的份额难以确定的，视为份额相同。

第五百一十八条 【连带债权与连带债务】债权人为二人以上，部分或者全部债权人均可以请求债务人履行债务的，为连带债权；债务人为二人以上，债权人可以请求部分或者全部债务人履行全部债务的，为连带债务。

连带债权或者连带债务，由法律规定或者当事人约定。

第五百一十九条 【连带债务份额的确定及追偿】连带债务人之间的份额难以确定的，视为份额相同。

实际承担债务超过自己份额的连带债务人，有权就超出部分在其他连带债务人未履行的份额范围内向其追偿，并相应地享有债权人的权利，但是不得损害债权人的利益。其他连带债务人对债权人的抗辩，可以向该债务人主张。

被追偿的连带债务人不能履行其应分担份额的，其他连带债务人应当在相应范围内按比例分担。

第五百二十条 【连带债务人之一所生事项涉他效力】部分连带债务人履行、抵销债务或者提存标的物的，其他债务人对债权人的债务在相应范围内消灭；该债务人可以依据前条规定向其他债务人追偿。

部分连带债务人的债务被债权人免除的，在该连带债务人应当承担的份额范围内，其他债务人对债权人的债务消灭。

部分连带债务人的债务与债权人的债权同归于一人的，在扣除该债务人应当承担的份额后，债权人对其他债务人的债权继续存在。

债权人对部分连带债务人的给付受领迟延的，对其他连带债务人发生效力。

第五百二十一条 【连带债权内外部关系】连带债权人之间的份额难以确定的，视为份额相同。

实际受领债权的连带债权人，应当按比例向其他连带债权人返还。

连带债权参照适用本章连带债务的有关规定。

第五百二十二条 【向第三人履行】当事人约定由债务人向第三人履行债务，债务人未向第三人履行债务或者履行债务不符合约定的，应当向债权人承担违约责任。

法律规定或者当事人约定第三人可以直接请求债务人向其履行债务，第三人未在合理期限内明确拒绝，债务人未向第三人履行债务或者履行债务不符合约定的，第三人可以请求债务人承担违约责任；债务人对债权人的抗辩，可以向第三人主张。

关联对照

《合同编通则解释》

第二十九条 民法典第五百二十二条第二款规定的第三人请求债务人向自己履行债务的，人民法院应予支持；请求行使撤销权、解除权等民事权利的，人民法院不予支持，但是法律另有规定的除外。

合同依法被撤销或者被解除，债务人请求债权人返还财产的，人民法院应予支持。

债务人按照约定向第三人履行债务，第三人拒绝受领，债权人请求债务人向自己履行债务的，人民法院应予支持，但是债务人已经采取提存等方式消灭债务的除外。第三人拒绝受领或者受领迟延，债务人请求债权人赔偿因此造成的损失的，人民法院依法予以支持。

第五百二十三条 【第三人履行】 当事人约定由第三人向债权人履行债务，第三人不履行债务或者履行债务不符合约定的，债务人应当向债权人承担违约责任。

第五百二十四条 【第三人代为履行】 债务人不履行债务，第三人对履行该债务具有合法利益的，第三人有权向债权人代为履行；但是，根据债务性质、按照当事人约定或者依照法律规定只能由债务人履行的除外。

债权人接受第三人履行后，其对债务人的债权转让给第三人，但是债务人和第三人另有约定的除外。

关联对照

《合同编通则解释》

第三十条 下列民事主体，人民法院可以认定为民法典第五百二十四条第一款规定的对履行债务具有合法利益的第三人：

（一）保证人或者提供物的担保的第三人；

（二）担保财产的受让人、用益物权人、合法占有人；

（三）担保财产上的后顺位担保权人；

（四）对债务人的财产享有合法权益且该权益将因财产被强制执行而丧失的第三人；

（五）债务人为法人或者非法人组织的，其出资人或者设立人；

（六）债务人为自然人的，其近亲属；

（七）其他对履行债务具有合法利益的第三人。

第三人在其已经代为履行的范围内取得对债务人的债权，但是不得损害债权人的利益。

担保人代为履行债务取得债权后，向其他担保人主张担保权利的，依据《最高人民法院关于适用〈中华人民共和国民法典〉有关担保制度的解释》第十三条、第十四条、第十八条第二款等规定处理。

《担保制度解释》

第十三条 同一债务有两个以上第三人提供担保，担保人之间约定相互追偿及分担份额，承担了担保责任的担保人请求其他担保人按照约定分担份额的，人民法院应予支持；担保人之间约定承担连带共同担保，或者约定相互追偿但是未约定分担份额的，各担保人按照比例分担向债务人不能追偿的部分。

同一债务有两个以上第三人提供担保，担保人之间未对相互追偿作出约定且未约定承担连带共同担保，但是各担保人在同一份合同书上签字、盖章或者按指印，承担了担保责任的担保人请求其他担保人按照比例分担向债务人不能追偿部分的，人民法院应予支持。

除前两款规定的情形外，承担了担保责任的担保人请求其他担保人分担向债务人不能追偿部分的，人民法院不予支持。

第十四条　同一债务有两个以上第三人提供担保，担保人受让债权的，人民法院应当认定该行为系承担担保责任。受让债权的担保人作为债权人请求其他担保人承担担保责任的，人民法院不予支持；该担保人请求其他担保人分担相应份额的，依照本解释第十三条的规定处理。

第十八条　承担了担保责任或者赔偿责任的担保人，在其承担责任的范围内向债务人追偿的，人民法院应予支持。

同一债权既有债务人自己提供的物的担保，又有第三人提供的担保，承担了担保责任或者赔偿责任的第三人，主张行使债权人对债务人享有的担保物权的，人民法院应予支持。

第五百二十五条　【同时履行抗辩权】 当事人互负债务，没有先后履行顺序的，应当同时履行。一方在对方履行之前有权拒绝其履行请求。一方在对方履行债务不符合约定时，有权拒绝其相应的履行请求。

第五百二十六条　【后履行抗辩权】 当事人互负债务，有先后履行顺序，应当先履行债务一方未履行的，后履行一方有权拒绝其履行请求。先履行一方履行债务不符合约定的，后履行一方有权拒绝其相应的履行请求。

关联对照

《合同编通则解释》

第三十一条　当事人互负债务，一方以对方没有履行非主要债务为由拒绝履行自己的主要债务的，人民法院不予支持。但是，对方不履行非主要债务致使不能实现合同目的或者当事人另有约定的除外。

当事人一方起诉请求对方履行债务，被告依据民法典第五百二十五条的规定主张双方同时履行的抗辩且抗辩成立，被告未提起反诉的，人民法院应当判决被告在原告履行债务的同时履行自己的债务，并在判项中明确原告申请强制执行的，人民法院应当在原告履行自己的债务后对被告采取执行行为；被告提起反诉的，人民法院应当判决双方同时履行自己的债务，并在判项中明确任何一方申请强制执行的，人民法院应当在该当事人履行自己的债务后对对方采取执行行为。

当事人一方起诉请求对方履行债务，被告依据民法典第五百二十六条的规定主张原告应先履行的抗辩且抗辩成立的，人民法院应当驳回原告的诉讼请求，但是不影响原告履行债务后另行提起诉讼。

第五百二十七条 【不安抗辩权】应当先履行债务的当事人，有确切证据证明对方有下列情形之一的，可以中止履行：

（一）经营状况严重恶化；
（二）转移财产、抽逃资金，以逃避债务；
（三）丧失商业信誉；
（四）有丧失或者可能丧失履行债务能力的其他情形。

当事人没有确切证据中止履行的，应当承担违约责任。

第五百二十八条 【不安抗辩权的行使】当事人依据前条规定中止履行的，应当及时通知对方。对方提供适当担保的，应当恢复履行。中止履行后，对方在合理期限内未恢复履行能力且未提供适当担保的，视为以自己的行为表明不履行主要债务，中止履行的一方可以解除合同并可以请求对方承担违约责任。

第五百二十九条 【因债权人原因致债务履行困难的处理】债权人分立、合并或者变更住所没有通知债务人，致使履行债务发生困难的，债务人可以中止履行或者将标的物提存。

第五百三十条 【债务人提前履行债务】债权人可以拒绝债务人提前履行债务，但是提前履行不损害债权人利益的除外。

债务人提前履行债务给债权人增加的费用，由债务人负担。

第五百三十一条 【债务人部分履行债务】债权人可以拒绝债务人部分履行债务，但是部分履行不损害债权人利益的除外。

债务人部分履行债务给债权人增加的费用，由债务人负担。

第五百三十二条 【当事人变化不影响合同效力】合同生效后，当事人不得因姓名、名称的变更或者法定代表人、负责人、承办人的变动而不履行合同义务。

第五百三十三条 【情势变更】合同成立后，合同的基础条件发生了当事人在订立合同时无法预见的、不属于商业风险的重大变化，继续履行合同对于当事人一方明显不公平的，受不利影响的当事人可以与对方重新协商；在合理期限内协商不成的，当事人可以请求人民法院或者仲裁机构变更或者解除合同。

人民法院或者仲裁机构应当结合案件的实际情况，根据公平原则变更或者解除合同。

关联对照

《合同编通则解释》

第三十二条 合同成立后，因政策调整或者市场供求关系异常变动等原因导致价格发生当事人在订立合同时无法预见的、不属于商业风险的涨跌，继续履行合同对于当事人一方明显不公平的，人民法院应当认定合同的基础条件发生了民法典第五百三十三条第一款规定的"重大变化"。但是，合同涉及市场属性活跃、长期以来价格波动较大的大宗商品以及股票、期货等风险投资型金融产品的除外。

合同的基础条件发生了民法典第五百三十三条第一款规定的重大变化，当事人请求变更合同的，人民法院不得解除合同；当事人一方请求变更合同，对方请求解除合同的，或者当事人一方请求解除合同，对方请求变更合同的，人民法院应当结合案件的实际情况，根据公平原则判决变更或者解除合同。

人民法院依据民法典第五百三十三条的规定判决变更或者解除

合同的，应当综合考虑合同基础条件发生重大变化的时间、当事人重新协商的情况以及因合同变更或者解除给当事人造成的损失等因素，在判项中明确合同变更或者解除的时间。

当事人事先约定排除民法典第五百三十三条适用的，人民法院应当认定该约定无效。

第五百三十四条　【合同监督】对当事人利用合同实施危害国家利益、社会公共利益行为的，市场监督管理和其他有关行政主管部门依照法律、行政法规的规定负责监督处理。

第五章　合同的保全

第五百三十五条　【债权人代位权】因债务人怠于行使其债权或者与该债权有关的从权利，影响债权人的到期债权实现的，债权人可以向人民法院请求以自己的名义代位行使债务人对相对人的权利，但是该权利专属于债务人自身的除外。

代位权的行使范围以债权人的到期债权为限。债权人行使代位权的必要费用，由债务人负担。

相对人对债务人的抗辩，可以向债权人主张。

关联对照

《合同编通则解释》

第三十三条　债务人不履行其对债权人的到期债务，又不以诉讼或者仲裁方式向相对人主张其享有的债权或者与该债权有关的从权利，致使债权人的到期债权未能实现的，人民法院可以认定为民法典第五百三十五条规定的"债务人怠于行使其债权或者与该债权有关的从权利，影响债权人的到期债权实现"。

第三十四条　下列权利，人民法院可以认定为民法典第五百三十五条第一款规定的专属于债务人自身的权利：

（一）抚养费、赡养费或者扶养费请求权；

（二）人身损害赔偿请求权；

（三）劳动报酬请求权，但是超过债务人及其所扶养家属的生活必需费用的部分除外；

（四）请求支付基本养老保险金、失业保险金、最低生活保障金等保障当事人基本生活的权利；

（五）其他专属于债务人自身的权利。

第三十五条　债权人依据民法典第五百三十五条的规定对债务人的相对人提起代位权诉讼的，由被告住所地人民法院管辖，但是依法应当适用专属管辖规定的除外。

债务人或者相对人以双方之间的债权债务关系订有管辖协议为由提出异议的，人民法院不予支持。

第三十六条　债权人提起代位权诉讼后，债务人或者相对人以双方之间的债权债务关系订有仲裁协议为由对法院主管提出异议的，人民法院不予支持。但是，债务人或者相对人在首次开庭前就债务人与相对人之间的债权债务关系申请仲裁的，人民法院可以依法中止代位权诉讼。

第三十七条　债权人以债务人的相对人为被告向人民法院提起代位权诉讼，未将债务人列为第三人的，人民法院应当追加债务人为第三人。

两个以上债权人以债务人的同一相对人为被告提起代位权诉讼的，人民法院可以合并审理。债务人对相对人享有的债权不足以清偿其对两个以上债权人负担的债务的，人民法院应当按照债权人享有的债权比例确定相对人的履行份额，但是法律另有规定的除外。

第三十八条　债权人向人民法院起诉债务人后，又向同一人民法院对债务人的相对人提起代位权诉讼，属于该人民法院管辖的，可以合并审理。不属于该人民法院管辖的，应当告知其向有管辖权的人民法院另行起诉；在起诉债务人的诉讼终结前，代位权诉讼应当中止。

第三十九条　在代位权诉讼中，债务人对超过债权人代位请求数额的债权部分起诉相对人，属于同一人民法院管辖的，可以合并审理。不属于同一人民法院管辖的，应当告知其向有管辖权的人民法院另行起诉；在代位权诉讼终结前，债务人对相对人的诉讼应当中止。

第四十条　代位权诉讼中，人民法院经审理认为债权人的主张不符合代位权行使条件的，应当驳回诉讼请求，但是不影响债权人根据新的事实再次起诉。

债务人的相对人仅以债权人提起代位权诉讼时债权人与债务人之间的债权债务关系未经生效法律文书确认为由，主张债权人提起的诉讼不符合代位权行使条件的，人民法院不予支持。

第四十一条　债权人提起代位权诉讼后，债务人无正当理由减免相对人的债务或者延长相对人的履行期限，相对人以此向债权人抗辩的，人民法院不予支持。

《建设工程施工合同解释》

第四十四条　实际施工人依据民法典第五百三十五条规定，以转包人或者违法分包人怠于向发包人行使到期债权或者与该债权有关的从权利，影响其到期债权实现，提起代位权诉讼的，人民法院应予支持。

第五百三十六条　**【保存行为】**债权人的债权到期前，债务人的债权或者与该债权有关的从权利存在诉讼时效期间即将届满或者未及时申报破产债权等情形，影响债权人的债权实现的，债权人可以代位向债务人的相对人请求其向债务人履行、向破产管理人申报或者作出其他必要的行为。

第五百三十七条　**【代位权行使后的法律效果】**人民法院认定代位权成立的，由债务人的相对人向债权人履行义务，债权人接受履行后，债权人与债务人、债务人与相对人之间相应的权利义务终止。债务人对相对人的债权或者与该债权有关的从权利被采取保全、执行措施，或者债务人破产的，依照相关法律的规定处理。

第五百三十八条 【撤销债务人无偿行为】债务人以放弃其债权、放弃债权担保、无偿转让财产等方式无偿处分财产权益，或者恶意延长其到期债权的履行期限，影响债权人的债权实现的，债权人可以请求人民法院撤销债务人的行为。

第五百三十九条 【撤销债务人有偿行为】债务人以明显不合理的低价转让财产、以明显不合理的高价受让他人财产或者为他人的债务提供担保，影响债权人的债权实现，债务人的相对人知道或者应当知道该情形的，债权人可以请求人民法院撤销债务人的行为。

关联对照

《合同编通则解释》

第四十二条　对于民法典第五百三十九条规定的"明显不合理"的低价或者高价，人民法院应当按照交易当地一般经营者的判断，并参考交易时交易地的市场交易价或者物价部门指导价予以认定。

转让价格未达到交易时交易地的市场交易价或者指导价百分之七十的，一般可以认定为"明显不合理的低价"；受让价格高于交易时交易地的市场交易价或者指导价百分之三十的，一般可以认定为"明显不合理的高价"。

债务人与相对人存在亲属关系、关联关系的，不受前款规定的百分之七十、百分之三十的限制。

第四十三条　债务人以明显不合理的价格，实施互易财产、以物抵债、出租或者承租财产、知识产权许可使用等行为，影响债权人的债权实现，债务人的相对人知道或者应当知道该情形，债权人请求撤销债务人的行为的，人民法院应当依据民法典第五百三十九条的规定予以支持。

第四十四条　债权人依据民法典第五百三十八条、第五百三十九条的规定提起撤销权诉讼的，应当以债务人和债务人的相对人为共同被告，由债务人或者相对人的住所地人民法院管辖，但是依法应当适用专属管辖规定的除外。

两个以上债权人就债务人的同一行为提起撤销权诉讼的，人民法院可以合并审理。

《婚姻家庭编解释（二）》

第三条　夫妻一方的债权人有证据证明离婚协议中财产分割条款影响其债权实现，请求参照适用民法典第五百三十八条或者第五百三十九条规定撤销相关条款的，人民法院应当综合考虑夫妻共同财产整体分割及履行情况、子女抚养费负担、离婚过错等因素，依法予以支持。

第五百四十条　【撤销权的行使范围】 撤销权的行使范围以债权人的债权为限。债权人行使撤销权的必要费用，由债务人负担。

关联对照

《合同编通则解释》

第四十五条　在债权人撤销权诉讼中，被撤销行为的标的可分，当事人主张在受影响的债权范围内撤销债务人的行为的，人民法院应予支持；被撤销行为的标的不可分，债权人主张将债务人的行为全部撤销的，人民法院应予支持。

债权人行使撤销权所支付的合理的律师代理费、差旅费等费用，可以认定为民法典第五百四十条规定的"必要费用"。

第五百四十一条　【撤销权的行使期间】 撤销权自债权人知道或者应当知道撤销事由之日起一年内行使。自债务人的行为发生之日起五年内没有行使撤销权的，该撤销权消灭。

第五百四十二条　【债务人行为被撤销的法律效果】 债务人影响债权人的债权实现的行为被撤销的，自始没有法律约束力。

关联对照

《合同编通则解释》

第四十六条 债权人在撤销权诉讼中同时请求债务人的相对人向债务人承担返还财产、折价补偿、履行到期债务等法律后果的，人民法院依法予以支持。

债权人请求受理撤销权诉讼的人民法院一并审理其与债务人之间的债权债务关系，属于该人民法院管辖的，可以合并审理。不属于该人民法院管辖的，应当告知其向有管辖权的人民法院另行起诉。

债权人依据其与债务人的诉讼、撤销权诉讼产生的生效法律文书申请强制执行的，人民法院可以就债务人对相对人享有的权利采取强制执行措施以实现债权人的债权。债权人在撤销权诉讼中，申请对相对人的财产采取保全措施的，人民法院依法予以准许。

第六章 合同的变更和转让

第五百四十三条 【协议变更合同】 当事人协商一致，可以变更合同。

第五百四十四条 【合同变更不明确推定为未变更】 当事人对合同变更的内容约定不明确的，推定为未变更。

第五百四十五条 【债权转让】 债权人可以将债权的全部或者部分转让给第三人，但是有下列情形之一的除外：

（一）根据债权性质不得转让；
（二）按照当事人约定不得转让；
（三）依照法律规定不得转让。

当事人约定非金钱债权不得转让的，不得对抗善意第三人。当事人约定金钱债权不得转让的，不得对抗第三人。

✦ 关联对照

《合同编通则解释》

第四十七条 债权转让后,债务人向受让人主张其对让与人的抗辩的,人民法院可以追加让与人为第三人。

债务转移后,新债务人主张原债务人对债权人的抗辩的,人民法院可以追加原债务人为第三人。

当事人一方将合同权利义务一并转让后,对方就合同权利义务向受让人主张抗辩或者受让人就合同权利义务向对方主张抗辩的,人民法院可以追加让与人为第三人。

第五百四十六条 【债权转让的通知义务】债权人转让债权,未通知债务人的,该转让对债务人不发生效力。

债权转让的通知不得撤销,但是经受让人同意的除外。

✦ 关联对照

《合同编通则解释》

第四十八条 债务人在接到债权转让通知前已经向让与人履行,受让人请求债务人履行的,人民法院不予支持;债务人接到债权转让通知后仍然向让与人履行,受让人请求债务人履行的,人民法院应予支持。

让与人未通知债务人,受让人直接起诉债务人请求履行债务,人民法院经审理确认债权转让事实的,应当认定债权转让自起诉状副本送达时对债务人发生效力。债务人主张因未通知而给其增加的费用或者造成的损失从认定的债权数额中扣除的,人民法院依法予以支持。

第四十九条 债务人接到债权转让通知后,让与人以债权转让合同不成立、无效、被撤销或者确定不发生效力为由请求债务人向其履行的,人民法院不予支持。但是,该债权转让通知被依法撤销的除外。

受让人基于债务人对债权真实存在的确认受让债权后,债务人又以该债权不存在为由拒绝向受让人履行的,人民法院不予支持。但是,受让人知道或者应当知道该债权不存在的除外。

第五十条　让与人将同一债权转让给两个以上受让人,债务人以已经向最先通知的受让人履行为由主张其不再履行债务的,人民法院应予支持。债务人明知接受履行的受让人不是最先通知的受让人,最先通知的受让人请求债务人继续履行债务或者依据债权转让协议请求让与人承担违约责任的,人民法院应予支持;最先通知的受让人请求接受履行的受让人返还其接受的财产的,人民法院不予支持,但是接受履行的受让人明知该债权在其受让前已经转让给其他受让人的除外。

前款所称最先通知的受让人,是指最先到达债务人的转让通知中载明的受让人。当事人之间对通知到达时间有争议的,人民法院应当结合通知的方式等因素综合判断,而不能仅根据债务人认可的通知时间或者通知记载的时间予以认定。当事人采用邮寄、通讯电子系统等方式发出通知的,人民法院应当以邮戳时间或者通讯电子系统记载的时间等作为认定通知到达时间的依据。

第五百四十七条　【债权转让从权利一并转让】债权人转让债权的,受让人取得与债权有关的从权利,但是该从权利专属于债权人自身的除外。

受让人取得从权利不因该从权利未办理转移登记手续或者未转移占有而受到影响。

第五百四十八条　【债权转让中债务人抗辩】债务人接到债权转让通知后,债务人对让与人的抗辩,可以向受让人主张。

第五百四十九条　【债权转让中债务人的抵销权】有下列情形之一的,债务人可以向受让人主张抵销:

(一)债务人接到债权转让通知时,债务人对让与人享有债权,且债务人的债权先于转让的债权到期或者同时到期；

（二）债务人的债权与转让的债权是基于同一合同产生。

第五百五十条　【债权转让费用的承担】因债权转让增加的履行费用，由让与人负担。

第五百五十一条　【债务转移】债务人将债务的全部或者部分转移给第三人的，应当经债权人同意。

债务人或者第三人可以催告债权人在合理期限内予以同意，债权人未作表示的，视为不同意。

第五百五十二条　【债务加入】第三人与债务人约定加入债务并通知债权人，或者第三人向债权人表示愿意加入债务，债权人未在合理期限内明确拒绝的，债权人可以请求第三人在其愿意承担的债务范围内和债务人承担连带债务。

关联对照

《合同编通则解释》

第五十一条　第三人加入债务并与债务人约定了追偿权，其履行债务后主张向债务人追偿的，人民法院应予支持；没有约定追偿权，第三人依照民法典关于不当得利等的规定，在其已经向债权人履行债务的范围内请求债务人向其履行的，人民法院应予支持，但是第三人知道或者应当知道加入债务会损害债务人利益的除外。

债务人就其对债权人享有的抗辩向加入债务的第三人主张的，人民法院应予支持。

《担保制度解释》

第十二条　法定代表人依照民法典第五百五十二条的规定以公司名义加入债务的，人民法院在认定该行为的效力时，可以参照本解释关于公司为他人提供担保的有关规则处理。

第三十六条　第三人向债权人提供差额补足、流动性支持等类似承诺文件作为增信措施，具有提供担保的意思表示，债权人请求第三人承担保证责任的，人民法院应当依照保证的有关规定处理。

第三人向债权人提供的承诺文件，具有加入债务或者与债务人共同承担债务等意思表示的，人民法院应当认定为民法典第五百五十二条规定的债务加入。

前两款中第三人提供的承诺文件难以确定是保证还是债务加入的，人民法院应当将其认定为保证。

第三人向债权人提供的承诺文件不符合前三款规定的情形，债权人请求第三人承担保证责任或者连带责任的，人民法院不予支持，但是不影响其依据承诺文件请求第三人履行约定的义务或者承担相应的民事责任。

第五百五十三条 【债务转移时新债务人抗辩】债务人转移债务的，新债务人可以主张原债务人对债权人的抗辩；原债务人对债权人享有债权的，新债务人不得向债权人主张抵销。

第五百五十四条 【从债务随主债务转移】债务人转移债务的，新债务人应当承担与主债务有关的从债务，但是该从债务专属于原债务人自身的除外。

第五百五十五条 【合同权利义务的一并转让】当事人一方经对方同意，可以将自己在合同中的权利和义务一并转让给第三人。

第五百五十六条 【一并转让的法律适用】合同的权利和义务一并转让的，适用债权转让、债务转移的有关规定。

第七章 合同的权利义务终止

第五百五十七条 【债权债务终止的法定情形】有下列情形之一的，债权债务终止：

（一）债务已经履行；

（二）债务相互抵销；

（三）债务人依法将标的物提存；

（四）债权人免除债务；

（五）债权债务同归于一人；

（六）法律规定或者当事人约定终止的其他情形。

合同解除的，该合同的权利义务关系终止。

第五百五十八条　【后合同义务】债权债务终止后，当事人应当遵循诚信等原则，根据交易习惯履行通知、协助、保密、旧物回收等义务。

关联对照

《全国法院贯彻实施民法典工作会议纪要》

10. 当事人一方违反民法典第五百五十八条规定的通知、协助、保密、旧物回收等义务，给对方当事人造成损失，对方当事人请求赔偿实际损失的，人民法院应当支持。

第五百五十九条　【从权利消灭】债权债务终止时，债权的从权利同时消灭，但是法律另有规定或者当事人另有约定的除外。

第五百六十条　【数项债务的清偿抵充顺序】债务人对同一债权人负担的数项债务种类相同，债务人的给付不足以清偿全部债务的，除当事人另有约定外，由债务人在清偿时指定其履行的债务。

债务人未作指定的，应当优先履行已经到期的债务；数项债务均到期的，优先履行对债权人缺乏担保或者担保最少的债务；均无担保或者担保相等的，优先履行债务人负担较重的债务；负担相同的，按照债务到期的先后顺序履行；到期时间相同的，按照债务比例履行。

第五百六十一条　【费用、利息和主债务的清偿抵充顺序】债务人在履行主债务外还应当支付利息和实现债权的有关费用，其给付不足以清偿全部债务的，除当事人另有约定外，应当按照下列顺序履行：

（一）实现债权的有关费用；

（二）利息；

（三）主债务。

第五百六十二条　【合同的约定解除】当事人协商一致，可以解除合同。

当事人可以约定一方解除合同的事由。解除合同的事由发生时，解除权人可以解除合同。

关联对照

《合同编通则解释》

第五十二条　当事人就解除合同协商一致时未对合同解除后的违约责任、结算和清理等问题作出处理，一方主张合同已经解除的，人民法院应予支持。但是，当事人另有约定的除外。

有下列情形之一的，除当事人一方另有意思表示外，人民法院可以认定合同解除：

（一）当事人一方主张行使法律规定或者合同约定的解除权，经审理认为不符合解除权行使条件但是对方同意解除；

（二）双方当事人均不符合解除权行使的条件但是均主张解除合同。

前两款情形下的违约责任、结算和清理等问题，人民法院应当依据民法典第五百六十六条、第五百六十七条和有关违约责任的规定处理。

第五百六十三条　【合同的法定解除】有下列情形之一的，当事人可以解除合同：

（一）因不可抗力致使不能实现合同目的；

（二）在履行期限届满前，当事人一方明确表示或者以自己的行为表明不履行主要债务；

（三）当事人一方迟延履行主要债务，经催告后在合理期限内仍未履行；

（四）当事人一方迟延履行债务或者有其他违约行为致使不能实现合同目的；

（五）法律规定的其他情形。

以持续履行的债务为内容的不定期合同，当事人可以随时解除合同，但是应当在合理期限之前通知对方。

> **关联对照**

《商品房买卖合同解释》

第十一条 根据民法典第五百六十三条的规定，出卖人迟延交付房屋或者买受人迟延支付购房款，经催告后在三个月的合理期限内仍未履行，解除权人请求解除合同的，应予支持，但当事人另有约定的除外。

法律没有规定或者当事人没有约定，经对方当事人催告后，解除权行使的合理期限为三个月。对方当事人没有催告的，解除权人自知道或者应当知道解除事由之日起一年内行使。逾期不行使的，解除权消灭。

第五百六十四条 【解除权行使期限】 法律规定或者当事人约定解除权行使期限，期限届满当事人不行使的，该权利消灭。

法律没有规定或者当事人没有约定解除权行使期限，自解除权人知道或者应当知道解除事由之日起一年内不行使，或者经对方催告后在合理期限内不行使的，该权利消灭。

> **关联对照**

《时间效力规定》

第二十五条 民法典施行前成立的合同，当时的法律、司法解释没有规定且当事人没有约定解除权行使期限，对方当事人也未催告的，解除权人在民法典施行前知道或者应当知道解除事由，自民法典施行之日起一年内不行使的，人民法院应当依法认定该解除权消灭；解除权人在民法典施行后知道或者应当知道解除事由的，适用民法典第五百六十四条第二款关于解除权行使期限的规定。

第五百六十五条 【合同解除权的行使规则】 当事人一方依法主张解除合同的，应当通知对方。合同自通知到达对方时解除；通知载明债

务人在一定期限内不履行债务则合同自动解除，债务人在该期限内未履行债务的，合同自通知载明的期限届满时解除。对方对解除合同有异议的，任何一方当事人均可以请求人民法院或者仲裁机构确认解除行为的效力。

当事人一方未通知对方，直接以提起诉讼或者申请仲裁的方式依法主张解除合同，人民法院或者仲裁机构确认该主张的，合同自起诉状副本或者仲裁申请书副本送达对方时解除。

关联对照

《合同编通则解释》

第五十三条 当事人一方以通知方式解除合同，并以对方未在约定的异议期限或者其他合理期限内提出异议为由主张合同已经解除的，人民法院应当对其是否享有法律规定或者合同约定的解除权进行审查。经审查，享有解除权的，合同自通知到达对方时解除；不享有解除权的，不发生合同解除的效力。

第五十四条 当事人一方未通知对方，直接以提起诉讼的方式主张解除合同，撤诉后再次起诉主张解除合同，人民法院经审理支持该主张的，合同自再次起诉的起诉状副本送达对方时解除。但是，当事人一方撤诉后又通知对方解除合同且该通知已经到达对方的除外。

《时间效力规定》

第十条 民法典施行前，当事人一方未通知对方而直接以提起诉讼方式依法主张解除合同的，适用民法典第五百六十五条第二款的规定。

第五百六十六条 【合同解除的法律后果】合同解除后，尚未履行的，终止履行；已经履行的，根据履行情况和合同性质，当事人可以请求恢复原状或者采取其他补救措施，并有权请求赔偿损失。

合同因违约解除的，解除权人可以请求违约方承担违约责任，但是当事人另有约定的除外。

主合同解除后，担保人对债务人应当承担的民事责任仍应当承担担保责任，但是担保合同另有约定的除外。

第五百六十七条 【结算、清理条款效力的独立性】合同的权利义务关系终止，不影响合同中结算和清理条款的效力。

第五百六十八条 【法定抵销】当事人互负债务，该债务的标的物种类、品质相同的，任何一方可以将自己的债务与对方的到期债务抵销；但是，根据债务性质、按照当事人约定或者依照法律规定不得抵销的除外。

当事人主张抵销的，应当通知对方。通知自到达对方时生效。抵销不得附条件或者附期限。

关联对照

《合同编通则解释》

第五十五条 当事人一方依据民法典第五百六十八条的规定主张抵销，人民法院经审理认为抵销权成立的，应当认定通知到达对方时双方互负的主债务、利息、违约金或者损害赔偿金等债务在同等数额内消灭。

第五十六条 行使抵销权的一方负担的数项债务种类相同，但是享有的债权不足以抵销全部债务，当事人因抵销的顺序发生争议的，人民法院可以参照民法典第五百六十条的规定处理。

行使抵销权的一方享有的债权不足以抵销其负担的包括主债务、利息、实现债权的有关费用在内的全部债务，当事人因抵销的顺序发生争议的，人民法院可以参照民法典第五百六十一条的规定处理。

第五十七条 因侵害自然人人身权益，或者故意、重大过失侵害他人财产权益产生的损害赔偿债务，侵权人主张抵销的，人民法院不予支持。

第五十八条 当事人互负债务，一方以其诉讼时效期间已经届满的债权通知对方主张抵销，对方提出诉讼时效抗辩的，人民法院对该抗辩应予支持。一方的债权诉讼时效期间已经届满，对方主张抵销的，人民法院应予支持。

第五百六十九条 【约定抵销】当事人互负债务，标的物种类、品质不相同的，经协商一致，也可以抵销。

第五百七十条 【提存的条件】有下列情形之一，难以履行债务的，债务人可以将标的物提存：

（一）债权人无正当理由拒绝受领；

（二）债权人下落不明；

（三）债权人死亡未确定继承人、遗产管理人，或者丧失民事行为能力未确定监护人；

（四）法律规定的其他情形。

标的物不适于提存或者提存费用过高的，债务人依法可以拍卖或者变卖标的物，提存所得的价款。

第五百七十一条 【提存的成立】债务人将标的物或者将标的物依法拍卖、变卖所得价款交付提存部门时，提存成立。

提存成立的，视为债务人在其提存范围内已经交付标的物。

第五百七十二条 【提存的通知】标的物提存后，债务人应当及时通知债权人或者债权人的继承人、遗产管理人、监护人、财产代管人。

第五百七十三条 【提存期间风险、孳息和提存费用负担】标的物提存后，毁损、灭失的风险由债权人承担。提存期间，标的物的孳息归债权人所有。提存费用由债权人负担。

第五百七十四条 【提存物的领取与取回】债权人可以随时领取提存物。但是，债权人对债务人负有到期债务的，在债权人未履行债务或者提供担保之前，提存部门根据债务人的要求应当拒绝其领取提存物。

债权人领取提存物的权利，自提存之日起五年内不行使而消灭，提存物扣除提存费用后归国家所有。但是，债权人未履行对债务人的到期债务，或者债权人向提存部门书面表示放弃领取提存物权利的，债务人负担提存费用后有权取回提存物。

第五百七十五条 【债的免除】债权人免除债务人部分或者全部债务的,债权债务部分或者全部终止,但是债务人在合理期限内拒绝的除外。

第五百七十六条 【债权债务混同的处理】债权和债务同归于一人的,债权债务终止,但是损害第三人利益的除外。

第八章 违约责任

第五百七十七条 【违约责任的种类】当事人一方不履行合同义务或者履行合同义务不符合约定的,应当承担继续履行、采取补救措施或者赔偿损失等违约责任。

关联对照

《建设工程施工合同解释》
第十九条 当事人对建设工程的计价标准或者计价方法有约定的,按照约定结算工程价款。
因设计变更导致建设工程的工程量或者质量标准发生变化,当事人对该部分工程价款不能协商一致的,可以参照签订建设工程施工合同时当地建设行政主管部门发布的计价方法或者计价标准结算工程价款。
建设工程施工合同有效,但建设工程经竣工验收不合格的,依照民法典第五百七十七条规定处理。

第五百七十八条 【预期违约责任】当事人一方明确表示或者以自己的行为表明不履行合同义务的,对方可以在履行期限届满前请求其承担违约责任。

第五百七十九条 【金钱债务的继续履行】当事人一方未支付价款、报酬、租金、利息,或者不履行其他金钱债务的,对方可以请求其支付。

第五百八十条 【非金钱债务的继续履行】当事人一方不履行非金钱债务或者履行非金钱债务不符合约定的,对方可以请求履行,但是有下列情形之一的除外：

（一）法律上或者事实上不能履行；

（二）债务的标的不适于强制履行或者履行费用过高；

（三）债权人在合理期限内未请求履行。

有前款规定的除外情形之一，致使不能实现合同目的的，人民法院或者仲裁机构可以根据当事人的请求终止合同权利义务关系，但是不影响违约责任的承担。

关联对照

《合同编通则解释》

第五十九条　当事人一方依据民法典第五百八十条第二款的规定请求终止合同权利义务关系的，人民法院一般应当以起诉状副本送达对方的时间作为合同权利义务关系终止的时间。根据案件的具体情况，以其他时间作为合同权利义务关系终止的时间更加符合公平原则和诚信原则的，人民法院可以以该时间作为合同权利义务关系终止的时间，但是应当在裁判文书中充分说明理由。

《时间效力规定》

第十一条　民法典施行前成立的合同，当事人一方不履行非金钱债务或者履行非金钱债务不符合约定，对方可以请求履行，但是有民法典第五百八十条第一款第一项、第二项、第三项除外情形之一，致使不能实现合同目的，当事人请求终止合同权利义务关系的，适用民法典第五百八十条第二款的规定。

第五百八十一条　【替代履行】当事人一方不履行债务或者履行债务不符合约定，根据债务的性质不得强制履行的，对方可以请求其负担由第三人替代履行的费用。

第五百八十二条　【瑕疵履行违约责任】履行不符合约定的，应当按照当事人的约定承担违约责任。对违约责任没有约定或者约定不明确，依据本法第五百一十条的规定仍不能确定的，受损害方根据标的的性质以及损失的大小，可以合理选择请求对方承担修理、重作、更换、退货、减少价款或者报酬等违约责任。

关联对照

《买卖合同解释》

第十七条　标的物质量不符合约定，买受人依照民法典第五百八十二条的规定要求减少价款的，人民法院应予支持。当事人主张以符合约定的标的物和实际交付的标的物按交付时的市场价值计算差价的，人民法院应予支持。

价款已经支付，买受人主张返还减价后多出部分价款的，人民法院应予支持。

第五百八十三条　【违约损害赔偿责任】当事人一方不履行合同义务或者履行合同义务不符合约定的，在履行义务或者采取补救措施后，对方还有其他损失的，应当赔偿损失。

第五百八十四条　【法定的违约赔偿损失】当事人一方不履行合同义务或者履行合同义务不符合约定，造成对方损失的，损失赔偿额应当相当于因违约所造成的损失，包括合同履行后可以获得的利益；但是，不得超过违约一方订立合同时预见到或者应当预见到的因违约可能造成的损失。

关联对照

《合同编通则解释》

第六十条　人民法院依据民法典第五百八十四条的规定确定合同履行后可以获得的利益时，可以在扣除非违约方为订立、履行合同支出的费用等合理成本后，按照非违约方能够获得的生产利润、经营利润或者转售利润等计算。

非违约方依法行使合同解除权并实施了替代交易，主张按照替代交易价格与合同价格的差额确定合同履行后可以获得的利益的，人民法院依法予以支持；替代交易价格明显偏离替代交易发生时当地的市场价格，违约方主张按照市场价格与合同价格的差额确定合同履行后可以获得的利益的，人民法院应予支持。

非违约方依法行使合同解除权但是未实施替代交易，主张按照违约行为发生后合理期间内合同履行地的市场价格与合同价格的差额确定合同履行后可以获得的利益的，人民法院应予支持。

第六十一条 在以持续履行的债务为内容的定期合同中，一方不履行支付价款、租金等金钱债务，对方请求解除合同，人民法院经审理认为合同应当依法解除的，可以根据当事人的主张，参考合同主体、交易类型、市场价格变化、剩余履行期限等因素确定非违约方寻找替代交易的合理期限，并按照该期限对应的价款、租金等扣除非违约方应当支付的相应履约成本确定合同履行后可以获得的利益。

非违约方主张按照合同解除后剩余履行期限相应的价款、租金等扣除履约成本确定合同履行后可以获得的利益的，人民法院不予支持。但是，剩余履行期限少于寻找替代交易的合理期限的除外。

第六十二条 非违约方在合同履行后可以获得的利益难以根据本解释第六十条、第六十一条的规定予以确定的，人民法院可以综合考虑违约方因违约获得的利益、违约方的过错程度、其他违约情节等因素，遵循公平原则和诚信原则确定。

第六十三条 在认定民法典第五百八十四条规定的"违约一方订立合同时预见到或者应当预见到的因违约可能造成的损失"时，人民法院应当根据当事人订立合同的目的，综合考虑合同主体、合同内容、交易类型、交易习惯、磋商过程等因素，按照与违约方处于相同或者类似情况的民事主体在订立合同时预见到或者应当预见到的损失予以确定。

除合同履行后可以获得的利益外，非违约方主张还有其向第三人承担违约责任应当支出的额外费用等其他因违约所造成的损失，并请求违约方赔偿，经审理认为该损失系违约一方订立合同时预见到或者应当预见到的，人民法院应予支持。

在确定违约损失赔偿额时，违约方主张扣除非违约方未采取适当措施导致的扩大损失、非违约方也有过错造成的相应损失、非违约方因违约获得的额外利益或者减少的必要支出的，人民法院依法予以支持。

《买卖合同解释》

第二十二条　买卖合同当事人一方违约造成对方损失，对方主张赔偿可得利益损失的，人民法院在确定违约责任范围时，应当根据当事人的主张，依据民法典第五百八十四条、第五百九十一条、第五百九十二条、本解释第二十三条等规定进行认定。

第二十三条　买卖合同当事人一方因对方违约而获有利益，违约方主张从损失赔偿额中扣除该部分利益的，人民法院应予支持。

第五百八十五条　【违约金的约定】当事人可以约定一方违约时应当根据违约情况向对方支付一定数额的违约金，也可以约定因违约产生的损失赔偿额的计算方法。

约定的违约金低于造成的损失的，人民法院或者仲裁机构可以根据当事人的请求予以增加；约定的违约金过分高于造成的损失的，人民法院或者仲裁机构可以根据当事人的请求予以适当减少。

当事人就迟延履行约定违约金的，违约方支付违约金后，还应当履行债务。

关联对照

《合同编通则解释》

第六十四条　当事人一方通过反诉或者抗辩的方式，请求调整违约金的，人民法院依法予以支持。

违约方主张约定的违约金过分高于违约造成的损失，请求予以适当减少的，应当承担举证责任。非违约方主张约定的违约金合理的，也应当提供相应的证据。

当事人仅以合同约定不得对违约金进行调整为由主张不予调整

违约金的,人民法院不予支持。

第六十五条 当事人主张约定的违约金过分高于违约造成的损失,请求予以适当减少的,人民法院应当以民法典第五百八十四条规定的损失为基础,兼顾合同主体、交易类型、合同的履行情况、当事人的过错程度、履约背景等因素,遵循公平原则和诚信原则进行衡量,并作出裁判。

约定的违约金超过造成损失的百分之三十的,人民法院一般可以认定为过分高于造成的损失。

恶意违约的当事人一方请求减少违约金的,人民法院一般不予支持。

第六十六条 当事人一方请求对方支付违约金,对方以合同不成立、无效、被撤销、确定不发生效力、不构成违约或者非违约方不存在损失等为由抗辩,未主张调整过高的违约金的,人民法院应当就若不支持该抗辩,当事人是否请求调整违约金进行释明。第一审人民法院认为抗辩成立且未予释明,第二审人民法院认为应当判决支付违约金的,可以直接释明,并根据当事人的请求,在当事人就是否应当调整违约金充分举证、质证、辩论后,依法判决适当减少违约金。

被告因客观原因在第一审程序中未到庭参加诉讼,但是在第二审程序中到庭参加诉讼并请求减少违约金的,第二审人民法院可以在当事人就是否应当调整违约金充分举证、质证、辩论后,依法判决适当减少违约金。

《买卖合同解释》

第二十条 买卖合同因违约而解除后,守约方主张继续适用违约金条款的,人民法院应予支持;但约定的违约金过分高于造成的损失的,人民法院可以参照民法典第五百八十五条第二款的规定处理。

第五百八十六条 【定金】当事人可以约定一方向对方给付定金作

为债权的担保。定金合同自实际交付定金时成立。

定金的数额由当事人约定；但是，不得超过主合同标的额的百分之二十，超过部分不产生定金的效力。实际交付的定金数额多于或者少于约定数额的，视为变更约定的定金数额。

第五百八十七条 【定金罚则】债务人履行债务的，定金应当抵作价款或者收回。给付定金的一方不履行债务或者履行债务不符合约定，致使不能实现合同目的的，无权请求返还定金；收受定金的一方不履行债务或者履行债务不符合约定，致使不能实现合同目的的，应当双倍返还定金。

关联对照

《合同编通则解释》

第六十七条 当事人交付留置金、担保金、保证金、订约金、押金或者订金等，但是没有约定定金性质，一方主张适用民法典第五百八十七条规定的定金罚则的，人民法院不予支持。当事人约定了定金性质，但是未约定定金类型或者约定不明，一方主张为违约定金的，人民法院应予支持。

当事人约定以交付定金作为订立合同的担保，一方拒绝订立合同或者在磋商订立合同时违背诚信原则导致未能订立合同，对方主张适用民法典第五百八十七条规定的定金罚则的，人民法院应予支持。

当事人约定以交付定金作为合同成立或者生效条件，应当交付定金的一方未交付定金，但是合同主要义务已经履行完毕并为对方所接受的，人民法院应当认定合同在对方接受履行时已经成立或者生效。

当事人约定定金性质为解约定金，交付定金的一方主张以丧失定金为代价解除合同的，或者收受定金的一方主张以双倍返还定金为代价解除合同的，人民法院应予支持。

第六十八条 双方当事人均具有致使不能实现合同目的的违约

行为，其中一方请求适用定金罚则的，人民法院不予支持。当事人一方仅有轻微违约，对方具有致使不能实现合同目的的违约行为，轻微违约方主张适用定金罚则，对方以轻微违约方也构成违约为由抗辩的，人民法院对该抗辩不予支持。

当事人一方已经部分履行合同，对方接受并主张按照未履行部分所占比例适用定金罚则的，人民法院应予支持。对方主张按照合同整体适用定金罚则的，人民法院不予支持，但是部分未履行致使不能实现合同目的的除外。

因不可抗力致使合同不能履行，非违约方主张适用定金罚则的，人民法院不予支持。

第五百八十八条　【违约金与定金竞合选择权】当事人既约定违约金，又约定定金的，一方违约时，对方可以选择适用违约金或者定金条款。

定金不足以弥补一方违约造成的损失的，对方可以请求赔偿超过定金数额的损失。

第五百八十九条　【债权人受领迟延】债务人按照约定履行债务，债权人无正当理由拒绝受领的，债务人可以请求债权人赔偿增加的费用。

在债权人受领迟延期间，债务人无须支付利息。

第五百九十条　【因不可抗力不能履行合同】当事人一方因不可抗力不能履行合同的，根据不可抗力的影响，部分或者全部免除责任，但是法律另有规定的除外。因不可抗力不能履行合同的，应当及时通知对方，以减轻可能给对方造成的损失，并应当在合理期限内提供证明。

当事人迟延履行后发生不可抗力的，不免除其违约责任。

第五百九十一条　【非违约方防止损失扩大义务】当事人一方违约后，对方应当采取适当措施防止损失的扩大；没有采取适当措施致使损失扩大的，不得就扩大的损失请求赔偿。

当事人因防止损失扩大而支出的合理费用，由违约方负担。

第五百九十二条　【双方违约和与有过错规则】当事人都违反合同的，应当各自承担相应的责任。

当事人一方违约造成对方损失，对方对损失的发生有过错的，可以减少相应的损失赔偿额。

第五百九十三条　【因第三人原因造成违约情况下的责任承担】当事人一方因第三人的原因造成违约的，应当依法向对方承担违约责任。当事人一方和第三人之间的纠纷，依照法律规定或者按照约定处理。

第五百九十四条　【国际贸易合同诉讼时效和仲裁时效】因国际货物买卖合同和技术进出口合同争议提起诉讼或者申请仲裁的时效期间为四年。

第二分编　典型合同

第九章　买卖合同

第五百九十五条　【买卖合同的概念】买卖合同是出卖人转移标的物的所有权于买受人，买受人支付价款的合同。

第五百九十六条　【买卖合同条款】买卖合同的内容一般包括标的物的名称、数量、质量、价款、履行期限、履行地点和方式、包装方式、检验标准和方法、结算方式、合同使用的文字及其效力等条款。

第五百九十七条　【无权处分的违约责任】因出卖人未取得处分权致使标的物所有权不能转移的，买受人可以解除合同并请求出卖人承担违约责任。

法律、行政法规禁止或者限制转让的标的物，依照其规定。

关联对照

《合同编通则解释》

第十九条　以转让或者设定财产权利为目的订立的合同，当事人或者真正权利人仅以让与人在订立合同时对标的物没有所有权或者处分权为由主张合同无效的，人民法院不予支持；因未取得真正权利人事后同意或者让与人事后未取得处分权导致合同不能履行，受让人主张解除合同并请求让与人承担违反合同的赔偿责任的，人民法院依法予以支持。

前款规定的合同被认定有效，且让与人已经将财产交付或者移转登记至受让人，真正权利人请求认定财产权利未发生变动或者请求返还财产的，人民法院应予支持。但是，受让人依据民法典第三百一十一条等规定善意取得财产权利的除外。

第五百九十八条　【出卖人基本义务】 出卖人应当履行向买受人交付标的物或者交付提取标的物的单证，并转移标的物所有权的义务。

关联对照

《买卖合同解释》

第二条　标的物为无需以有形载体交付的电子信息产品，当事人对交付方式约定不明确，且依照民法典第五百一十条的规定仍不能确定的，买受人收到约定的电子信息产品或者权利凭证即为交付。

第五百九十九条　【出卖人义务：交付单证、交付资料】 出卖人应当按照约定或者交易习惯向买受人交付提取标的物单证以外的有关单证和资料。

关联对照

《合同编通则解释》

第二十六条　当事人一方未根据法律规定或者合同约定履行开具发票、提供证明文件等非主要债务，对方请求继续履行该债务并赔偿因怠于履行该债务造成的损失的，人民法院依法予以支持；对方请求解除合同的，人民法院不予支持，但是不履行该债务致使不能实现合同目的或者当事人另有约定的除外。

《买卖合同解释》

第四条　民法典第五百九十九条规定的"提取标的物单证以外的有关单证和资料"，主要应当包括保险单、保修单、普通发票、增值税专用发票、产品合格证、质量保证书、质量鉴定书、品质检验证书、产品进出口检疫书、原产地证明书、使用说明书、装箱单等。

第五条　出卖人仅以增值税专用发票及税款抵扣资料证明其已履行交付标的物义务，买受人不认可的，出卖人应当提供其他证据证明交付标的物的事实。

合同约定或者当事人之间习惯以普通发票作为付款凭证，买受人以普通发票证明已经履行付款义务的，人民法院应予支持，但有相反证据足以推翻的除外。

第十九条　出卖人没有履行或者不当履行从给付义务，致使买受人不能实现合同目的，买受人主张解除合同的，人民法院应当根据民法典第五百六十三条第一款第四项的规定，予以支持。

第六百条　【买卖合同知识产权保留条款】出卖具有知识产权的标的物的，除法律另有规定或者当事人另有约定外，该标的物的知识产权不属于买受人。

第六百零一条　【出卖人义务：交付期间】出卖人应当按照约定的时间交付标的物。约定交付期限的，出卖人可以在该交付期限内的任何时间交付。

第六百零二条　【标的物交付期限不明时的处理】当事人没有约定标的物的交付期限或者约定不明确的，适用本法第五百一十条、第五百一十一条第四项的规定。

第六百零三条　【买卖合同标的物的交付地点】出卖人应当按照约定的地点交付标的物。

当事人没有约定交付地点或者约定不明确，依据本法第五百一十条的规定仍不能确定的，适用下列规定：

（一）标的物需要运输的，出卖人应当将标的物交付给第一承运人以运交给买受人；

（二）标的物不需要运输，出卖人和买受人订立合同时知道标的物在某一地点的，出卖人应当在该地点交付标的物；不知道标的物在某一地点的，应当在出卖人订立合同时的营业地交付标的物。

关联对照

《买卖合同解释》

第八条　民法典第六百零三条第二款第一项规定的"标的物需要运输的"，是指标的物由出卖人负责办理托运，承运人系独立于买卖合同当事人之外的运输业者的情形。标的物毁损、灭失的风险负担，按照民法典第六百零七条第二款的规定处理。

第六百零四条　【标的物的风险承担】标的物毁损、灭失的风险，在标的物交付之前由出卖人承担，交付之后由买受人承担，但是法律另有规定或者当事人另有约定的除外。

关联对照

《买卖合同解释》

第十一条　当事人对风险负担没有约定，标的物为种类物，出卖人未以装运单据、加盖标记、通知买受人等可识别的方式清楚地将标的物特定于买卖合同，买受人主张不负担标的物毁损、灭失的风险的，人民法院应予支持。

第六百零五条　【迟延交付标的物的风险负担】因买受人的原因致使标的物未按照约定的期限交付的，买受人应当自违反约定时起承担标的物毁损、灭失的风险。

第六百零六条　【路货买卖中的标的物风险转移】出卖人出卖交由

承运人运输的在途标的物,除当事人另有约定外,毁损、灭失的风险自合同成立时起由买受人承担。

❖ 关联对照

《买卖合同解释》

第十条 出卖人出卖交由承运人运输的在途标的物,在合同成立时知道或者应当知道标的物已经毁损、灭失却未告知买受人,买受人主张出卖人负担标的物毁损、灭失的风险的,人民法院应予支持。

第六百零七条 【需要运输的标的物风险负担】出卖人按照约定将标的物运送至买受人指定地点并交付给承运人后,标的物毁损、灭失的风险由买受人承担。

当事人没有约定交付地点或者约定不明确,依据本法第六百零三条第二款第一项的规定标的物需要运输的,出卖人将标的物交付给第一承运人后,标的物毁损、灭失的风险由买受人承担。

❖ 关联对照

《买卖合同解释》

第九条 出卖人根据合同约定将标的物运送至买受人指定地点并交付给承运人后,标的物毁损、灭失的风险由买受人负担,但当事人另有约定的除外。

第六百零八条 【买受人不履行接受标的物义务的风险负担】出卖人按照约定或者依据本法第六百零三条第二款第二项的规定将标的物置于交付地点,买受人违反约定没有收取的,标的物毁损、灭失的风险自违反约定时起由买受人承担。

第六百零九条 【未交付单证、资料的风险负担】出卖人按照约定未交付有关标的物的单证和资料的,不影响标的物毁损、灭失风险的转移。

第六百一十条 【根本违约】因标的物不符合质量要求，致使不能实现合同目的的，买受人可以拒绝接受标的物或者解除合同。买受人拒绝接受标的物或者解除合同的，标的物毁损、灭失的风险由出卖人承担。

第六百一十一条 【买受人承担风险与出卖人违约责任关系】标的物毁损、灭失的风险由买受人承担的，不影响因出卖人履行义务不符合约定，买受人请求其承担违约责任的权利。

第六百一十二条 【出卖人的权利瑕疵担保义务】出卖人就交付的标的物，负有保证第三人对该标的物不享有任何权利的义务，但是法律另有规定的除外。

第六百一十三条 【权利瑕疵担保责任之免除】买受人订立合同时知道或者应当知道第三人对买卖的标的物享有权利的，出卖人不承担前条规定的义务。

第六百一十四条 【买受人的中止支付价款权】买受人有确切证据证明第三人对标的物享有权利的，可以中止支付相应的价款，但是出卖人提供适当担保的除外。

第六百一十五条 【买卖标的物的质量瑕疵担保】出卖人应当按照约定的质量要求交付标的物。出卖人提供有关标的物质量说明的，交付的标的物应当符合该说明的质量要求。

第六百一十六条 【标的物法定质量担保义务】当事人对标的物的质量要求没有约定或者约定不明确，依据本法第五百一十条的规定仍不能确定的，适用本法第五百一十一条第一项的规定。

第六百一十七条 【质量瑕疵担保责任】出卖人交付的标的物不符合质量要求的，买受人可以依据本法第五百八十二条至第五百八十四条的规定请求承担违约责任。

关联对照

《买卖合同解释》

第二十四条 买受人在缔约时知道或者应当知道标的物质量存在

瑕疵，主张出卖人承担瑕疵担保责任的，人民法院不予支持，但买受人在缔约时不知道该瑕疵会导致标的物的基本效用显著降低的除外。

第六百一十八条　【标的物瑕疵担保责任减免的特约效力】当事人约定减轻或者免除出卖人对标的物瑕疵承担的责任，因出卖人故意或者重大过失不告知买受人标的物瑕疵的，出卖人无权主张减轻或者免除责任。

第六百一十九条　【标的物的包装方式】出卖人应当按照约定的包装方式交付标的物。对包装方式没有约定或者约定不明确，依据本法第五百一十条的规定仍不能确定的，应当按照通用的方式包装；没有通用方式的，应当采取足以保护标的物且有利于节约资源、保护生态环境的包装方式。

第六百二十条　【买受人的检验义务】买受人收到标的物时应当在约定的检验期限内检验。没有约定检验期限的，应当及时检验。

第六百二十一条　【买受人检验标的物的异议通知】当事人约定检验期限的，买受人应当在检验期限内将标的物的数量或者质量不符合约定的情形通知出卖人。买受人怠于通知的，视为标的物的数量或者质量符合约定。

当事人没有约定检验期限的，买受人应当在发现或者应当发现标的物的数量或者质量不符合约定的合理期限内通知出卖人。买受人在合理期限内未通知或者自收到标的物之日起二年内未通知出卖人的，视为标的物的数量或者质量符合约定；但是，对标的物有质量保证期的，适用质量保证期，不适用该二年的规定。

出卖人知道或者应当知道提供的标的物不符合约定的，买受人不受前两款规定的通知时间的限制。

关联对照

《买卖合同解释》

第十二条　人民法院具体认定民法典第六百二十一条第二款规定的"合理期限"时，应当综合当事人之间的交易性质、交易目的、交易方式、交易习惯、标的物的种类、数量、性质、安装和使用情况、瑕疵的性质、买受人应尽的合理注意义务、检验方法和难易程度、买受人或者检验人所处的具体环境、自身技能以及其他合理因素，依据诚实信用原则进行判断。

民法典第六百二十一条第二款规定的"二年"是最长的合理期限。该期限为不变期间，不适用诉讼时效中止、中断或者延长的规定。

第十三条　买受人在合理期限内提出异议，出卖人以买受人已经支付价款、确认欠款数额、使用标的物等为由，主张买受人放弃异议的，人民法院不予支持，但当事人另有约定的除外。

第十四条　民法典第六百二十一条规定的检验期限、合理期限、二年期限经过后，买受人主张标的物的数量或者质量不符合约定的，人民法院不予支持。

出卖人自愿承担违约责任后，又以上述期限经过为由翻悔的，人民法院不予支持。

第六百二十二条　【检验期限或质量保证期过短的处理】当事人约定的检验期限过短，根据标的物的性质和交易习惯，买受人在检验期限内难以完成全面检验的，该期限仅视为买受人对标的物的外观瑕疵提出异议的期限。

约定的检验期限或者质量保证期短于法律、行政法规规定期限的，应当以法律、行政法规规定的期限为准。

第六百二十三条　【标的物数量和外观瑕疵检验】当事人对检验期限未作约定，买受人签收的送货单、确认单等载明标的物数量、型号、规格的，推定买受人已经对数量和外观瑕疵进行检验，但是有相关证据足以推翻的除外。

第六百二十四条　【向第三人履行情形的检验标准】出卖人依照买受人的指示向第三人交付标的物，出卖人和买受人约定的检验标准与买受人和第三人约定的检验标准不一致的，以出卖人和买受人约定的检验标准为准。

第六百二十五条 【出卖人的回收义务】依照法律、行政法规的规定或者按照当事人的约定，标的物在有效使用年限届满后应予回收的，出卖人负有自行或者委托第三人对标的物予以回收的义务。

第六百二十六条 【买受人支付价款及方式】买受人应当按照约定的数额和支付方式支付价款。对价款的数额和支付方式没有约定或者约定不明确的，适用本法第五百一十条、第五百一十一条第二项和第五项的规定。

第六百二十七条 【买受人支付价款的地点】买受人应当按照约定的地点支付价款。对支付地点没有约定或者约定不明确，依据本法第五百一十条的规定仍不能确定的，买受人应当在出卖人的营业地支付；但是，约定支付价款以交付标的物或者交付提取标的物单证为条件的，在交付标的物或者交付提取标的物单证的所在地支付。

第六百二十八条 【买受人支付价款的时间】买受人应当按照约定的时间支付价款。对支付时间没有约定或者约定不明确，依据本法第五百一十条的规定仍不能确定的，买受人应当在收到标的物或者提取标的物单证的同时支付。

关联对照

《买卖合同解释》

第十八条 买卖合同对付款期限作出的变更，不影响当事人关于逾期付款违约金的约定，但该违约金的起算点应当随之变更。

买卖合同约定逾期付款违约金，买受人以出卖人接受价款时未主张逾期付款违约金为由拒绝支付该违约金的，人民法院不予支持。

买卖合同约定逾期付款违约金，但对账单、还款协议等未涉及逾期付款责任，出卖人根据对账单、还款协议等主张欠款时请求买受人依约支付逾期付款违约金的，人民法院应予支持，但对账单、还款协议等明确载有本金及逾期付款利息数额或者已经变更买卖合同中关于本金、利息等约定内容的除外。

买卖合同没有约定逾期付款违约金或者该违约金的计算方法，出卖人以买受人违约为由主张赔偿逾期付款损失，违约行为发生在2019年8月19日之前的，人民法院可以中国人民银行同期同类人民币贷款基准利率为基础，参照逾期罚息利率标准计算；违约行为发生在2019年8月20日之后的，人民法院可以违约行为发生时中国人民银行授权全国银行间同业拆借中心公布的一年期贷款市场报价利率（LPR）标准为基础，加计30%—50%计算逾期付款损失。

第六百二十九条　【出卖人多交标的物的处理】出卖人多交标的物的，买受人可以接收或者拒绝接收多交的部分。买受人接收多交部分的，按照约定的价格支付价款；买受人拒绝接收多交部分的，应当及时通知出卖人。

※ 关联对照

《买卖合同解释》

第三条　根据民法典第六百二十九条的规定，买受人拒绝接收多交部分标的物的，可以代为保管多交部分标的物。买受人主张出卖人负担代为保管期间的合理费用的，人民法院应予支持。

买受人主张出卖人承担代为保管期间非因买受人故意或者重大过失造成的损失的，人民法院应予支持。

第六百三十条　【买卖合同标的物孳息的归属】标的物在交付之前产生的孳息，归出卖人所有；交付之后产生的孳息，归买受人所有。但是，当事人另有约定的除外。

第六百三十一条　【主物与从物在解除合同时的效力】因标的物的主物不符合约定而解除合同的，解除合同的效力及于从物。因标的物的从物不符合约定被解除的，解除的效力不及于主物。

第六百三十二条　【数物买卖合同的解除】标的物为数物，其中一物不符合约定的，买受人可以就该物解除。但是，该物与他物分离使标的物的价值显受损害的，买受人可以就数物解除合同。

第六百三十三条 【分批交付标的物的情况下解除合同的情形】出卖人分批交付标的物的，出卖人对其中一批标的物不交付或者交付不符合约定，致使该批标的物不能实现合同目的的，买受人可以就该批标的物解除。

出卖人不交付其中一批标的物或者交付不符合约定，致使之后其他各批标的物的交付不能实现合同目的的，买受人可以就该批以及之后其他各批标的物解除。

买受人如果就其中一批标的物解除，该批标的物与其他各批标的物相互依存的，可以就已经交付和未交付的各批标的物解除。

第六百三十四条 【分期付款买卖】分期付款的买受人未支付到期价款的数额达到全部价款的五分之一，经催告后在合理期限内仍未支付到期价款的，出卖人可以请求买受人支付全部价款或者解除合同。

出卖人解除合同的，可以向买受人请求支付该标的物的使用费。

关联对照

《买卖合同解释》

第二十七条 民法典第六百三十四条第一款规定的"分期付款"，系指买受人将应付的总价款在一定期限内至少分三次向出卖人支付。

分期付款买卖合同的约定违反民法典第六百三十四条第一款的规定，损害买受人利益，买受人主张该约定无效的，人民法院应予支持。

第二十八条 分期付款买卖合同约定出卖人在解除合同时可以扣留已受领价金，出卖人扣留的金额超过标的物使用费以及标的物受损赔偿额，买受人请求返还超过部分的，人民法院应予支持。

当事人对标的物的使用费没有约定的，人民法院可以参照当地同类标的物的租金标准确定。

第六百三十五条 【凭样品买卖合同】凭样品买卖的当事人应当封存样品，并可以对样品质量予以说明。出卖人交付的标的物应当与样品

及其说明的质量相同。

关联对照

《买卖合同解释》

第二十九条 合同约定的样品质量与文字说明不一致且发生纠纷时当事人不能达成合意，样品封存后外观和内在品质没有发生变化的，人民法院应当以样品为准；外观和内在品质发生变化，或者当事人对是否发生变化有争议而又无法查明的，人民法院应当以文字说明为准。

第六百三十六条 【凭样品买卖合同样品存在隐蔽瑕疵的处理】凭样品买卖的买受人不知道样品有隐蔽瑕疵的，即使交付的标的物与样品相同，出卖人交付的标的物的质量仍然应当符合同种物的通常标准。

第六百三十七条 【试用买卖的试用期限】试用买卖的当事人可以约定标的物的试用期限。对试用期限没有约定或者约定不明确，依据本法第五百一十条的规定仍不能确定的，由出卖人确定。

关联对照

《买卖合同解释》

第三十条 买卖合同存在下列约定内容之一的，不属于试用买卖。买受人主张属于试用买卖的，人民法院不予支持：

（一）约定标的物经过试用或者检验符合一定要求时，买受人应当购买标的物；

（二）约定第三人经试验对标的物认可时，买受人应当购买标的物；

（三）约定买受人在一定期限内可以调换标的物；

（四）约定买受人在一定期限内可以退还标的物。

第六百三十八条 【试用买卖合同买受人对标的物购买选择权】试

173

用买卖的买受人在试用期内可以购买标的物,也可以拒绝购买。试用期限届满,买受人对是否购买标的物未作表示的,视为购买。

试用买卖的买受人在试用期内已经支付部分价款或者对标的物实施出卖、出租、设立担保物权等行为的,视为同意购买。

第六百三十九条　【试用买卖使用费】试用买卖的当事人对标的物使用费没有约定或者约定不明确的,出卖人无权请求买受人支付。

第六百四十条　【试用买卖中的风险承担】标的物在试用期内毁损、灭失的风险由出卖人承担。

第六百四十一条　【标的物所有权保留条款】当事人可以在买卖合同中约定买受人未履行支付价款或者其他义务的,标的物的所有权属于出卖人。

出卖人对标的物保留的所有权,未经登记,不得对抗善意第三人。

※ 关联对照

《买卖合同解释》

第二十五条　买卖合同当事人主张民法典第六百四十一条关于标的物所有权保留的规定适用于不动产的,人民法院不予支持。

第六百四十二条　【所有权保留中出卖人的取回权】当事人约定出卖人保留合同标的物的所有权,在标的物所有权转移前,买受人有下列情形之一,造成出卖人损害的,除当事人另有约定外,出卖人有权取回标的物:

(一)未按照约定支付价款,经催告后在合理期限内仍未支付;

(二)未按照约定完成特定条件;

(三)将标的物出卖、出质或者作出其他不当处分。

出卖人可以与买受人协商取回标的物;协商不成的,可以参照适用担保物权的实现程序。

关联对照

《担保制度解释》

第六十四条 在所有权保留买卖中，出卖人依法有权取回标的物，但是与买受人协商不成，当事人请求参照民事诉讼法"实现担保物权案件"的有关规定，拍卖、变卖标的物的，人民法院应予准许。

出卖人请求取回标的物，符合民法典第六百四十二条规定的，人民法院应予支持；买受人以抗辩或者反诉的方式主张拍卖、变卖标的物，并在扣除买受人未支付的价款以及必要费用后返还剩余款项的，人民法院应当一并处理。

《买卖合同解释》

第二十六条 买受人已经支付标的物总价款的百分之七十五以上，出卖人主张取回标的物的，人民法院不予支持。

在民法典第六百四十二条第一款第三项情形下，第三人依据民法典第三百一十一条的规定已经善意取得标的物所有权或者其他物权，出卖人主张取回标的物的，人民法院不予支持。

第六百四十三条 【买受人回赎权及出卖人再出卖权】出卖人依据前条第一款的规定取回标的物后，买受人在双方约定或者出卖人指定的合理回赎期限内，消除出卖人取回标的物的事由的，可以请求回赎标的物。

买受人在回赎期限内没有回赎标的物，出卖人可以以合理价格将标的物出卖给第三人，出卖所得价款扣除买受人未支付的价款以及必要费用后仍有剩余的，应当返还买受人；不足部分由买受人清偿。

第六百四十四条 【招标投标买卖的法律适用】招标投标买卖的当事人的权利和义务以及招标投标程序等，依照有关法律、行政法规的规定。

第六百四十五条 【拍卖的法律适用】拍卖的当事人的权利和义务

以及拍卖程序等，依照有关法律、行政法规的规定。

第六百四十六条　【买卖合同准用于有偿合同】法律对其他有偿合同有规定的，依照其规定；没有规定的，参照适用买卖合同的有关规定。

第六百四十七条　【易货交易的法律适用】当事人约定易货交易，转移标的物的所有权的，参照适用买卖合同的有关规定。

关联对照

《买卖合同解释》

　　第三十二条　法律或者行政法规对债权转让、股权转让等权利转让合同有规定的，依照其规定；没有规定的，人民法院可以根据民法典第四百六十七条和第六百四十六条的规定，参照适用买卖合同的有关规定。

　　权利转让或者其他有偿合同参照适用买卖合同的有关规定的，人民法院应当首先引用民法典第六百四十六条的规定，再引用买卖合同的有关规定。

第十章　供用电、水、气、热力合同

第六百四十八条　【供用电合同概念及强制缔约义务】供用电合同是供电人向用电人供电，用电人支付电费的合同。

向社会公众供电的供电人，不得拒绝用电人合理的订立合同要求。

第六百四十九条　【供用电合同的内容】供用电合同的内容一般包括供电的方式、质量、时间，用电容量、地址、性质，计量方式，电价、电费的结算方式，供用电设施的维护责任等条款。

第六百五十条　【供用电合同的履行地点】供用电合同的履行地点，按照当事人约定；当事人没有约定或者约定不明确的，供电设施的产权分界处为履行地点。

第六百五十一条　【供电人的安全供电义务】供电人应当按照国家规定的供电质量标准和约定安全供电。供电人未按照国家规定的供电质量标准和约定安全供电，造成用电人损失的，应当承担赔偿责任。

第六百五十二条　【供电人中断供电时的通知义务】供电人因供电设施计划检修、临时检修、依法限电或者用电人违法用电等原因，需要中断供电时，应当按照国家有关规定事先通知用电人；未事先通知用电人中断供电，造成用电人损失的，应当承担赔偿责任。

第六百五十三条　【供电人抢修义务】因自然灾害等原因断电，供电人应当按照国家有关规定及时抢修；未及时抢修，造成用电人损失的，应当承担赔偿责任。

第六百五十四条　【用电人支付电费的义务】用电人应当按照国家有关规定和当事人的约定及时支付电费。用电人逾期不支付电费的，应当按照约定支付违约金。经催告用电人在合理期限内仍不支付电费和违约金的，供电人可以按照国家规定的程序中止供电。

供电人依据前款规定中止供电的，应当事先通知用电人。

第六百五十五条　【用电人安全用电义务】用电人应当按照国家有关规定和当事人的约定安全、节约和计划用电。用电人未按照国家有关规定和当事人的约定用电，造成供电人损失的，应当承担赔偿责任。

第六百五十六条　【供用水、气、热力合同参照适用供用电合同】供用水、供用气、供用热力合同，参照适用供用电合同的有关规定。

第十一章　赠　与　合　同

第六百五十七条　【赠与合同的概念】赠与合同是赠与人将自己的财产无偿给予受赠人，受赠人表示接受赠与的合同。

第六百五十八条　【赠与的任意撤销及限制】赠与人在赠与财产的权利转移之前可以撤销赠与。

经过公证的赠与合同或者依法不得撤销的具有救灾、扶贫、助残等公益、道德义务性质的赠与合同，不适用前款规定。

> **关联对照**

《婚姻家庭编解释（一）》

第三十二条　婚前或者婚姻关系存续期间，当事人约定将一方所有的房产赠与另一方或者共有，赠与方在赠与房产变更登记之前撤销赠与，另一方请求判令继续履行的，人民法院可以按照民法典第六百五十八条的规定处理。

第六百五十九条　【赠与特殊财产需要办理有关法律手续】赠与的财产依法需要办理登记或者其他手续的，应当办理有关手续。

第六百六十条　【法定不得撤销赠与的赠与人不交付赠与财产的责任】经过公证的赠与合同或者依法不得撤销的具有救灾、扶贫、助残等公益、道德义务性质的赠与合同，赠与人不交付赠与财产的，受赠人可以请求交付。

依据前款规定应当交付的赠与财产因赠与人故意或者重大过失致使毁损、灭失的，赠与人应当承担赔偿责任。

第六百六十一条　【附义务的赠与合同】赠与可以附义务。

赠与附义务的，受赠人应当按照约定履行义务。

第六百六十二条　【赠与财产的瑕疵担保责任】赠与的财产有瑕疵的，赠与人不承担责任。附义务的赠与，赠与的财产有瑕疵的，赠与人在附义务的限度内承担与出卖人相同的责任。

赠与人故意不告知瑕疵或者保证无瑕疵，造成受赠人损失的，应当承担赔偿责任。

第六百六十三条　【赠与人的法定撤销情形及撤销权行使期间】受赠人有下列情形之一的，赠与人可以撤销赠与：

（一）严重侵害赠与人或者赠与人近亲属的合法权益；

（二）对赠与人有扶养义务而不履行；

（三）不履行赠与合同约定的义务。

赠与人的撤销权，自知道或者应当知道撤销事由之日起一年内行使。

第六百六十四条 【赠与人的继承人或法定代理人的撤销权】因受赠人的违法行为致使赠与人死亡或者丧失民事行为能力的，赠与人的继承人或者法定代理人可以撤销赠与。

赠与人的继承人或者法定代理人的撤销权，自知道或者应当知道撤销事由之日起六个月内行使。

第六百六十五条 【撤销赠与的效力】撤销权人撤销赠与的，可以向受赠人请求返还赠与的财产。

第六百六十六条 【赠与义务的免除】赠与人的经济状况显著恶化，严重影响其生产经营或者家庭生活的，可以不再履行赠与义务。

第十二章 借款合同

第六百六十七条 【借款合同的定义】借款合同是借款人向贷款人借款，到期返还借款并支付利息的合同。

第六百六十八条 【借款合同的形式和内容】借款合同应当采用书面形式，但是自然人之间借款另有约定的除外。

借款合同的内容一般包括借款种类、币种、用途、数额、利率、期限和还款方式等条款。

第六百六十九条 【借款合同借款人的告知义务】订立借款合同，借款人应当按照贷款人的要求提供与借款有关的业务活动和财务状况的真实情况。

第六百七十条 【借款利息不得预先扣除】借款的利息不得预先在本金中扣除。利息预先在本金中扣除的，应当按照实际借款数额返还借款并计算利息。

关联对照

《民间借贷规定》

第二十六条 借据、收据、欠条等债权凭证载明的借款金额，一般认定为本金。预先在本金中扣除利息的，人民法院应当将实际出借的金额认定为本金。

第六百七十一条 【提供及收取借款迟延责任】贷款人未按照约定的日期、数额提供借款，造成借款人损失的，应当赔偿损失。

借款人未按照约定的日期、数额收取借款的，应当按照约定的日期、数额支付利息。

第六百七十二条 【贷款人对借款使用情况检查、监督的权利】贷款人按照约定可以检查、监督借款的使用情况。借款人应当按照约定向贷款人定期提供有关财务会计报表或者其他资料。

第六百七十三条 【借款人违约使用借款的后果】借款人未按照约定的借款用途使用借款的，贷款人可以停止发放借款、提前收回借款或者解除合同。

第六百七十四条 【借款利息支付期限的确定】借款人应当按照约定的期限支付利息。对支付利息的期限没有约定或者约定不明确，依据本法第五百一十条的规定仍不能确定，借款期间不满一年的，应当在返还借款时一并支付；借款期间一年以上的，应当在每届满一年时支付，剩余期间不满一年的，应当在返还借款时一并支付。

第六百七十五条 【还款期限的确定】借款人应当按照约定的期限返还借款。对借款期限没有约定或者约定不明确，依据本法第五百一十条的规定仍不能确定的，借款人可以随时返还；贷款人可以催告借款人在合理期限内返还。

第六百七十六条 【借款合同违约责任承担】借款人未按照约定的期限返还借款的，应当按照约定或者国家有关规定支付逾期利息。

关联对照

《民间借贷规定》

第二十八条 借贷双方对逾期利率有约定的，从其约定，但是以不超过合同成立时一年期贷款市场报价利率四倍为限。

未约定逾期利率或者约定不明的，人民法院可以区分不同情况处理：

（一）既未约定借期内利率，也未约定逾期利率，出借人主张借款人自逾期还款之日起参照当时一年期贷款市场报价利率标准计算的利息承担逾期还款违约责任的，人民法院应予支持；

（二）约定了借期内利率但是未约定逾期利率，出借人主张借款人自逾期还款之日起按照借期内利率支付资金占用期间利息的，人民法院应予支持。

第二十九条　出借人与借款人既约定了逾期利率，又约定了违约金或者其他费用，出借人可以选择主张逾期利息、违约金或者其他费用，也可以一并主张，但是总计超过合同成立时一年期贷款市场报价利率四倍的部分，人民法院不予支持。

第六百七十七条　【提前偿还借款】借款人提前返还借款的，除当事人另有约定外，应当按照实际借款的期间计算利息。

关联对照

《民间借贷规定》

第三十条　借款人可以提前偿还借款，但是当事人另有约定的除外。

借款人提前偿还借款并主张按照实际借款期限计算利息的，人民法院应予支持。

第六百七十八条　【借款展期】借款人可以在还款期限届满前向贷款人申请展期；贷款人同意的，可以展期。

第六百七十九条　【自然人之间借款合同的成立】自然人之间的借款合同，自贷款人提供借款时成立。

🏵 **关联对照**

《民间借贷规定》

第九条 自然人之间的借款合同具有下列情形之一的，可以视为合同成立：

（一）以现金支付的，自借款人收到借款时；

（二）以银行转账、网上电子汇款等形式支付的，自资金到达借款人账户时；

（三）以票据交付的，自借款人依法取得票据权利时；

（四）出借人将特定资金账户支配权授权给借款人的，自借款人取得对该账户实际支配权时；

（五）出借人以与借款人约定的其他方式提供借款并实际履行完成时。

第六百八十条 【借款利率和利息】 禁止高利放贷，借款的利率不得违反国家有关规定。

借款合同对支付利息没有约定的，视为没有利息。

借款合同对支付利息约定不明确，当事人不能达成补充协议的，按照当地或者当事人的交易方式、交易习惯、市场利率等因素确定利息；自然人之间借款的，视为没有利息。

🏵 **关联对照**

《民间借贷规定》

第二十四条 借贷双方没有约定利息，出借人主张支付利息的，人民法院不予支持。

自然人之间借贷对利息约定不明，出借人主张支付利息的，人民法院不予支持。除自然人之间借贷的外，借贷双方对借贷利息约定不明，出借人主张利息的，人民法院应当结合民间借贷合同的内容，并根据当地或者当事人的交易方式、交易习惯、市场报价利率等因素确定利息。

第二十五条 出借人请求借款人按照合同约定利率支付利息的，人民法院应予支持，但是双方约定的利率超过合同成立时一年期贷款市场报价利率四倍的除外。

前款所称"一年期贷款市场报价利率"，是指中国人民银行授权全国银行间同业拆借中心自2019年8月20日起每月发布的一年期贷款市场报价利率。

第十三章 保证合同

第一节 一般规定

第六百八十一条 【保证合同的概念】 保证合同是为保障债权的实现，保证人和债权人约定，当债务人不履行到期债务或者发生当事人约定的情形时，保证人履行债务或者承担责任的合同。

第六百八十二条 【保证合同的附从性及被确认无效后的责任分配】 保证合同是主债权债务合同的从合同。主债权债务合同无效的，保证合同无效，但是法律另有规定的除外。

保证合同被确认无效后，债务人、保证人、债权人有过错的，应当根据其过错各自承担相应的民事责任。

关联对照

《担保制度解释》

第二条 当事人在担保合同中约定担保合同的效力独立于主合同，或者约定担保人对主合同无效的法律后果承担担保责任，该有关担保独立性的约定无效。主合同有效的，有关担保独立性的约定无效不影响担保合同的效力；主合同无效的，人民法院应当认定担保合同无效，但是法律另有规定的除外。

因金融机构开立的独立保函发生的纠纷，适用《最高人民法院关于审理独立保函纠纷案件若干问题的规定》。

第八条 有下列情形之一，公司以其未依照公司法关于公司对外担保的规定作出决议为由主张不承担担保责任的，人民法院不予支持：

（一）金融机构开立保函或者担保公司提供担保；

（二）公司为其全资子公司开展经营活动提供担保；

（三）担保合同系由单独或者共同持有公司三分之二以上对担保事项有表决权的股东签字同意。

上市公司对外提供担保，不适用前款第二项、第三项的规定。

第九条 相对人根据上市公司公开披露的关于担保事项已经董事会或者股东大会决议通过的信息，与上市公司订立担保合同，相对人主张担保合同对上市公司发生效力，并由上市公司承担担保责任的，人民法院应予支持。

相对人未根据上市公司公开披露的关于担保事项已经董事会或者股东大会决议通过的信息，与上市公司订立担保合同，上市公司主张担保合同对其不发生效力，且不承担担保责任或者赔偿责任的，人民法院应予支持。

相对人与上市公司已公开披露的控股子公司订立的担保合同，或者相对人与股票在国务院批准的其他全国性证券交易场所交易的公司订立的担保合同，适用前两款规定。

第十条 一人有限责任公司为其股东提供担保，公司以违反公司法关于公司对外担保决议程序的规定为由主张不承担担保责任的，人民法院不予支持。公司因承担担保责任导致无法清偿其他债务，提供担保时的股东不能证明公司财产独立于自己的财产，其他债权人请求该股东承担连带责任的，人民法院应予支持。

第十一条 公司的分支机构未经公司股东（大）会或者董事会决议以自己的名义对外提供担保，相对人请求公司或者其分支机构承担担保责任的，人民法院不予支持，但是相对人不知道且不应当知道分支机构对外提供担保未经公司决议程序的除外。

金融机构的分支机构在其营业执照记载的经营范围内开立保函，或者经有权从事担保业务的上级机构授权开立保函，金融机构或者其分支机构以违反公司法关于公司对外担保决议程序的规定为由主张不承担担保责任的，人民法院不予支持。金融机构的分支机构未经金融机构授权提供保函之外的担保，金融机构或者其分支机构主张不承担担保责任的，人民法院应予支持，但是相对人不知道且不应当知道分支机构对外提供担保未经金融机构授权的除外。

担保公司的分支机构未经担保公司授权对外提供担保，担保公司或者其分支机构主张不承担担保责任的，人民法院应予支持，但是相对人不知道且不应当知道分支机构对外提供担保未经担保公司授权的除外。

公司的分支机构对外提供担保，相对人非善意，请求公司承担赔偿责任的，参照本解释第十七条的有关规定处理。

第十七条　主合同有效而第三人提供的担保合同无效，人民法院应当区分不同情形确定担保人的赔偿责任：

（一）债权人与担保人均有过错的，担保人承担的赔偿责任不应超过债务人不能清偿部分的二分之一；

（二）担保人有过错而债权人无过错的，担保人对债务人不能清偿的部分承担赔偿责任；

（三）债权人有过错而担保人无过错的，担保人不承担赔偿责任。

主合同无效导致第三人提供的担保合同无效，担保人无过错的，不承担赔偿责任；担保人有过错的，其承担的赔偿责任不应超过债务人不能清偿部分的三分之一。

第二十一条　主合同或者担保合同约定了仲裁条款的，人民法院对约定仲裁条款的合同当事人之间的纠纷无管辖权。

债权人一并起诉债务人和担保人的，应当根据主合同确定管辖法院。

债权人依法可以单独起诉担保人且仅起诉担保人的，应当根据担保合同确定管辖法院。

第六十三条　债权人与担保人订立担保合同，约定以法律、行政法规尚未规定可以担保的财产权利设立担保，当事人主张合同无效的，人民法院不予支持。当事人未在法定的登记机构依法进行登记，主张该担保具有物权效力的，人民法院不予支持。

第六百八十三条　【保证人的资格】机关法人不得为保证人，但是经国务院批准为使用外国政府或者国际经济组织贷款进行转贷的除外。

以公益为目的的非营利法人、非法人组织不得为保证人。

关联对照

《担保制度解释》

第五条　机关法人提供担保的，人民法院应当认定担保合同无效，但是经国务院批准为使用外国政府或者国际经济组织贷款进行转贷的除外。

居民委员会、村民委员会提供担保的，人民法院应当认定担保合同无效，但是依法代行村集体经济组织职能的村民委员会，依照村民委员会组织法规定的讨论决定程序对外提供担保的除外。

第六条　以公益为目的的非营利性学校、幼儿园、医疗机构、养老机构等提供担保的，人民法院应当认定担保合同无效，但是有下列情形之一的除外：

（一）在购入或者以融资租赁方式承租教育设施、医疗卫生设施、养老服务设施和其他公益设施时，出卖人、出租人为担保价款或者租金实现而在该公益设施上保留所有权；

（二）以教育设施、医疗卫生设施、养老服务设施和其他公益设施以外的不动产、动产或者财产权利设立担保物权。

登记为营利法人的学校、幼儿园、医疗机构、养老机构等提供担保，当事人以其不具有担保资格为由主张担保合同无效的，人民法院不予支持。

第六百八十四条 【保证合同的一般内容】保证合同的内容一般包括被保证的主债权的种类、数额，债务人履行债务的期限，保证的方式、范围和期间等条款。

第六百八十五条 【保证合同的订立】保证合同可以是单独订立的书面合同，也可以是主债权债务合同中的保证条款。

第三人单方以书面形式向债权人作出保证，债权人接收且未提出异议的，保证合同成立。

第六百八十六条 【保证方式】保证的方式包括一般保证和连带责任保证。

当事人在保证合同中对保证方式没有约定或者约定不明确的，按照一般保证承担保证责任。

关联对照

《担保制度解释》

第二十五条 当事人在保证合同中约定了保证人在债务人不能履行债务或者无力偿还债务时才承担保证责任等类似内容，具有债务人应当先承担责任的意思表示的，人民法院应当将其认定为一般保证。

当事人在保证合同中约定了保证人在债务人不履行债务或者未偿还债务时即承担保证责任、无条件承担保证责任等类似内容，不具有债务人应当先承担责任的意思表示的，人民法院应当将其认定为连带责任保证。

第六百八十七条 【一般保证及先诉抗辩权】当事人在保证合同中约定，债务人不能履行债务时，由保证人承担保证责任的，为一般保证。

一般保证的保证人在主合同纠纷未经审判或者仲裁，并就债务人财产依法强制执行仍不能履行债务前，有权拒绝向债权人承担保证责任，但是有下列情形之一的除外：

（一）债务人下落不明，且无财产可供执行；

（二）人民法院已经受理债务人破产案件；

（三）债权人有证据证明债务人的财产不足以履行全部债务或者丧失履行债务能力；

（四）保证人书面表示放弃本款规定的权利。

关联对照

《担保制度解释》

第二十六条　一般保证中，债权人以债务人为被告提起诉讼的，人民法院应予受理。债权人未就主合同纠纷提起诉讼或者申请仲裁，仅起诉一般保证人的，人民法院应当驳回起诉。

一般保证中，债权人一并起诉债务人和保证人的，人民法院可以受理，但是在作出判决时，除有民法典第六百八十七条第二款但书规定的情形外，应当在判决书主文中明确，保证人仅对债务人财产依法强制执行后仍不能履行的部分承担保证责任。

债权人未对债务人的财产申请保全，或者保全的债务人的财产足以清偿债务，债权人申请对一般保证人的财产进行保全的，人民法院不予准许。

第二十七条　一般保证的债权人取得对债务人赋予强制执行效力的公证债权文书后，在保证期间内向人民法院申请强制执行，保证人以债权人未在保证期间内对债务人提起诉讼或者申请仲裁为由主张不承担保证责任的，人民法院不予支持。

第二十八条　一般保证中，债权人依据生效法律文书对债务人的财产依法申请强制执行，保证债务诉讼时效的起算时间按照下列规则确定：

（一）人民法院作出终结本次执行程序裁定，或者依照民事诉讼法第二百五十七条第三项、第五项的规定作出终结执行裁定的，自裁定送达债权人之日起开始计算；

（二）人民法院自收到申请执行书之日起一年内未作出前项裁定的，自人民法院收到申请执行书满一年之日起开始计算，但是保证人有证据证明债务人仍有财产可供执行的除外。

一般保证的债权人在保证期间届满前对债务人提起诉讼或者申请仲裁，债权人举证证明存在民法典第六百八十七条第二款但书规定情形的，保证债务的诉讼时效自债权人知道或者应当知道该情形之日起开始计算。

第二十九条 同一债务有两个以上保证人，债权人以其已经在保证期间内依法向部分保证人行使权利为由，主张已经在保证期间内向其他保证人行使权利的，人民法院不予支持。

同一债务有两个以上保证人，保证人之间相互有追偿权，债权人未在保证期间内依法向部分保证人行使权利，导致其他保证人在承担保证责任后丧失追偿权，其他保证人主张在其不能追偿的范围内免除保证责任的，人民法院应予支持。

第三十一条 一般保证的债权人在保证期间内对债务人提起诉讼或者申请仲裁后，又撤回起诉或者仲裁申请，债权人在保证期间届满前未再行提起诉讼或者申请仲裁，保证人主张不再承担保证责任的，人民法院应予支持。

连带责任保证的债权人在保证期间内对保证人提起诉讼或者申请仲裁后，又撤回起诉或者仲裁申请，起诉状副本或者仲裁申请书副本已经送达保证人的，人民法院应当认定债权人已经在保证期间内向保证人行使了权利。

第六百八十八条 【连带责任保证】当事人在保证合同中约定保证人和债务人对债务承担连带责任的，为连带责任保证。

连带责任保证的债务人不履行到期债务或者发生当事人约定的情形时，债权人可以请求债务人履行债务，也可以请求保证人在其保证范围内承担保证责任。

第六百八十九条 【反担保】保证人可以要求债务人提供反担保。

※ 关联对照

《担保制度解释》

第十九条 担保合同无效，承担了赔偿责任的担保人按照反担保合同的约定，在其承担赔偿责任的范围内请求反担保人承担担保责任的，人民法院应予支持。

反担保合同无效的，依照本解释第十七条的有关规定处理。当事人仅以担保合同无效为由主张反担保合同无效的，人民法院不予支持。

第六百九十条 【最高额保证合同】保证人与债权人可以协商订立最高额保证的合同，约定在最高债权额限度内就一定期间连续发生的债权提供保证。

最高额保证除适用本章规定外，参照适用本法第二编最高额抵押权的有关规定。

※ 关联对照

《担保制度解释》

第十五条 最高额担保中的最高债权额，是指包括主债权及其利息、违约金、损害赔偿金、保管担保财产的费用、实现债权或者实现担保物权的费用等在内的全部债权，但是当事人另有约定的除外。

登记的最高债权额与当事人约定的最高债权额不一致的，人民法院应当依据登记的最高债权额确定债权人优先受偿的范围。

第三十条 最高额保证合同对保证期间的计算方式、起算时间等有约定的，按照其约定。

最高额保证合同对保证期间的计算方式、起算时间等没有约定或者约定不明，被担保债权的履行期限均已届满的，保证期间自债权确定之日起开始计算；被担保债权的履行期限尚未届满的，保证期间自最后到期债权的履行期限届满之日起开始计算。

前款所称债权确定之日，依照民法典第四百二十三条的规定认定。

第二节 保证责任

第六百九十一条 【保证责任的范围】保证的范围包括主债权及其利息、违约金、损害赔偿金和实现债权的费用。当事人另有约定的，按照其约定。

关联对照

《担保制度解释》

第三条 当事人对担保责任的承担约定专门的违约责任，或者约定的担保责任范围超出债务人应当承担的责任范围，担保人主张仅在债务人应当承担的责任范围内承担责任的，人民法院应予支持。

担保人承担的责任超出债务人应当承担的责任范围，担保人向债务人追偿，债务人主张仅在其应当承担的责任范围内承担责任的，人民法院应予支持；担保人请求债权人返还超出部分的，人民法院依法予以支持。

第二十二条 人民法院受理债务人破产案件后，债权人请求担保人承担担保责任，担保人主张担保债务自人民法院受理破产申请之日起停止计息的，人民法院对担保人的主张应予支持。

第二十三条 人民法院受理债务人破产案件，债权人在破产程序中申报债权后又向人民法院提起诉讼，请求担保人承担担保责任的，人民法院依法予以支持。

担保人清偿债权人的全部债权后，可以代替债权人在破产程序中受偿；在债权人的债权未获全部清偿前，担保人不得代替债权人在破产程序中受偿,但是有权就债权人通过破产分配和实现担保债权等方式获得清偿总额中超出债权的部分,在其承担担保责任的范围内请求债权人返还。

债权人在债务人破产程序中未获全部清偿,请求担保人继续承担担保责任的,人民法院应予支持;担保人承担担保责任后,向和解协议或者重整计划执行完毕后的债务人追偿的,人民法院不予支持。

第二十四条 债权人知道或者应当知道债务人破产,既未申报债权也未通知担保人,致使担保人不能预先行使追偿权的,担保人就该债权在破产程序中可能受偿的范围内免除担保责任,但是担保人因自身过错未行使追偿权的除外。

第六百九十二条 【保证期间】保证期间是确定保证人承担保证责任的期间,不发生中止、中断和延长。

债权人与保证人可以约定保证期间,但是约定的保证期间早于主债务履行期限或者与主债务履行期限同时届满的,视为没有约定;没有约定或者约定不明确的,保证期间为主债务履行期限届满之日起六个月。

债权人与债务人对主债务履行期限没有约定或者约定不明确的,保证期间自债权人请求债务人履行债务的宽限期届满之日起计算。

❖ 关联对照

《时间效力规定》

第二十七条 民法典施行前成立的保证合同,当事人对保证期间约定不明确,主债务履行期限届满至民法典施行之日不满二年,当事人主张保证期间为主债务履行期限届满之日起二年的,人民法院依法予以支持;当事人对保证期间没有约定,主债务履行期限届满至民法典施行之日不满六个月,当事人主张保证期间为主债务履行期限届满之日起六个月的,人民法院依法予以支持。

《担保制度解释》

第三十二条　保证合同约定保证人承担保证责任直至主债务本息还清时为止等类似内容的，视为约定不明，保证期间为主债务履行期限届满之日起六个月。

第三十三条　保证合同无效，债权人未在约定或者法定的保证期间内依法行使权利，保证人主张不承担赔偿责任的，人民法院应予支持。

第三十四条　人民法院在审理保证合同纠纷案件时，应当将保证期间是否届满、债权人是否在保证期间内依法行使权利等事实作为案件基本事实予以查明。

债权人在保证期间内未依法行使权利的，保证责任消灭。保证责任消灭后，债权人书面通知保证人要求承担保证责任，保证人在通知书上签字、盖章或者按指印，债权人请求保证人继续承担保证责任的，人民法院不予支持，但是债权人有证据证明成立了新的保证合同的除外。

第三十五条　保证人知道或者应当知道主债权诉讼时效期间届满仍然提供保证或者承担保证责任，又以诉讼时效期间届满为由拒绝承担保证责任或者请求返还财产的，人民法院不予支持；保证人承担保证责任后向债务人追偿的，人民法院不予支持，但是债务人放弃诉讼时效抗辩的除外。

第六百九十三条　【保证期间届满的法律效果】一般保证的债权人未在保证期间对债务人提起诉讼或者申请仲裁的，保证人不再承担保证责任。

连带责任保证的债权人未在保证期间请求保证人承担保证责任的，保证人不再承担保证责任。

第六百九十四条　【保证债务的诉讼时效】一般保证的债权人在保证期间届满前对债务人提起诉讼或者申请仲裁的，从保证人拒绝承担保证责任的权利消灭之日起，开始计算保证债务的诉讼时效。

连带责任保证的债权人在保证期间届满前请求保证人承担保证责任的，从债权人请求保证人承担保证责任之日起，开始计算保证债务的诉讼时效。

第六百九十五条 【主合同变更对保证责任影响】债权人和债务人未经保证人书面同意，协商变更主债权债务合同内容，减轻债务的，保证人仍对变更后的债务承担保证责任；加重债务的，保证人对加重的部分不承担保证责任。

债权人和债务人变更主债权债务合同的履行期限，未经保证人书面同意的，保证期间不受影响。

关联对照

《担保制度解释》

第二十条 人民法院在审理第三人提供的物的担保纠纷案件时，可以适用民法典第六百九十五条第一款、第六百九十六条第一款、第六百九十七条第二款、第六百九十九条、第七百条、第七百零一条、第七百零二条等关于保证合同的规定。

第六百九十六条 【债权转让时保证人的保证责任】债权人转让全部或者部分债权，未通知保证人的，该转让对保证人不发生效力。

保证人与债权人约定禁止债权转让，债权人未经保证人书面同意转让债权的，保证人对受让人不再承担保证责任。

关联对照

《担保制度解释》

第三十九条 主债权被分割或者部分转让，各债权人主张就其享有的债权份额行使担保物权的，人民法院应予支持，但是法律另有规定或者当事人另有约定的除外。

主债务被分割或者部分转移，债务人自己提供物的担保，债权人请求以该担保财产担保全部债务履行的，人民法院应予支持；第三人提供物的担保，主张对未经其书面同意转移的债务不再承担担保责任的，人民法院应予支持。

第六百九十七条 【债务承担对保证责任的影响】债权人未经保证人书面同意，允许债务人转移全部或者部分债务，保证人对未经其同意转移的债务不再承担保证责任，但是债权人和保证人另有约定的除外。

第三人加入债务的，保证人的保证责任不受影响。

第六百九十八条 【一般保证人免责】一般保证的保证人在主债务履行期限届满后，向债权人提供债务人可供执行财产的真实情况，债权人放弃或者怠于行使权利致使该财产不能被执行的，保证人在其提供可供执行财产的价值范围内不再承担保证责任。

第六百九十九条 【共同保证】同一债务有两个以上保证人的，保证人应当按照保证合同约定的保证份额，承担保证责任；没有约定保证份额的，债权人可以请求任何一个保证人在其保证范围内承担保证责任。

关联对照

《担保制度解释》

第十三条 同一债务有两个以上第三人提供担保，担保人之间约定相互追偿及分担份额，承担了担保责任的担保人请求其他担保人按照约定分担份额的，人民法院应予支持；担保人之间约定承担连带共同担保，或者约定相互追偿但是未约定分担份额的，各担保人按照比例分担向债务人不能追偿的部分。

同一债务有两个以上第三人提供担保，担保人之间未对相互追偿作出约定且未约定承担连带共同担保，但是各担保人在同一份合同书上签字、盖章或者按指印，承担了担保责任的担保人请求其他担保人按照比例分担向债务人不能追偿部分的，人民法院应予支持。

除前两款规定的情形外，承担了担保责任的担保人请求其他担保人分担向债务人不能追偿部分的，人民法院不予支持。

第十四条　同一债务有两个以上第三人提供担保，担保人受让债权的，人民法院应当认定该行为系承担担保责任。受让债权的担保人作为债权人请求其他担保人承担担保责任的，人民法院不予支持；该担保人请求其他担保人分担相应份额的，依照本解释第十三条的规定处理。

第七百条　【保证人的追偿权】 保证人承担保证责任后，除当事人另有约定外，有权在其承担保证责任的范围内向债务人追偿，享有债权人对债务人的权利，但是不得损害债权人的利益。

关联对照

《担保制度解释》

第十八条　承担了担保责任或者赔偿责任的担保人，在其承担责任的范围内向债务人追偿的，人民法院应予支持。

同一债权既有债务人自己提供的物的担保，又有第三人提供的担保，承担了担保责任或者赔偿责任的第三人，主张行使债权人对债务人享有的担保物权的，人民法院应予支持。

第七百零一条　【保证人的抗辩权】 保证人可以主张债务人对债权人的抗辩。债务人放弃抗辩的，保证人仍有权向债权人主张抗辩。

第七百零二条　【抵销权或撤销权范围内的免责】 债务人对债权人享有抵销权或者撤销权的，保证人可以在相应范围内拒绝承担保证责任。

第十四章　租赁合同

第七百零三条　【租赁合同的概念】 租赁合同是出租人将租赁物交付承租人使用、收益，承租人支付租金的合同。

第七百零四条　【租赁合同的内容】 租赁合同的内容一般包括租赁

物的名称、数量、用途、租赁期限、租金及其支付期限和方式、租赁物维修等条款。

第七百零五条 【租赁期限的最高限制】租赁期限不得超过二十年。超过二十年的，超过部分无效。

租赁期限届满，当事人可以续订租赁合同；但是，约定的租赁期限自续订之日起不得超过二十年。

第七百零六条 【租赁合同登记对合同效力影响】当事人未依照法律、行政法规规定办理租赁合同登记备案手续的，不影响合同的效力。

第七百零七条 【租赁合同形式】租赁期限六个月以上的，应当采用书面形式。当事人未采用书面形式，无法确定租赁期限的，视为不定期租赁。

第七百零八条 【出租人义务】出租人应当按照约定将租赁物交付承租人，并在租赁期限内保持租赁物符合约定的用途。

第七百零九条 【承租人义务】承租人应当按照约定的方法使用租赁物。对租赁物的使用方法没有约定或者约定不明确，依据本法第五百一十条的规定仍不能确定的，应当根据租赁物的性质使用。

第七百一十条 【承租人合理使用租赁物的免责】承租人按照约定的方法或者根据租赁物的性质使用租赁物，致使租赁物受到损耗的，不承担赔偿责任。

第七百一十一条 【承租人未合理使用租赁物的责任】承租人未按照约定的方法或者未根据租赁物的性质使用租赁物，致使租赁物受到损失的，出租人可以解除合同并请求赔偿损失。

关联对照

《房屋租赁合同解释》

第六条 承租人擅自变动房屋建筑主体和承重结构或者扩建，在出租人要求的合理期限内仍不予恢复原状，出租人请求解除合同并要求赔偿损失的，人民法院依照民法典第七百一十一条的规定处理。

第七百一十二条 　【出租人的维修义务】出租人应当履行租赁物的维修义务，但是当事人另有约定的除外。

第七百一十三条 　【租赁物的维修和维修费负担】承租人在租赁物需要维修时可以请求出租人在合理期限内维修。出租人未履行维修义务的，承租人可以自行维修，维修费用由出租人负担。因维修租赁物影响承租人使用的，应当相应减少租金或者延长租期。

因承租人的过错致使租赁物需要维修的，出租人不承担前款规定的维修义务。

第七百一十四条 　【承租人的租赁物妥善保管义务】承租人应当妥善保管租赁物，因保管不善造成租赁物毁损、灭失的，应当承担赔偿责任。

第七百一十五条 　【承租人对租赁物进行改善或增设他物】承租人经出租人同意，可以对租赁物进行改善或者增设他物。

承租人未经出租人同意，对租赁物进行改善或者增设他物的，出租人可以请求承租人恢复原状或者赔偿损失。

关联对照

《房屋租赁合同解释》

第七条　承租人经出租人同意装饰装修，租赁合同无效时，未形成附合的装饰装修物，出租人同意利用的，可折价归出租人所有；不同意利用的，可由承租人拆除。因拆除造成房屋毁损的，承租人应当恢复原状。

已形成附合的装饰装修物，出租人同意利用的，可折价归出租人所有；不同意利用的，由双方各自按照导致合同无效的过错分担现值损失。

第八条　承租人经出租人同意装饰装修，租赁期间届满或者合同解除时，除当事人另有约定外，未形成附合的装饰装修物，可由承租人拆除。因拆除造成房屋毁损的，承租人应当恢复原状。

第九条　承租人经出租人同意装饰装修，合同解除时，双方对已形成附合的装饰装修物的处理没有约定的，人民法院按照下列情形分别处理：

（一）因出租人违约导致合同解除，承租人请求出租人赔偿剩余租赁期内装饰装修残值损失的，应予支持；

（二）因承租人违约导致合同解除，承租人请求出租人赔偿剩余租赁期内装饰装修残值损失的，不予支持。但出租人同意利用的，应在利用价值范围内予以适当补偿；

（三）因双方违约导致合同解除，剩余租赁期内的装饰装修残值损失，由双方根据各自的过错承担相应的责任；

（四）因不可归责于双方的事由导致合同解除的，剩余租赁期内的装饰装修残值损失，由双方按照公平原则分担。法律另有规定的，适用其规定。

第十条　承租人经出租人同意装饰装修，租赁期间届满时，承租人请求出租人补偿附合装饰装修费用的，不予支持。但当事人另有约定的除外。

第十一条　承租人未经出租人同意装饰装修或者扩建发生的费用，由承租人负担。出租人请求承租人恢复原状或者赔偿损失的，人民法院应予支持。

第十二条　承租人经出租人同意扩建，但双方对扩建费用的处理没有约定的，人民法院按照下列情形分别处理：

（一）办理合法建设手续的，扩建造价费用由出租人负担；

（二）未办理合法建设手续的，扩建造价费用由双方按照过错分担。

第七百一十六条　【转租】承租人经出租人同意，可以将租赁物转租给第三人。承租人转租的，承租人与出租人之间的租赁合同继续有效；第三人造成租赁物损失的，承租人应当赔偿损失。

承租人未经出租人同意转租的，出租人可以解除合同。

第七百一十七条　【转租期限】承租人经出租人同意将租赁物转租

给第三人，转租期限超过承租人剩余租赁期限的，超过部分的约定对出租人不具有法律约束力，但是出租人与承租人另有约定的除外。

第七百一十八条 【出租人同意转租的推定】出租人知道或者应当知道承租人转租，但是在六个月内未提出异议的，视为出租人同意转租。

第七百一十九条 【次承租人的代为清偿权】承租人拖欠租金的，次承租人可以代承租人支付其欠付的租金和违约金，但是转租合同对出租人不具有法律约束力的除外。

次承租人代为支付的租金和违约金，可以充抵次承租人应当向承租人支付的租金；超出其应付的租金数额的，可以向承租人追偿。

第七百二十条 【租赁物的收益归属】在租赁期限内因占有、使用租赁物获得的收益，归承租人所有，但是当事人另有约定的除外。

第七百二十一条 【租金支付期限】承租人应当按照约定的期限支付租金。对支付租金的期限没有约定或者约定不明确，依据本法第五百一十条的规定仍不能确定，租赁期限不满一年的，应当在租赁期限届满时支付；租赁期限一年以上的，应当在每届满一年时支付，剩余期限不满一年的，应当在租赁期限届满时支付。

第七百二十二条 【承租人的租金支付义务】承租人无正当理由未支付或者迟延支付租金的，出租人可以请求承租人在合理期限内支付；承租人逾期不支付的，出租人可以解除合同。

第七百二十三条 【出租人的权利瑕疵担保责任】因第三人主张权利，致使承租人不能对租赁物使用、收益的，承租人可以请求减少租金或者不支付租金。

第三人主张权利的，承租人应当及时通知出租人。

第七百二十四条 【承租人解除合同的法定情形】有下列情形之一，非因承租人原因致使租赁物无法使用的，承租人可以解除合同：

（一）租赁物被司法机关或者行政机关依法查封、扣押；

（二）租赁物权属有争议；

（三）租赁物具有违反法律、行政法规关于使用条件的强制性规定情形。

第七百二十五条 【买卖不破租赁】租赁物在承租人按照租赁合同占有期限内发生所有权变动的，不影响租赁合同的效力。

关联对照

《房屋租赁合同解释》

第十四条 租赁房屋在承租人按照租赁合同占有期限内发生所有权变动，承租人请求房屋受让人继续履行原租赁合同的，人民法院应予支持。但租赁房屋具有下列情形或者当事人另有约定的除外：

（一）房屋在出租前已设立抵押权，因抵押权人实现抵押权发生所有权变动的；

（二）房屋在出租前已被人民法院依法查封的。

第七百二十六条 【房屋承租人的优先购买权】出租人出卖租赁房屋的，应当在出卖之前的合理期限内通知承租人，承租人享有以同等条件优先购买的权利；但是，房屋按份共有人行使优先购买权或者出租人将房屋出卖给近亲属的除外。

出租人履行通知义务后，承租人在十五日内未明确表示购买的，视为承租人放弃优先购买权。

关联对照

《房屋租赁合同解释》

第十五条 出租人与抵押权人协议折价、变卖租赁房屋偿还债务，应当在合理期限内通知承租人。承租人请求以同等条件优先购买房屋的，人民法院应予支持。

第七百二十七条 【承租人对拍卖房屋的优先购买权】出租人委托拍卖人拍卖租赁房屋的，应当在拍卖五日前通知承租人。承租人未参加拍卖的，视为放弃优先购买权。

第七百二十八条 【妨害承租人优先购买权的赔偿责任】出租人未通知承租人或者有其他妨害承租人行使优先购买权情形的，承租人可以请求出租人承担赔偿责任。但是，出租人与第三人订立的房屋买卖合同的效力不受影响。

第七百二十九条 【租赁物毁损、灭失的法律后果】因不可归责于承租人的事由，致使租赁物部分或者全部毁损、灭失的，承租人可以请求减少租金或者不支付租金；因租赁物部分或者全部毁损、灭失，致使不能实现合同目的的，承租人可以解除合同。

第七百三十条 【租期不明的处理】当事人对租赁期限没有约定或者约定不明确，依据本法第五百一十条的规定仍不能确定的，视为不定期租赁；当事人可以随时解除合同，但是应当在合理期限之前通知对方。

关联对照

《土地承包解释》

第十六条 当事人对出租地流转期限没有约定或者约定不明的，参照民法典第七百三十条规定处理。除当事人另有约定或者属于林地承包经营外，承包地交回的时间应当在农作物收获期结束后或者下一耕种期开始前。

对提高土地生产能力的投入，对方当事人请求承包方给予相应补偿的，应予支持。

第七百三十一条 【租赁物质量不合格时承租人的解除权】租赁物危及承租人的安全或者健康的，即使承租人订立合同时明知该租赁物质量不合格，承租人仍然可以随时解除合同。

第七百三十二条 【房屋承租人死亡时租赁关系的处理】承租人在房屋租赁期限内死亡的，与其生前共同居住的人或者共同经营人可以按照原租赁合同租赁该房屋。

第七百三十三条 【租赁物的返还】租赁期限届满，承租人应当返还租赁物。返还的租赁物应当符合按照约定或者根据租赁物的性质使用后的状态。

第七百三十四条 【租赁期限届满的续租及优先承租权】租赁期限届满，承租人继续使用租赁物，出租人没有提出异议的，原租赁合同继续有效，但是租赁期限为不定期。

租赁期限届满，房屋承租人享有以同等条件优先承租的权利。

关联对照

《时间效力规定》

第二十一条 民法典施行前租赁期限届满，当事人主张适用民法典第七百三十四条第二款规定的，人民法院不予支持；租赁期限在民法典施行后届满，当事人主张适用民法典第七百三十四条第二款规定的，人民法院依法予以支持。

第十五章 融资租赁合同

第七百三十五条 【融资租赁合同的概念】融资租赁合同是出租人根据承租人对出卖人、租赁物的选择，向出卖人购买租赁物，提供给承租人使用，承租人支付租金的合同。

第七百三十六条 【融资租赁合同的内容】融资租赁合同的内容一般包括租赁物的名称、数量、规格、技术性能、检验方法，租赁期限，租金构成及其支付期限和方式、币种，租赁期限届满租赁物的归属等条款。

融资租赁合同应当采用书面形式。

第七百三十七条 【融资租赁通谋虚伪表示】当事人以虚构租赁物方式订立的融资租赁合同无效。

第七百三十八条 【特定租赁物经营许可对合同效力影响】依照法律、行政法规的规定，对于租赁物的经营使用应当取得行政许可的，出租人未取得行政许可不影响融资租赁合同的效力。

第七百三十九条 【融资租赁标的物的交付】出租人根据承租人对出卖人、租赁物的选择订立的买卖合同，出卖人应当按照约定向承租人交付标的物，承租人享有与受领标的物有关的买受人的权利。

第七百四十条 【承租人的拒绝受领权】出卖人违反向承租人交付标的物的义务，有下列情形之一的，承租人可以拒绝受领出卖人向其交付的标的物：

（一）标的物严重不符合约定；

（二）未按照约定交付标的物，经承租人或者出租人催告后在合理期限内仍未交付。

承租人拒绝受领标的物的，应当及时通知出租人。

第七百四十一条 【承租人的索赔权】出租人、出卖人、承租人可以约定，出卖人不履行买卖合同义务的，由承租人行使索赔的权利。承租人行使索赔权利的，出租人应当协助。

第七百四十二条 【承租人行使索赔权的租金支付义务】承租人对出卖人行使索赔权利，不影响其履行支付租金的义务。但是，承租人依赖出租人的技能确定租赁物或者出租人干预选择租赁物的，承租人可以请求减免相应租金。

第七百四十三条 【承租人索赔不能的违约责任承担】出租人有下列情形之一，致使承租人对出卖人行使索赔权利失败的，承租人有权请求出租人承担相应的责任：

（一）明知租赁物有质量瑕疵而不告知承租人；

（二）承租人行使索赔权利时，未及时提供必要协助。

出租人怠于行使只能由其对出卖人行使的索赔权利，造成承租人损失的，承租人有权请求出租人承担赔偿责任。

第七百四十四条 【出租人不得擅自变更买卖合同内容】出租人根据承租人对出卖人、租赁物的选择订立的买卖合同，未经承租人同意，出租人不得变更与承租人有关的合同内容。

关联对照

《融资租赁合同解释》

第八条 租赁物不符合融资租赁合同的约定且出租人实施了下列行为之一，承租人依照民法典第七百四十四条、第七百四十七条的规定，要求出租人承担相应责任的，人民法院应予支持：

（一）出租人在承租人选择出卖人、租赁物时，对租赁物的选定起决定作用的；

（二）出租人干预或者要求承租人按照出租人意愿选择出卖人或者租赁物的；

（三）出租人擅自变更承租人已经选定的出卖人或者租赁物的。

承租人主张其系依赖出租人的技能确定租赁物或者出租人干预选择租赁物的，对上述事实承担举证责任。

第七百四十五条【租赁物的登记对抗效力】出租人对租赁物享有的所有权，未经登记，不得对抗善意第三人。

第七百四十六条【租金的确定规则】融资租赁合同的租金，除当事人另有约定外，应当根据购买租赁物的大部分或者全部成本以及出租人的合理利润确定。

第七百四十七条【租赁物瑕疵担保责任】租赁物不符合约定或者不符合使用目的的，出租人不承担责任。但是，承租人依赖出租人的技能确定租赁物或者出租人干预选择租赁物的除外。

第七百四十八条【出租人保证承租人占有和使用租赁物】出租人应当保证承租人对租赁物的占有和使用。

出租人有下列情形之一的，承租人有权请求其赔偿损失：

（一）无正当理由收回租赁物；

（二）无正当理由妨碍、干扰承租人对租赁物的占有和使用；

（三）因出租人的原因致使第三人对租赁物主张权利；

（四）不当影响承租人对租赁物占有和使用的其他情形。

第七百四十九条 【租赁物致人损害的责任承担】承租人占有租赁物期间，租赁物造成第三人人身损害或者财产损失的，出租人不承担责任。

第七百五十条 【租赁物的保管、使用、维修】承租人应当妥善保管、使用租赁物。

承租人应当履行占有租赁物期间的维修义务。

第七百五十一条 【承租人占有租赁物毁损、灭失的租金承担】承租人占有租赁物期间，租赁物毁损、灭失的，出租人有权请求承租人继续支付租金，但是法律另有规定或者当事人另有约定的除外。

第七百五十二条 【承租人支付租金的义务】承租人应当按照约定支付租金。承租人经催告后在合理期限内仍不支付租金的，出租人可以请求支付全部租金；也可以解除合同，收回租赁物。

关联对照

《担保制度解释》

第六十五条 在融资租赁合同中，承租人未按照约定支付租金，经催告后在合理期限内仍不支付，出租人请求承租人支付全部剩余租金，并以拍卖、变卖租赁物所得的价款受偿的，人民法院应予支持；当事人请求参照民事诉讼法"实现担保物权案件"的有关规定，以拍卖、变卖租赁物所得价款支付租金的，人民法院应予准许。

出租人请求解除融资租赁合同并收回租赁物，承租人以抗辩或者反诉的方式主张返还租赁物价值超过欠付租金以及其他费用的，人民法院应当一并处理。当事人对租赁物的价值有争议的，应当按照下列规则确定租赁物的价值：

（一）融资租赁合同有约定的，按照其约定；

（二）融资租赁合同未约定或者约定不明的，根据约定的租赁物折旧以及合同到期后租赁物的残值来确定；

（三）根据前两项规定的方法仍然难以确定，或者当事人认为根据前两项规定的方法确定的价值严重偏离租赁物实际价值的，根据当事人的申请委托有资质的机构评估。

《融资租赁合同解释》

第九条　承租人逾期履行支付租金义务或者迟延履行其他付款义务，出租人按照融资租赁合同的约定要求承租人支付逾期利息、相应违约金的，人民法院应予支持。

第十条　出租人既请求承租人支付合同约定的全部未付租金又请求解除融资租赁合同的，人民法院应告知其依照民法典第七百五十二条的规定作出选择。

出租人请求承租人支付合同约定的全部未付租金，人民法院判决后承租人未予履行，出租人再行起诉请求解除融资租赁合同、收回租赁物的，人民法院应予受理。

第七百五十三条　【承租人擅自处分租赁物时出租人的解除权】承租人未经出租人同意，将租赁物转让、抵押、质押、投资入股或者以其他方式处分的，出租人可以解除融资租赁合同。

第七百五十四条　【出租人或承租人均可解除融资租赁合同情形】有下列情形之一的，出租人或者承租人可以解除融资租赁合同：

（一）出租人与出卖人订立的买卖合同解除、被确认无效或者被撤销，且未能重新订立买卖合同；

（二）租赁物因不可归责于当事人的原因毁损、灭失，且不能修复或者确定替代物；

（三）因出卖人的原因致使融资租赁合同的目的不能实现。

第七百五十五条　【承租人承担出租人损失赔偿责任情形】融资租赁合同因买卖合同解除、被确认无效或者被撤销而解除，出卖人、租赁物系由承租人选择的，出租人有权请求承租人赔偿相应损失；但是，因出租人原因致使买卖合同解除、被确认无效或者被撤销的除外。

出租人的损失已经在买卖合同解除、被确认无效或者被撤销时获得赔偿的，承租人不再承担相应的赔偿责任。

第七百五十六条　【租赁物意外毁损灭失】融资租赁合同因租赁物交付承租人后意外毁损、灭失等不可归责于当事人的原因解除的，出租人可以请求承租人按照租赁物折旧情况给予补偿。

第七百五十七条　【租赁期满租赁物的归属】出租人和承租人可以约定租赁期限届满租赁物的归属；对租赁物的归属没有约定或者约定不明确，依据本法第五百一十条的规定仍不能确定的，租赁物的所有权归出租人。

第七百五十八条　【承租人请求部分返还租赁物价值】当事人约定租赁期限届满租赁物归承租人所有，承租人已经支付大部分租金，但是无力支付剩余租金，出租人因此解除合同收回租赁物，收回的租赁物的价值超过承租人欠付的租金以及其他费用的，承租人可以请求相应返还。

当事人约定租赁期限届满租赁物归出租人所有，因租赁物毁损、灭失或者附合、混合于他物致使承租人不能返还的，出租人有权请求承租人给予合理补偿。

第七百五十九条　【支付象征性价款时的租赁物归属】当事人约定租赁期限届满，承租人仅需向出租人支付象征性价款的，视为约定的租金义务履行完毕后租赁物的所有权归承租人。

第七百六十条　【融资租赁合同无效时租赁物的归属】融资租赁合同无效，当事人就该情形下租赁物的归属有约定的，按照其约定；没有约定或者约定不明确的，租赁物应当返还出租人。但是，因承租人原因致使合同无效，出租人不请求返还或者返还后会显著降低租赁物效用的，租赁物的所有权归承租人，由承租人给予出租人合理补偿。

第十六章　保理合同

第七百六十一条　【保理合同的概念】保理合同是应收账款债权人将现有的或者将有的应收账款转让给保理人，保理人提供资金融通、应收账款管理或者催收、应收账款债务人付款担保等服务的合同。

关联对照

《时间效力规定》
第十二条 民法典施行前订立的保理合同发生争议的，适用民法典第三编第十六章的规定。

第七百六十二条 【保理合同的内容与形式】保理合同的内容一般包括业务类型、服务范围、服务期限、基础交易合同情况、应收账款信息、保理融资款或者服务报酬及其支付方式等条款。

保理合同应当采用书面形式。

第七百六十三条 【虚构应收账款】应收账款债权人与债务人虚构应收账款作为转让标的，与保理人订立保理合同的，应收账款债务人不得以应收账款不存在为由对抗保理人，但是保理人明知虚构的除外。

第七百六十四条 【保理人发出转让通知的表明身份义务】保理人向应收账款债务人发出应收账款转让通知的，应当表明保理人身份并附有必要凭证。

第七百六十五条 【无正当理由变更、终止基础交易合同对保理人的效力】应收账款债务人接到应收账款转让通知后，应收账款债权人与债务人无正当理由协商变更或者终止基础交易合同，对保理人产生不利影响的，对保理人不发生效力。

第七百六十六条 【有追索权保理】当事人约定有追索权保理的，保理人可以向应收账款债权人主张返还保理融资款本息或者回购应收账款债权，也可以向应收账款债务人主张应收账款债权。保理人向应收账款债务人主张应收账款债权，在扣除保理融资款本息和相关费用后有剩余的，剩余部分应当返还给应收账款债权人。

第七百六十七条 【无追索权保理】当事人约定无追索权保理的，保理人应当向应收账款债务人主张应收账款债权，保理人取得超过保理融资款本息和相关费用的部分，无需向应收账款债权人返还。

第七百六十八条 【多重保理的清偿顺序】应收账款债权人就同一

应收账款订立多个保理合同，致使多个保理人主张权利的，已经登记的先于未登记的取得应收账款；均已经登记的，按照登记时间的先后顺序取得应收账款；均未登记的，由最先到达应收账款债务人的转让通知中载明的保理人取得应收账款；既未登记也未通知的，按照保理融资款或者服务报酬的比例取得应收账款。

关联对照

《担保制度解释》

第六十六条　同一应收账款同时存在保理、应收账款质押和债权转让，当事人主张参照民法典第七百六十八条的规定确定优先顺序的，人民法院应予支持。

在有追索权的保理中，保理人以应收账款债权人或者应收账款债务人为被告提起诉讼，人民法院应予受理；保理人一并起诉应收账款债权人和应收账款债务人的，人民法院可以受理。

应收账款债权人向保理人返还保理融资款本息或者回购应收账款债权后，请求应收账款债务人向其履行应收账款债务的，人民法院应予支持。

第七百六十九条　**【参照适用债权转让的规定】**本章没有规定的，适用本编第六章债权转让的有关规定。

第十七章　承揽合同

第七百七十条　**【承揽合同的定义及类型】**承揽合同是承揽人按照定作人的要求完成工作，交付工作成果，定作人支付报酬的合同。

承揽包括加工、定作、修理、复制、测试、检验等工作。

第七百七十一条　**【承揽合同的主要条款】**承揽合同的内容一般包括承揽的标的、数量、质量、报酬，承揽方式，材料的提供，履行期限，验收标准和方法等条款。

第七百七十二条 【承揽人独立完成主要工作】承揽人应当以自己的设备、技术和劳力,完成主要工作,但是当事人另有约定的除外。

承揽人将其承揽的主要工作交由第三人完成的,应当就该第三人完成的工作成果向定作人负责;未经定作人同意的,定作人也可以解除合同。

第七百七十三条 【承揽人对辅助性工作的责任】承揽人可以将其承揽的辅助工作交由第三人完成。承揽人将其承揽的辅助工作交由第三人完成的,应当就该第三人完成的工作成果向定作人负责。

第七百七十四条 【承揽人提供材料时的主要义务】承揽人提供材料的,应当按照约定选用材料,并接受定作人检验。

第七百七十五条 【定作人提供材料时双方当事人的义务】定作人提供材料的,应当按照约定提供材料。承揽人对定作人提供的材料应当及时检验,发现不符合约定时,应当及时通知定作人更换、补齐或者采取其他补救措施。

承揽人不得擅自更换定作人提供的材料,不得更换不需要修理的零部件。

第七百七十六条 【定作人要求不合理时双方当事人的义务】承揽人发现定作人提供的图纸或者技术要求不合理的,应当及时通知定作人。因定作人怠于答复等原因造成承揽人损失的,应当赔偿损失。

第七百七十七条 【中途变更工作要求的责任】定作人中途变更承揽工作的要求,造成承揽人损失的,应当赔偿损失。

第七百七十八条 【定作人的协作义务】承揽工作需要定作人协助的,定作人有协助的义务。定作人不履行协助义务致使承揽工作不能完成的,承揽人可以催告定作人在合理期限内履行义务,并可以顺延履行期限;定作人逾期不履行的,承揽人可以解除合同。

第七百七十九条 【定作人监督检验承揽工作】承揽人在工作期间,应当接受定作人必要的监督检验。定作人不得因监督检验妨碍承揽人的正常工作。

第七百八十条 【工作成果交付】承揽人完成工作的,应当向定作人交付工作成果,并提交必要的技术资料和有关质量证明。定作人应当验收该工作成果。

第七百八十一条 【工作成果质量不合约定的责任】承揽人交付的工作成果不符合质量要求的，定作人可以合理选择请求承揽人承担修理、重作、减少报酬、赔偿损失等违约责任。

第七百八十二条 【支付报酬期限】定作人应当按照约定的期限支付报酬。对支付报酬的期限没有约定或者约定不明确，依据本法第五百一十条的规定仍不能确定的，定作人应当在承揽人交付工作成果时支付；工作成果部分交付的，定作人应当相应支付。

第七百八十三条 【承揽人的留置权及同时履行抗辩权】定作人未向承揽人支付报酬或者材料费等价款的，承揽人对完成的工作成果享有留置权或者有权拒绝交付，但是当事人另有约定的除外。

第七百八十四条 【承揽人保管义务】承揽人应当妥善保管定作人提供的材料以及完成的工作成果，因保管不善造成毁损、灭失的，应当承担赔偿责任。

第七百八十五条 【承揽人的保密义务】承揽人应当按照定作人的要求保守秘密，未经定作人许可，不得留存复制品或者技术资料。

第七百八十六条 【共同承揽】共同承揽人对定作人承担连带责任，但是当事人另有约定的除外。

第七百八十七条 【定作人的任意解除权】定作人在承揽人完成工作前可以随时解除合同，造成承揽人损失的，应当赔偿损失。

第十八章 建设工程合同

第七百八十八条 【建设工程合同的定义】建设工程合同是承包人进行工程建设，发包人支付价款的合同。

建设工程合同包括工程勘察、设计、施工合同。

第七百八十九条 【建设工程合同形式】建设工程合同应当采用书面形式。

第七百九十条 【工程招标投标】建设工程的招标投标活动，应当依照有关法律的规定公开、公平、公正进行。

> **关联对照**

《建设工程施工合同解释》

第二条　招标人和中标人另行签订的建设工程施工合同约定的工程范围、建设工期、工程质量、工程价款等实质性内容，与中标合同不一致，一方当事人请求按照中标合同确定权利义务的，人民法院应予支持。

招标人和中标人在中标合同之外就明显高于市场价格购买承建房产、无偿建设住房配套设施、让利、向建设单位捐赠财物等另行签订合同，变相降低工程价款，一方当事人以该合同背离中标合同实质性内容为由请求确认无效的，人民法院应予支持。

第七百九十一条　【总包与分包】发包人可以与总承包人订立建设工程合同，也可以分别与勘察人、设计人、施工人订立勘察、设计、施工承包合同。发包人不得将应当由一个承包人完成的建设工程支解成若干部分发包给数个承包人。

总承包人或者勘察、设计、施工承包人经发包人同意，可以将自己承包的部分工作交由第三人完成。第三人就其完成的工作成果与总承包人或者勘察、设计、施工承包人向发包人承担连带责任。承包人不得将其承包的全部建设工程转包给第三人或者将其承包的全部建设工程支解以后以分包的名义分别转包给第三人。

禁止承包人将工程分包给不具备相应资质条件的单位。禁止分包单位将其承包的工程再分包。建设工程主体结构的施工必须由承包人自行完成。

> **关联对照**

《建设工程施工合同解释》

第五条　具有劳务作业法定资质的承包人与总承包人、分包人签订的劳务分包合同，当事人请求确认无效的，人民法院依法不予支持。

第七条 缺乏资质的单位或者个人借用有资质的建筑施工企业名义签订建设工程施工合同，发包人请求出借方与借用方对建设工程质量不合格等因出借资质造成的损失承担连带赔偿责任的，人民法院应予支持。

第七百九十二条 【国家重大建设工程合同的订立】 国家重大建设工程合同，应当按照国家规定的程序和国家批准的投资计划、可行性研究报告等文件订立。

第七百九十三条 【建设工程施工合同无效的处理】 建设工程施工合同无效，但是建设工程经验收合格的，可以参照合同关于工程价款的约定折价补偿承包人。

建设工程施工合同无效，且建设工程经验收不合格的，按照以下情形处理：

（一）修复后的建设工程经验收合格的，发包人可以请求承包人承担修复费用；

（二）修复后的建设工程经验收不合格的，承包人无权请求参照合同关于工程价款的约定折价补偿。

发包人对因建设工程不合格造成的损失有过错的，应当承担相应的责任。

关联对照

《建设工程施工合同解释》

第三条 当事人以发包人未取得建设工程规划许可证等规划审批手续为由，请求确认建设工程施工合同无效的，人民法院应予支持，但发包人在起诉前取得建设工程规划许可证等规划审批手续的除外。

发包人能够办理审批手续而未办理，并以未办理审批手续为由请求确认建设工程施工合同无效的，人民法院不予支持。

第四条　承包人超越资质等级许可的业务范围签订建设工程施工合同，在建设工程竣工前取得相应资质等级，当事人请求按照无效合同处理的，人民法院不予支持。

第六条　建设工程施工合同无效，一方当事人请求对方赔偿损失的，应当就对方过错、损失大小、过错与损失之间的因果关系承担举证责任。

损失大小无法确定，一方当事人请求参照合同约定的质量标准、建设工期、工程价款支付时间等内容确定损失大小的，人民法院可以结合双方过错程度、过错与损失之间的因果关系等因素作出裁判。

第七百九十四条　【勘察、设计合同主要内容】勘察、设计合同的内容一般包括提交有关基础资料和概预算等文件的期限、质量要求、费用以及其他协作条件等条款。

第七百九十五条　【施工合同主要内容】施工合同的内容一般包括工程范围、建设工期、中间交工工程的开工和竣工时间、工程质量、工程造价、技术资料交付时间、材料和设备供应责任、拨款和结算、竣工验收、质量保修范围和质量保证期、相互协作等条款。

关联对照

《建设工程施工合同解释》

第八条　当事人对建设工程开工日期有争议的，人民法院应当分别按照以下情形予以认定：

（一）开工日期为发包人或者监理人发出的开工通知载明的开工日期；开工通知发出后，尚不具备开工条件的，以开工条件具备的时间为开工日期；因承包人原因导致开工时间推迟的，以开工通知载明的时间为开工日期。

（二）承包人经发包人同意已经实际进场施工的，以实际进场施工时间为开工日期。

（三）发包人或者监理人未发出开工通知，亦无相关证据证明实际开工日期的，应当综合考虑开工报告、合同、施工许可证、竣工验收报告或者竣工验收备案表等载明的时间，并结合是否具备开工条件的事实，认定开工日期。

第九条 当事人对建设工程实际竣工日期有争议的，人民法院应当分别按照以下情形予以认定：

（一）建设工程经竣工验收合格的，以竣工验收合格之日为竣工日期；

（二）承包人已经提交竣工验收报告，发包人拖延验收的，以承包人提交验收报告之日为竣工日期；

（三）建设工程未经竣工验收，发包人擅自使用的，以转移占有建设工程之日为竣工日期。

第七百九十六条 【建设工程监理】 建设工程实行监理的，发包人应当与监理人采用书面形式订立委托监理合同。发包人与监理人的权利和义务以及法律责任，应当依照本编委托合同以及其他有关法律、行政法规的规定。

第七百九十七条 【发包人检查权】 发包人在不妨碍承包人正常作业的情况下，可以随时对作业进度、质量进行检查。

第七百九十八条 【隐蔽工程】 隐蔽工程在隐蔽以前，承包人应当通知发包人检查。发包人没有及时检查的，承包人可以顺延工程日期，并有权请求赔偿停工、窝工等损失。

第七百九十九条 【竣工验收】 建设工程竣工后，发包人应当根据施工图纸及说明书、国家颁发的施工验收规范和质量检验标准及时进行验收。验收合格的，发包人应当按照约定支付价款，并接收该建设工程。

建设工程竣工经验收合格后，方可交付使用；未经验收或者验收不合格的，不得交付使用。

> **关联对照**

《建设工程施工合同解释》

第十四条 建设工程未经竣工验收，发包人擅自使用后，又以使用部分质量不符合约定为由主张权利的，人民法院不予支持；但是承包人应当在建设工程的合理使用寿命内对地基基础工程和主体结构质量承担民事责任。

第八百条 【勘察、设计人质量责任】 勘察、设计的质量不符合要求或者未按照期限提交勘察、设计文件拖延工期，造成发包人损失的，勘察人、设计人应当继续完善勘察、设计，减收或者免收勘察、设计费并赔偿损失。

第八百零一条 【施工人的质量责任】 因施工人的原因致使建设工程质量不符合约定的，发包人有权请求施工人在合理期限内无偿修理或者返工、改建。经过修理或者返工、改建后，造成逾期交付的，施工人应当承担违约责任。

> **关联对照**

《建设工程施工合同解释》

第十五条 因建设工程质量发生争议的，发包人可以以总承包人、分包人和实际施工人为共同被告提起诉讼。

第十六条 发包人在承包人提起的建设工程施工合同纠纷案件中，以建设工程质量不符合合同约定或者法律规定为由，就承包人支付违约金或者赔偿修理、返工、改建的合理费用等损失提出反诉的，人民法院可以合并审理。

第十七条 有下列情形之一，承包人请求发包人返还工程质量保证金的，人民法院应予支持：

（一）当事人约定的工程质量保证金返还期限届满；

（二）当事人未约定工程质量保证金返还期限的，自建设工程通过竣工验收之日起满二年；

（三）因发包人原因建设工程未按约定期限进行竣工验收的，自承包人提交工程竣工验收报告九十日后当事人约定的工程质量保证金返还期限届满；当事人未约定工程质量保证金返还期限的，自承包人提交工程竣工验收报告九十日后起满二年。

发包人返还工程质量保证金后，不影响承包人根据合同约定或者法律规定履行工程保修义务。

第八百零二条　【质量保证责任】因承包人的原因致使建设工程在合理使用期限内造成人身损害和财产损失的，承包人应当承担赔偿责任。

关联对照

《建设工程施工合同解释》

第十八条　因保修人未及时履行保修义务，导致建筑物毁损或者造成人身损害、财产损失的，保修人应当承担赔偿责任。

保修人与建筑物所有人或者发包人对建筑物毁损均有过错的，各自承担相应的责任。

第八百零三条　【发包人违约责任】发包人未按照约定的时间和要求提供原材料、设备、场地、资金、技术资料的，承包人可以顺延工程日期，并有权请求赔偿停工、窝工等损失。

关联对照

《建设工程施工合同解释》

第十条　当事人约定顺延工期应当经发包人或者监理人签证等方式确认，承包人虽未取得工期顺延的确认，但能够证明在合同约定的期限内向发包人或者监理人申请过工期顺延且顺延事由符合合同约定，承包人以此为由主张工期顺延的，人民法院应予支持。

当事人约定承包人未在约定期限内提出工期顺延申请视为工期不顺延的，按照约定处理，但发包人在约定期限后同意工期顺延或者承包人提出合理抗辩的除外。

第十一条　建设工程竣工前，当事人对工程质量发生争议，工程质量经鉴定合格的，鉴定期间为顺延工期期间。

第十三条　发包人具有下列情形之一，造成建设工程质量缺陷，应当承担过错责任：

（一）提供的设计有缺陷；

（二）提供或者指定购买的建筑材料、建筑构配件、设备不符合强制性标准；

（三）直接指定分包人分包专业工程。

承包人有过错的，也应当承担相应的过错责任。

第八百零四条　【发包人原因致工程停建、缓建的责任】因发包人的原因致使工程中途停建、缓建的，发包人应当采取措施弥补或者减少损失，赔偿承包人因此造成的停工、窝工、倒运、机械设备调迁、材料和构件积压等损失和实际费用。

第八百零五条　【发包人原因致勘察、设计返工、停工或修改设计的责任】因发包人变更计划，提供的资料不准确，或者未按照期限提供必需的勘察、设计工作条件而造成勘察、设计的返工、停工或者修改设计，发包人应当按照勘察人、设计人实际消耗的工作量增付费用。

第八百零六条　【建设工程合同的法定解除】承包人将建设工程转包、违法分包的，发包人可以解除合同。

发包人提供的主要建筑材料、建筑构配件和设备不符合强制性标准或者不履行协助义务，致使承包人无法施工，经催告后在合理期限内仍未履行相应义务的，承包人可以解除合同。

合同解除后，已经完成的建设工程质量合格的，发包人应当按照约定支付相应的工程价款；已经完成的建设工程质量不合格的，参照本法第七百九十三条的规定处理。

第八百零七条 【工程价款的支付】发包人未按照约定支付价款的,承包人可以催告发包人在合理期限内支付价款。发包人逾期不支付的,除根据建设工程的性质不宜折价、拍卖外,承包人可以与发包人协议将该工程折价,也可以请求人民法院将该工程依法拍卖。建设工程的价款就该工程折价或者拍卖的价款优先受偿。

❖ 关联对照

《建设工程施工合同解释》

第十二条 因承包人的原因造成建设工程质量不符合约定,承包人拒绝修理、返工或者改建,发包人请求减少支付工程价款的,人民法院应予支持。

第十九条 当事人对建设工程的计价标准或者计价方法有约定的,按照约定结算工程价款。

因设计变更导致建设工程的工程量或者质量标准发生变化,当事人对该部分工程价款不能协商一致的,可以参照签订建设工程施工合同时当地建设行政主管部门发布的计价方法或者计价标准结算工程价款。

建设工程施工合同有效,但建设工程经竣工验收不合格的,依照民法典第五百七十七条规定处理。

第二十条 当事人对工程量有争议的,按照施工过程中形成的签证等书面文件确认。承包人能够证明发包人同意其施工,但未能提供签证文件证明工程量发生的,可以按照当事人提供的其他证据确认实际发生的工程量。

第二十一条 当事人约定,发包人收到竣工结算文件后,在约定期限内不予答复,视为认可竣工结算文件的,按照约定处理。承包人请求按照竣工结算文件结算工程价款的,人民法院应予支持。

第二十二条 当事人签订的建设工程施工合同与招标文件、投标文件、中标通知书载明的工程范围、建设工期、工程质量、工程价款不一致,一方当事人请求将招标文件、投标文件、中标通知书作为结算工程价款的依据的，人民法院应予支持。

第二十三条　发包人将依法不属于必须招标的建设工程进行招标后，与承包人另行订立的建设工程施工合同背离中标合同的实质性内容，当事人请求以中标合同作为结算建设工程价款依据的，人民法院应予支持，但发包人与承包人因客观情况发生了在招标投标时难以预见的变化而另行订立建设工程施工合同的除外。

第二十四条　当事人就同一建设工程订立的数份建设工程施工合同均无效，但建设工程质量合格，一方当事人请求参照实际履行的合同关于工程价款的约定折价补偿承包人的，人民法院应予支持。

实际履行的合同难以确定，当事人请求参照最后签订的合同关于工程价款的约定折价补偿承包人的，人民法院应予支持。

第三十五条　与发包人订立建设工程施工合同的承包人，依据民法典第八百零七条的规定请求其承建工程的价款就工程折价或者拍卖的价款优先受偿的，人民法院应予支持。

第三十六条　承包人根据民法典第八百零七条规定享有的建设工程价款优先受偿权优于抵押权和其他债权。

第三十七条　装饰装修工程具备折价或者拍卖条件，装饰装修工程的承包人请求工程价款就该装饰装修工程折价或者拍卖的价款优先受偿的，人民法院应予支持。

第三十八条　建设工程质量合格，承包人请求其承建工程的价款就工程折价或者拍卖的价款优先受偿的，人民法院应予支持。

第三十九条　未竣工的建设工程质量合格，承包人请求其承建工程的价款就其承建工程部分折价或者拍卖的价款优先受偿的，人民法院应予支持。

第四十条　承包人建设工程价款优先受偿的范围依照国务院有关行政主管部门关于建设工程价款范围的规定确定。

承包人就逾期支付建设工程价款的利息、违约金、损害赔偿金等主张优先受偿的，人民法院不予支持。

第四十一条　承包人应当在合理期限内行使建设工程价款优先受偿权,但最长不得超过十八个月,自发包人应当给付建设工程价款之日起算。

第四十二条　发包人与承包人约定放弃或者限制建设工程价款优先受偿权,损害建筑工人利益,发包人根据该约定主张承包人不享有建设工程价款优先受偿权的,人民法院不予支持。

第四十三条　实际施工人以转包人、违法分包人为被告起诉的,人民法院应当依法受理。

实际施工人以发包人为被告主张权利的,人民法院应当追加转包人或者违法分包人为本案第三人,在查明发包人欠付转包人或者违法分包人建设工程价款的数额后,判决发包人在欠付建设工程价款范围内对实际施工人承担责任。

第八百零八条　【参照适用承揽合同的规定】本章没有规定的,适用承揽合同的有关规定。

第十九章　运输合同

第一节　一般规定

第八百零九条　【运输合同的定义】运输合同是承运人将旅客或者货物从起运地点运输到约定地点,旅客、托运人或者收货人支付票款或者运输费用的合同。

第八百一十条　【公共运输承运人的强制缔约义务】从事公共运输的承运人不得拒绝旅客、托运人通常、合理的运输要求。

第八百一十一条　【承运人安全运输义务】承运人应当在约定期限或者合理期限内将旅客、货物安全运输到约定地点。

第八百一十二条　【承运人合理运输义务】承运人应当按照约定的或者通常的运输路线将旅客、货物运输到约定地点。

第八百一十三条 【支付票款或运输费用】 旅客、托运人或者收货人应当支付票款或者运输费用。承运人未按照约定路线或者通常路线运输增加票款或者运输费用的，旅客、托运人或者收货人可以拒绝支付增加部分的票款或者运输费用。

第二节 客运合同

第八百一十四条 【客运合同的成立】 客运合同自承运人向旅客出具客票时成立，但是当事人另有约定或者另有交易习惯的除外。

第八百一十五条 【按有效客票记载内容乘坐义务】 旅客应当按照有效客票记载的时间、班次和座位号乘坐。旅客无票乘坐、超程乘坐、越级乘坐或者持不符合减价条件的优惠客票乘坐的，应当补交票款，承运人可以按照规定加收票款；旅客不支付票款的，承运人可以拒绝运输。

实名制客运合同的旅客丢失客票的，可以请求承运人挂失补办，承运人不得再次收取票款和其他不合理费用。

第八百一十六条 【退票与变更】 旅客因自己的原因不能按照客票记载的时间乘坐的，应当在约定的期限内办理退票或者变更手续；逾期办理的，承运人可以不退票款，并不再承担运输义务。

第八百一十七条 【按约定携带行李义务】 旅客随身携带行李应当符合约定的限量和品类要求；超过限量或者违反品类要求携带行李的，应当办理托运手续。

第八百一十八条 【危险物品或者违禁物品的携带禁止】 旅客不得随身携带或者在行李中夹带易燃、易爆、有毒、有腐蚀性、有放射性以及可能危及运输工具上人身和财产安全的危险物品或者违禁物品。

旅客违反前款规定的，承运人可以将危险物品或者违禁物品卸下、销毁或者送交有关部门。旅客坚持携带或者夹带危险物品或者违禁物品的，承运人应当拒绝运输。

第八百一十九条 【承运人告知义务和旅客协助配合义务】 承运人应当严格履行安全运输义务，及时告知旅客安全运输应当注意的事项。

旅客对承运人为安全运输所作的合理安排应当积极协助和配合。

第八百二十条 【承运人迟延运输或者有其他不能正常运输情形】承运人应当按照有效客票记载的时间、班次和座位号运输旅客。承运人迟延运输或者有其他不能正常运输情形的，应当及时告知和提醒旅客，采取必要的安置措施，并根据旅客的要求安排改乘其他班次或者退票；由此造成旅客损失的，承运人应当承担赔偿责任，但是不可归责于承运人的除外。

第八百二十一条 【承运人变更服务标准的后果】承运人擅自降低服务标准的，应当根据旅客的请求退票或者减收票款；提高服务标准的，不得加收票款。

第八百二十二条 【承运人尽力救助义务】承运人在运输过程中，应当尽力救助患有急病、分娩、遇险的旅客。

第八百二十三条 【旅客伤亡的赔偿责任】承运人应当对运输过程中旅客的伤亡承担赔偿责任；但是，伤亡是旅客自身健康原因造成的或者承运人证明伤亡是旅客故意、重大过失造成的除外。

前款规定适用于按照规定免票、持优待票或者经承运人许可搭乘的无票旅客。

第八百二十四条 【对行李的赔偿责任】在运输过程中旅客随身携带物品毁损、灭失，承运人有过错的，应当承担赔偿责任。

旅客托运的行李毁损、灭失的，适用货物运输的有关规定。

第三节 货运合同

第八百二十五条 【托运人如实申报情况义务】托运人办理货物运输，应当向承运人准确表明收货人的姓名、名称或者凭指示的收货人，货物的名称、性质、重量、数量，收货地点等有关货物运输的必要情况。

因托运人申报不实或者遗漏重要情况，造成承运人损失的，托运人应当承担赔偿责任。

第八百二十六条 【托运人办理审批、检验等手续义务】货物运输需要办理审批、检验等手续的，托运人应当将办理完有关手续的文件提交承运人。

第八百二十七条　【托运人的包装义务】托运人应当按照约定的方式包装货物。对包装方式没有约定或者约定不明确的，适用本法第六百一十九条的规定。

托运人违反前款规定的，承运人可以拒绝运输。

第八百二十八条　【托运人运送危险货物时的义务】托运人托运易燃、易爆、有毒、有腐蚀性、有放射性等危险物品的，应当按照国家有关危险物品运输的规定对危险物品妥善包装，做出危险物品标志和标签，并将有关危险物品的名称、性质和防范措施的书面材料提交承运人。

托运人违反前款规定的，承运人可以拒绝运输，也可以采取相应措施以避免损失的发生，因此产生的费用由托运人负担。

第八百二十九条　【托运人变更或解除的权利】在承运人将货物交付收货人之前，托运人可以要求承运人中止运输、返还货物、变更到达地或者将货物交给其他收货人，但是应当赔偿承运人因此受到的损失。

第八百三十条　【提货】货物运输到达后，承运人知道收货人的，应当及时通知收货人，收货人应当及时提货。收货人逾期提货的，应当向承运人支付保管费等费用。

第八百三十一条　【收货人对货物的检验】收货人提货时应当按照约定的期限检验货物。对检验货物的期限没有约定或者约定不明确，依据本法第五百一十条的规定仍不能确定的，应当在合理期限内检验货物。收货人在约定的期限或者合理期限内对货物的数量、毁损等未提出异议的，视为承运人已经按照运输单证的记载交付的初步证据。

第八百三十二条　【承运人对货损的赔偿责任】承运人对运输过程中货物的毁损、灭失承担赔偿责任。但是，承运人证明货物的毁损、灭失是因不可抗力、货物本身的自然性质或者合理损耗以及托运人、收货人的过错造成的，不承担赔偿责任。

第八百三十三条　【确定货损额的方法】货物的毁损、灭失的赔偿额，当事人有约定的，按照其约定；没有约定或者约定不明确，依据本法第五百一十条的规定仍不能确定的，按照交付或者应当交付时货物到达地的市场价格计算。法律、行政法规对赔偿额的计算方法和赔偿限额另有规定的，依照其规定。

第八百三十四条　【相继运输的责任承担】两个以上承运人以同一运输方式联运的，与托运人订立合同的承运人应当对全程运输承担责任；损失发生在某一运输区段的，与托运人订立合同的承运人和该区段的承运人承担连带责任。

第八百三十五条　【货物因不可抗力灭失的运费处理】货物在运输过程中因不可抗力灭失，未收取运费的，承运人不得请求支付运费；已经收取运费的，托运人可以请求返还。法律另有规定的，依照其规定。

第八百三十六条　【承运人留置权】托运人或者收货人不支付运费、保管费或者其他费用的，承运人对相应的运输货物享有留置权，但是当事人另有约定的除外。

第八百三十七条　【货物的提存】收货人不明或者收货人无正当理由拒绝受领货物的，承运人依法可以提存货物。

第四节　多式联运合同

第八百三十八条　【多式联运经营人的权利义务】多式联运经营人负责履行或者组织履行多式联运合同，对全程运输享有承运人的权利，承担承运人的义务。

第八百三十九条　【多式联运经营人的责任承担】多式联运经营人可以与参加多式联运的各区段承运人就多式联运合同的各区段运输约定相互之间的责任；但是，该约定不影响多式联运经营人对全程运输承担的义务。

第八百四十条　【多式联运单据】多式联运经营人收到托运人交付的货物时，应当签发多式联运单据。按照托运人的要求，多式联运单据可以是可转让单据，也可以是不可转让单据。

第八百四十一条　【托运人的过错赔偿责任】因托运人托运货物时

的过错造成多式联运经营人损失的,即使托运人已经转让多式联运单据,托运人仍然应当承担赔偿责任。

第八百四十二条　【赔偿责任的法律适用】货物的毁损、灭失发生于多式联运的某一运输区段的,多式联运经营人的赔偿责任和责任限额,适用调整该区段运输方式的有关法律规定;货物毁损、灭失发生的运输区段不能确定的,依照本章规定承担赔偿责任。

第二十章　技术合同

第一节　一般规定

第八百四十三条　【技术合同的定义】技术合同是当事人就技术开发、转让、许可、咨询或者服务订立的确立相互之间权利和义务的合同。

第八百四十四条　【订立技术合同的原则】订立技术合同,应当有利于知识产权的保护和科学技术的进步,促进科学技术成果的研发、转化、应用和推广。

第八百四十五条　【技术合同的主要条款】技术合同的内容一般包括项目的名称,标的的内容、范围和要求,履行的计划、地点和方式,技术信息和资料的保密,技术成果的归属和收益的分配办法,验收标准和方法,名词和术语的解释等条款。

与履行合同有关的技术背景资料、可行性论证和技术评价报告、项目任务书和计划书、技术标准、技术规范、原始设计和工艺文件,以及其他技术文档,按照当事人的约定可以作为合同的组成部分。

技术合同涉及专利的,应当注明发明创造的名称、专利申请人和专利权人、申请日期、申请号、专利号以及专利权的有效期限。

第八百四十六条　【技术合同价款、报酬或使用费的支付方式】技术合同价款、报酬或者使用费的支付方式由当事人约定,可以采取一次总算、一次总付或者一次总算、分期支付,也可以采取提成支付或者提成支付附加预付入门费的方式。

约定提成支付的，可以按照产品价格、实施专利和使用技术秘密后新增的产值、利润或者产品销售额的一定比例提成，也可以按照约定的其他方式计算。提成支付的比例可以采取固定比例、逐年递增比例或者逐年递减比例。

约定提成支付的，当事人可以约定查阅有关会计账目的办法。

第八百四十七条 【职务技术成果的财产权归属】职务技术成果的使用权、转让权属于法人或者非法人组织的，法人或者非法人组织可以就该项职务技术成果订立技术合同。法人或者非法人组织订立技术合同转让职务技术成果时，职务技术成果的完成人享有以同等条件优先受让的权利。

职务技术成果是执行法人或者非法人组织的工作任务，或者主要是利用法人或者非法人组织的物质技术条件所完成的技术成果。

第八百四十八条 【非职务技术成果的财产权归属】非职务技术成果的使用权、转让权属于完成技术成果的个人，完成技术成果的个人可以就该项非职务技术成果订立技术合同。

第八百四十九条 【技术成果人身权】完成技术成果的个人享有在有关技术成果文件上写明自己是技术成果完成者的权利和取得荣誉证书、奖励的权利。

第八百五十条 【技术合同的无效】非法垄断技术或者侵害他人技术成果的技术合同无效。

第二节 技术开发合同

第八百五十一条 【技术开发合同的定义及种类】技术开发合同是当事人之间就新技术、新产品、新工艺、新品种或者新材料及其系统的研究开发所订立的合同。

技术开发合同包括委托开发合同和合作开发合同。

技术开发合同应当采用书面形式。

当事人之间就具有实用价值的科技成果实施转化订立的合同，参照适用技术开发合同的有关规定。

第八百五十二条 【委托人的主要义务】委托开发合同的委托人应当按照约定支付研究开发经费和报酬,提供技术资料,提出研究开发要求,完成协作事项,接受研究开发成果。

第八百五十三条 【研究开发人的主要义务】委托开发合同的研究开发人应当按照约定制定和实施研究开发计划,合理使用研究开发经费,按期完成研究开发工作,交付研究开发成果,提供有关的技术资料和必要的技术指导,帮助委托人掌握研究开发成果。

第八百五十四条 【委托开发合同的当事人违约责任】委托开发合同的当事人违反约定造成研究开发工作停滞、延误或者失败的,应当承担违约责任。

第八百五十五条 【合作开发各方的主要义务】合作开发合同的当事人应当按照约定进行投资,包括以技术进行投资,分工参与研究开发工作,协作配合研究开发工作。

第八百五十六条 【合作开发各方的违约责任】合作开发合同的当事人违反约定造成研究开发工作停滞、延误或者失败的,应当承担违约责任。

第八百五十七条 【技术开发合同的解除】作为技术开发合同标的的技术已经由他人公开,致使技术开发合同的履行没有意义的,当事人可以解除合同。

第八百五十八条 【技术开发合同的风险责任负担】技术开发合同履行过程中,因出现无法克服的技术困难,致使研究开发失败或者部分失败的,该风险由当事人约定;没有约定或者约定不明确,依据本法第五百一十条的规定仍不能确定的,风险由当事人合理分担。

当事人一方发现前款规定的可能致使研究开发失败或者部分失败的情形时,应当及时通知另一方并采取适当措施减少损失;没有及时通知并采取适当措施,致使损失扩大的,应当就扩大的损失承担责任。

第八百五十九条 【发明创造的归属和分享】委托开发完成的发明创造,除法律另有规定或者当事人另有约定外,申请专利的权利属于研究开发人。研究开发人取得专利权的,委托人可以依法实施该专利。

研究开发人转让专利申请权的，委托人享有以同等条件优先受让的权利。

第八百六十条 【合作开发发明创造专利申请权的归属和分享】合作开发完成的发明创造，申请专利的权利属于合作开发的当事人共有；当事人一方转让其共有的专利申请权的，其他各方享有以同等条件优先受让的权利。但是，当事人另有约定的除外。

合作开发的当事人一方声明放弃其共有的专利申请权的，除当事人另有约定外，可以由另一方单独申请或者由其他各方共同申请。申请人取得专利权的，放弃专利申请权的一方可以免费实施该专利。

合作开发的当事人一方不同意申请专利的，另一方或者其他各方不得申请专利。

第八百六十一条 【技术秘密成果的归属与分配】委托开发或者合作开发完成的技术秘密成果的使用权、转让权以及收益的分配办法，由当事人约定；没有约定或者约定不明确，依据本法第五百一十条的规定仍不能确定的，在没有相同技术方案被授予专利权前，当事人均有使用和转让的权利。但是，委托开发的研究开发人不得在向委托人交付研究开发成果之前，将研究开发成果转让给第三人。

第三节 技术转让合同和技术许可合同

第八百六十二条 【技术转让合同和技术许可合同的定义】技术转让合同是合法拥有技术的权利人，将现有特定的专利、专利申请、技术秘密的相关权利让与他人所订立的合同。

技术许可合同是合法拥有技术的权利人，将现有特定的专利、技术秘密的相关权利许可他人实施、使用所订立的合同。

技术转让合同和技术许可合同中关于提供实施技术的专用设备、原材料或者提供有关的技术咨询、技术服务的约定，属于合同的组成部分。

第八百六十三条 【技术转让合同和技术许可合同的种类及合同要件】技术转让合同包括专利权转让、专利申请权转让、技术秘密转让等合同。

技术许可合同包括专利实施许可、技术秘密使用许可等合同。

技术转让合同和技术许可合同应当采用书面形式。

第八百六十四条 【技术转让合同和技术许可合同的限制性条款】技术转让合同和技术许可合同可以约定实施专利或者使用技术秘密的范围，但是不得限制技术竞争和技术发展。

第八百六十五条 【专利实施许可合同的有效期限】专利实施许可合同仅在该专利权的存续期限内有效。专利权有效期限届满或者专利权被宣告无效的，专利权人不得就该专利与他人订立专利实施许可合同。

第八百六十六条 【专利实施许可合同许可人的义务】专利实施许可合同的许可人应当按照约定许可被许可人实施专利，交付实施专利有关的技术资料，提供必要的技术指导。

第八百六十七条 【专利实施许可合同被许可人的义务】专利实施许可合同的被许可人应当按照约定实施专利，不得许可约定以外的第三人实施该专利，并按照约定支付使用费。

第八百六十八条 【技术秘密让与人和许可人的义务】技术秘密转让合同的让与人和技术秘密使用许可合同的许可人应当按照约定提供技术资料，进行技术指导，保证技术的实用性、可靠性，承担保密义务。

前款规定的保密义务，不限制许可人申请专利，但是当事人另有约定的除外。

第八百六十九条 【技术秘密受让人和被许可人的义务】技术秘密转让合同的受让人和技术秘密使用许可合同的被许可人应当按照约定使用技术，支付转让费、使用费，承担保密义务。

第八百七十条 【技术转让合同让与人和技术许可合同许可人的保证义务】技术转让合同的让与人和技术许可合同的许可人应当保证自己是所提供的技术的合法拥有者，并保证所提供的技术完整、无误、有效，能够达到约定的目标。

第八百七十一条 【技术转让合同受让人和技术许可合同被许可人保密义务】技术转让合同的受让人和技术许可合同的被许可人应当按照约定的范围和期限，对让与人、许可人提供的技术中尚未公开的秘密部分，承担保密义务。

第八百七十二条 【技术许可人和让与人的违约责任】许可人未按照约定许可技术的，应当返还部分或者全部使用费，并应当承担违约责任；实施专利或者使用技术秘密超越约定的范围的，违反约定擅自许可第三人实施该项专利或者使用该项技术秘密的，应当停止违约行为，承担违约责任；违反约定的保密义务的，应当承担违约责任。

让与人承担违约责任，参照适用前款规定。

第八百七十三条 【技术被许可人和受让人的违约责任】被许可人未按照约定支付使用费的，应当补交使用费并按照约定支付违约金；不补交使用费或者支付违约金的，应当停止实施专利或者使用技术秘密，交还技术资料，承担违约责任；实施专利或者使用技术秘密超越约定的范围的，未经许可人同意擅自许可第三人实施该专利或者使用该技术秘密的，应当停止违约行为，承担违约责任；违反约定的保密义务的，应当承担违约责任。

受让人承担违约责任，参照适用前款规定。

第八百七十四条 【实施专利、使用技术秘密侵害他人合法权益责任承担】受让人或者被许可人按照约定实施专利、使用技术秘密侵害他人合法权益的，由让与人或者许可人承担责任，但是当事人另有约定的除外。

第八百七十五条 【后续改进技术成果的分享办法】当事人可以按照互利的原则，在合同中约定实施专利、使用技术秘密后续改进的技术成果的分享办法；没有约定或者约定不明确，依据本法第五百一十条的规定仍不能确定的，一方后续改进的技术成果，其他各方无权分享。

第八百七十六条 【其他知识产权转让和许可的参照适用】集成电路布图设计专有权、植物新品种权、计算机软件著作权等其他知识产权的转让和许可，参照适用本节的有关规定。

第八百七十七条 【技术出口合同或专利、专利申请合同的法律适用】法律、行政法规对技术进出口合同或者专利、专利申请合同另有规定的，依照其规定。

第四节 技术咨询合同和技术服务合同

第八百七十八条 【技术咨询合同、技术服务合同的定义】技术咨询合同是当事人一方以技术知识为对方就特定技术项目提供可行性论证、技术预测、专题技术调查、分析评价报告等所订立的合同。

技术服务合同是当事人一方以技术知识为对方解决特定技术问题所订立的合同,不包括承揽合同和建设工程合同。

第八百七十九条 【技术咨询合同委托人的义务】技术咨询合同的委托人应当按照约定阐明咨询的问题,提供技术背景材料及有关技术资料,接受受托人的工作成果,支付报酬。

第八百八十条 【技术咨询合同受托人的义务】技术咨询合同的受托人应当按照约定的期限完成咨询报告或者解答问题,提出的咨询报告应当达到约定的要求。

第八百八十一条 【技术咨询合同当事人的违约责任及决策风险责任】技术咨询合同的委托人未按照约定提供必要的资料,影响工作进度和质量,不接受或者逾期接受工作成果的,支付的报酬不得追回,未支付的报酬应当支付。

技术咨询合同的受托人未按期提出咨询报告或者提出的咨询报告不符合约定的,应当承担减收或者免收报酬等违约责任。

技术咨询合同的委托人按照受托人符合约定要求的咨询报告和意见作出决策所造成的损失,由委托人承担,但是当事人另有约定的除外。

第八百八十二条 【技术服务合同委托人的义务】技术服务合同的委托人应当按照约定提供工作条件,完成配合事项,接受工作成果并支付报酬。

第八百八十三条 【技术服务合同受托人的义务】技术服务合同的受托人应当按照约定完成服务项目,解决技术问题,保证工作质量,并传授解决技术问题的知识。

第八百八十四条 【技术服务合同的当事人违约责任】技术服务合同的委托人不履行合同义务或者履行合同义务不符合约定,影响工作进度和质量，不接受或者逾期接受工作成果的，支付的报酬不得追回，未支付的报酬应当支付。

技术服务合同的受托人未按照约定完成服务工作的，应当承担免收报酬等违约责任。

第八百八十五条 【技术成果的归属和分享】技术咨询合同、技术服务合同履行过程中，受托人利用委托人提供的技术资料和工作条件完成的新的技术成果，属于受托人。委托人利用受托人的工作成果完成的新的技术成果，属于委托人。当事人另有约定的，按照其约定。

第八百八十六条 【受托人履行合同的费用负担】技术咨询合同和技术服务合同对受托人正常开展工作所需费用的负担没有约定或者约定不明确的，由受托人负担。

第八百八十七条 【技术中介合同和技术培训合同法律适用】法律、行政法规对技术中介合同、技术培训合同另有规定的，依照其规定。

第二十一章 保 管 合 同

第八百八十八条 【保管合同的定义】保管合同是保管人保管寄存人交付的保管物，并返还该物的合同。

寄存人到保管人处从事购物、就餐、住宿等活动，将物品存放在指定场所的，视为保管，但是当事人另有约定或者另有交易习惯的除外。

第八百八十九条 【保管合同的报酬】寄存人应当按照约定向保管人支付保管费。

当事人对保管费没有约定或者约定不明确，依据本法第五百一十条的规定仍不能确定的，视为无偿保管。

第八百九十条 【保管合同的成立】保管合同自保管物交付时成立，但是当事人另有约定的除外。

第八百九十一条 【保管人给付保管凭证的义务】寄存人向保管人交付保管物的，保管人应当出具保管凭证，但是另有交易习惯的除外。

第八百九十二条 【保管人对保管物的妥善保管义务】保管人应当妥善保管保管物。

当事人可以约定保管场所或者方法。除紧急情况或者为维护寄存人利益外,不得擅自改变保管场所或者方法。

第八百九十三条 【寄存人如实告知义务】寄存人交付的保管物有瑕疵或者根据保管物的性质需要采取特殊保管措施的,寄存人应当将有关情况告知保管人。寄存人未告知,致使保管物受损失的,保管人不承担赔偿责任;保管人因此受损失的,除保管人知道或者应当知道且未采取补救措施外,寄存人应当承担赔偿责任。

第八百九十四条 【保管人亲自保管义务】保管人不得将保管物转交第三人保管,但是当事人另有约定的除外。

保管人违反前款规定,将保管物转交第三人保管,造成保管物损失的,应当承担赔偿责任。

第八百九十五条 【保管人不得使用或许可他人使用保管物义务】保管人不得使用或者许可第三人使用保管物,但是当事人另有约定的除外。

第八百九十六条 【保管人返还保管物的义务及危险通知义务】第三人对保管物主张权利的,除依法对保管物采取保全或者执行措施外,保管人应当履行向寄存人返还保管物的义务。

第三人对保管人提起诉讼或者对保管物申请扣押的,保管人应当及时通知寄存人。

第八百九十七条 【保管物毁损灭失责任】保管期内,因保管人保管不善造成保管物毁损、灭失的,保管人应当承担赔偿责任。但是,无偿保管人证明自己没有故意或者重大过失的,不承担赔偿责任。

第八百九十八条 【寄存贵重物品的声明义务】寄存人寄存货币、有价证券或者其他贵重物品的,应当向保管人声明,由保管人验收或者封存;寄存人未声明的,该物品毁损、灭失后,保管人可以按照一般物品予以赔偿。

第八百九十九条 【保管物的领取及领取时间】寄存人可以随时领

取保管物。

当事人对保管期限没有约定或者约定不明确的，保管人可以随时请求寄存人领取保管物；约定保管期限的，保管人无特别事由，不得请求寄存人提前领取保管物。

第九百条　【保管人归还原物及孳息的义务】保管期限届满或者寄存人提前领取保管物的，保管人应当将原物及其孳息归还寄存人。

第九百零一条　【消费保管】保管人保管货币的，可以返还相同种类、数量的货币；保管其他可替代物的，可以按照约定返还相同种类、品质、数量的物品。

第九百零二条　【保管费的支付期限】有偿的保管合同，寄存人应当按照约定的期限向保管人支付保管费。

当事人对支付期限没有约定或者约定不明确，依据本法第五百一十条的规定仍不能确定的，应当在领取保管物的同时支付。

第九百零三条　【保管人的留置权】寄存人未按照约定支付保管费或者其他费用的，保管人对保管物享有留置权，但是当事人另有约定的除外。

第二十二章　仓　储　合　同

第九百零四条　【仓储合同的定义】仓储合同是保管人储存存货人交付的仓储物，存货人支付仓储费的合同。

第九百零五条　【仓储合同的成立时间】仓储合同自保管人和存货人意思表示一致时成立。

第九百零六条　【危险物品和易变质物品的储存】储存易燃、易爆、有毒、有腐蚀性、有放射性等危险物品或者易变质物品的，存货人应当说明该物品的性质，提供有关资料。

存货人违反前款规定的，保管人可以拒收仓储物，也可以采取相应措施以避免损失的发生，因此产生的费用由存货人负担。

保管人储存易燃、易爆、有毒、有腐蚀性、有放射性等危险物品的，应当具备相应的保管条件。

第九百零七条 【仓储物的验收】保管人应当按照约定对入库仓储物进行验收。保管人验收时发现入库仓储物与约定不符合的，应当及时通知存货人。保管人验收后，发生仓储物的品种、数量、质量不符合约定的，保管人应当承担赔偿责任。

第九百零八条 【保管人出具仓单、入库单义务】存货人交付仓储物的，保管人应当出具仓单、入库单等凭证。

第九百零九条 【仓单的内容】保管人应当在仓单上签名或者盖章。仓单包括下列事项：

（一）存货人的姓名或者名称和住所；
（二）仓储物的品种、数量、质量、包装及其件数和标记；
（三）仓储物的损耗标准；
（四）储存场所；
（五）储存期限；
（六）仓储费；
（七）仓储物已经办理保险的，其保险金额、期间以及保险人的名称；
（八）填发人、填发地和填发日期。

第九百一十条 【仓单的转让和出质】仓单是提取仓储物的凭证。存货人或者仓单持有人在仓单上背书并经保管人签名或者盖章的，可以转让提取仓储物的权利。

第九百一十一条 【检查仓储物或提取样品的权利】保管人根据存货人或者仓单持有人的要求，应当同意其检查仓储物或者提取样品。

第九百一十二条 【保管人的通知义务】保管人发现入库仓储物有变质或者其他损坏的，应当及时通知存货人或者仓单持有人。

第九百一十三条 【保管人危险催告义务和紧急处置权】保管人发现入库仓储物有变质或者其他损坏，危及其他仓储物的安全和正常保管的，应当催告存货人或者仓单持有人作出必要的处置。因情况紧急，保管人可以作出必要的处置；但是，事后应当将该情况及时通知存货人或者仓单持有人。

第九百一十四条　【仓储物的提取】当事人对储存期限没有约定或者约定不明确的，存货人或者仓单持有人可以随时提取仓储物，保管人也可以随时请求存货人或者仓单持有人提取仓储物，但是应当给予必要的准备时间。

第九百一十五条　【仓储物的提取规则】储存期限届满，存货人或者仓单持有人应当凭仓单、入库单等提取仓储物。存货人或者仓单持有人逾期提取的，应当加收仓储费；提前提取的，不减收仓储费。

第九百一十六条　【逾期提取仓储物】储存期限届满，存货人或者仓单持有人不提取仓储物的，保管人可以催告其在合理期限内提取；逾期不提取的，保管人可以提存仓储物。

第九百一十七条　【保管不善的责任承担】储存期内，因保管不善造成仓储物毁损、灭失的，保管人应当承担赔偿责任。因仓储物本身的自然性质、包装不符合约定或者超过有效储存期造成仓储物变质、损坏的，保管人不承担赔偿责任。

第九百一十八条　【参照适用保管合同的规定】本章没有规定的，适用保管合同的有关规定。

第二十三章　委　托　合　同

第九百一十九条　【委托合同的概念】委托合同是委托人和受托人约定，由受托人处理委托人事务的合同。

第九百二十条　【委托权限】委托人可以特别委托受托人处理一项或者数项事务，也可以概括委托受托人处理一切事务。

第九百二十一条　【处理委托事务的费用】委托人应当预付处理委托事务的费用。受托人为处理委托事务垫付的必要费用，委托人应当偿还该费用并支付利息。

第九百二十二条　【受托人服从指示的义务】受托人应当按照委托人的指示处理委托事务。需要变更委托人指示的，应当经委托人同意；

因情况紧急，难以和委托人取得联系的，受托人应当妥善处理委托事务，但是事后应当将该情况及时报告委托人。

第九百二十三条　【受托人亲自处理委托事务】受托人应当亲自处理委托事务。经委托人同意，受托人可以转委托。转委托经同意或者追认的，委托人可以就委托事务直接指示转委托的第三人，受托人仅就第三人的选任及其对第三人的指示承担责任。转委托未经同意或者追认的，受托人应当对转委托的第三人的行为承担责任；但是，在紧急情况下受托人为了维护委托人的利益需要转委托第三人的除外。

第九百二十四条　【受托人的报告义务】受托人应当按照委托人的要求，报告委托事务的处理情况。委托合同终止时，受托人应当报告委托事务的结果。

第九百二十五条　【受托人以自己名义从事受托事务的法律效果】受托人以自己的名义，在委托人的授权范围内与第三人订立的合同，第三人在订立合同时知道受托人与委托人之间的代理关系的，该合同直接约束委托人和第三人；但是，有确切证据证明该合同只约束受托人和第三人的除外。

第九百二十六条　【委托人的介入权与第三人的选择权】受托人以自己的名义与第三人订立合同时，第三人不知道受托人与委托人之间的代理关系的，受托人因第三人的原因对委托人不履行义务，受托人应当向委托人披露第三人，委托人因此可以行使受托人对第三人的权利。但是，第三人与受托人订立合同时如果知道该委托人就不会订立合同的除外。

受托人因委托人的原因对第三人不履行义务，受托人应当向第三人披露委托人，第三人因此可以选择受托人或者委托人作为相对人主张其权利，但是第三人不得变更选定的相对人。

委托人行使受托人对第三人的权利的，第三人可以向委托人主张其对受托人的抗辩。第三人选定委托人作为其相对人的，委托人可以向第三人主张其对受托人的抗辩以及受托人对第三人的抗辩。

第九百二十七条　【受托人转移所得利益的义务】受托人处理委托

事务取得的财产，应当转交给委托人。

第九百二十八条 【委托人支付报酬的义务】受托人完成委托事务的，委托人应当按照约定向其支付报酬。

因不可归责于受托人的事由，委托合同解除或者委托事务不能完成的，委托人应当向受托人支付相应的报酬。当事人另有约定的，按照其约定。

第九百二十九条 【因受托人过错致委托人损失的赔偿责任】有偿的委托合同，因受托人的过错造成委托人损失的，委托人可以请求赔偿损失。无偿的委托合同，因受托人的故意或者重大过失造成委托人损失的，委托人可以请求赔偿损失。

受托人超越权限造成委托人损失的，应当赔偿损失。

第九百三十条 【委托人的赔偿责任】受托人处理委托事务时，因不可归责于自己的事由受到损失的，可以向委托人请求赔偿损失。

第九百三十一条 【委托人另行委托他人处理事务】委托人经受托人同意，可以在受托人之外委托第三人处理委托事务。因此造成受托人损失的，受托人可以向委托人请求赔偿损失。

第九百三十二条 【共同委托】两个以上的受托人共同处理委托事务的，对委托人承担连带责任。

第九百三十三条 【任意解除权】委托人或者受托人可以随时解除委托合同。因解除合同造成对方损失的，除不可归责于该当事人的事由外，无偿委托合同的解除方应当赔偿因解除时间不当造成的直接损失，有偿委托合同的解除方应当赔偿对方的直接损失和合同履行后可以获得的利益。

第九百三十四条 【委托合同的终止】委托人死亡、终止或者受托人死亡、丧失民事行为能力、终止的，委托合同终止；但是，当事人另有约定或者根据委托事务的性质不宜终止的除外。

第九百三十五条 【受托人继续处理委托事务】因委托人死亡或者被宣告破产、解散，致使委托合同终止将损害委托人利益的，在委托人的继承人、遗产管理人或者清算人承受委托事务之前，受托人应当继续处理委托事务。

第九百三十六条 【受托人死亡后其继承人等的义务】因受托人死亡、丧失民事行为能力或者被宣告破产、解散，致使委托合同终止的，受托人的继承人、遗产管理人、法定代理人或者清算人应当及时通知委托人。因委托合同终止将损害委托人利益的，在委托人作出善后处理之前，受托人的继承人、遗产管理人、法定代理人或者清算人应当采取必要措施。

第二十四章　物业服务合同

第九百三十七条 【物业服务合同的定义】物业服务合同是物业服务人在物业服务区域内，为业主提供建筑物及其附属设施的维修养护、环境卫生和相关秩序的管理维护等物业服务，业主支付物业费的合同。

物业服务人包括物业服务企业和其他管理人。

第九百三十八条 【物业服务合同的内容与形式】物业服务合同的内容一般包括服务事项、服务质量、服务费用的标准和收取办法、维修资金的使用、服务用房的管理和使用、服务期限、服务交接等条款。

物业服务人公开作出的有利于业主的服务承诺，为物业服务合同的组成部分。

物业服务合同应当采用书面形式。

第九百三十九条 【物业服务合同的约束力】建设单位依法与物业服务人订立的前期物业服务合同，以及业主委员会与业主大会依法选聘的物业服务人订立的物业服务合同，对业主具有法律约束力。

第九百四十条 【前期物业服务合同的终止情形】建设单位依法与物业服务人订立的前期物业服务合同约定的服务期限届满前，业主委员会或者业主与新物业服务人订立的物业服务合同生效的，前期物业服务合同终止。

第九百四十一条 【物业服务合同的转委托】物业服务人将物业服务区域内的部分专项服务事项委托给专业性服务组织或者其他第三人

的，应当就该部分专项服务事项向业主负责。

物业服务人不得将其应当提供的全部物业服务转委托给第三人，或者将全部物业服务支解后分别转委托给第三人。

第九百四十二条 【物业服务人的义务】物业服务人应当按照约定和物业的使用性质，妥善维修、养护、清洁、绿化和经营管理物业服务区域内的业主共有部分，维护物业服务区域内的基本秩序，采取合理措施保护业主的人身、财产安全。

对物业服务区域内违反有关治安、环保、消防等法律法规的行为，物业服务人应当及时采取合理措施制止、向有关行政主管部门报告并协助处理。

第九百四十三条 【物业服务人的信息公开义务】物业服务人应当定期将服务的事项、负责人员、质量要求、收费项目、收费标准、履行情况，以及维修资金使用情况、业主共有部分的经营与收益情况等以合理方式向业主公开并向业主大会、业主委员会报告。

第九百四十四条 【业主支付物业费义务】业主应当按照约定向物业服务人支付物业费。物业服务人已经按照约定和有关规定提供服务的，业主不得以未接受或者无需接受相关物业服务为由拒绝支付物业费。

业主违反约定逾期不支付物业费的，物业服务人可以催告其在合理期限内支付；合理期限届满仍不支付的，物业服务人可以提起诉讼或者申请仲裁。

物业服务人不得采取停止供电、供水、供热、供燃气等方式催交物业费。

第九百四十五条 【业主的告知、协助义务】业主装饰装修房屋的，应当事先告知物业服务人，遵守物业服务人提示的合理注意事项，并配合其进行必要的现场检查。

业主转让、出租物业专有部分、设立居住权或者依法改变共有部分用途的，应当及时将相关情况告知物业服务人。

第九百四十六条 【业主解聘物业服务人】业主依照法定程序共同

决定解聘物业服务人的，可以解除物业服务合同。决定解聘的，应当提前六十日书面通知物业服务人，但是合同对通知期限另有约定的除外。

依据前款规定解除合同造成物业服务人损失的，除不可归责于业主的事由外，业主应当赔偿损失。

第九百四十七条 【物业服务人的续聘】物业服务期限届满前，业主依法共同决定续聘的，应当与原物业服务人在合同期限届满前续订物业服务合同。

物业服务期限届满前，物业服务人不同意续聘的，应当在合同期限届满前九十日书面通知业主或者业主委员会，但是合同对通知期限另有约定的除外。

第九百四十八条 【不定期物业服务合同的成立与解除】物业服务期限届满后，业主没有依法作出续聘或者另聘物业服务人的决定，物业服务人继续提供物业服务的，原物业服务合同继续有效，但是服务期限为不定期。

当事人可以随时解除不定期物业服务合同，但是应当提前六十日书面通知对方。

第九百四十九条 【物业服务合同终止后原物业服务人的义务】物业服务合同终止的，原物业服务人应当在约定期限或者合理期限内退出物业服务区域，将物业服务用房、相关设施、物业服务所必需的相关资料等交还给业主委员会、决定自行管理的业主或者其指定的人，配合新物业服务人做好交接工作，并如实告知物业的使用和管理状况。

原物业服务人违反前款规定的，不得请求业主支付物业服务合同终止后的物业费；造成业主损失的，应当赔偿损失。

第九百五十条 【物业服务合同终止后新合同成立前期间的相关事项】物业服务合同终止后，在业主或者业主大会选聘的新物业服务人或者决定自行管理的业主接管之前，原物业服务人应当继续处理物业服务事项，并可以请求业主支付该期间的物业费。

第二十五章　行纪合同

第九百五十一条　【行纪合同的概念】行纪合同是行纪人以自己的名义为委托人从事贸易活动,委托人支付报酬的合同。

第九百五十二条　【行纪人的费用负担】行纪人处理委托事务支出的费用,由行纪人负担,但是当事人另有约定的除外。

第九百五十三条　【行纪人保管义务】行纪人占有委托物的,应当妥善保管委托物。

第九百五十四条　【行纪人处置委托物义务】委托物交付给行纪人时有瑕疵或者容易腐烂、变质的,经委托人同意,行纪人可以处分该物;不能与委托人及时取得联系的,行纪人可以合理处分。

第九百五十五条　【行纪人按指定价格买卖的义务】行纪人低于委托人指定的价格卖出或者高于委托人指定的价格买入的,应当经委托人同意;未经委托人同意,行纪人补偿其差额的,该买卖对委托人发生效力。

行纪人高于委托人指定的价格卖出或者低于委托人指定的价格买入的,可以按照约定增加报酬;没有约定或者约定不明确,依据本法第五百一十条的规定仍不能确定的,该利益属于委托人。

委托人对价格有特别指示的,行纪人不得违背该指示卖出或者买入。

第九百五十六条　【行纪人的介入权】行纪人卖出或者买入具有市场定价的商品,除委托人有相反的意思表示外,行纪人自己可以作为买受人或者出卖人。

行纪人有前款规定情形的,仍然可以请求委托人支付报酬。

第九百五十七条　【委托人受领、取回义务及行纪人提存委托物】行纪人按照约定买入委托物,委托人应当及时受领。经行纪人催告,委托人无正当理由拒绝受领的,行纪人依法可以提存委托物。

委托物不能卖出或者委托人撤回出卖,经行纪人催告,委托人不取回或者不处分该物的,行纪人依法可以提存委托物。

第九百五十八条 【行纪人的直接履行义务】行纪人与第三人订立合同的,行纪人对该合同直接享有权利、承担义务。

第三人不履行义务致使委托人受到损害的,行纪人应当承担赔偿责任,但是行纪人与委托人另有约定的除外。

第九百五十九条 【行纪人的报酬请求权及留置权】行纪人完成或者部分完成委托事务的,委托人应当向其支付相应的报酬。委托人逾期不支付报酬的,行纪人对委托物享有留置权,但是当事人另有约定的除外。

第九百六十条 【参照适用委托合同的规定】本章没有规定的,参照适用委托合同的有关规定。

第二十六章 中介合同

第九百六十一条 【中介合同的概念】中介合同是中介人向委托人报告订立合同的机会或者提供订立合同的媒介服务,委托人支付报酬的合同。

第九百六十二条 【中介人的如实报告义务】中介人应当就有关订立合同的事项向委托人如实报告。

中介人故意隐瞒与订立合同有关的重要事实或者提供虚假情况,损害委托人利益的,不得请求支付报酬并应当承担赔偿责任。

第九百六十三条 【中介人的报酬请求权】中介人促成合同成立的,委托人应当按照约定支付报酬。对中介人的报酬没有约定或者约定不明确,依据本法第五百一十条的规定仍不能确定的,根据中介人的劳务合理确定。因中介人提供订立合同的媒介服务而促成合同成立的,由该合同的当事人平均负担中介人的报酬。

中介人促成合同成立的,中介活动的费用,由中介人负担。

第九百六十四条 【中介人的中介费用】中介人未促成合同成立的,不得请求支付报酬;但是,可以按照约定请求委托人支付从事中介活动支出的必要费用。

第九百六十五条 【委托人"跳单"应支付中介报酬】委托人在接受中介人的服务后,利用中介人提供的交易机会或者媒介服务,绕开中介人直接订立合同的,应当向中介人支付报酬。

第九百六十六条 【参照适用委托合同的规定】本章没有规定的,参照适用委托合同的有关规定。

第二十七章　合　伙　合　同

第九百六十七条 【合伙合同的定义】合伙合同是两个以上合伙人为了共同的事业目的,订立的共享利益、共担风险的协议。

第九百六十八条 【合伙人的出资义务】合伙人应当按照约定的出资方式、数额和缴付期限,履行出资义务。

第九百六十九条 【合伙财产的定义】合伙人的出资、因合伙事务依法取得的收益和其他财产,属于合伙财产。

合伙合同终止前,合伙人不得请求分割合伙财产。

第九百七十条 【合伙事务的执行】合伙人就合伙事务作出决定的,除合伙合同另有约定外,应当经全体合伙人一致同意。

合伙事务由全体合伙人共同执行。按照合伙合同的约定或者全体合伙人的决定,可以委托一个或者数个合伙人执行合伙事务;其他合伙人不再执行合伙事务,但是有权监督执行情况。

合伙人分别执行合伙事务的,执行事务合伙人可以对其他合伙人执行的事务提出异议;提出异议后,其他合伙人应当暂停该项事务的执行。

第九百七十一条 【合伙人执行合伙事务不得请求支付报酬】合伙人不得因执行合伙事务而请求支付报酬,但是合伙合同另有约定的除外。

第九百七十二条 【合伙的利润分配和亏损分担】合伙的利润分配和亏损分担,按照合伙合同的约定办理;合伙合同没有约定或者约定不明确的，由合伙人协商决定；协商不成的，由合伙人按照实缴出资比例分配、分担；无法确定出资比例的，由合伙人平均分配、分担。

第九百七十三条 【合伙人对合伙债务的连带责任及追偿权】合伙人对合伙债务承担连带责任。清偿合伙债务超过自己应当承担份额的合伙人，有权向其他合伙人追偿。

第九百七十四条 【合伙人转让财产份额的要求】除合伙合同另有约定外，合伙人向合伙人以外的人转让其全部或者部分财产份额的，须经其他合伙人一致同意。

第九百七十五条 【合伙人债权人代位行使权利的限制】合伙人的债权人不得代位行使合伙人依照本章规定和合伙合同享有的权利，但是合伙人享有的利益分配请求权除外。

第九百七十六条 【合伙期限的推定】合伙人对合伙期限没有约定或者约定不明确，依据本法第五百一十条的规定仍不能确定的，视为不定期合伙。

合伙期限届满，合伙人继续执行合伙事务，其他合伙人没有提出异议的，原合伙合同继续有效，但是合伙期限为不定期。

合伙人可以随时解除不定期合伙合同，但是应当在合理期限之前通知其他合伙人。

第九百七十七条 【合伙人死亡、民事行为能力丧失或终止时合伙合同的效力】合伙人死亡、丧失民事行为能力或者终止的，合伙合同终止；但是，合伙合同另有约定或者根据合伙事务的性质不宜终止的除外。

第九百七十八条 【合伙合同终止后剩余财产的分配规则】合伙合同终止后，合伙财产在支付因终止而产生的费用以及清偿合伙债务后有剩余的，依据本法第九百七十二条的规定进行分配。

第三分编 准 合 同

第二十八章 无因管理

第九百七十九条 【无因管理的定义及法律效果】管理人没有法定的或者约定的义务，为避免他人利益受损失而管理他人事务的，可以请求受益人偿还因管理事务而支出的必要费用；管理人因管理事务受到损失的，可以请求受益人给予适当补偿。

管理事务不符合受益人真实意思的，管理人不享有前款规定的权利；但是，受益人的真实意思违反法律或者违背公序良俗的除外。

第九百八十条 【不适当的无因管理】管理人管理事务不属于前条规定的情形，但是受益人享有管理利益的，受益人应当在其获得的利益范围内向管理人承担前条第一款规定的义务。

第九百八十一条 【管理人的善良管理义务】管理人管理他人事务，应当采取有利于受益人的方法。中断管理对受益人不利的，无正当理由不得中断。

第九百八十二条 【管理人的通知义务】管理人管理他人事务，能够通知受益人的，应当及时通知受益人。管理的事务不需要紧急处理的，应当等待受益人的指示。

第九百八十三条 【管理人的报告及移交财产义务】管理结束后，管理人应当向受益人报告管理事务的情况。管理人管理事务取得的财产，应当及时转交给受益人。

第九百八十四条 【本人对管理事务的追认】管理人管理事务经受益人事后追认的，从管理事务开始时起，适用委托合同的有关规定，但是管理人另有意思表示的除外。

第二十九章 不 当 得 利

第九百八十五条 【不当得利的构成及除外情况】得利人没有法律根据取得不当利益的,受损失的人可以请求得利人返还取得的利益,但是有下列情形之一的除外:

(一) 为履行道德义务进行的给付;

(二) 债务到期之前的清偿;

(三) 明知无给付义务而进行的债务清偿。

第九百八十六条 【善意得利人的返还责任】得利人不知道且不应当知道取得的利益没有法律根据,取得的利益已经不存在的,不承担返还该利益的义务。

第九百八十七条 【恶意得利人的返还责任】得利人知道或者应当知道取得的利益没有法律根据的,受损失的人可以请求得利人返还其取得的利益并依法赔偿损失。

第九百八十八条 【第三人的返还义务】得利人已经将取得的利益无偿转让给第三人的,受损失的人可以请求第三人在相应范围内承担返还义务。

第四编 人 格 权

第一章 一 般 规 定

第九百八十九条 【人格权编的调整范围】本编调整因人格权的享有和保护产生的民事关系。

第九百九十条 【人格权类型】人格权是民事主体享有的生命权、身体权、健康权、姓名权、名称权、肖像权、名誉权、荣誉权、隐私权等权利。

除前款规定的人格权外,自然人享有基于人身自由、人格尊严产生的其他人格权益。

第九百九十一条 【人格权受法律保护】民事主体的人格权受法律保护，任何组织或者个人不得侵害。

第九百九十二条 【人格权不得放弃、转让、继承】人格权不得放弃、转让或者继承。

第九百九十三条 【人格利益的许可使用】民事主体可以将自己的姓名、名称、肖像等许可他人使用，但是依照法律规定或者根据其性质不得许可的除外。

第九百九十四条 【死者人格利益保护】死者的姓名、肖像、名誉、荣誉、隐私、遗体等受到侵害的，其配偶、子女、父母有权依法请求行为人承担民事责任；死者没有配偶、子女且父母已经死亡的，其他近亲属有权依法请求行为人承担民事责任。

关联对照

《人脸识别规定》

第十五条 自然人死亡后，信息处理者违反法律、行政法规的规定或者双方的约定处理人脸信息，死者的近亲属依据民法典第九百九十四条请求信息处理者承担民事责任的，适用本规定。

第九百九十五条 【人格权保护的请求权】人格权受到侵害的，受害人有权依照本法和其他法律的规定请求行为人承担民事责任。受害人的停止侵害、排除妨碍、消除危险、消除影响、恢复名誉、赔礼道歉请求权，不适用诉讼时效的规定。

第九百九十六条 【人格权责任竞合下的精神损害赔偿】因当事人一方的违约行为，损害对方人格权并造成严重精神损害，受损害方选择请求其承担违约责任的，不影响受损害方请求精神损害赔偿。

第九百九十七条 【申请法院责令停止侵害】民事主体有证据证明行为人正在实施或者即将实施侵害其人格权的违法行为，不及时制止将使其合法权益受到难以弥补的损害的，有权依法向人民法院申请采取责令行为人停止有关行为的措施。

> **关联对照**

《婚姻家庭编解释（二）》

第十二条 父母一方或者其近亲属等抢夺、藏匿未成年子女，另一方向人民法院申请人身安全保护令或者参照适用民法典第九百九十七条规定申请人格权侵害禁令的，人民法院依法予以支持。

抢夺、藏匿未成年子女一方以另一方存在赌博、吸毒、家庭暴力等严重侵害未成年子女合法权益情形，主张其抢夺、藏匿行为有合理事由的，人民法院应当告知其依法通过撤销监护人资格、中止探望或者变更抚养关系等途径解决。当事人对其上述主张未提供证据证明且未在合理期限内提出相关请求的，人民法院依照前款规定处理。

第九百九十八条 【认定行为人承担责任时的考量因素】认定行为人承担侵害除生命权、身体权和健康权外的人格权的民事责任，应当考虑行为人和受害人的职业、影响范围、过错程度，以及行为的目的、方式、后果等因素。

> **关联对照**

《人脸识别规定》

第三条 人民法院认定信息处理者承担侵害自然人人格权益的民事责任，应当适用民法典第九百九十八条的规定，并结合案件具体情况综合考量受害人是否为未成年人、告知同意情况以及信息处理的必要程度等因素。

第九百九十九条 【人格利益的合理使用】为公共利益实施新闻报道、舆论监督等行为的，可以合理使用民事主体的姓名、名称、肖像、个人信息等；使用不合理侵害民事主体人格权的，应当依法承担民事

251

责任。

第一千条 【消除影响、恢复名誉、赔礼道歉责任方式】行为人因侵害人格权承担消除影响、恢复名誉、赔礼道歉等民事责任的，应当与行为的具体方式和造成的影响范围相当。

行为人拒不承担前款规定的民事责任的，人民法院可以采取在报刊、网络等媒体上发布公告或者公布生效裁判文书等方式执行，产生的费用由行为人负担。

第一千零一条 【自然人身份权利保护的参照】对自然人因婚姻家庭关系等产生的身份权利的保护，适用本法第一编、第五编和其他法律的相关规定；没有规定的，可以根据其性质参照适用本编人格权保护的有关规定。

第二章 生命权、身体权和健康权

第一千零二条 【生命权】自然人享有生命权。自然人的生命安全和生命尊严受法律保护。任何组织或者个人不得侵害他人的生命权。

第一千零三条 【身体权】自然人享有身体权。自然人的身体完整和行动自由受法律保护。任何组织或者个人不得侵害他人的身体权。

第一千零四条 【健康权】自然人享有健康权。自然人的身心健康受法律保护。任何组织或者个人不得侵害他人的健康权。

第一千零五条 【法定救助义务】自然人的生命权、身体权、健康权受到侵害或者处于其他危难情形的，负有法定救助义务的组织或者个人应当及时施救。

第一千零六条 【人体捐献】完全民事行为能力人有权依法自主决定无偿捐献其人体细胞、人体组织、人体器官、遗体。任何组织或者个人不得强迫、欺骗、利诱其捐献。

完全民事行为能力人依据前款规定同意捐献的，应当采用书面形式，也可以订立遗嘱。

自然人生前未表示不同意捐献的，该自然人死亡后，其配偶、成年子女、父母可以共同决定捐献，决定捐献应当采用书面形式。

第一千零七条 【禁止买卖人体细胞、组织、器官和遗体】禁止以任何形式买卖人体细胞、人体组织、人体器官、遗体。

违反前款规定的买卖行为无效。

第一千零八条 【人体临床试验】为研制新药、医疗器械或者发展新的预防和治疗方法，需要进行临床试验的，应当依法经相关主管部门批准并经伦理委员会审查同意，向受试者或者受试者的监护人告知试验目的、用途和可能产生的风险等详细情况，并经其书面同意。

进行临床试验的，不得向受试者收取试验费用。

第一千零九条 【从事人体基因、胚胎等医学和科研活动的法定限制】从事与人体基因、人体胚胎等有关的医学和科研活动，应当遵守法律、行政法规和国家有关规定，不得危害人体健康，不得违背伦理道德，不得损害公共利益。

第一千零一十条 【性骚扰】违背他人意愿，以言语、文字、图像、肢体行为等方式对他人实施性骚扰的，受害人有权依法请求行为人承担民事责任。

机关、企业、学校等单位应当采取合理的预防、受理投诉、调查处置等措施，防止和制止利用职权、从属关系等实施性骚扰。

第一千零一十一条 【非法剥夺、限制他人行动自由和非法搜查他人身体】以非法拘禁等方式剥夺、限制他人的行动自由，或者非法搜查他人身体的，受害人有权依法请求行为人承担民事责任。

第三章 姓名权和名称权

第一千零一十二条 【姓名权】自然人享有姓名权，有权依法决定、使用、变更或者许可他人使用自己的姓名，但是不得违背公序良俗。

第一千零一十三条 【名称权】法人、非法人组织享有名称权，有权依法决定、使用、变更、转让或者许可他人使用自己的名称。

第一千零一十四条 【禁止侵害他人的姓名或名称】任何组织或者

个人不得以干涉、盗用、假冒等方式侵害他人的姓名权或者名称权。

第一千零一十五条 【自然人姓氏的选取】自然人应当随父姓或者母姓，但是有下列情形之一的，可以在父姓和母姓之外选取姓氏：

（一）选取其他直系长辈血亲的姓氏；

（二）因由法定扶养人以外的人扶养而选取扶养人姓氏；

（三）有不违背公序良俗的其他正当理由。

少数民族自然人的姓氏可以遵从本民族的文化传统和风俗习惯。

第一千零一十六条 【决定、变更姓名、名称及转让名称的规定】自然人决定、变更姓名，或者法人、非法人组织决定、变更、转让名称的，应当依法向有关机关办理登记手续，但是法律另有规定的除外。

民事主体变更姓名、名称的，变更前实施的民事法律行为对其具有法律约束力。

第一千零一十七条 【姓名与名称的扩展保护】具有一定社会知名度，被他人使用足以造成公众混淆的笔名、艺名、网名、译名、字号、姓名和名称的简称等，参照适用姓名权和名称权保护的有关规定。

第四章 肖 像 权

第一千零一十八条 【肖像权及肖像】自然人享有肖像权，有权依法制作、使用、公开或者许可他人使用自己的肖像。

肖像是通过影像、雕塑、绘画等方式在一定载体上所反映的特定自然人可以被识别的外部形象。

第一千零一十九条 【肖像权的保护】任何组织或者个人不得以丑化、污损，或者利用信息技术手段伪造等方式侵害他人的肖像权。未经肖像权人同意，不得制作、使用、公开肖像权人的肖像，但是法律另有规定的除外。

未经肖像权人同意，肖像作品权利人不得以发表、复制、发行、出租、展览等方式使用或者公开肖像权人的肖像。

第一千零二十条 【肖像权的合理使用】合理实施下列行为的，可以不经肖像权人同意：

（一）为个人学习、艺术欣赏、课堂教学或者科学研究，在必要范围内使用肖像权人已经公开的肖像；

（二）为实施新闻报道，不可避免地制作、使用、公开肖像权人的肖像；

（三）为依法履行职责，国家机关在必要范围内制作、使用、公开肖像权人的肖像；

（四）为展示特定公共环境，不可避免地制作、使用、公开肖像权人的肖像；

（五）为维护公共利益或者肖像权人合法权益，制作、使用、公开肖像权人的肖像的其他行为。

第一千零二十一条　【肖像许可使用合同的解释】当事人对肖像许可使用合同中关于肖像使用条款的理解有争议的，应当作出有利于肖像权人的解释。

第一千零二十二条　【肖像许可使用合同期限】当事人对肖像许可使用期限没有约定或者约定不明确的，任何一方当事人可以随时解除肖像许可使用合同，但是应当在合理期限之前通知对方。

当事人对肖像许可使用期限有明确约定，肖像权人有正当理由的，可以解除肖像许可使用合同，但是应当在合理期限之前通知对方。因解除合同造成对方损失的，除不可归责于肖像权人的事由外，应当赔偿损失。

第一千零二十三条　【姓名、声音等的许可使用参照肖像许可使用】对姓名等的许可使用，参照适用肖像许可使用的有关规定。

对自然人声音的保护，参照适用肖像权保护的有关规定。

第五章　名誉权和荣誉权

第一千零二十四条　【名誉权及名誉】民事主体享有名誉权。任何组织或者个人不得以侮辱、诽谤等方式侵害他人的名誉权。

名誉是对民事主体的品德、声望、才能、信用等的社会评价。

第一千零二十五条 【新闻报道、舆论监督与保护名誉权关系问题】行为人为公共利益实施新闻报道、舆论监督等行为,影响他人名誉的,不承担民事责任,但是有下列情形之一的除外:

(一)捏造、歪曲事实;

(二)对他人提供的严重失实内容未尽到合理核实义务;

(三)使用侮辱性言辞等贬损他人名誉。

第一千零二十六条 【认定是否尽到合理核实义务的考虑因素】认定行为人是否尽到前条第二项规定的合理核实义务,应当考虑下列因素:

(一)内容来源的可信度;

(二)对明显可能引发争议的内容是否进行了必要的调查;

(三)内容的时限性;

(四)内容与公序良俗的关联性;

(五)受害人名誉受贬损的可能性;

(六)核实能力和核实成本。

第一千零二十七条 【文学、艺术作品侵害名誉权的认定与例外】行为人发表的文学、艺术作品以真人真事或者特定人为描述对象,含有侮辱、诽谤内容,侵害他人名誉权的,受害人有权依法请求该行为人承担民事责任。

行为人发表的文学、艺术作品不以特定人为描述对象,仅其中的情节与该特定人的情况相似的,不承担民事责任。

第一千零二十八条 【名誉权人更正权】民事主体有证据证明报刊、网络等媒体报道的内容失实,侵害其名誉权的,有权请求该媒体及时采取更正或者删除等必要措施。

第一千零二十九条 【信用评价】民事主体可以依法查询自己的信用评价;发现信用评价不当的,有权提出异议并请求采取更正、删除等必要措施。信用评价人应当及时核查,经核查属实的,应当及时采取必要措施。

第一千零三十条 【处理信用信息的法律适用】民事主体与征信机

构等信用信息处理者之间的关系，适用本编有关个人信息保护的规定和其他法律、行政法规的有关规定。

第一千零三十一条 【荣誉权】民事主体享有荣誉权。任何组织或者个人不得非法剥夺他人的荣誉称号，不得诋毁、贬损他人的荣誉。

获得的荣誉称号应当记载而没有记载的，民事主体可以请求记载；获得的荣誉称号记载错误的，民事主体可以请求更正。

第六章　隐私权和个人信息保护

第一千零三十二条 【隐私权及隐私】自然人享有隐私权。任何组织或者个人不得以刺探、侵扰、泄露、公开等方式侵害他人的隐私权。

隐私是自然人的私人生活安宁和不愿为他人知晓的私密空间、私密活动、私密信息。

第一千零三十三条 【侵害隐私权的行为】除法律另有规定或者权利人明确同意外，任何组织或者个人不得实施下列行为：

（一）以电话、短信、即时通讯工具、电子邮件、传单等方式侵扰他人的私人生活安宁；

（二）进入、拍摄、窥视他人的住宅、宾馆房间等私密空间；

（三）拍摄、窥视、窃听、公开他人的私密活动；

（四）拍摄、窥视他人身体的私密部位；

（五）处理他人的私密信息；

（六）以其他方式侵害他人的隐私权。

第一千零三十四条 【个人信息保护】自然人的个人信息受法律保护。

个人信息是以电子或者其他方式记录的能够单独或者与其他信息结合识别特定自然人的各种信息，包括自然人的姓名、出生日期、身份证件号码、生物识别信息、住址、电话号码、电子邮箱、健康信息、行踪信息等。

个人信息中的私密信息，适用有关隐私权的规定；没有规定的，适用有关个人信息保护的规定。

■ 关联对照

《人脸识别规定》

第一条 因信息处理者违反法律、行政法规的规定或者双方的约定使用人脸识别技术处理人脸信息、处理基于人脸识别技术生成的人脸信息所引起的民事案件，适用本规定。

人脸信息的处理包括人脸信息的收集、存储、使用、加工、传输、提供、公开等。

本规定所称人脸信息属于民法典第一千零三十四条规定的"生物识别信息"。

第一千零三十五条 【个人信息处理的原则】处理个人信息的，应当遵循合法、正当、必要原则，不得过度处理，并符合下列条件：

（一）征得该自然人或者其监护人同意，但是法律、行政法规另有规定的除外；

（二）公开处理信息的规则；

（三）明示处理信息的目的、方式和范围；

（四）不违反法律、行政法规的规定和双方的约定。

个人信息的处理包括个人信息的收集、存储、使用、加工、传输、提供、公开等。

■ 关联对照

《人脸识别规定》

第二条 信息处理者处理人脸信息有下列情形之一的，人民法院应当认定属于侵害自然人人格权益的行为：

（一）在宾馆、商场、银行、车站、机场、体育场馆、娱乐场所等经营场所、公共场所违反法律、行政法规的规定使用人脸识别技术进行人脸验证、辨识或者分析；

（二）未公开处理人脸信息的规则或者未明示处理的目的、方式、范围；

（三）基于个人同意处理人脸信息的，未征得自然人或者其监护人的单独同意，或者未按照法律、行政法规的规定征得自然人或者其监护人的书面同意；

（四）违反信息处理者明示或者双方约定的处理人脸信息的目的、方式、范围等；

（五）未采取应有的技术措施或者其他必要措施确保其收集、存储的人脸信息安全，致使人脸信息泄露、篡改、丢失；

（六）违反法律、行政法规的规定或者双方的约定，向他人提供人脸信息；

（七）违背公序良俗处理人脸信息；

（八）违反合法、正当、必要原则处理人脸信息的其他情形。

第六条　当事人请求信息处理者承担民事责任的，人民法院应当依据民事诉讼法第六十四条及《最高人民法院关于适用〈中华人民共和国民事诉讼法〉的解释》第九十条、第九十一条，《最高人民法院关于民事诉讼证据的若干规定》的相关规定确定双方当事人的举证责任。

信息处理者主张其行为符合民法典第一千零三十五条第一款规定情形的，应当就此所依据的事实承担举证责任。

信息处理者主张其不承担民事责任的，应当就其行为符合本规定第五条规定的情形承担举证责任。

第一千零三十六条　【处理个人信息的免责事由】 处理个人信息，有下列情形之一的，行为人不承担民事责任：

（一）在该自然人或者其监护人同意的范围内合理实施的行为；

（二）合理处理该自然人自行公开的或者其他已经合法公开的信息，但是该自然人明确拒绝或者处理该信息侵害其重大利益的除外；

（三）为维护公共利益或者该自然人合法权益，合理实施的其他行为。

关联对照

《人脸识别规定》

第四条 有下列情形之一，信息处理者以已征得自然人或者其监护人同意为由抗辩的，人民法院不予支持：

（一）信息处理者要求自然人同意处理其人脸信息才提供产品或者服务的，但是处理人脸信息属于提供产品或者服务所必需的除外；

（二）信息处理者以与其他授权捆绑等方式要求自然人同意处理其人脸信息的；

（三）强迫或者变相强迫自然人同意处理其人脸信息的其他情形。

第五条 有下列情形之一，信息处理者主张其不承担民事责任的，人民法院依法予以支持：

（一）为应对突发公共卫生事件，或者紧急情况下为保护自然人的生命健康和财产安全所必需而处理人脸信息的；

（二）为维护公共安全，依据国家有关规定在公共场所使用人脸识别技术的；

（三）为公共利益实施新闻报道、舆论监督等行为在合理的范围内处理人脸信息的；

（四）在自然人或者其监护人同意的范围内合理处理人脸信息的；

（五）符合法律、行政法规规定的其他情形。

第一千零三十七条 【个人信息主体的权利】自然人可以依法向信息处理者查阅或者复制其个人信息；发现信息有错误的，有权提出异议并请求及时采取更正等必要措施。

自然人发现信息处理者违反法律、行政法规的规定或者双方的约定处理其个人信息的，有权请求信息处理者及时删除。

关联对照

《人脸识别规定》

第九条 自然人有证据证明信息处理者使用人脸识别技术正在实施或者即将实施侵害其隐私权或者其他人格权益的行为，不及时制止将使其合法权益受到难以弥补的损害，向人民法院申请采取责令信息处理者停止有关行为的措施的，人民法院可以根据案件具体情况依法作出人格权侵害禁令。

第十条 物业服务企业或者其他建筑物管理人以人脸识别作为业主或者物业使用人出入物业服务区域的唯一验证方式，不同意的业主或者物业使用人请求其提供其他合理验证方式的，人民法院依法予以支持。

物业服务企业或者其他建筑物管理人存在本规定第二条规定的情形，当事人请求物业服务企业或者其他建筑物管理人承担侵权责任的，人民法院依法予以支持。

第十一条 信息处理者采用格式条款与自然人订立合同，要求自然人授予其无期限限制、不可撤销、可任意转授权等处理人脸信息的权利，该自然人依据民法典第四百九十七条请求确认格式条款无效的，人民法院依法予以支持。

第十二条 信息处理者违反约定处理自然人的人脸信息，该自然人请求其承担违约责任的，人民法院依法予以支持。该自然人请求信息处理者承担违约责任时，请求删除人脸信息的，人民法院依法予以支持；信息处理者以双方未对人脸信息的删除作出约定为由抗辩的，人民法院不予支持。

第一千零三十八条 【个人信息安全】信息处理者不得泄露或者篡改其收集、存储的个人信息；未经自然人同意，不得向他人非法提供其个人信息，但是经过加工无法识别特定个人且不能复原的除外。

信息处理者应当采取技术措施和其他必要措施,确保其收集、存储的个人信息安全,防止信息泄露、篡改、丢失;发生或者可能发生个人信息泄露、篡改、丢失的,应当及时采取补救措施,按照规定告知自然人并向有关主管部门报告。

第一千零三十九条 【国家机关及其工作人员对个人信息的保密义务】国家机关、承担行政职能的法定机构及其工作人员对于履行职责过程中知悉的自然人的隐私和个人信息,应当予以保密,不得泄露或者向他人非法提供。

第五编 婚姻家庭

第一章 一般规定

第一千零四十条 【婚姻家庭编的调整范围】本编调整因婚姻家庭产生的民事关系。

第一千零四十一条 【婚姻家庭关系基本原则】婚姻家庭受国家保护。

实行婚姻自由、一夫一妻、男女平等的婚姻制度。

保护妇女、未成年人、老年人、残疾人的合法权益。

第一千零四十二条 【禁止的婚姻家庭行为】禁止包办、买卖婚姻和其他干涉婚姻自由的行为。禁止借婚姻索取财物。

禁止重婚。禁止有配偶者与他人同居。

禁止家庭暴力。禁止家庭成员间的虐待和遗弃。

❁ 关联对照

《婚姻家庭编解释(一)》

第一条 持续性、经常性的家庭暴力,可以认定为民法典第一千零四十二条、第一千零七十九条、第一千零九十一条所称的"虐待"。

第二条　民法典第一千零四十二条、第一千零七十九条、第一千零九十一条规定的"与他人同居"的情形,是指有配偶者与婚外异性,不以夫妻名义,持续、稳定地共同居住。

第五条　当事人请求返还按照习俗给付的彩礼的,如果查明属于以下情形,人民法院应当予以支持:

(一) 双方未办理结婚登记手续;

(二) 双方办理结婚登记手续但确未共同生活;

(三) 婚前给付并导致给付人生活困难。

适用前款第二项、第三项的规定,应当以双方离婚为条件。

《彩礼纠纷规定》

第二条　禁止借婚姻索取财物。一方以彩礼为名借婚姻索取财物,另一方要求返还的,人民法院应予支持。

第三条　人民法院在审理涉彩礼纠纷案件中,可以根据一方给付财物的目的,综合考虑双方当地习俗、给付的时间和方式、财物价值、给付人及接收人等事实,认定彩礼范围。

下列情形给付的财物,不属于彩礼:

(一) 一方在节日、生日等有特殊纪念意义时点给付的价值不大的礼物、礼金;

(二) 一方为表达或者增进感情的日常消费性支出;

(三) 其他价值不大的财物。

第四条　婚约财产纠纷中,婚约一方及其实际给付彩礼的父母可以作为共同原告;婚约另一方及其实际接收彩礼的父母可以作为共同被告。

离婚纠纷中,一方提出返还彩礼诉讼请求的,当事人仍为夫妻双方。

第五条　双方已办理结婚登记且共同生活,离婚时一方请求返还按照习俗给付的彩礼的,人民法院一般不予支持。但是,如果共同生活时间较短且彩礼数额过高的,人民法院可以根据彩礼实际使用及嫁妆情况,综合考虑彩礼数额、共同生活及孕育情况、双方过错等事实，结合当地习俗，确定是否返还以及返还的具体比例。

人民法院认定彩礼数额是否过高，应当综合考虑彩礼给付方所在地居民人均可支配收入、给付方家庭经济情况以及当地习俗等因素。

第六条 双方未办理结婚登记但已共同生活，一方请求返还按照习俗给付的彩礼的，人民法院应当根据彩礼实际使用及嫁妆情况，综合考虑共同生活及孕育情况、双方过错等事实，结合当地习俗，确定是否返还以及返还的具体比例。

第一千零四十三条 【婚姻家庭道德规范】 家庭应当树立优良家风，弘扬家庭美德，重视家庭文明建设。

夫妻应当互相忠实，互相尊重，互相关爱；家庭成员应当敬老爱幼，互相帮助，维护平等、和睦、文明的婚姻家庭关系。

关联对照

《婚姻家庭编解释（一）》

第四条 当事人仅以民法典第一千零四十三条为依据提起诉讼的，人民法院不予受理；已经受理的，裁定驳回起诉。

《婚姻家庭编解释（二）》

第七条 夫妻一方为重婚、与他人同居以及其他违反夫妻忠实义务等目的，将夫妻共同财产赠与他人或者以明显不合理的价格处分夫妻共同财产，另一方主张该民事法律行为违背公序良俗无效的，人民法院应予支持并依照民法典第一百五十七条规定处理。

夫妻一方存在前款规定情形，另一方以该方存在转移、变卖夫妻共同财产行为，严重损害夫妻共同财产利益为由，依据民法典第一千零六十六条规定请求在婚姻关系存续期间分割夫妻共同财产，或者依据民法典第一千零九十二条规定请求在离婚分割夫妻共同财产时对该方少分或者不分的，人民法院应予支持。

第一千零四十四条　【收养的原则】收养应当遵循最有利于被收养人的原则，保障被收养人和收养人的合法权益。

禁止借收养名义买卖未成年人。

第一千零四十五条　【亲属、近亲属与家庭成员】亲属包括配偶、血亲和姻亲。

配偶、父母、子女、兄弟姐妹、祖父母、外祖父母、孙子女、外孙子女为近亲属。

配偶、父母、子女和其他共同生活的近亲属为家庭成员。

第二章　结　婚

第一千零四十六条　【结婚自愿】结婚应当男女双方完全自愿，禁止任何一方对另一方加以强迫，禁止任何组织或者个人加以干涉。

第一千零四十七条　【法定婚龄】结婚年龄，男不得早于二十二周岁，女不得早于二十周岁。

第一千零四十八条　【禁止结婚的情形】直系血亲或者三代以内的旁系血亲禁止结婚。

第一千零四十九条　【结婚程序】要求结婚的男女双方应当亲自到婚姻登记机关申请结婚登记。符合本法规定的，予以登记，发给结婚证。完成结婚登记，即确立婚姻关系。未办理结婚登记的，应当补办登记。

关联对照

《婚姻家庭编解释（一）》

第六条　男女双方依据民法典第一千零四十九条规定补办结婚登记的，婚姻关系的效力从双方均符合民法典所规定的结婚的实质要件时起算。

第七条　未依据民法典第一千零四十九条规定办理结婚登记而以夫妻名义共同生活的男女，提起诉讼要求离婚的，应当区别对待：

（一）1994年2月1日民政部《婚姻登记管理条例》公布实施以前，男女双方已经符合结婚实质要件的，按事实婚姻处理。

（二）1994年2月1日民政部《婚姻登记管理条例》公布实施以后，男女双方符合结婚实质要件的，人民法院应当告知其补办结婚登记。未补办结婚登记的，依据本解释第三条规定处理。

第八条　未依据民法典第一千零四十九条规定办理结婚登记而以夫妻名义共同生活的男女，一方死亡，另一方以配偶身份主张享有继承权的，依据本解释第七条的原则处理。

第一千零五十条　【男女双方互为家庭成员】登记结婚后，按照男女双方约定，女方可以成为男方家庭的成员，男方可以成为女方家庭的成员。

第一千零五十一条　【婚姻无效的情形】有下列情形之一的，婚姻无效：

（一）重婚；

（二）有禁止结婚的亲属关系；

（三）未到法定婚龄。

关联对照

《婚姻家庭编解释（一）》

第九条　有权依据民法典第一千零五十一条规定向人民法院就已办理结婚登记的婚姻请求确认婚姻无效的主体，包括婚姻当事人及利害关系人。其中，利害关系人包括：

（一）以重婚为由的，为当事人的近亲属及基层组织；

（二）以未到法定婚龄为由的，为未到法定婚龄者的近亲属；

（三）以有禁止结婚的亲属关系为由的，为当事人的近亲属。

第十条　当事人依据民法典第一千零五十一条规定向人民法院请求确认婚姻无效，法定的无效婚姻情形在提起诉讼时已经消失的，人民法院不予支持。

第十一条　人民法院受理请求确认婚姻无效案件后，原告申请撤诉的，不予准许。

对婚姻效力的审理不适用调解，应当依法作出判决。

涉及财产分割和子女抚养的，可以调解。调解达成协议的，另行制作调解书；未达成调解协议的，应当一并作出判决。

第十二条　人民法院受理离婚案件后，经审理确属无效婚姻的，应当将婚姻无效的情形告知当事人，并依法作出确认婚姻无效的判决。

第十三条　人民法院就同一婚姻关系分别受理了离婚和请求确认婚姻无效案件的，对于离婚案件的审理，应当待请求确认婚姻无效案件作出判决后进行。

第十四条　夫妻一方或者双方死亡后，生存一方或者利害关系人依据民法典第一千零五十一条的规定请求确认婚姻无效的，人民法院应当受理。

第十五条　利害关系人依据民法典第一千零五十一条的规定，请求人民法院确认婚姻无效的，利害关系人为原告，婚姻关系当事人双方为被告。

夫妻一方死亡的，生存一方为被告。

第十六条　人民法院审理重婚导致的无效婚姻案件时，涉及财产处理的，应当准许合法婚姻当事人作为有独立请求权的第三人参加诉讼。

第十七条　当事人以民法典第一千零五十一条规定的三种无效婚姻以外的情形请求确认婚姻无效的，人民法院应当判决驳回当事人的诉讼请求。

当事人以结婚登记程序存在瑕疵为由提起民事诉讼，主张撤销结婚登记的，告知其可以依法申请行政复议或者提起行政诉讼。

《婚姻家庭编解释（二）》

第一条　当事人依据民法典第一千零五十一条第一项规定请求

确认重婚的婚姻无效，提起诉讼时合法婚姻当事人已经离婚或者配偶已经死亡，被告以此为由抗辩后一婚姻自以上情形发生时转为有效的，人民法院不予支持。

第二条　夫妻登记离婚后，一方以双方意思表示虚假为由请求确认离婚无效的，人民法院不予支持。

第一千零五十二条　【受胁迫婚姻的撤销】因胁迫结婚的，受胁迫的一方可以向人民法院请求撤销婚姻。

请求撤销婚姻的，应当自胁迫行为终止之日起一年内提出。

被非法限制人身自由的当事人请求撤销婚姻的，应当自恢复人身自由之日起一年内提出。

✦ 关联对照

《时间效力规定》

第二十六条　当事人以民法典施行前受胁迫结婚为由请求人民法院撤销婚姻的，撤销权的行使期限适用民法典第一千零五十二条第二款的规定。

《婚姻家庭编解释（一）》

第十八条　行为人以给另一方当事人或者其近亲属的生命、身体、健康、名誉、财产等方面造成损害为要挟，迫使另一方当事人违背真实意愿结婚的，可以认定为民法典第一千零五十二条所称的"胁迫"。

因受胁迫而请求撤销婚姻的，只能是受胁迫一方的婚姻关系当事人本人。

第十九条　民法典第一千零五十二条规定的"一年"，不适用诉讼时效中止、中断或者延长的规定。

受胁迫或者被非法限制人身自由的当事人请求撤销婚姻的，不适用民法典第一百五十二条第二款的规定。

第一千零五十三条　【隐瞒重大疾病的可撤销婚姻】一方患有重大

疾病的，应当在结婚登记前如实告知另一方；不如实告知的，另一方可以向人民法院请求撤销婚姻。

请求撤销婚姻的，应当自知道或者应当知道撤销事由之日起一年内提出。

第一千零五十四条 【婚姻无效或被撤销的法律后果】无效的或者被撤销的婚姻自始没有法律约束力，当事人不具有夫妻的权利和义务。同居期间所得的财产，由当事人协议处理；协议不成的，由人民法院根据照顾无过错方的原则判决。对重婚导致的无效婚姻的财产处理，不得侵害合法婚姻当事人的财产权益。当事人所生的子女，适用本法关于父母子女的规定。

婚姻无效或者被撤销的，无过错方有权请求损害赔偿。

关联对照

《婚姻家庭编解释（一）》

第二十条 民法典第一千零五十四条所规定的"自始没有法律约束力"，是指无效婚姻或者可撤销婚姻在依法被确认无效或者被撤销时，才确定该婚姻自始不受法律保护。

第二十一条 人民法院根据当事人的请求，依法确认婚姻无效或者撤销婚姻的，应当收缴双方的结婚证书并将生效的判决书寄送当地婚姻登记管理机关。

第二十二条 被确认无效或者被撤销的婚姻，当事人同居期间所得的财产，除有证据证明为当事人一方所有的以外，按共同共有处理。

《婚姻家庭编解释（二）》

第四条 双方均无配偶的同居关系析产纠纷案件中，对同居期间所得的财产，有约定的，按照约定处理；没有约定且协商不成的，人民法院按照以下情形分别处理：

（一）各自所得的工资、奖金、劳务报酬、知识产权收益，各自继承或者受赠的财产以及单独生产、经营、投资的收益等，归各自所有；

（二）共同出资购置的财产或者共同生产、经营、投资的收益以及其他无法区分的财产，以各自出资比例为基础，综合考虑共同生活情况、有无共同子女、对财产的贡献大小等因素进行分割。

第三章　家庭关系

第一节　夫妻关系

第一千零五十五条　【夫妻平等】夫妻在婚姻家庭中地位平等。

第一千零五十六条　【夫妻姓名权】夫妻双方都有各自使用自己姓名的权利。

第一千零五十七条　【夫妻人身自由权】夫妻双方都有参加生产、工作、学习和社会活动的自由，一方不得对另一方加以限制或者干涉。

第一千零五十八条　【夫妻抚养、教育和保护子女的权利义务平等】夫妻双方平等享有对未成年子女抚养、教育和保护的权利，共同承担对未成年子女抚养、教育和保护的义务。

第一千零五十九条　【夫妻扶养义务】夫妻有相互扶养的义务。

需要扶养的一方，在另一方不履行扶养义务时，有要求其给付扶养费的权利。

第一千零六十条　【夫妻日常家事代理权】夫妻一方因家庭日常生活需要而实施的民事法律行为，对夫妻双方发生效力，但是夫妻一方与相对人另有约定的除外。

夫妻之间对一方可以实施的民事法律行为范围的限制，不得对抗善意相对人。

第一千零六十一条　【夫妻遗产继承权】夫妻有相互继承遗产的权利。

第一千零六十二条　【夫妻共同财产】夫妻在婚姻关系存续期间所得的下列财产，为夫妻的共同财产，归夫妻共同所有：

（一）工资、奖金、劳务报酬；

（二）生产、经营、投资的收益；

（三）知识产权的收益；

（四）继承或者受赠的财产，但是本法第一千零六十三条第三项规定的除外；

（五）其他应当归共同所有的财产。

夫妻对共同财产，有平等的处理权。

关联对照

《婚姻家庭编解释（一）》

第二十四条　民法典第一千零六十二条第一款第三项规定的"知识产权的收益"，是指婚姻关系存续期间，实际取得或者已经明确可以取得的财产性收益。

第二十五条　婚姻关系存续期间，下列财产属于民法典第一千零六十二条规定的"其他应当归共同所有的财产"：

（一）一方以个人财产投资取得的收益；

（二）男女双方实际取得或者应当取得的住房补贴、住房公积金；

（三）男女双方实际取得或者应当取得的基本养老金、破产安置补偿费。

第二十六条　夫妻一方个人财产在婚后产生的收益，除孳息和自然增值外，应认定为夫妻共同财产。

第二十七条　由一方婚前承租、婚后用共同财产购买的房屋，登记在一方名下的，应当认定为夫妻共同财产。

第二十八条　一方未经另一方同意出售夫妻共同所有的房屋，第三人善意购买、支付合理对价并已办理不动产登记，另一方主张追回该房屋的，人民法院不予支持。

夫妻一方擅自处分共同所有的房屋造成另一方损失，离婚时另一方请求赔偿损失的，人民法院应予支持。

第二十九条　当事人结婚前，父母为双方购置房屋出资的，该出资应当认定为对自己子女个人的赠与，但父母明确表示赠与双方的除外。

当事人结婚后，父母为双方购置房屋出资的，依照约定处理；没有约定或者约定不明确的，按照民法典第一千零六十二条第一款第四项规定的原则处理。

《婚姻家庭编解释（二）》

第十五条　父母双方以法定代理人身份处分用夫妻共同财产购买并登记在未成年子女名下的房屋后，又以违反民法典第三十五条规定损害未成年子女利益为由向相对人主张该民事法律行为无效的，人民法院不予支持。

第一千零六十三条　【夫妻个人财产】 下列财产为夫妻一方的个人财产：

（一）一方的婚前财产；
（二）一方因受到人身损害获得的赔偿或者补偿；
（三）遗嘱或者赠与合同中确定只归一方的财产；
（四）一方专用的生活用品；
（五）其他应当归一方的财产。

关联对照

《婚姻家庭编解释（一）》

第三十条　军人的伤亡保险金、伤残补助金、医药生活补助费属于个人财产。

第三十一条　民法典第一千零六十三条规定为夫妻一方的个人财产，不因婚姻关系的延续而转化为夫妻共同财产。但当事人另有约定的除外。

第三十二条　婚前或者婚姻关系存续期间，当事人约定将一方所有的房产赠与另一方或者共有，赠与方在赠与房产变更登记之前撤销赠与，另一方请求判令继续履行的，人民法院可以按照民法典第六百五十八条的规定处理。

《婚姻家庭编解释（二）》

第五条 婚前或者婚姻关系存续期间，当事人约定将一方所有的房屋转移登记至另一方或者双方名下，离婚诉讼时房屋所有权尚未转移登记，双方对房屋归属或者分割有争议且协商不成的，人民法院可以根据当事人诉讼请求，结合给予目的，综合考虑婚姻关系存续时间、共同生活及孕育共同子女情况、离婚过错、对家庭的贡献大小以及离婚时房屋市场价格等因素，判决房屋归其中一方所有，并确定是否由获得房屋一方对另一方予以补偿以及补偿的具体数额。

婚前或者婚姻关系存续期间，一方将其所有的房屋转移登记至另一方或者双方名下，离婚诉讼中，双方对房屋归属或者分割有争议且协商不成的，如果婚姻关系存续时间较短且给予方无重大过错，人民法院可以根据当事人诉讼请求，判决该房屋归给予方所有，并结合给予目的，综合考虑共同生活及孕育共同子女情况、离婚过错、对家庭的贡献大小以及离婚时房屋市场价格等因素，确定是否由获得房屋一方对另一方予以补偿以及补偿的具体数额。

给予方有证据证明另一方存在欺诈、胁迫、严重侵害给予方或者其近亲属合法权益、对给予方有扶养义务而不履行等情形，请求撤销前两款规定的民事法律行为的，人民法院依法予以支持。

第八条 婚姻关系存续期间，夫妻购置房屋由一方父母全额出资，如果赠与合同明确约定只赠与自己子女一方的，按照约定处理；没有约定或者约定不明确的，离婚分割夫妻共同财产时，人民法院可以判决该房屋归出资人子女一方所有，并综合考虑共同生活及孕育共同子女情况、离婚过错、对家庭的贡献大小以及离婚时房屋市场价格等因素，确定是否由获得房屋一方对另一方予以补偿以及补偿的具体数额。

婚姻关系存续期间，夫妻购置房屋由一方父母部分出资或者双方父母出资，如果赠与合同明确约定相应出资只赠与自己子女一方的，按照约定处理；没有约定或者约定不明确的，离婚分割夫妻共同财产时，人民法院可以根据当事人诉讼请求，以出资来源及比例为基础，综合考虑共同生活及孕育共同子女情况、离婚过错、对家庭的贡献大小以及离婚时房屋市场价格等因素，判决房屋归其中一方所有，并由获得房屋一方对另一方予以合理补偿。

第一千零六十四条 【夫妻共同债务】夫妻双方共同签名或者夫妻一方事后追认等共同意思表示所负的债务，以及夫妻一方在婚姻关系存续期间以个人名义为家庭日常生活需要所负的债务，属于夫妻共同债务。

夫妻一方在婚姻关系存续期间以个人名义超出家庭日常生活需要所负的债务，不属于夫妻共同债务；但是，债权人能够证明该债务用于夫妻共同生活、共同生产经营或者基于夫妻双方共同意思表示的除外。

❋ 关联对照

《婚姻家庭编解释（一）》

第三十三条 债权人就一方婚前所负个人债务向债务人的配偶主张权利的，人民法院不予支持。但债权人能够证明所负债务用于婚后家庭共同生活的除外。

第三十四条 夫妻一方与第三人串通，虚构债务，第三人主张该债务为夫妻共同债务的，人民法院不予支持。

夫妻一方在从事赌博、吸毒等违法犯罪活动中所负债务，第三人主张该债务为夫妻共同债务的，人民法院不予支持。

第三十五条 当事人的离婚协议或者人民法院生效判决、裁定、调解书已经对夫妻财产分割问题作出处理的，债权人仍有权就夫妻共同债务向男女双方主张权利。

一方就夫妻共同债务承担清偿责任后，主张由另一方按照离婚协议或者人民法院的法律文书承担相应债务的，人民法院应予支持。

第三十六条　夫或者妻一方死亡的，生存一方应当对婚姻关系存续期间的夫妻共同债务承担清偿责任。

第一千零六十五条　【夫妻约定财产制】男女双方可以约定婚姻关系存续期间所得的财产以及婚前财产归各自所有、共同所有或者部分各自所有、部分共同所有。约定应当采用书面形式。没有约定或者约定不明确的，适用本法第一千零六十二条、第一千零六十三条的规定。

夫妻对婚姻关系存续期间所得的财产以及婚前财产的约定，对双方具有法律约束力。

夫妻对婚姻关系存续期间所得的财产约定归各自所有，夫或者妻一方对外所负的债务，相对人知道该约定的，以夫或者妻一方的个人财产清偿。

关联对照

《婚姻家庭编解释（一）》

第三十七条　民法典第一千零六十五条第三款所称"相对人知道该约定的"，夫妻一方对此负有举证责任。

第一千零六十六条　【婚内分割夫妻共同财产】婚姻关系存续期间，有下列情形之一的，夫妻一方可以向人民法院请求分割共同财产：

（一）一方有隐藏、转移、变卖、毁损、挥霍夫妻共同财产或者伪造夫妻共同债务等严重损害夫妻共同财产利益的行为；

（二）一方负有法定扶养义务的人患重大疾病需要医治，另一方不同意支付相关医疗费用。

关联对照

《婚姻家庭编解释（一）》

第三十八条　婚姻关系存续期间，除民法典第一千零六十六条规定情形以外，夫妻一方请求分割共同财产的，人民法院不予支持。

《婚姻家庭编解释（二）》

第六条　夫妻一方未经另一方同意，在网络直播平台用夫妻共同财产打赏，数额明显超出其家庭一般消费水平，严重损害夫妻共同财产利益的，可以认定为民法典第一千零六十六条和第一千零九十二条规定的"挥霍"。另一方请求在婚姻关系存续期间分割夫妻共同财产，或者在离婚分割夫妻共同财产时请求对打赏一方少分或者不分的，人民法院应予支持。

第七条　夫妻一方为重婚、与他人同居以及其他违反夫妻忠实义务等目的，将夫妻共同财产赠与他人或者以明显不合理的价格处分夫妻共同财产，另一方主张该民事法律行为违背公序良俗无效的，人民法院应予支持并依照民法典第一百五十七条规定处理。

夫妻一方存在前款规定情形，另一方以该方存在转移、变卖夫妻共同财产行为，严重损害夫妻共同财产利益为由，依据民法典第一千零六十六条规定请求在婚姻关系存续期间分割夫妻共同财产，或者依据民法典第一千零九十二条规定请求在离婚分割夫妻共同财产时对该方少分或者不分的，人民法院应予支持。

第二节　父母子女关系和其他近亲属关系

第一千零六十七条　【父母与子女间的抚养赡养义务】父母不履行抚养义务的，未成年子女或者不能独立生活的成年子女，有要求父母给付抚养费的权利。

成年子女不履行赡养义务的，缺乏劳动能力或者生活困难的父母，有要求成年子女给付赡养费的权利。

❀ 关联对照

《婚姻家庭编解释（一）》

第四十条　婚姻关系存续期间，夫妻双方一致同意进行人工授精,所生子女应视为婚生子女,父母子女间的权利义务关系适用民法典的有关规定。

第四十一条　尚在校接受高中及其以下学历教育,或者丧失、部分丧失劳动能力等非因主观原因而无法维持正常生活的成年子女,可以认定为民法典第一千零六十七条规定的"不能独立生活的成年子女"。

第四十二条　民法典第一千零六十七条所称"抚养费",包括子女生活费、教育费、医疗费等费用。

第四十三条　婚姻关系存续期间,父母双方或者一方拒不履行抚养子女义务,未成年子女或者不能独立生活的成年子女请求支付抚养费的,人民法院应予支持。

第一千零六十八条　【父母教育、保护未成年子女的权利和义务】 父母有教育、保护未成年子女的权利和义务。未成年子女造成他人损害的,父母应当依法承担民事责任。

第一千零六十九条　【子女尊重父母的婚姻权利及赡养义务】 子女应当尊重父母的婚姻权利,不得干涉父母离婚、再婚以及婚后的生活。子女对父母的赡养义务,不因父母的婚姻关系变化而终止。

第一千零七十条　【遗产继承权】 父母和子女有相互继承遗产的权利。

第一千零七十一条　【非婚生子女权利】 非婚生子女享有与婚生子女同等的权利,任何组织或者个人不得加以危害和歧视。

不直接抚养非婚生子女的生父或者生母,应当负担未成年子女或者不能独立生活的成年子女的抚养费。

第一千零七十二条　【继父母子女之间权利义务】 继父母与继子女间,不得虐待或者歧视。

继父或者继母和受其抚养教育的继子女间的权利义务关系,适用本法关于父母子女关系的规定。

✦ 关联对照

《婚姻家庭编解释（二）》

第十八条 对民法典第一千零七十二条中继子女受继父或者继母抚养教育的事实，人民法院应当以共同生活时间长短为基础，综合考虑共同生活期间继父母是否实际进行生活照料、是否履行家庭教育职责、是否承担抚养费等因素予以认定。

第十九条 生父与继母或者生母与继父离婚后，当事人主张继父或者继母和曾受其抚养教育的继子女之间的权利义务关系不再适用民法典关于父母子女关系规定的，人民法院应予支持，但继父或者继母与继子女存在依法成立的收养关系或者继子女仍与继父或者继母共同生活的除外。

继父母子女关系解除后，缺乏劳动能力又缺乏生活来源的继父或者继母请求曾受其抚养教育的成年继子女给付生活费的，人民法院可以综合考虑抚养教育情况、成年继子女负担能力等因素，依法予以支持，但是继父或者继母曾存在虐待、遗弃继子女等情况的除外。

第一千零七十三条 【亲子关系异议之诉】 对亲子关系有异议且有正当理由的，父或者母可以向人民法院提起诉讼，请求确认或者否认亲子关系。

对亲子关系有异议且有正当理由的，成年子女可以向人民法院提起诉讼，请求确认亲子关系。

✦ 关联对照

《婚姻家庭编解释（一）》

第三十九条 父或者母向人民法院起诉请求否认亲子关系，并已提供必要证据予以证明，另一方没有相反证据又拒绝做亲子鉴定的，人民法院可以认定否认亲子关系一方的主张成立。

父或者母以及成年子女起诉请求确认亲子关系，并提供必要证据予以证明，另一方没有相反证据又拒绝做亲子鉴定的，人民法院可以认定确认亲子关系一方的主张成立。

第一千零七十四条 【祖孙之间的抚养、赡养义务】有负担能力的祖父母、外祖父母，对于父母已经死亡或者父母无力抚养的未成年孙子女、外孙子女，有抚养的义务。

有负担能力的孙子女、外孙子女，对于子女已经死亡或者子女无力赡养的祖父母、外祖父母，有赡养的义务。

第一千零七十五条 【兄弟姐妹间扶养义务】有负担能力的兄、姐，对于父母已经死亡或者父母无力抚养的未成年弟、妹，有扶养的义务。

由兄、姐扶养长大的有负担能力的弟、妹，对于缺乏劳动能力又缺乏生活来源的兄、姐，有扶养的义务。

第四章　离　　婚

第一千零七十六条 【协议离婚】夫妻双方自愿离婚的，应当签订书面离婚协议，并亲自到婚姻登记机关申请离婚登记。

离婚协议应当载明双方自愿离婚的意思表示和对子女抚养、财产以及债务处理等事项协商一致的意见。

第一千零七十七条 【离婚冷静期】自婚姻登记机关收到离婚登记申请之日起三十日内，任何一方不愿意离婚的，可以向婚姻登记机关撤回离婚登记申请。

前款规定期限届满后三十日内，双方应当亲自到婚姻登记机关申请发给离婚证；未申请的，视为撤回离婚登记申请。

第一千零七十八条 【婚姻登记机关对协议离婚的查明】婚姻登记机关查明双方确实是自愿离婚，并已经对子女抚养、财产以及债务处理等事项协商一致的，予以登记，发给离婚证。

第一千零七十九条 【诉讼离婚】夫妻一方要求离婚的，可以由有关组织进行调解或者直接向人民法院提起离婚诉讼。

人民法院审理离婚案件，应当进行调解；如果感情确已破裂，调解无效的，应当准予离婚。

有下列情形之一，调解无效的，应当准予离婚：

（一）重婚或者与他人同居；

（二）实施家庭暴力或者虐待、遗弃家庭成员；

（三）有赌博、吸毒等恶习屡教不改；

（四）因感情不和分居满二年；

（五）其他导致夫妻感情破裂的情形。

一方被宣告失踪，另一方提起离婚诉讼的，应当准予离婚。

经人民法院判决不准离婚后，双方又分居满一年，一方再次提起离婚诉讼的，应当准予离婚。

关联对照

《时间效力规定》

第二十二条　民法典施行前，经人民法院判决不准离婚后，双方又分居满一年，一方再次提起离婚诉讼的，适用民法典第一千零七十九条第五款的规定。

《婚姻家庭编解释（一）》

第一条　持续性、经常性的家庭暴力，可以认定为民法典第一千零四十二条、第一千零七十九条、第一千零九十一条所称的"虐待"。

第二条　民法典第一千零四十二条、第一千零七十九条、第一千零九十一条规定的"与他人同居"的情形，是指有配偶者与婚外异性，不以夫妻名义，持续、稳定地共同居住。

第三条　当事人提起诉讼仅请求解除同居关系的，人民法院不予受理；已经受理的，裁定驳回起诉。

当事人因同居期间财产分割或者子女抚养纠纷提起诉讼的，人民法院应当受理。

第二十三条　夫以妻擅自中止妊娠侵犯其生育权为由请求损害赔偿的，人民法院不予支持；夫妻双方因是否生育发生纠纷，致使感情确已破裂，一方请求离婚的，人民法院经调解无效，应依照民法典第一千零七十九条第三款第五项的规定处理。

第六十三条　人民法院审理离婚案件，符合民法典第一千零七十九条第三款规定"应当准予离婚"情形的，不应当因当事人有过错而判决不准离婚。

《人身安全保护令规定》

第三条　家庭成员之间以冻饿或者经常性侮辱、诽谤、威胁、跟踪、骚扰等方式实施的身体或者精神侵害行为，应当认定为反家庭暴力法第二条规定的"家庭暴力"。

第四条　反家庭暴力法第三十七条规定的"家庭成员以外共同生活的人"一般包括共同生活的儿媳、女婿、公婆、岳父母以及其他有监护、扶养、寄养等关系的人。

第六条　人身安全保护令案件中，人民法院根据相关证据，认为申请人遭受家庭暴力或者面临家庭暴力现实危险的事实存在较大可能性的，可以依法作出人身安全保护令。

前款所称"相关证据"包括：

（一）当事人的陈述；

（二）公安机关出具的家庭暴力告诫书、行政处罚决定书；

（三）公安机关的出警记录、讯问笔录、询问笔录、接警记录、报警回执等；

（四）被申请人曾出具的悔过书或者保证书等；

（五）记录家庭暴力发生或者解决过程等的视听资料；

（六）被申请人与申请人或者其近亲属之间的电话录音、短信、即时通讯信息、电子邮件等；

（七）医疗机构的诊疗记录；

（八）申请人或者被申请人所在单位、民政部门、居民委员会、村民委员会、妇女联合会、残疾人联合会、未成年人保护组织、依

法设立的老年人组织、救助管理机构、反家暴社会公益机构等单位收到投诉、反映或者求助的记录;

(九)未成年子女提供的与其年龄、智力相适应的证言或者亲友、邻居等其他证人证言;

(十)伤情鉴定意见;

(十一)其他能够证明申请人遭受家庭暴力或者面临家庭暴力现实危险的证据。

第九条 离婚等案件中,当事人仅以人民法院曾作出人身安全保护令为由,主张存在家庭暴力事实的,人民法院应当根据《最高人民法院关于适用〈中华人民共和国民事诉讼法〉的解释》第一百零八条的规定,综合认定是否存在该事实。

第十一条 离婚案件中,判决不准离婚或者调解和好后,被申请人违反人身安全保护令实施家庭暴力的,可以认定为民事诉讼法第一百二十七条第七项规定的"新情况、新理由"。

第一千零八十条 【婚姻关系的解除时间】完成离婚登记,或者离婚判决书、调解书生效,即解除婚姻关系。

第一千零八十一条 【现役军人离婚】现役军人的配偶要求离婚,应当征得军人同意,但是军人一方有重大过错的除外。

关联对照

《婚姻家庭编解释(一)》

第六十四条 民法典第一千零八十一条所称的"军人一方有重大过错",可以依据民法典第一千零七十九条第三款前三项规定及军人有其他重大过错导致夫妻感情破裂的情形予以判断。

第一千零八十二条 【男方提出离婚的限制情形】女方在怀孕期间、分娩后一年内或者终止妊娠后六个月内,男方不得提出离婚;但是,女方提出离婚或者人民法院认为确有必要受理男方离婚请求的除外。

第一千零八十三条 【复婚】离婚后,男女双方自愿恢复婚姻关系的,应当到婚姻登记机关重新进行结婚登记。

第一千零八十四条 【离婚后子女的抚养】父母与子女间的关系,不因父母离婚而消除。离婚后,子女无论由父或者母直接抚养,仍是父母双方的子女。

离婚后,父母对于子女仍有抚养、教育、保护的权利和义务。

离婚后,不满两周岁的子女,以由母亲直接抚养为原则。已满两周岁的子女,父母双方对抚养问题协议不成的,由人民法院根据双方的具体情况,按照最有利于未成年子女的原则判决。子女已满八周岁的,应当尊重其真实意愿。

关联对照

《婚姻家庭编解释(一)》

第四十四条 离婚案件涉及未成年子女抚养的,对不满两周岁的子女,按照民法典第一千零八十四条第三款规定的原则处理。母亲有下列情形之一,父亲请求直接抚养的,人民法院应予支持:

(一)患有久治不愈的传染性疾病或者其他严重疾病,子女不宜与其共同生活;

(二)有抚养条件不尽抚养义务,而父亲要求子女随其生活的;

(三)因其他原因,子女确不宜随母亲生活。

第四十五条 父母双方协议不满两周岁子女由父亲直接抚养,并对子女健康成长无不利影响的,人民法院应予支持。

第四十六条 对已满两周岁的未成年子女,父母均要求直接抚养,一方有下列情形之一的,可予优先考虑:

(一)已做绝育手术或者因其他原因丧失生育能力的;

(二)子女随其生活时间较长,改变生活环境对子女健康成长明显不利的;

(三)无其他子女,而另一方有其他子女;

(四)子女随其生活,对子女成长有利,而另一方患有久治不愈的传染性疾病或者其他严重疾病，或者有其他不利于子女身心健康的情形，不宜与子女共同生活。

第四十七条　父母抚养子女的条件基本相同，双方均要求直接抚养子女，但子女单独随祖父母或者外祖父母共同生活多年，且祖父母或者外祖父母要求并且有能力帮助子女照顾孙子女或者外孙子女的，可以作为父或者母直接抚养子女的优先条件予以考虑。

第四十八条　在有利于保护子女利益的前提下，父母双方协议轮流直接抚养子女的，人民法院应予支持。

第五十四条　生父与继母离婚或者生母与继父离婚时，对曾受其抚养教育的继子女，继父或者继母不同意继续抚养的，仍应由生父或者生母抚养。

第五十五条　离婚后，父母一方要求变更子女抚养关系的，或者子女要求增加抚养费的，应当另行提起诉讼。

第五十六条　具有下列情形之一，父母一方要求变更子女抚养关系的，人民法院应予支持：

（一）与子女共同生活的一方因患严重疾病或者因伤残无力继续抚养子女；

（二）与子女共同生活的一方不尽抚养义务或有虐待子女行为，或者其与子女共同生活对子女身心健康确有不利影响；

（三）已满八周岁的子女，愿随另一方生活，该方又有抚养能力；

（四）有其他正当理由需要变更。

第五十七条　父母双方协议变更子女抚养关系的，人民法院应予支持。

第六十条　在离婚诉讼期间，双方均拒绝抚养子女的，可以先行裁定暂由一方抚养。

第六十一条　对拒不履行或者妨害他人履行生效判决、裁定、调解书中有关子女抚养义务的当事人或者其他人，人民法院可依照民事诉讼法第一百一十一条的规定采取强制措施。

《婚姻家庭编解释（二）》

第十三条　夫妻分居期间，一方或者其近亲属等抢夺、藏匿未成年子女，致使另一方无法履行监护职责，另一方请求行为人承担民事责任的，人民法院可以参照适用民法典第一千零八十四条关于离婚后子女抚养的有关规定，暂时确定未成年子女的抚养事宜，并明确暂时直接抚养未成年子女一方有协助另一方履行监护职责的义务。

第十四条　离婚诉讼中，父母均要求直接抚养已满两周岁的未成年子女，一方有下列情形之一的，人民法院应当按照最有利于未成年子女的原则，优先考虑由另一方直接抚养：

（一）实施家庭暴力或者虐待、遗弃家庭成员；

（二）有赌博、吸毒等恶习；

（三）重婚、与他人同居或者其他严重违反夫妻忠实义务情形；

（四）抢夺、藏匿未成年子女且另一方不存在本条第一项或者第二项等严重侵害未成年子女合法权益情形；

（五）其他不利于未成年子女身心健康的情形。

第一千零八十五条　【离婚后子女抚养费的负担】 离婚后，子女由一方直接抚养的，另一方应当负担部分或者全部抚养费。负担费用的多少和期限的长短，由双方协议；协议不成的，由人民法院判决。

前款规定的协议或者判决，不妨碍子女在必要时向父母任何一方提出超过协议或者判决原定数额的合理要求。

关联对照

《婚姻家庭编解释（一）》

第四十九条　抚养费的数额，可以根据子女的实际需要、父母双方的负担能力和当地的实际生活水平确定。

有固定收入的，抚养费一般可以按其月总收入的百分之二十至三十的比例给付。负担两个以上子女抚养费的，比例可以适当提高，但一般不得超过月总收入的百分之五十。

无固定收入的，抚养费的数额可以依据当年总收入或者同行业平均收入，参照上述比例确定。

有特殊情况的，可以适当提高或者降低上述比例。

第五十条　抚养费应当定期给付，有条件的可以一次性给付。

第五十一条　父母一方无经济收入或者下落不明的，可以用其财物折抵抚养费。

第五十二条　父母双方可以协议由一方直接抚养子女并由直接抚养方负担子女全部抚养费。但是，直接抚养方的抚养能力明显不能保障子女所需费用，影响子女健康成长的，人民法院不予支持。

第五十三条　抚养费的给付期限，一般至子女十八周岁为止。

十六周岁以上不满十八周岁，以其劳动收入为主要生活来源，并能维持当地一般生活水平的，父母可以停止给付抚养费。

第五十八条　具有下列情形之一，子女要求有负担能力的父或者母增加抚养费的，人民法院应予支持：

（一）原定抚养费数额不足以维持当地实际生活水平；

（二）因子女患病、上学，实际需要已超过原定数额；

（三）有其他正当理由应当增加。

第五十九条　父母不得因子女变更姓氏而拒付子女抚养费。父或者母擅自将子女姓氏改为继母或继父姓氏而引起纠纷的，应当责令恢复原姓氏。

《婚姻家庭编解释（二）》

第十六条　离婚协议中关于一方直接抚养未成年子女或者不能独立生活的成年子女、另一方不负担抚养费的约定，对双方具有法律约束力。但是，离婚后，直接抚养子女一方经济状况发生变化导致原生活水平显著降低或者子女生活、教育、医疗等必要合理费用确有显著增加，未成年子女或者不能独立生活的成年子女请求另一方支付抚养费的，人民法院依法予以支持，并综合考虑离婚协议整体约定、子女实际需要、另一方的负担能力、当地生活水平等因素，确定抚养费的数额。

前款但书规定情形下，另一方以直接抚养子女一方无抚养能力为由请求变更抚养关系的，人民法院依照民法典第一千零八十四条规定处理。

第十七条　离婚后，不直接抚养子女一方未按照离婚协议约定或者以其他方式作出的承诺给付抚养费，未成年子女或者不能独立生活的成年子女请求其支付欠付的抚养费的，人民法院应予支持。

前款规定情形下，如果子女已经成年并能够独立生活，直接抚养子女一方请求另一方支付欠付的费用的，人民法院依法予以支持。

第一千零八十六条　【探望子女权利】 离婚后，不直接抚养子女的父或者母，有探望子女的权利，另一方有协助的义务。

行使探望权利的方式、时间由当事人协议；协议不成的，由人民法院判决。

父或者母探望子女，不利于子女身心健康的，由人民法院依法中止探望；中止的事由消失后，应当恢复探望。

关联对照

《婚姻家庭编解释（一）》

第六十五条　人民法院作出的生效的离婚判决中未涉及探望权，当事人就探望权问题单独提起诉讼的，人民法院应予受理。

第六十六条　当事人在履行生效判决、裁定或者调解书的过程中，一方请求中止探望的，人民法院在征询双方当事人意见后，认为需要中止探望的，依法作出裁定；中止探望的情形消失后，人民法院应当根据当事人的请求书面通知其恢复探望。

第六十七条　未成年子女、直接抚养子女的父或者母以及其他对未成年子女负担抚养、教育、保护义务的法定监护人，有权向人民法院提出中止探望的请求。

第六十八条　对于拒不协助另一方行使探望权的有关个人或者组织，可以由人民法院依法采取拘留、罚款等强制措施，但是不能对子女的人身、探望行为进行强制执行。

第一千零八十七条　【离婚时夫妻共同财产的处理】离婚时，夫妻的共同财产由双方协议处理；协议不成的，由人民法院根据财产的具体情况，按照照顾子女、女方和无过错方权益的原则判决。

对夫或者妻在家庭土地承包经营中享有的权益等，应当依法予以保护。

关联对照

《婚姻家庭编解释（一）》

第六十九条　当事人达成的以协议离婚或者到人民法院调解离婚为条件的财产以及债务处理协议，如果双方离婚未成，一方在离婚诉讼中反悔的，人民法院应当认定该财产以及债务处理协议没有生效，并根据实际情况依照民法典第一千零八十七条和第一千零八十九条的规定判决。

当事人依照民法典第一千零七十六条签订的离婚协议中关于财产以及债务处理的条款，对男女双方具有法律约束力。登记离婚后当事人因履行上述协议发生纠纷提起诉讼的，人民法院应当受理。

第七十条　夫妻双方协议离婚后就财产分割问题反悔，请求撤销财产分割协议的，人民法院应当受理。

人民法院审理后，未发现订立财产分割协议时存在欺诈、胁迫等情形的，应当依法驳回当事人的诉讼请求。

第七十一条　人民法院审理离婚案件，涉及分割发放到军人名下的复员费、自主择业费等一次性费用的，以夫妻婚姻关系存续年限乘以年平均值，所得数额为夫妻共同财产。

前款所称年平均值，是指将发放到军人名下的上述费用总额按具体年限均分得出的数额。其具体年限为人均寿命七十岁与军人入伍时实际年龄的差额。

第七十二条　夫妻双方分割共同财产中的股票、债券、投资基金份额等有价证券以及未上市股份有限公司股份时，协商不成或者按市价分配有困难的，人民法院可以根据数量按比例分配。

第七十三条　人民法院审理离婚案件，涉及分割夫妻共同财产中以一方名义在有限责任公司的出资额，另一方不是该公司股东的，按以下情形分别处理：

（一）夫妻双方协商一致将出资额部分或者全部转让给该股东的配偶，其他股东过半数同意，并且其他股东均明确表示放弃优先购买权的，该股东的配偶可以成为该公司股东；

（二）夫妻双方就出资额转让份额和转让价格等事项协商一致后，其他股东半数以上不同意转让，但愿意以同等条件购买该出资额的，人民法院可以对转让出资所得财产进行分割。其他股东半数以上不同意转让，也不愿意以同等条件购买该出资额的，视为其同意转让，该股东的配偶可以成为该公司股东。

用于证明前款规定的股东同意的证据，可以是股东会议材料，也可以是当事人通过其他合法途径取得的股东的书面声明材料。

第七十四条　人民法院审理离婚案件，涉及分割夫妻共同财产中以一方名义在合伙企业中的出资，另一方不是该企业合伙人的，当夫妻双方协商一致，将其合伙企业中的财产份额全部或者部分转让给对方时，按以下情形分别处理：

（一）其他合伙人一致同意的，该配偶依法取得合伙人地位；

（二）其他合伙人不同意转让，在同等条件下行使优先购买权的，可以对转让所得的财产进行分割；

（三）其他合伙人不同意转让，也不行使优先购买权，但同意该合伙人退伙或者削减部分财产份额的，可以对结算后的财产进行分割；

（四）其他合伙人既不同意转让，也不行使优先购买权，又不同意该合伙人退伙或者削减部分财产份额的，视为全体合伙人同意转让，该配偶依法取得合伙人地位。

第七十五条　夫妻以一方名义投资设立个人独资企业的，人民法院分割夫妻在该个人独资企业中的共同财产时，应当按照以下情形分别处理：

（一）一方主张经营该企业的，对企业资产进行评估后，由取得企业资产所有权一方给予另一方相应的补偿；

（二）双方均主张经营该企业的，在双方竞价基础上，由取得企业资产所有权的一方给予另一方相应的补偿；

（三）双方均不愿意经营该企业的，按照《中华人民共和国个人独资企业法》等有关规定办理。

第七十六条　双方对夫妻共同财产中的房屋价值及归属无法达成协议时，人民法院按以下情形分别处理：

（一）双方均主张房屋所有权并且同意竞价取得的，应当准许；

（二）一方主张房屋所有权的，由评估机构按市场价格对房屋作出评估，取得房屋所有权的一方应当给予另一方相应的补偿；

（三）双方均不主张房屋所有权的，根据当事人的申请拍卖、变卖房屋，就所得价款进行分割。

第七十七条　离婚时双方对尚未取得所有权或者尚未取得完全所有权的房屋有争议且协商不成的，人民法院不宜判决房屋所有权的归属，应当根据实际情况判决由当事人使用。

当事人就前款规定的房屋取得完全所有权后，有争议的，可以另行向人民法院提起诉讼。

第七十八条　夫妻一方婚前签订不动产买卖合同，以个人财产支付首付款并在银行贷款，婚后用夫妻共同财产还贷，不动产登记于首付款支付方名下的，离婚时该不动产由双方协议处理。

依前款规定不能达成协议的，人民法院可以判决该不动产归登记一方，尚未归还的贷款为不动产登记一方的个人债务。双方婚后共同还贷支付的款项及其相对应财产增值部分，离婚时应根据民法典第一千零八十七条第一款规定的原则，由不动产登记一方对另一方进行补偿。

第七十九条　婚姻关系存续期间,双方用夫妻共同财产出资购买以一方父母名义参加房改的房屋,登记在一方父母名下,离婚时另一方主张按照夫妻共同财产对该房屋进行分割的,人民法院不予支持。购买该房屋时的出资,可以作为债权处理。

第八十条　离婚时夫妻一方尚未退休、不符合领取基本养老金条件,另一方请求按照夫妻共同财产分割基本养老金的,人民法院不予支持;婚后以夫妻共同财产缴纳基本养老保险费,离婚时一方主张将养老金账户中婚姻关系存续期间个人实际缴纳部分及利息作为夫妻共同财产分割的,人民法院应予支持。

第八十一条　婚姻关系存续期间,夫妻一方作为继承人依法可以继承的遗产,在继承人之间尚未实际分割,起诉离婚时另一方请求分割的,人民法院应当告知当事人在继承人之间实际分割遗产后另行起诉。

第八十二条　夫妻之间订立借款协议,以夫妻共同财产出借给一方从事个人经营活动或者用于其他个人事务的,应视为双方约定处分夫妻共同财产的行为,离婚时可以按照借款协议的约定处理。

第八十三条　离婚后,一方以尚有夫妻共同财产未处理为由向人民法院起诉请求分割的,经审查该财产确属离婚时未涉及的夫妻共同财产,人民法院应当依法予以分割。

《婚姻家庭编解释（二）》

第八条　婚姻关系存续期间,夫妻购置房屋由一方父母全额出资,如果赠与合同明确约定只赠与自己子女一方的,按照约定处理;没有约定或者约定不明确的,离婚分割夫妻共同财产时,人民法院可以判决该房屋归出资人子女一方所有,并综合考虑共同生活及孕育共同子女情况、离婚过错、对家庭的贡献大小以及离婚时房屋市场价格等因素,确定是否由获得房屋一方对另一方予以补偿以及补偿的具体数额。

婚姻关系存续期间,夫妻购置房屋由一方父母部分出资或者双方父母出资,如果赠与合同明确约定相应出资只赠与自己子女一方的，按照约定处理；没有约定或者约定不明确的，离婚分割夫妻共同财产时，人民法院可以根据当事人诉讼请求，以出资来源及比例为基础，综合考虑共同生活及孕育共同子女情况、离婚过错、对家庭的贡献大小以及离婚时房屋市场价格等因素，判决房屋归其中一方所有，并由获得房屋一方对另一方予以合理补偿。

第九条 夫妻一方转让用夫妻共同财产出资但登记在自己名下的有限责任公司股权，另一方以未经其同意侵害夫妻共同财产利益为由请求确认股权转让合同无效的，人民法院不予支持，但有证据证明转让人与受让人恶意串通损害另一方合法权益的除外。

第十条 夫妻以共同财产投资有限责任公司，并均登记为股东，双方对相应股权的归属没有约定或者约定不明确，离婚时，一方请求按照股东名册或者公司章程记载的各自出资额确定股权分割比例的，人民法院不予支持；对当事人分割夫妻共同财产的请求，人民法院依照民法典第一千零八十七条规定处理。

第二十条 离婚协议约定将部分或者全部夫妻共同财产给予子女，离婚后，一方在财产权利转移之前请求撤销该约定的，人民法院不予支持，但另一方同意的除外。

一方不履行前款离婚协议约定的义务，另一方请求其承担继续履行或者因无法履行而赔偿损失等民事责任的，人民法院依法予以支持。

双方在离婚协议中明确约定子女可以就本条第一款中的相关财产直接主张权利，一方不履行离婚协议约定的义务，子女请求参照适用民法典第五百二十二条第二款规定，由该方承担继续履行或者因无法履行而赔偿损失等民事责任的，人民法院依法予以支持。

离婚协议约定将部分或者全部夫妻共同财产给予子女，离婚后，一方有证据证明签订离婚协议时存在欺诈、胁迫等情形，请求撤销该约定的，人民法院依法予以支持；当事人同时请求分割该部分夫妻共同财产的，人民法院依照民法典第一千零八十七条规定处理。

第一千零八十八条 【离婚经济补偿】夫妻一方因抚育子女、照料老年人、协助另一方工作等负担较多义务的，离婚时有权向另一方请求补偿，另一方应当给予补偿。具体办法由双方协议；协议不成的，由人民法院判决。

关联对照

《婚姻家庭编解释（二）》

第二十一条 离婚诉讼中，夫妻一方有证据证明在婚姻关系存续期间因抚育子女、照料老年人、协助另一方工作等负担较多义务，依据民法典第一千零八十八条规定请求另一方给予补偿的，人民法院可以综合考虑负担相应义务投入的时间、精力和对双方的影响以及给付方负担能力、当地居民人均可支配收入等因素，确定补偿数额。

第一千零八十九条 【离婚时夫妻共同债务的清偿】离婚时，夫妻共同债务应当共同偿还。共同财产不足清偿或者财产归各自所有的，由双方协议清偿；协议不成的，由人民法院判决。

第一千零九十条 【离婚经济帮助】离婚时，如果一方生活困难，有负担能力的另一方应当给予适当帮助。具体办法由双方协议；协议不成的，由人民法院判决。

关联对照

《婚姻家庭编解释（二）》

第二十二条 离婚诉讼中，一方存在年老、残疾、重病等生活困难情形，依据民法典第一千零九十条规定请求有负担能力的另一方给予适当帮助的，人民法院可以根据当事人请求，结合另一方财产状况，依法予以支持。

第一千零九十一条 【离婚损害赔偿】有下列情形之一，导致离婚的，无过错方有权请求损害赔偿：

（一）重婚；

（二）与他人同居；

（三）实施家庭暴力；

（四）虐待、遗弃家庭成员；

（五）有其他重大过错。

关联对照

《婚姻家庭编解释（一）》

第一条 持续性、经常性的家庭暴力，可以认定为民法典第一千零四十二条、第一千零七十九条、第一千零九十一条所称的"虐待"。

第二条 民法典第一千零四十二条、第一千零七十九条、第一千零九十一条规定的"与他人同居"的情形，是指有配偶者与婚外异性，不以夫妻名义，持续、稳定地共同居住。

第八十六条 民法典第一千零九十一条规定的"损害赔偿"，包括物质损害赔偿和精神损害赔偿。涉及精神损害赔偿的，适用《最高人民法院关于确定民事侵权精神损害赔偿责任若干问题的解释》的有关规定。

第八十七条 承担民法典第一千零九十一条规定的损害赔偿责任的主体，为离婚诉讼当事人中无过错方的配偶。

人民法院判决不准离婚的案件，对于当事人基于民法典第一千零九十一条提出的损害赔偿请求，不予支持。

在婚姻关系存续期间，当事人不起诉离婚而单独依据民法典第一千零九十一条提起损害赔偿请求的，人民法院不予受理。

第八十八条 人民法院受理离婚案件时，应当将民法典第一千零九十一条等规定中当事人的有关权利义务，书面告知当事人。在适用民法典第一千零九十一条时，应当区分以下不同情况：

（一）符合民法典第一千零九十一条规定的无过错方作为原告

基于该条规定向人民法院提起损害赔偿请求的，必须在离婚诉讼的同时提出。

（二）符合民法典第一千零九十一条规定的无过错方作为被告的离婚诉讼案件，如果被告不同意离婚也不基于该条规定提起损害赔偿请求的，可以就此单独提起诉讼。

（三）无过错方作为被告的离婚诉讼案件，一审时被告未基于民法典第一千零九十一条规定提出损害赔偿请求，二审期间提出的，人民法院应当进行调解；调解不成的，告知当事人另行起诉。双方当事人同意由第二审人民法院一并审理的，第二审人民法院可以一并裁判。

第八十九条 当事人在婚姻登记机关办理离婚登记手续后，以民法典第一千零九十一条规定为由向人民法院提出损害赔偿请求的，人民法院应当受理。但当事人在协议离婚时已经明确表示放弃该项请求的，人民法院不予支持。

第九十条 夫妻双方均有民法典第一千零九十一条规定的过错情形，一方或者双方向对方提出离婚损害赔偿请求的，人民法院不予支持。

第一千零九十二条 【一方侵害夫妻财产的处理规则】夫妻一方隐藏、转移、变卖、毁损、挥霍夫妻共同财产，或者伪造夫妻共同债务企图侵占另一方财产的，在离婚分割夫妻共同财产时，对该方可以少分或者不分。离婚后，另一方发现有上述行为的，可以向人民法院提起诉讼，请求再次分割夫妻共同财产。

● 关联对照

《婚姻家庭编解释（一）》

第八十四条 当事人依据民法典第一千零九十二条的规定向人民法院提起诉讼，请求再次分割夫妻共同财产的诉讼时效期间为三年，从当事人发现之日起计算。

第八十五条　夫妻一方申请对配偶的个人财产或者夫妻共同财产采取保全措施的，人民法院可以在采取保全措施可能造成损失的范围内，根据实际情况，确定合理的财产担保数额。

《婚姻家庭编解释（二）》

第六条　夫妻一方未经另一方同意，在网络直播平台用夫妻共同财产打赏，数额明显超出其家庭一般消费水平，严重损害夫妻共同财产利益的，可以认定为民法典第一千零六十六条和第一千零九十二条规定的"挥霍"。另一方请求在婚姻关系存续期间分割夫妻共同财产，或者在离婚分割夫妻共同财产时请求对打赏一方少分或者不分的，人民法院应予支持。

第七条　夫妻一方为重婚、与他人同居以及其他违反夫妻忠实义务等目的，将夫妻共同财产赠与他人或者以明显不合理的价格处分夫妻共同财产，另一方主张该民事法律行为违背公序良俗无效的，人民法院应予支持并依照民法典第一百五十七条规定处理。

夫妻一方存在前款规定情形，另一方以该方存在转移、变卖夫妻共同财产行为，严重损害夫妻共同财产利益为由，依据民法典第一千零六十六条规定请求在婚姻关系存续期间分割夫妻共同财产，或者依据民法典第一千零九十二条规定请求在离婚分割夫妻共同财产时对该方少分或者不分的，人民法院应予支持。

第五章　收　　养

第一节　收养关系的成立

第一千零九十三条　【被收养人的条件】下列未成年人，可以被收养：

（一）丧失父母的孤儿；

（二）查找不到生父母的未成年人；

（三）生父母有特殊困难无力抚养的子女。

第一千零九十四条 【送养人的条件】下列个人、组织可以作送养人：

（一）孤儿的监护人；

（二）儿童福利机构；

（三）有特殊困难无力抚养子女的生父母。

第一千零九十五条 【监护人送养未成年人的情形】未成年人的父母均不具备完全民事行为能力且可能严重危害该未成年人的，该未成年人的监护人可以将其送养。

第一千零九十六条 【监护人送养孤儿的限制及变更监护人】监护人送养孤儿的，应当征得有抚养义务的人同意。有抚养义务的人不同意送养、监护人不愿意继续履行监护职责的，应当依照本法第一编的规定另行确定监护人。

第一千零九十七条 【生父母送养子女的原则要求与例外】生父母送养子女，应当双方共同送养。生父母一方不明或者查找不到的，可以单方送养。

第一千零九十八条 【收养人条件】收养人应当同时具备下列条件：

（一）无子女或者只有一名子女；

（二）有抚养、教育和保护被收养人的能力；

（三）未患有在医学上认为不应当收养子女的疾病；

（四）无不利于被收养人健康成长的违法犯罪记录；

（五）年满三十周岁。

第一千零九十九条 【三代以内旁系同辈血亲的收养】收养三代以内旁系同辈血亲的子女，可以不受本法第一千零九十三条第三项、第一千零九十四条第三项和第一千一百零二条规定的限制。

华侨收养三代以内旁系同辈血亲的子女，还可以不受本法第一千零九十八条第一项规定的限制。

第一千一百条 【收养人收养子女数量】无子女的收养人可以收养

两名子女；有子女的收养人只能收养一名子女。

收养孤儿、残疾未成年人或者儿童福利机构抚养的查找不到生父母的未成年人，可以不受前款和本法第一千零九十八条第一项规定的限制。

第一千一百零一条　【共同收养】有配偶者收养子女，应当夫妻共同收养。

第一千一百零二条　【无配偶者收养异性子女的限制】无配偶者收养异性子女的，收养人与被收养人的年龄应当相差四十周岁以上。

第一千一百零三条　【收养继子女的特别规定】继父或者继母经继子女的生父母同意，可以收养继子女，并可以不受本法第一千零九十三条第三项、第一千零九十四条第三项、第一千零九十八条和第一千一百条第一款规定的限制。

第一千一百零四条　【收养自愿原则】收养人收养与送养人送养，应当双方自愿。收养八周岁以上未成年人的，应当征得被收养人的同意。

第一千一百零五条　【收养登记、收养协议、收养公证及收养评估】收养应当向县级以上人民政府民政部门登记。收养关系自登记之日起成立。

收养查找不到生父母的未成年人的，办理登记的民政部门应当在登记前予以公告。

收养关系当事人愿意签订收养协议的，可以签订收养协议。

收养关系当事人各方或者一方要求办理收养公证的，应当办理收养公证。

县级以上人民政府民政部门应当依法进行收养评估。

第一千一百零六条　【收养后的户口登记】收养关系成立后，公安机关应当按照国家有关规定为被收养人办理户口登记。

第一千一百零七条　【亲属、朋友的抚养】孤儿或者生父母无力抚养的子女，可以由生父母的亲属、朋友抚养；抚养人与被抚养人的关系不适用本章规定。

第一千一百零八条 【祖父母、外祖父母优先抚养权】配偶一方死亡，另一方送养未成年子女的，死亡一方的父母有优先抚养的权利。

第一千一百零九条 【涉外收养】外国人依法可以在中华人民共和国收养子女。

外国人在中华人民共和国收养子女，应当经其所在国主管机关依照该国法律审查同意。收养人应当提供由其所在国有权机构出具的有关其年龄、婚姻、职业、财产、健康、有无受过刑事处罚等状况的证明材料，并与送养人签订书面协议，亲自向省、自治区、直辖市人民政府民政部门登记。

前款规定的证明材料应当经收养人所在国外交机关或者外交机关授权的机构认证，并经中华人民共和国驻该国使领馆认证，但是国家另有规定的除外。

第一千一百一十条 【保守收养秘密】收养人、送养人要求保守收养秘密的，其他人应当尊重其意愿，不得泄露。

第二节　收养的效力

第一千一百一十一条 【收养的效力】自收养关系成立之日起，养父母与养子女间的权利义务关系，适用本法关于父母子女关系的规定；养子女与养父母的近亲属间的权利义务关系，适用本法关于子女与父母的近亲属关系的规定。

养子女与生父母以及其他近亲属间的权利义务关系，因收养关系的成立而消除。

第一千一百一十二条 【养子女的姓氏】养子女可以随养父或者养母的姓氏，经当事人协商一致，也可以保留原姓氏。

第一千一百一十三条 【收养行为的无效】有本法第一编关于民事法律行为无效规定情形或者违反本编规定的收养行为无效。

无效的收养行为自始没有法律约束力。

第三节　收养关系的解除

第一千一百一十四条 【收养关系的协议解除与诉讼解除】收养人

在被收养人成年以前,不得解除收养关系,但是收养人、送养人双方协议解除的除外。养子女八周岁以上的,应当征得本人同意。

收养人不履行抚养义务,有虐待、遗弃等侵害未成年养子女合法权益行为的,送养人有权要求解除养父母与养子女间的收养关系。送养人、收养人不能达成解除收养关系协议的,可以向人民法院提起诉讼。

第一千一百一十五条 **【养父母与成年养子女解除收养关系】**养父母与成年养子女关系恶化、无法共同生活的,可以协议解除收养关系。不能达成协议的,可以向人民法院提起诉讼。

第一千一百一十六条 **【解除收养关系的登记】**当事人协议解除收养关系的,应当到民政部门办理解除收养关系登记。

第一千一百一十七条 **【收养关系解除的法律后果】**收养关系解除后,养子女与养父母以及其他近亲属间的权利义务关系即行消除,与生父母以及其他近亲属间的权利义务关系自行恢复。但是,成年养子女与生父母以及其他近亲属间的权利义务关系是否恢复,可以协商确定。

第一千一百一十八条 **【收养关系解除后生活费、抚养费支付】**收养关系解除后,经养父母抚养的成年养子女,对缺乏劳动能力又缺乏生活来源的养父母,应当给付生活费。因养子女成年后虐待、遗弃养父母而解除收养关系的,养父母可以要求养子女补偿收养期间支出的抚养费。

生父母要求解除收养关系的,养父母可以要求生父母适当补偿收养期间支出的抚养费;但是,因养父母虐待、遗弃养子女而解除收养关系的除外。

第六编 继 承

第一章 一般规定

第一千一百一十九条 **【继承编的调整范围】**本编调整因继承产生

的民事关系。

第一千一百二十条　【继承权的保护】国家保护自然人的继承权。

第一千一百二十一条　【继承的开始时间和死亡时间的推定】继承从被继承人死亡时开始。

相互有继承关系的数人在同一事件中死亡，难以确定死亡时间的，推定没有其他继承人的人先死亡。都有其他继承人，辈份不同的，推定长辈先死亡；辈份相同的，推定同时死亡，相互不发生继承。

关联对照

《继承编解释》

第一条　继承从被继承人生理死亡或者被宣告死亡时开始。

宣告死亡的，根据民法典第四十八条规定确定的死亡日期，为继承开始的时间。

第一千一百二十二条　【遗产的范围】遗产是自然人死亡时遗留的个人合法财产。

依照法律规定或者根据其性质不得继承的遗产，不得继承。

关联对照

《继承编解释》

第二条　承包人死亡时尚未取得承包收益的，可以将死者生前对承包所投入的资金和所付出的劳动及其增值和孳息，由发包单位或者接续承包合同的人合理折价、补偿。其价额作为遗产。

第三十九条　由国家或者集体组织供给生活费用的烈属和享受社会救济的自然人，其遗产仍应准许合法继承人继承。

第一千一百二十三条　【法定继承、遗嘱继承、遗赠和遗赠扶养协议的效力】继承开始后，按照法定继承办理；有遗嘱的，按照遗嘱继承或者遗赠办理；有遗赠扶养协议的，按照协议办理。

> **关联对照**

《继承编解释》

第三条 被继承人生前与他人订有遗赠扶养协议,同时又立有遗嘱的,继承开始后,如果遗赠扶养协议与遗嘱没有抵触,遗产分别按协议和遗嘱处理;如果有抵触,按协议处理,与协议抵触的遗嘱全部或者部分无效。

第一千一百二十四条 【继承和遗赠的接受和放弃】继承开始后,继承人放弃继承的,应当在遗产处理前,以书面形式作出放弃继承的表示;没有表示的,视为接受继承。

受遗赠人应当在知道受遗赠后六十日内,作出接受或者放弃受遗赠的表示;到期没有表示的,视为放弃受遗赠。

> **关联对照**

《继承编解释》

第三十二条 继承人因放弃继承权,致其不能履行法定义务的,放弃继承权的行为无效。

第三十三条 继承人放弃继承应当以书面形式向遗产管理人或者其他继承人表示。

第三十四条 在诉讼中,继承人向人民法院以口头方式表示放弃继承的,要制作笔录,由放弃继承的人签名。

第三十五条 继承人放弃继承的意思表示,应当在继承开始后、遗产分割前作出。遗产分割后表示放弃的不再是继承权,而是所有权。

第三十六条 遗产处理前或者在诉讼进行中,继承人对放弃继承反悔的,由人民法院根据其提出的具体理由,决定是否承认。遗产处理后,继承人对放弃继承反悔的,不予承认。

第三十七条 放弃继承的效力,追溯到继承开始的时间。

第三十八条 继承开始后,受遗赠人表示接受遗赠,并于遗产分割前死亡的，其接受遗赠的权利转移给他的继承人。

《婚姻家庭编解释（二）》

第十一条　夫妻一方以另一方可继承的财产为夫妻共同财产、放弃继承侵害夫妻共同财产利益为由主张另一方放弃继承无效的，人民法院不予支持，但有证据证明放弃继承导致放弃一方不能履行法定扶养义务的除外。

第一千一百二十五条　【继承权的丧失】继承人有下列行为之一的，丧失继承权：

（一）故意杀害被继承人；

（二）为争夺遗产而杀害其他继承人；

（三）遗弃被继承人，或者虐待被继承人情节严重；

（四）伪造、篡改、隐匿或者销毁遗嘱，情节严重；

（五）以欺诈、胁迫手段迫使或者妨碍被继承人设立、变更或者撤回遗嘱，情节严重。

继承人有前款第三项至第五项行为，确有悔改表现，被继承人表示宽恕或者事后在遗嘱中将其列为继承人的，该继承人不丧失继承权。

受遗赠人有本条第一款规定行为的，丧失受遗赠权。

关联对照

《时间效力规定》

第十三条　民法典施行前，继承人有民法典第一千一百二十五条第一款第四项和第五项规定行为之一，对该继承人是否丧失继承权发生争议的，适用民法典第一千一百二十五条第一款和第二款的规定。

民法典施行前，受遗赠人有民法典第一千一百二十五条第一款规定行为之一，对受遗赠人是否丧失受遗赠权发生争议的，适用民法典第一千一百二十五条第一款和第三款的规定。

《继承编解释》

第五条　在遗产继承中，继承人之间因是否丧失继承权发生纠纷，向人民法院提起诉讼的，由人民法院依据民法典第一千一百二十五条的规定，判决确认其是否丧失继承权。

第六条 继承人是否符合民法典第一千一百二十五条第一款第三项规定的"虐待被继承人情节严重"，可以从实施虐待行为的时间、手段、后果和社会影响等方面认定。

虐待被继承人情节严重的，不论是否追究刑事责任，均可确认其丧失继承权。

第七条 继承人故意杀害被继承人的，不论是既遂还是未遂，均应当确认其丧失继承权。

第八条 继承人有民法典第一千一百二十五条第一款第一项或者第二项所列之行为，而被继承人以遗嘱将遗产指定由该继承人继承的，可以确认遗嘱无效，并确认该继承人丧失继承权。

第九条 继承人伪造、篡改、隐匿或者销毁遗嘱，侵害了缺乏劳动能力又无生活来源的继承人的利益，并造成其生活困难的，应当认定为民法典第一千一百二十五条第一款第四项规定的"情节严重"。

第二章 法定继承

第一千一百二十六条 【继承权男女平等原则】继承权男女平等。

第一千一百二十七条 【继承人的范围及继承顺序】遗产按照下列顺序继承：

（一）第一顺序：配偶、子女、父母；

（二）第二顺序：兄弟姐妹、祖父母、外祖父母。

继承开始后，由第一顺序继承人继承，第二顺序继承人不继承；没有第一顺序继承人继承的，由第二顺序继承人继承。

本编所称子女，包括婚生子女、非婚生子女、养子女和有扶养关系的继子女。

本编所称父母，包括生父母、养父母和有扶养关系的继父母。

本编所称兄弟姐妹，包括同父母的兄弟姐妹、同父异母或者同母异父的兄弟姐妹、养兄弟姐妹、有扶养关系的继兄弟姐妹。

> **关联对照**

《继承编解释》

第十一条 继子女继承了继父母遗产的，不影响其继承生父母的遗产。

继父母继承了继子女遗产的，不影响其继承生子女的遗产。

第十二条 养子女与生子女之间、养子女与养子女之间，系养兄弟姐妹，可以互为第二顺序继承人。

被收养人与其亲兄弟姐妹之间的权利义务关系，因收养关系的成立而消除，不能互为第二顺序继承人。

第十三条 继兄弟姐妹之间的继承权，因继兄弟姐妹之间的扶养关系而发生。没有扶养关系的，不能互为第二顺序继承人。

继兄弟姐妹之间相互继承了遗产的，不影响其继承亲兄弟姐妹的遗产。

第一千一百二十八条 【代位继承】被继承人的子女先于被继承人死亡的，由被继承人的子女的直系晚辈血亲代位继承。

被继承人的兄弟姐妹先于被继承人死亡的，由被继承人的兄弟姐妹的子女代位继承。

代位继承人一般只能继承被代位继承人有权继承的遗产份额。

> **关联对照**

《时间效力规定》

第十四条 被继承人在民法典施行前死亡，遗产无人继承又无人受遗赠，其兄弟姐妹的子女请求代位继承的，适用民法典第一千一百二十八条第二款和第三款的规定，但是遗产已经在民法典施行前处理完毕的除外。

《继承编解释》

第十四条　被继承人的孙子女、外孙子女、曾孙子女、外曾孙子女都可以代位继承，代位继承人不受辈数的限制。

第十五条　被继承人的养子女、已形成扶养关系的继子女的生子女可以代位继承；被继承人亲生子女的养子女可以代位继承；被继承人养子女的养子女可以代位继承；与被继承人已形成扶养关系的继子女的养子女也可以代位继承。

第十六条　代位继承人缺乏劳动能力又没有生活来源，或者对被继承人尽过主要赡养义务的，分配遗产时，可以多分。

第十七条　继承人丧失继承权的，其晚辈直系血亲不得代位继承。如该代位继承人缺乏劳动能力又没有生活来源，或者对被继承人尽赡养义务较多的，可以适当分给遗产。

第一千一百二十九条　【丧偶儿媳、女婿的继承权】丧偶儿媳对公婆，丧偶女婿对岳父母，尽了主要赡养义务的，作为第一顺序继承人。

❋ 关联对照

《继承编解释》

第十八条　丧偶儿媳对公婆、丧偶女婿对岳父母，无论其是否再婚，依照民法典第一千一百二十九条规定作为第一顺序继承人时，不影响其子女代位继承。

第十九条　对被继承人生活提供了主要经济来源，或者在劳务等方面给予了主要扶助的，应当认定其尽了主要赡养义务或主要扶养义务。

第一千一百三十条　【遗产分配规则】同一顺序继承人继承遗产的份额，一般应当均等。

对生活有特殊困难又缺乏劳动能力的继承人，分配遗产时，应当予以照顾。

对被继承人尽了主要扶养义务或者与被继承人共同生活的继承人，分配遗产时，可以多分。

有扶养能力和有扶养条件的继承人，不尽扶养义务的，分配遗产时，应当不分或者少分。

继承人协商同意的，也可以不均等。

关联对照

《继承编解释》

第四条　遗嘱继承人依遗嘱取得遗产后，仍有权依照民法典第一千一百三十条的规定取得遗嘱未处分的遗产。

第二十二条　继承人有扶养能力和扶养条件，愿意尽扶养义务，但被继承人因有固定收入和劳动能力，明确表示不要求其扶养的，分配遗产时，一般不应因此而影响其继承份额。

第二十三条　有扶养能力和扶养条件的继承人虽然与被继承人共同生活，但对需要扶养的被继承人不尽扶养义务，分配遗产时，可以少分或者不分。

第四十三条　人民法院对故意隐匿、侵吞或者争抢遗产的继承人，可以酌情减少其应继承的遗产。

第一千一百三十一条　【酌情分得遗产权】 对继承人以外的依靠被继承人扶养的人，或者继承人以外的对被继承人扶养较多的人，可以分给适当的遗产。

关联对照

《继承编解释》

第十条　被收养人对养父母尽了赡养义务，同时又对生父母扶养较多的，除可以依照民法典第一千一百二十七条的规定继承养父母的遗产外，还可以依照民法典第一千一百三十一条的规定分得生父母适当的遗产。

第二十条　依照民法典第一千一百三十一条规定可以分给适当遗产的人，分给他们遗产时，按具体情况可以多于或者少于继承人。

第二十一条　依照民法典第一千一百三十一条规定可以分给适当遗产的人，在其依法取得被继承人遗产的权利受到侵犯时，本人有权以独立的诉讼主体资格向人民法院提起诉讼。

第四十一条　遗产因无人继承又无人受遗赠归国家或者集体所有制组织所有时，按照民法典第一千一百三十一条规定可以分给适当遗产的人提出取得遗产的诉讼请求，人民法院应当视情况适当分给遗产。

第一千一百三十二条　【继承的处理方式】继承人应当本着互谅互让、和睦团结的精神，协商处理继承问题。遗产分割的时间、办法和份额，由继承人协商确定；协商不成的，可以由人民调解委员会调解或者向人民法院提起诉讼。

❋ 关联对照

《继承编解释》

第四十四条　继承诉讼开始后，如继承人、受遗赠人中有既不愿参加诉讼，又不表示放弃实体权利的，应当追加为共同原告；继承人已书面表示放弃继承、受遗赠人在知道受遗赠后六十日内表示放弃受遗赠或者到期没有表示的，不再列为当事人。

第三章　遗嘱继承和遗赠

第一千一百三十三条　【遗嘱处分个人财产】自然人可以依照本法规定立遗嘱处分个人财产，并可以指定遗嘱执行人。

自然人可以立遗嘱将个人财产指定由法定继承人中的一人或者数人

继承。

　　自然人可以立遗嘱将个人财产赠与国家、集体或者法定继承人以外的组织、个人。

　　自然人可以依法设立遗嘱信托。

　　第一千一百三十四条　【自书遗嘱】自书遗嘱由遗嘱人亲笔书写，签名，注明年、月、日。

关联对照

《继承编解释》

　　第二十七条　自然人在遗书中涉及死后个人财产处分的内容，确为死者的真实意思表示，有本人签名并注明了年、月、日，又无相反证据的，可以按自书遗嘱对待。

　　第一千一百三十五条　【代书遗嘱】代书遗嘱应当有两个以上见证人在场见证，由其中一人代书，并由遗嘱人、代书人和其他见证人签名，注明年、月、日。

　　第一千一百三十六条　【打印遗嘱】打印遗嘱应当有两个以上见证人在场见证。遗嘱人和见证人应当在遗嘱每一页签名，注明年、月、日。

关联对照

《时间效力规定》

　　第十五条　民法典施行前，遗嘱人以打印方式立的遗嘱，当事人对该遗嘱效力发生争议的，适用民法典第一千一百三十六条的规定，但是遗产已经在民法典施行前处理完毕的除外。

　　第一千一百三十七条　【录音录像遗嘱】以录音录像形式立的遗嘱，应当有两个以上见证人在场见证。遗嘱人和见证人应当在录音录像中记录其姓名或者肖像，以及年、月、日。

第一千一百三十八条 【口头遗嘱】遗嘱人在危急情况下，可以立口头遗嘱。口头遗嘱应当有两个以上见证人在场见证。危急情况消除后，遗嘱人能够以书面或者录音录像形式立遗嘱的，所立的口头遗嘱无效。

第一千一百三十九条 【公证遗嘱】公证遗嘱由遗嘱人经公证机构办理。

第一千一百四十条 【作为遗嘱见证人的消极条件】下列人员不能作为遗嘱见证人：

（一）无民事行为能力人、限制民事行为能力人以及其他不具有见证能力的人；

（二）继承人、受遗赠人；

（三）与继承人、受遗赠人有利害关系的人。

关联对照

《继承编解释》

第二十四条 继承人、受遗赠人的债权人、债务人，共同经营的合伙人，也应当视为与继承人、受遗赠人有利害关系，不能作为遗嘱的见证人。

第一千一百四十一条 【必留份】遗嘱应当为缺乏劳动能力又没有生活来源的继承人保留必要的遗产份额。

关联对照

《继承编解释》

第二十五条 遗嘱人未保留缺乏劳动能力又没有生活来源的继承人的遗产份额，遗产处理时，应当为该继承人留下必要的遗产，所剩余的部分，才可参照遗嘱确定的分配原则处理。

继承人是否缺乏劳动能力又没有生活来源，应当按遗嘱生效时该继承人的具体情况确定。

第一千一百四十二条 【遗嘱的撤回与变更】遗嘱人可以撤回、变更自己所立的遗嘱。

立遗嘱后，遗嘱人实施与遗嘱内容相反的民事法律行为的，视为对遗嘱相关内容的撤回。

立有数份遗嘱，内容相抵触的，以最后的遗嘱为准。

关联对照

《时间效力规定》

第二十三条 被继承人在民法典施行前立有公证遗嘱，民法典施行后又立有新遗嘱，其死亡后，因该数份遗嘱内容相抵触发生争议的，适用民法典第一千一百四十二条第三款的规定。

第一千一百四十三条 【遗嘱无效的情形】无民事行为能力人或者限制民事行为能力人所立的遗嘱无效。

遗嘱必须表示遗嘱人的真实意思，受欺诈、胁迫所立的遗嘱无效。

伪造的遗嘱无效。

遗嘱被篡改的，篡改的内容无效。

关联对照

《继承编解释》

第二十六条 遗嘱人以遗嘱处分了国家、集体或者他人财产的，应当认定该部分遗嘱无效。

第二十八条 遗嘱人立遗嘱时必须具有完全民事行为能力。无民事行为能力人或者限制民事行为能力人所立的遗嘱，即使其本人后来具有完全民事行为能力，仍属无效遗嘱。遗嘱人立遗嘱时具有完全民事行为能力，后来成为无民事行为能力人或者限制民事行为能力人的，不影响遗嘱的效力。

第一千一百四十四条 【附义务的遗嘱继承或遗赠】遗嘱继承或者

遗赠附有义务的，继承人或者受遗赠人应当履行义务。没有正当理由不履行义务的，经利害关系人或者有关组织请求，人民法院可以取消其接受附义务部分遗产的权利。

> **关联对照**
>
> **《继承编解释》**
>
> 　　第二十九条　附义务的遗嘱继承或者遗赠，如义务能够履行，而继承人、受遗赠人无正当理由不履行，经受益人或者其他继承人请求，人民法院可以取消其接受附义务部分遗产的权利，由提出请求的继承人或者受益人负责按遗嘱人的意愿履行义务，接受遗产。

第四章　遗产的处理

第一千一百四十五条　【遗产管理人的选任】继承开始后，遗嘱执行人为遗产管理人；没有遗嘱执行人的，继承人应当及时推选遗产管理人；继承人未推选的，由继承人共同担任遗产管理人；没有继承人或者继承人均放弃继承的，由被继承人生前住所地的民政部门或者村民委员会担任遗产管理人。

> **关联对照**
>
> **《继承编解释》**
>
> 　　第三十条　人民法院在审理继承案件时，如果知道有继承人而无法通知的，分割遗产时，要保留其应继承的遗产，并确定该遗产的保管人或者保管单位。

第一千一百四十六条　【法院指定遗产管理人】对遗产管理人的确定有争议的，利害关系人可以向人民法院申请指定遗产管理人。

第一千一百四十七条　【遗产管理人的职责】遗产管理人应当履行

下列职责：

（一）清理遗产并制作遗产清单；
（二）向继承人报告遗产情况；
（三）采取必要措施防止遗产毁损、灭失；
（四）处理被继承人的债权债务；
（五）按照遗嘱或者依照法律规定分割遗产；
（六）实施与管理遗产有关的其他必要行为。

第一千一百四十八条　【遗产管理人的责任】遗产管理人应当依法履行职责，因故意或者重大过失造成继承人、受遗赠人、债权人损害的，应当承担民事责任。

第一千一百四十九条　【遗产管理人的报酬】遗产管理人可以依照法律规定或者按照约定获得报酬。

第一千一百五十条　【继承开始的通知】继承开始后，知道被继承人死亡的继承人应当及时通知其他继承人和遗嘱执行人。继承人中无人知道被继承人死亡或者知道被继承人死亡而不能通知的，由被继承人生前所在单位或者住所地的居民委员会、村民委员会负责通知。

第一千一百五十一条　【遗产的保管】存有遗产的人，应当妥善保管遗产，任何组织或者个人不得侵吞或者争抢。

第一千一百五十二条　【转继承】继承开始后，继承人于遗产分割前死亡，并没有放弃继承的，该继承人应当继承的遗产转给其继承人，但是遗嘱另有安排的除外。

第一千一百五十三条　【遗产的确定】夫妻共同所有的财产，除有约定的外，遗产分割时，应当先将共同所有的财产的一半分出为配偶所有，其余的为被继承人的遗产。

遗产在家庭共有财产之中的，遗产分割时，应当先分出他人的财产。

第一千一百五十四条　【按法定继承办理】有下列情形之一的，遗产中的有关部分按照法定继承办理：

（一）遗嘱继承人放弃继承或者受遗赠人放弃受遗赠；

(二) 遗嘱继承人丧失继承权或者受遗赠人丧失受遗赠权；
(三) 遗嘱继承人、受遗赠人先于遗嘱人死亡或者终止；
(四) 遗嘱无效部分所涉及的遗产；
(五) 遗嘱未处分的遗产。

第一千一百五十五条　【胎儿预留份】 遗产分割时，应当保留胎儿的继承份额。胎儿娩出时是死体的，保留的份额按照法定继承办理。

关联对照

《继承编解释》

第三十一条　应当为胎儿保留的遗产份额没有保留的，应从继承人所继承的遗产中扣回。

为胎儿保留的遗产份额，如胎儿出生后死亡的，由其继承人继承；如胎儿娩出时是死体的，由被继承人的继承人继承。

第一千一百五十六条　【遗产分割】 遗产分割应当有利于生产和生活需要，不损害遗产的效用。

不宜分割的遗产，可以采取折价、适当补偿或者共有等方法处理。

关联对照

《继承编解释》

第四十二条　人民法院在分割遗产中的房屋、生产资料和特定职业所需要的财产时，应当依据有利于发挥其使用效益和继承人的实际需要，兼顾各继承人的利益进行处理。

第一千一百五十七条　【再婚时对所继承遗产的处分】 夫妻一方死亡后另一方再婚的，有权处分所继承的财产，任何组织或者个人不得干涉。

第一千一百五十八条　【遗赠扶养协议】 自然人可以与继承人以外的组织或者个人签订遗赠扶养协议。按照协议，该组织或者个人承担该自然人生养死葬的义务，享有受遗赠的权利。

关联对照

《继承编解释》

第四十条 继承人以外的组织或者个人与自然人签订遗赠扶养协议后,无正当理由不履行,导致协议解除的,不能享有受遗赠的权利,其支付的供养费用一般不予补偿;遗赠人无正当理由不履行,导致协议解除的,则应当偿还继承人以外的组织或者个人已支付的供养费用。

第一千一百五十九条 【遗产分割时的义务】分割遗产,应当清偿被继承人依法应当缴纳的税款和债务;但是,应当为缺乏劳动能力又没有生活来源的继承人保留必要的遗产。

第一千一百六十条 【无人继承的遗产的处理】无人继承又无人受遗赠的遗产,归国家所有,用于公益事业;死者生前是集体所有制组织成员的,归所在集体所有制组织所有。

第一千一百六十一条 【限定继承】继承人以所得遗产实际价值为限清偿被继承人依法应当缴纳的税款和债务。超过遗产实际价值部分,继承人自愿偿还的不在此限。

继承人放弃继承的,对被继承人依法应当缴纳的税款和债务可以不负清偿责任。

第一千一百六十二条 【遗赠与遗产债务清偿】执行遗赠不得妨碍清偿遗赠人依法应当缴纳的税款和债务。

第一千一百六十三条 【既有法定继承又有遗嘱继承、遗赠时的债务清偿】既有法定继承又有遗嘱继承、遗赠的,由法定继承人清偿被继承人依法应当缴纳的税款和债务;超过法定继承遗产实际价值部分,由遗嘱继承人和受遗赠人按比例以所得遗产清偿。

第七编 侵权责任

第一章 一般规定

第一千一百六十四条 【侵权责任编的调整范围】本编调整因侵害民事权益产生的民事关系。

> **关联对照**
>
> 《时间效力规定》
> 第二十四条 侵权行为发生在民法典施行前，但是损害后果出现在民法典施行后的民事纠纷案件，适用民法典的规定。

第一千一百六十五条 【过错责任原则与过错推定责任】行为人因过错侵害他人民事权益造成损害的，应当承担侵权责任。

依照法律规定推定行为人有过错，其不能证明自己没有过错的，应当承担侵权责任。

第一千一百六十六条 【无过错责任】行为人造成他人民事权益损害，不论行为人有无过错，法律规定应当承担侵权责任的，依照其规定。

第一千一百六十七条 【危及他人人身、财产安全的责任承担方式】侵权行为危及他人人身、财产安全的，被侵权人有权请求侵权人承担停止侵害、排除妨碍、消除危险等侵权责任。

第一千一百六十八条 【共同侵权】二人以上共同实施侵权行为，造成他人损害的，应当承担连带责任。

关联对照

《最高人民法院关于审理网络消费纠纷案件适用法律若干问题的规定（一）》

第十七条　直播间运营者知道或者应当知道经营者提供的商品不符合保障人身、财产安全的要求，或者有其他侵害消费者合法权益行为，仍为其推广，给消费者造成损害，消费者依据民法典第一千一百六十八条等规定主张直播间运营者与提供该商品的经营者承担连带责任的，人民法院应予支持。

《人脸识别规定》

第七条　多个信息处理者处理人脸信息侵害自然人人格权益，该自然人主张多个信息处理者按照过错程度和造成损害结果的大小承担侵权责任的，人民法院依法予以支持；符合民法典第一千一百六十八条、第一千一百六十九条第一款、第一千一百七十条、第一千一百七十一条等规定的相应情形，该自然人主张多个信息处理者承担连带责任的，人民法院依法予以支持。

信息处理者利用网络服务处理人脸信息侵害自然人人格权益的，适用民法典第一千一百九十五条、第一千一百九十六条、第一千一百九十七条等规定。

《生态环境侵权责任解释》

第十四条　存在下列情形之一的，排污单位与第三方治理机构应当根据民法典第一千一百六十八条的规定承担连带责任：

（一）第三方治理机构按照排污单位的指示，违反污染防治相关规定排放污染物的；

（二）排污单位将明显存在缺陷的环保设施交由第三方治理机构运营，第三方治理机构利用该设施违反污染防治相关规定排放污染物的；

（三）排污单位以明显不合理的价格将污染物交由第三方治理机构处置，第三方治理机构违反污染防治相关规定排放污染物的。

（四）其他应当承担连带责任的情形。

第一千一百六十九条　【教唆侵权、帮助侵权】 教唆、帮助他人实施侵权行为的，应当与行为人承担连带责任。

教唆、帮助无民事行为能力人、限制民事行为能力人实施侵权行为的，应当承担侵权责任；该无民事行为能力人、限制民事行为能力人的监护人未尽到监护职责的，应当承担相应的责任。

关联对照

《侵权责任编解释》

第十一条　教唆、帮助无民事行为能力人、限制民事行为能力人实施侵权行为，教唆人、帮助人以其不知道且不应当知道行为人为无民事行为能力人、限制民事行为能力人为由，主张不承担侵权责任或者与行为人的监护人承担连带责任的，人民法院不予支持。

第十二条　教唆、帮助无民事行为能力人、限制民事行为能力人实施侵权行为，被侵权人合并请求教唆人、帮助人以及监护人承担侵权责任的，依照民法典第一千一百六十九条第二款的规定，教唆人、帮助人承担侵权人应承担的全部责任；监护人在未尽到监护职责的范围内与教唆人、帮助人共同承担责任，但责任主体实际支付的赔偿费用总和不应超出被侵权人应受偿的损失数额。

监护人先行支付赔偿费用后，就超过自己相应责任的部分向教唆人、帮助人追偿的，人民法院应予支持。

第十三条　教唆、帮助无民事行为能力人、限制民事行为能力人实施侵权行为，被侵权人合并请求教唆人、帮助人与监护人以及受托履行监护职责的人承担侵权责任的，依照本解释第十条、第十二条的规定认定民事责任。

《生态环境侵权责任解释》

第十条　为侵权人污染环境、破坏生态提供场地或者储存、运输等帮助，被侵权人根据民法典第一千一百六十九条的规定请求行为人与侵权人承担连带责任的，人民法院应予支持。

第十一条　过失为侵权人污染环境、破坏生态提供场地或者储存、运输等便利条件，被侵权人请求行为人承担与过错相适应责任的，人民法院应予支持。

前款规定的行为人存在重大过失的，依照本解释第十条的规定处理。

第十二条　排污单位将所属的环保设施委托第三方治理机构运营，第三方治理机构在合同履行过程中污染环境造成他人损害，被侵权人请求排污单位承担侵权责任的，人民法院应予支持。

排污单位依照前款规定承担责任后向有过错的第三方治理机构追偿的，人民法院应予支持。

第十三条　排污单位将污染物交由第三方治理机构集中处置，第三方治理机构在合同履行过程中污染环境造成他人损害，被侵权人请求第三方治理机构承担侵权责任的，人民法院应予支持。

排污单位在选任、指示第三方治理机构中有过错，被侵权人请求排污单位承担相应责任的，人民法院应予支持。

第一千一百七十条　【共同危险行为】二人以上实施危及他人人身、财产安全的行为，其中一人或者数人的行为造成他人损害，能够确定具体侵权人的，由侵权人承担责任；不能确定具体侵权人的，行为人承担连带责任。

第一千一百七十一条　【分别侵权的连带责任】二人以上分别实施侵权行为造成同一损害，每个人的侵权行为都足以造成全部损害的，行为人承担连带责任。

关联对照

《生态环境侵权责任解释》

第五条　两个以上侵权人分别污染环境、破坏生态造成同一损害，每一个侵权人的行为都足以造成全部损害，被侵权人根据民法典第一千一百七十一条的规定请求侵权人承担连带责任的，人民法院应予支持。

第七条　两个以上侵权人分别污染环境、破坏生态，部分侵权人的行为足以造成全部损害，部分侵权人的行为只造成部分损害，被侵权人请求足以造成全部损害的侵权人对全部损害承担责任，并与其他侵权人就共同造成的损害部分承担连带责任的，人民法院应予支持。

被侵权人依照前款规定请求足以造成全部损害的侵权人与其他侵权人承担责任的，受偿范围应以侵权行为造成的全部损害为限。

第二十四条　两个以上侵权人就污染环境、破坏生态造成的损害承担连带责任，实际承担责任超过自己责任份额的侵权人根据民法典第一百七十八条的规定向其他侵权人追偿的，人民法院应予支持。侵权人就惩罚性赔偿责任向其他侵权人追偿的，人民法院不予支持。

第二十五条　两个以上侵权人污染环境、破坏生态造成他人损害，人民法院应当根据行为有无许可，污染物的种类、浓度、排放量、危害性，破坏生态的方式、范围、程度，以及行为对损害后果所起的作用等因素确定各侵权人的责任份额。

两个以上侵权人污染环境、破坏生态承担连带责任，实际承担责任的侵权人向其他侵权人追偿的，依照前款规定处理。

第一千一百七十二条　【分别侵权的按份责任】二人以上分别实施侵权行为造成同一损害，能够确定责任大小的，各自承担相应的责任；难以确定责任大小的，平均承担责任。

关联对照

《生态环境侵权责任解释》

第六条　两个以上侵权人分别污染环境、破坏生态，每一个侵权人的行为都不足以造成全部损害，被侵权人根据民法典第一千一百七十二条的规定请求侵权人承担责任的，人民法院应予支持。

侵权人主张其污染环境、破坏生态行为不足以造成全部损害的，应当承担相应举证责任。

第八条 两个以上侵权人分别污染环境、破坏生态，部分侵权人能够证明其他侵权人的侵权行为已先行造成全部或者部分损害，并请求在相应范围内不承担责任或者减轻责任的，人民法院应予支持。

第九条 两个以上侵权人分别排放的物质相互作用产生污染物造成他人损害，被侵权人请求侵权人承担连带责任的，人民法院应予支持。

第一千一百七十三条 【与有过错】被侵权人对同一损害的发生或者扩大有过错的，可以减轻侵权人的责任。

关联对照

《生态环境侵权责任解释》

第二十六条 被侵权人对同一污染环境、破坏生态行为造成损害的发生或扩大有重大过失，侵权人请求减轻责任的，人民法院可以予以支持。

第一千一百七十四条 【受害人故意】损害是因受害人故意造成的，行为人不承担责任。

第一千一百七十五条 【第三人过错】损害是因第三人造成的，第三人应当承担侵权责任。

关联对照

《生态环境侵权责任解释》

第十八条 因第三人的过错污染环境、破坏生态造成他人损害，被侵权人请求侵权人或者第三人承担责任的，人民法院应予支持。

侵权人以损害是由第三人过错造成的为由，主张不承担责任或者减轻责任的，人民法院不予支持。

　　第十九条　因第三人的过错污染环境、破坏生态造成他人损害，被侵权人同时起诉侵权人和第三人承担责任，侵权人对损害的发生没有过错的，人民法院应当判令侵权人、第三人就全部损害承担责任。侵权人承担责任后有权向第三人追偿。

　　侵权人对损害的发生有过错的，人民法院应当判令侵权人就全部损害承担责任，第三人承担与其过错相适应的责任。侵权人承担责任后有权就第三人应当承担的责任份额向其追偿。

　　第二十条　被侵权人起诉第三人承担责任的，人民法院应当向被侵权人释明是否同时起诉侵权人。被侵权人不起诉侵权人的，人民法院应当根据民事诉讼法第五十九的规定通知侵权人参加诉讼。

　　被侵权人仅请求第三人承担责任，侵权人对损害的发生也有过错的，人民法院应当判令第三人承担与其过错相适应的责任。

第一千一百七十六条　【自甘风险】自愿参加具有一定风险的文体活动，因其他参加者的行为受到损害的，受害人不得请求其他参加者承担侵权责任；但是，其他参加者对损害的发生有故意或者重大过失的除外。

　　活动组织者的责任适用本法第一千一百九十八条至第一千二百零一条的规定。

❋ 关联对照

《时间效力规定》

　　第十六条　民法典施行前，受害人自愿参加具有一定风险的文体活动受到损害引起的民事纠纷案件，适用民法典第一千一百七十六条的规定。

第一千一百七十七条　【自力救济】合法权益受到侵害，情况紧迫且不能及时获得国家机关保护，不立即采取措施将使其合法权益受

到难以弥补的损害的，受害人可以在保护自己合法权益的必要范围内采取扣留侵权人的财物等合理措施；但是，应当立即请求有关国家机关处理。

受害人采取的措施不当造成他人损害的，应当承担侵权责任。

关联对照

《时间效力规定》

第十七条 民法典施行前，受害人为保护自己合法权益采取扣留侵权人的财物等措施引起的民事纠纷案件，适用民法典第一千一百七十七条的规定。

第一千一百七十八条 【特别规定优先适用】本法和其他法律对不承担责任或者减轻责任的情形另有规定的，依照其规定。

第二章 损害赔偿

第一千一百七十九条 【人身损害赔偿范围】侵害他人造成人身损害的，应当赔偿医疗费、护理费、交通费、营养费、住院伙食补助费等为治疗和康复支出的合理费用，以及因误工减少的收入。造成残疾的，还应当赔偿辅助器具费和残疾赔偿金；造成死亡的，还应当赔偿丧葬费和死亡赔偿金。

第一千一百八十条 【以相同数额确定死亡赔偿金】因同一侵权行为造成多人死亡的，可以以相同数额确定死亡赔偿金。

第一千一百八十一条 【被侵权人死亡时请求权主体的确定】被侵权人死亡的，其近亲属有权请求侵权人承担侵权责任。被侵权人为组织，该组织分立、合并的，承继权利的组织有权请求侵权人承担侵权责任。

被侵权人死亡的，支付被侵权人医疗费、丧葬费等合理费用的人有权请求侵权人赔偿费用，但是侵权人已经支付该费用的除外。

第一千一百八十二条 【侵害他人人身权益造成财产损失的赔偿计算方式】侵害他人人身权益造成财产损失的，按照被侵权人因此受到的损失或者侵权人因此获得的利益赔偿；被侵权人因此受到的损失以及侵权人因此获得的利益难以确定，被侵权人和侵权人就赔偿数额协商不一致，向人民法院提起诉讼的，由人民法院根据实际情况确定赔偿数额。

关联对照

《侵权责任编解释》

第一条 非法使被监护人脱离监护，监护人请求赔偿为恢复监护状态而支出的合理费用等财产损失的，人民法院应予支持。

第三条 非法使被监护人脱离监护，被监护人在脱离监护期间死亡，作为近亲属的监护人既请求赔偿人身损害，又请求赔偿监护关系受侵害产生的损失的，人民法院依法予以支持。

《人脸识别规定》

第八条 信息处理者处理人脸信息侵害自然人人格权益造成财产损失，该自然人依据民法典第一千一百八十二条主张财产损害赔偿的，人民法院依法予以支持。

自然人为制止侵权行为所支付的合理开支，可以认定为民法典第一千一百八十二条规定的财产损失。合理开支包括该自然人或者委托代理人对侵权行为进行调查、取证的合理费用。人民法院根据当事人的请求和具体案情，可以将合理的律师费用计算在赔偿范围内。

第一千一百八十三条 【精神损害赔偿】侵害自然人人身权益造成严重精神损害的，被侵权人有权请求精神损害赔偿。

因故意或者重大过失侵害自然人具有人身意义的特定物造成严重精神损害的，被侵权人有权请求精神损害赔偿。

关联对照

《侵权责任编解释》

第二条 非法使被监护人脱离监护，导致父母子女关系或者其他近亲属关系受到严重损害的，应当认定为民法典第一千一百八十三条第一款规定的严重精神损害。

第一千一百八十四条 【财产损失的计算】侵害他人财产的，财产损失按照损失发生时的市场价格或者其他合理方式计算。

第一千一百八十五条 【故意侵害知识产权的惩罚性赔偿责任】故意侵害他人知识产权，情节严重的，被侵权人有权请求相应的惩罚性赔偿。

第一千一百八十六条 【公平分担损失】受害人和行为人对损害的发生都没有过错的，依照法律的规定由双方分担损失。

第一千一百八十七条 【赔偿费用的支付方式】损害发生后，当事人可以协商赔偿费用的支付方式。协商不一致的，赔偿费用应当一次性支付；一次性支付确有困难的，可以分期支付，但是被侵权人有权请求提供相应的担保。

第三章 责任主体的特殊规定

第一千一百八十八条 【监护人责任】无民事行为能力人、限制民事行为能力人造成他人损害的，由监护人承担侵权责任。监护人尽到监护职责的，可以减轻其侵权责任。

有财产的无民事行为能力人、限制民事行为能力人造成他人损害的，从本人财产中支付赔偿费用；不足部分，由监护人赔偿。

关联对照

《侵权责任编解释》

第四条 无民事行为能力人、限制民事行为能力人造成他人损害，被侵权人请求监护人承担侵权责任，或者合并请求监护人和受托履行监护职责的人承担侵权责任的，人民法院应当将无民事行为能力人、限制民事行为能力人列为共同被告。

第五条 无民事行为能力人、限制民事行为能力人造成他人损害，被侵权人请求监护人承担侵权人应承担的全部责任的，人民法院应予支持，并在判决中明确，赔偿费用可以先从被监护人财产中支付，不足部分由监护人支付。

监护人抗辩主张承担补充责任，或者被侵权人、监护人主张人民法院判令有财产的无民事行为能力人、限制民事行为能力人承担赔偿责任的，人民法院不予支持。

从被监护人财产中支付赔偿费用的，应当保留被监护人所必需的生活费和完成义务教育所必需的费用。

第六条 行为人在侵权行为发生时不满十八周岁，被诉时已满十八周岁的，被侵权人请求原监护人承担侵权人应承担的全部责任的，人民法院应予支持，并在判决中明确，赔偿费用可以先从被监护人财产中支付，不足部分由监护人支付。

前款规定情形，被侵权人仅起诉行为人的，人民法院应当向原告释明申请追加原监护人为共同被告。

第七条 未成年子女造成他人损害，被侵权人请求父母共同承担侵权责任的，人民法院依照民法典第二十七条第一款、第一千零六十八条以及第一千一百八十八条的规定予以支持。

第八条 夫妻离婚后，未成年子女造成他人损害，被侵权人请求离异夫妻共同承担侵权责任的，人民法院依照民法典第一千零六十八条、第一千零八十四条以及第一千一百八十八条的规定予以支持。一方以未与该子女共同生活为由主张不承担或者少承担责任的，人民法院不予支持。

离异夫妻之间的责任份额，可以由双方协议确定；协议不成的，人民法院可以根据双方履行监护职责的约定和实际履行情况等确定。实际承担责任超过自己责任份额的一方向另一方追偿的，人民法院应予支持。

第九条　未成年子女造成他人损害的，依照民法典第一千零七十二条第二款的规定，未与该子女形成抚养教育关系的继父或者继母不承担监护人的侵权责任，由该子女的生父母依照本解释第八条的规定承担侵权责任。

第一千一百八十九条　【委托监护时监护人的责任】无民事行为能力人、限制民事行为能力人造成他人损害，监护人将监护职责委托给他人的，监护人应当承担侵权责任；受托人有过错的，承担相应的责任。

关联对照

《侵权责任编解释》

第十条　无民事行为能力人、限制民事行为能力人造成他人损害，被侵权人合并请求监护人和受托履行监护职责的人承担侵权责任的，依照民法典第一千一百八十九条的规定，监护人承担侵权人应承担的全部责任；受托人在过错范围内与监护人共同承担责任，但责任主体实际支付的赔偿费用总和不应超出被侵权人应受偿的损失数额。

监护人承担责任后向受托人追偿的，人民法院可以参照民法典第九百二十九条的规定处理。

仅有一般过失的无偿受托人承担责任后向监护人追偿的，人民法院应予支持。

第一千一百九十条　【暂时丧失意识后的侵权责任】完全民事行为能力人对自己的行为暂时没有意识或者失去控制造成他人损害有过错

的，应当承担侵权责任；没有过错的，根据行为人的经济状况对受害人适当补偿。

完全民事行为能力人因醉酒、滥用麻醉药品或者精神药品对自己的行为暂时没有意识或者失去控制造成他人损害的，应当承担侵权责任。

第一千一百九十一条 【用人单位责任和劳务派遣单位、劳务用工单位责任】用人单位的工作人员因执行工作任务造成他人损害的，由用人单位承担侵权责任。用人单位承担侵权责任后，可以向有故意或者重大过失的工作人员追偿。

劳务派遣期间，被派遣的工作人员因执行工作任务造成他人损害的，由接受劳务派遣的用工单位承担侵权责任；劳务派遣单位有过错的，承担相应的责任。

关联对照

《侵权责任编解释》

第十五条 与用人单位形成劳动关系的工作人员、执行用人单位工作任务的其他人员，因执行工作任务造成他人损害，被侵权人依照民法典第一千一百九十一条第一款的规定，请求用人单位承担侵权责任的，人民法院应予支持。

个体工商户的从业人员因执行工作任务造成他人损害的，适用民法典第一千一百九十一条第一款的规定认定民事责任。

第十六条 劳务派遣期间，被派遣的工作人员因执行工作任务造成他人损害，被侵权人合并请求劳务派遣单位与接受劳务派遣的用工单位承担侵权责任的，依照民法典第一千一百九十一条第二款的规定，接受劳务派遣的用工单位承担侵权人应承担的全部责任；劳务派遣单位在不当选派工作人员、未依法履行培训义务等过错范围内，与接受劳务派遣的用工单位共同承担责任，但责任主体实际支付的赔偿费用总和不应超出被侵权人应受偿的损失数额。

劳务派遣单位先行支付赔偿费用后，就超过自己相应责任的部分向接受劳务派遣的用工单位追偿的，人民法院应予支持，但双方另有约定的除外。

第十七条　工作人员在执行工作任务中实施的违法行为造成他人损害，构成自然人犯罪的，工作人员承担刑事责任不影响用人单位依法承担民事责任。依照民法典第一千一百九十一条规定用人单位应当承担侵权责任的，在刑事案件中已完成的追缴、退赔可以在民事判决书中明确并扣减，也可以在执行程序中予以扣减。

第一千一百九十二条　【个人劳务关系中的侵权责任】个人之间形成劳务关系，提供劳务一方因劳务造成他人损害的，由接受劳务一方承担侵权责任。接受劳务一方承担侵权责任后，可以向有故意或者重大过失的提供劳务一方追偿。提供劳务一方因劳务受到损害的，根据双方各自的过错承担相应的责任。

提供劳务期间，因第三人的行为造成提供劳务一方损害的，提供劳务一方有权请求第三人承担侵权责任，也有权请求接受劳务一方给予补偿。接受劳务一方补偿后，可以向第三人追偿。

第一千一百九十三条　【承揽关系中的侵权责任】承揽人在完成工作过程中造成第三人损害或者自己损害的，定作人不承担侵权责任。但是，定作人对定作、指示或者选任有过错的，应当承担相应的责任。

关联对照

《侵权责任编解释》

第十八条　承揽人在完成工作过程中造成第三人损害的，人民法院依照民法典第一千一百六十五条的规定认定承揽人的民事责任。

被侵权人合并请求定作人和承揽人承担侵权责任的，依照民法典第一千一百六十五条、第一千一百九十三条的规定，造成损害的承揽人承担侵权人应承担的全部责任；定作人在定作、指示或者选任过错范围内与承揽人共同承担责任，但责任主体实际支付的赔偿费用总和不应超出被侵权人应受偿的损失数额。

定作人先行支付赔偿费用后，就超过自己相应责任的部分向承揽人追偿的，人民法院应予支持，但双方另有约定的除外。

第一千一百九十四条 【网络侵权责任】网络用户、网络服务提供者利用网络侵害他人民事权益的，应当承担侵权责任。法律另有规定的，依照其规定。

第一千一百九十五条 【"通知与取下"制度】网络用户利用网络服务实施侵权行为的，权利人有权通知网络服务提供者采取删除、屏蔽、断开链接等必要措施。通知应当包括构成侵权的初步证据及权利人的真实身份信息。

网络服务提供者接到通知后，应当及时将该通知转送相关网络用户，并根据构成侵权的初步证据和服务类型采取必要措施；未及时采取必要措施的，对损害的扩大部分与该网络用户承担连带责任。

权利人因错误通知造成网络用户或者网络服务提供者损害的，应当承担侵权责任。法律另有规定的，依照其规定。

关联对照

《人脸识别规定》

第七条 多个信息处理者处理人脸信息侵害自然人人格权益，该自然人主张多个信息处理者按照过错程度和造成损害结果的大小承担侵权责任的，人民法院依法予以支持；符合民法典第一千一百六十八条、第一千一百六十九条第一款、第一千一百七十条、第一千一百七十一条等规定的相应情形，该自然人主张多个信息处理者承担连带责任的，人民法院依法予以支持。

信息处理者利用网络服务处理人脸信息侵害自然人人格权益的，适用民法典第一千一百九十五条、第一千一百九十六条、第一千一百九十七条等规定。

第一千一百九十六条 【"反通知"制度】网络用户接到转送的通知后,可以向网络服务提供者提交不存在侵权行为的声明。声明应当包括不存在侵权行为的初步证据及网络用户的真实身份信息。

网络服务提供者接到声明后,应当将该声明转送发出通知的权利人,并告知其可以向有关部门投诉或者向人民法院提起诉讼。网络服务提供者在转送声明到达权利人后的合理期限内,未收到权利人已经投诉或者提起诉讼通知的,应当及时终止所采取的措施。

第一千一百九十七条 【网络服务提供者与网络用户的连带责任】网络服务提供者知道或者应当知道网络用户利用其网络服务侵害他人民事权益,未采取必要措施的,与该网络用户承担连带责任。

第一千一百九十八条 【违反安全保障义务的侵权责任】宾馆、商场、银行、车站、机场、体育场馆、娱乐场所等经营场所、公共场所的经营者、管理者或者群众性活动的组织者,未尽到安全保障义务,造成他人损害的,应当承担侵权责任。

因第三人的行为造成他人损害的,由第三人承担侵权责任;经营者、管理者或者组织者未尽到安全保障义务的,承担相应的补充责任。经营者、管理者或者组织者承担补充责任后,可以向第三人追偿。

第一千一百九十九条 【教育机构对无民事行为能力人受到人身损害的过错推定责任】无民事行为能力人在幼儿园、学校或者其他教育机构学习、生活期间受到人身损害的,幼儿园、学校或者其他教育机构应当承担侵权责任;但是,能够证明尽到教育、管理职责的,不承担侵权责任。

第一千二百条 【教育机构对限制民事行为能力人受到人身损害的过错责任】限制民事行为能力人在学校或者其他教育机构学习、生活期间受到人身损害,学校或者其他教育机构未尽到教育、管理职责的,应当承担侵权责任。

第一千二百零一条 【受到校外人员人身损害时的责任分担】无民事行为能力人或者限制民事行为能力人在幼儿园、学校或者其他教育机构学习、生活期间,受到幼儿园、学校或者其他教育机构以外的第三人人身损害的，由第三人承担侵权责任；幼儿园、学校或者其他教育机构未尽到管理职责的，承担相应的补充责任。幼儿园、学校或者其他教育机构承担补充责任后，可以向第三人追偿。

> **关联对照**
>
> **《侵权责任编解释》**
>
> 　　第十四条　无民事行为能力人或者限制民事行为能力人在幼儿园、学校或者其他教育机构学习、生活期间，受到教育机构以外的第三人人身损害，第三人、教育机构作为共同被告且依法应承担侵权责任的，人民法院应当在判决中明确，教育机构在人民法院就第三人的财产依法强制执行后仍不能履行的范围内，承担与其过错相应的补充责任。
>
> 　　被侵权人仅起诉教育机构的，人民法院应当向原告释明申请追加实施侵权行为的第三人为共同被告。
>
> 　　第三人不确定的，未尽到管理职责的教育机构先行承担与其过错相应的责任；教育机构承担责任后向已经确定的第三人追偿的，人民法院依照民法典第一千二百零一条的规定予以支持。

第四章　产品责任

第一千二百零二条　【产品生产者侵权责任】因产品存在缺陷造成他人损害的，生产者应当承担侵权责任。

第一千二百零三条　【被侵权人请求损害赔偿的途径和先行赔偿人追偿权】因产品存在缺陷造成他人损害的，被侵权人可以向产品的生产者请求赔偿，也可以向产品的销售者请求赔偿。

产品缺陷由生产者造成的，销售者赔偿后，有权向生产者追偿。因销售者的过错使产品存在缺陷的，生产者赔偿后，有权向销售者追偿。

关联对照

《侵权责任编解释》

第十九条　因产品存在缺陷造成买受人财产损害，买受人请求产品的生产者或者销售者赔偿缺陷产品本身损害以及其他财产损害的，人民法院依照民法典第一千二百零二条、第一千二百零三条的规定予以支持。

第一千二百零四条　【生产者、销售者的第三人追偿权】因运输者、仓储者等第三人的过错使产品存在缺陷，造成他人损害的，产品的生产者、销售者赔偿后，有权向第三人追偿。

第一千二百零五条　【产品缺陷危及他人人身、财产安全的侵权责任】因产品缺陷危及他人人身、财产安全的，被侵权人有权请求生产者、销售者承担停止侵害、排除妨碍、消除危险等侵权责任。

第一千二百零六条　【生产者、销售者的补救措施及费用承担】产品投入流通后发现存在缺陷的，生产者、销售者应当及时采取停止销售、警示、召回等补救措施；未及时采取补救措施或者补救措施不力造成损害扩大的，对扩大的损害也应当承担侵权责任。

依据前款规定采取召回措施的，生产者、销售者应当负担被侵权人因此支出的必要费用。

第一千二百零七条　【产品责任中的惩罚性赔偿】明知产品存在缺陷仍然生产、销售，或者没有依据前条规定采取有效补救措施，造成他人死亡或者健康严重损害的，被侵权人有权请求相应的惩罚性赔偿。

第五章　机动车交通事故责任

第一千二百零八条　【机动车交通事故责任的法律适用】机动车发生交通事故造成损害的，依照道路交通安全法律和本法的有关规定承担赔偿责任。

第一千二百零九条 【租赁、借用机动车交通事故责任】因租赁、借用等情形机动车所有人、管理人与使用人不是同一人时，发生交通事故造成损害，属于该机动车一方责任的，由机动车使用人承担赔偿责任；机动车所有人、管理人对损害的发生有过错的，承担相应的赔偿责任。

第一千二百一十条 【转让并交付但未办理登记的机动车侵权责任】当事人之间已经以买卖或者其他方式转让并交付机动车但是未办理登记，发生交通事故造成损害，属于该机动车一方责任的，由受让人承担赔偿责任。

第一千二百一十一条 【挂靠机动车交通事故责任】以挂靠形式从事道路运输经营活动的机动车，发生交通事故造成损害，属于该机动车一方责任的，由挂靠人和被挂靠人承担连带责任。

第一千二百一十二条 【擅自驾驶他人机动车交通事故责任】未经允许驾驶他人机动车，发生交通事故造成损害，属于该机动车一方责任的，由机动车使用人承担赔偿责任；机动车所有人、管理人对损害的发生有过错的，承担相应的赔偿责任，但是本章另有规定的除外。

第一千二百一十三条 【交通事故侵权救济来源的支付顺序】机动车发生交通事故造成损害，属于该机动车一方责任的，先由承保机动车强制保险的保险人在强制保险责任限额范围内予以赔偿；不足部分，由承保机动车商业保险的保险人按照保险合同的约定予以赔偿；仍然不足或者没有投保机动车商业保险的，由侵权人赔偿。

关联对照

《侵权责任编解释》

第二十一条 未依法投保强制保险的机动车发生交通事故造成损害，投保义务人和交通事故责任人不是同一人，被侵权人合并请求投保义务人和交通事故责任人承担侵权责任的，交通事故责任人承担侵权人应承担的全部责任；投保义务人在机动车强制保险责任限额范围内与交通事故责任人共同承担责任，但责任主体实际支付的赔偿费用总和不应超出被侵权人应受偿的损失数额。

投保义务人先行支付赔偿费用后,就超出机动车强制保险责任限额范围部分向交通事故责任人追偿的,人民法院应予支持。

第二十二条 机动车驾驶人离开本车后,因未采取制动措施等自身过错受到本车碰撞、碾压造成损害,机动车驾驶人请求承保本车机动车强制保险的保险人在强制保险责任限额范围内,以及承保本车机动车商业第三者责任保险的保险人按照保险合同的约定赔偿的,人民法院不予支持,但可以依据机动车车上人员责任保险的有关约定支持相应的赔偿请求。

第一千二百一十四条 【拼装车、报废车交通事故责任】以买卖或者其他方式转让拼装或者已经达到报废标准的机动车,发生交通事故造成损害的,由转让人和受让人承担连带责任。

关联对照

《侵权责任编解释》

第二十条 以买卖或者其他方式转让拼装或者已经达到报废标准的机动车,发生交通事故造成损害,转让人、受让人以其不知道且不应当知道该机动车系拼装或者已经达到报废标准为由,主张不承担侵权责任的,人民法院不予支持。

第一千二百一十五条 【盗抢机动车交通事故责任】盗窃、抢劫或者抢夺的机动车发生交通事故造成损害的,由盗窃人、抢劫人或者抢夺人承担赔偿责任。盗窃人、抢劫人或者抢夺人与机动车使用人不是同一人,发生交通事故造成损害,属于该机动车一方责任的,由盗窃人、抢劫人或者抢夺人与机动车使用人承担连带责任。

保险人在机动车强制保险责任限额范围内垫付抢救费用的,有权向交通事故责任人追偿。

第一千二百一十六条 【驾驶人逃逸责任承担规则】机动车驾驶人发生交通事故后逃逸,该机动车参加强制保险的,由保险人在机动车强制保险责任限额范围内予以赔偿；机动车不明、该机动车未参加强制保险或者抢救费用超过机动车强制保险责任限额，需要支付被侵权人人身伤亡的抢救、丧葬等费用的，由道路交通事故社会救助基金垫付。道路交通事故社会救助基金垫付后，其管理机构有权向交通事故责任人追偿。

第一千二百一十七条　【好意同乘规则】非营运机动车发生交通事故造成无偿搭乘人损害，属于该机动车一方责任的，应当减轻其赔偿责任，但是机动车使用人有故意或者重大过失的除外。

关联对照

《时间效力规定》

第十八条　民法典施行前，因非营运机动车发生交通事故造成无偿搭乘人损害引起的民事纠纷案件，适用民法典第一千二百一十七条的规定。

第六章　医疗损害责任

第一千二百一十八条　【医疗损害责任归责原则】患者在诊疗活动中受到损害，医疗机构或者其医务人员有过错的，由医疗机构承担赔偿责任。

第一千二百一十九条　【医疗机构说明义务与患者知情同意权】医务人员在诊疗活动中应当向患者说明病情和医疗措施。需要实施手术、特殊检查、特殊治疗的，医务人员应当及时向患者具体说明医疗风险、替代医疗方案等情况，并取得其明确同意；不能或者不宜向患者说明的，应当向患者的近亲属说明，并取得其明确同意。

医务人员未尽到前款义务，造成患者损害的，医疗机构应当承担赔偿责任。

第一千二百二十条　【紧急情况下实施的医疗措施】因抢救生命垂危的患者等紧急情况，不能取得患者或者其近亲属意见的，经医疗机构负责人或者授权的负责人批准,可以立即实施相应的医疗措施。

第一千二百二十一条 【医务人员过错的医疗机构赔偿责任】医务人员在诊疗活动中未尽到与当时的医疗水平相应的诊疗义务,造成患者损害的,医疗机构应当承担赔偿责任。

第一千二百二十二条 【医疗机构过错推定的情形】患者在诊疗活动中受到损害,有下列情形之一的,推定医疗机构有过错:

(一)违反法律、行政法规、规章以及其他有关诊疗规范的规定;

(二)隐匿或者拒绝提供与纠纷有关的病历资料;

(三)遗失、伪造、篡改或者违法销毁病历资料。

第一千二百二十三条 【因药品、消毒产品、医疗器械的缺陷或输入不合格的血液的侵权责任】因药品、消毒产品、医疗器械的缺陷,或者输入不合格的血液造成患者损害的,患者可以向药品上市许可持有人、生产者、血液提供机构请求赔偿,也可以向医疗机构请求赔偿。患者向医疗机构请求赔偿的,医疗机构赔偿后,有权向负有责任的药品上市许可持有人、生产者、血液提供机构追偿。

第一千二百二十四条 【医疗机构免责事由】患者在诊疗活动中受到损害,有下列情形之一的,医疗机构不承担赔偿责任:

(一)患者或者其近亲属不配合医疗机构进行符合诊疗规范的诊疗;

(二)医务人员在抢救生命垂危的患者等紧急情况下已经尽到合理诊疗义务;

(三)限于当时的医疗水平难以诊疗。

前款第一项情形中,医疗机构或者其医务人员也有过错的,应当承担相应的赔偿责任。

第一千二百二十五条 【医疗机构对病历的义务及患者对病历的权利】医疗机构及其医务人员应当按照规定填写并妥善保管住院志、医嘱单、检验报告、手术及麻醉记录、病理资料、护理记录等病历资料。

患者要求查阅、复制前款规定的病历资料的,医疗机构应当及时提供。

第一千二百二十六条 【患者隐私和个人信息保护】医疗机构及其

医务人员应当对患者的隐私和个人信息保密。泄露患者的隐私和个人信息，或者未经患者同意公开其病历资料的，应当承担侵权责任。

第一千二百二十七条 【不必要检查禁止义务】医疗机构及其医务人员不得违反诊疗规范实施不必要的检查。

第一千二百二十八条 【医疗机构及医务人员合法权益的维护】医疗机构及其医务人员的合法权益受法律保护。

干扰医疗秩序，妨碍医务人员工作、生活，侵害医务人员合法权益的，应当依法承担法律责任。

第七章 环境污染和生态破坏责任

第一千二百二十九条 【环境污染和生态破坏侵权责任】因污染环境、破坏生态造成他人损害的，侵权人应当承担侵权责任。

第一千二百三十条 【环境污染、生态破坏侵权举证责任】因污染环境、破坏生态发生纠纷，行为人应当就法律规定的不承担责任或者减轻责任的情形及其行为与损害之间不存在因果关系承担举证责任。

第一千二百三十一条 【两个以上侵权人造成损害的责任分担】两个以上侵权人污染环境、破坏生态的，承担责任的大小，根据污染物的种类、浓度、排放量，破坏生态的方式、范围、程度，以及行为对损害后果所起的作用等因素确定。

第一千二百三十二条 【侵权人的惩罚性赔偿】侵权人违反法律规定故意污染环境、破坏生态造成严重后果的，被侵权人有权请求相应的惩罚性赔偿。

第一千二百三十三条 【因第三人过错污染环境、破坏生态的责任】因第三人的过错污染环境、破坏生态的，被侵权人可以向侵权人请求赔偿，也可以向第三人请求赔偿。侵权人赔偿后，有权向第三人追偿。

第一千二百三十四条 【生态环境损害修复责任】违反国家规定造成生态环境损害，生态环境能够修复的，国家规定的机关或者法律规定的组织有权请求侵权人在合理期限内承担修复责任。侵权人在期限内未修复的，国家规定的机关或者法律规定的组织可以自行或者委托他人进行修复，所需费用由侵权人负担。

第一千二百三十五条　【生态环境损害赔偿的范围】违反国家规定造成生态环境损害的，国家规定的机关或者法律规定的组织有权请求侵权人赔偿下列损失和费用：

（一）生态环境受到损害至修复完成期间服务功能丧失导致的损失；
（二）生态环境功能永久性损害造成的损失；
（三）生态环境损害调查、鉴定评估等费用；
（四）清除污染、修复生态环境费用；
（五）防止损害的发生和扩大所支出的合理费用。

关联对照

《最高人民法院关于生态环境侵权民事诉讼证据的若干规定》

第四条　原告请求被告就其污染环境、破坏生态行为支付人身、财产损害赔偿费用，或者支付民法典第一千二百三十五条规定的损失、费用的，应当就其主张的损失、费用的数额承担举证责任。

《生态环境侵权责任解释》

第二十二条　被侵权人请求侵权人赔偿因污染环境、破坏生态造成的人身、财产损害，以及为防止损害发生和扩大而采取必要措施所支出的合理费用的，人民法院应予支持。

被侵权人同时请求侵权人根据民法典第一千二百三十五条的规定承担生态环境损害赔偿责任的，人民法院不予支持。

第八章　高度危险责任

第一千二百三十六条　【高度危险责任一般规定】从事高度危险作业造成他人损害的，应当承担侵权责任。

第一千二百三十七条 【民用核设施致害责任】民用核设施或者运入运出核设施的核材料发生核事故造成他人损害的,民用核设施的营运单位应当承担侵权责任;但是,能够证明损害是因战争、武装冲突、暴乱等情形或者受害人故意造成的,不承担责任。

第一千二百三十八条 【民用航空器致害责任】民用航空器造成他人损害的,民用航空器的经营者应当承担侵权责任;但是,能够证明损害是因受害人故意造成的,不承担责任。

第一千二百三十九条 【高度危险物致害责任】占有或者使用易燃、易爆、剧毒、高放射性、强腐蚀性、高致病性等高度危险物造成他人损害的,占有人或者使用人应当承担侵权责任;但是,能够证明损害是因受害人故意或者不可抗力造成的,不承担责任。被侵权人对损害的发生有重大过失的,可以减轻占有人或者使用人的责任。

第一千二百四十条 【高度危险活动致害责任】从事高空、高压、地下挖掘活动或者使用高速轨道运输工具造成他人损害的,经营者应当承担侵权责任;但是,能够证明损害是因受害人故意或者不可抗力造成的,不承担责任。被侵权人对损害的发生有重大过失的,可以减轻经营者的责任。

第一千二百四十一条 【遗失、抛弃高度危险物致害的侵权责任】遗失、抛弃高度危险物造成他人损害的,由所有人承担侵权责任。所有人将高度危险物交由他人管理的,由管理人承担侵权责任;所有人有过错的,与管理人承担连带责任。

第一千二百四十二条 【非法占有高度危险物致害的侵权责任】非法占有高度危险物造成他人损害的,由非法占有人承担侵权责任。所有人、管理人不能证明对防止非法占有尽到高度注意义务的,与非法占有人承担连带责任。

第一千二百四十三条 【未经许可进入高度危险作业区域的致害责任】未经许可进入高度危险活动区域或者高度危险物存放区域受到损害,管理人能够证明已经采取足够安全措施并尽到充分警示义务的,可以减轻或者不承担责任。

第一千二百四十四条 【高度危险责任赔偿限额】承担高度危险责任,法律规定赔偿限额的,依照其规定,但是行为人有故意或者重大过失的除外。

第九章 饲养动物损害责任

第一千二百四十五条 【饲养动物损害责任一般规定】饲养的动物造成他人损害的,动物饲养人或者管理人应当承担侵权责任;但是,能够证明损害是因被侵权人故意或者重大过失造成的,可以不承担或者减轻责任。

第一千二百四十六条 【未对动物采取安全措施损害责任】违反管理规定,未对动物采取安全措施造成他人损害的,动物饲养人或者管理人应当承担侵权责任;但是,能够证明损害是因被侵权人故意造成的,可以减轻责任。

第一千二百四十七条 【禁止饲养的危险动物损害责任】禁止饲养的烈性犬等危险动物造成他人损害的,动物饲养人或者管理人应当承担侵权责任。

● 关联对照

《侵权责任编解释》
第二十三条 禁止饲养的烈性犬等危险动物造成他人损害,动物饲养人或者管理人主张不承担责任或者减轻责任的,人民法院不予支持。

第一千二百四十八条 【动物园饲养动物损害责任】动物园的动物造成他人损害的,动物园应当承担侵权责任;但是,能够证明尽到管理职责的,不承担侵权责任。

第一千二百四十九条 【遗弃、逃逸动物损害责任】遗弃、逃逸的动物在遗弃、逃逸期间造成他人损害的,由动物原饲养人或者管理人承担侵权责任。

第一千二百五十条 【因第三人过错致使动物致害责任】因第三人的过错致使动物造成他人损害的,被侵权人可以向动物饲养人或者管理人请求赔偿,也可以向第三人请求赔偿。动物饲养人或者管理人赔偿后,有权向第三人追偿。

第一千二百五十一条 【饲养动物应负的社会责任】饲养动物应当遵守法律法规,尊重社会公德,不得妨碍他人生活。

第十章 建筑物和物件损害责任

第一千二百五十二条 【建筑物、构筑物或者其他设施倒塌、塌陷致害责任】建筑物、构筑物或者其他设施倒塌、塌陷造成他人损害的,由建设单位与施工单位承担连带责任,但是建设单位与施工单位能够证明不存在质量缺陷的除外。建设单位、施工单位赔偿后,有其他责任人的,有权向其他责任人追偿。

因所有人、管理人、使用人或者第三人的原因,建筑物、构筑物或者其他设施倒塌、塌陷造成他人损害的,由所有人、管理人、使用人或者第三人承担侵权责任。

第一千二百五十三条 【建筑物、构筑物或者其他设施及其搁置物、悬挂物脱落、坠落致害责任】建筑物、构筑物或者其他设施及其搁置物、悬挂物发生脱落、坠落造成他人损害,所有人、管理人或者使用人不能证明自己没有过错的,应当承担侵权责任。所有人、管理人或者使用人赔偿后,有其他责任人的,有权向其他责任人追偿。

第一千二百五十四条 【高空抛掷物、坠落物致害责任】禁止从建筑物中抛掷物品。从建筑物中抛掷物品或者从建筑物上坠落的物品造成他人损害的,由侵权人依法承担侵权责任;经调查难以确定具体侵权人的,除能够证明自己不是侵权人的外,由可能加害的建筑物使用人给予补偿。可能加害的建筑物使用人补偿后,有权向侵权人追偿。

物业服务企业等建筑物管理人应当采取必要的安全保障措施防止前

款规定情形的发生；未采取必要的安全保障措施的，应当依法承担未履行安全保障义务的侵权责任。

发生本条第一款规定的情形的，公安等机关应当依法及时调查，查清责任人。

关联对照

《侵权责任编解释》

第二十四条 物业服务企业等建筑物管理人未采取必要的安全保障措施防止从建筑物中抛掷物品或者从建筑物上坠落的物品造成他人损害，具体侵权人、物业服务企业等建筑物管理人作为共同被告的，人民法院应当依照民法典第一千一百九十八条第二款、第一千二百五十四条的规定，在判决中明确，未采取必要安全保障措施的物业服务企业等建筑物管理人在人民法院就具体侵权人的财产依法强制执行后仍不能履行的范围内，承担与其过错相应的补充责任。

第二十五条 物业服务企业等建筑物管理人未采取必要的安全保障措施防止从建筑物中抛掷物品或者从建筑物上坠落的物品造成他人损害，经公安等机关调查，在民事案件一审法庭辩论终结前仍难以确定具体侵权人的，未采取必要安全保障措施的物业服务企业等建筑物管理人承担与其过错相应的责任。被侵权人其余部分的损害，由可能加害的建筑物使用人给予适当补偿。

具体侵权人确定后，已经承担责任的物业服务企业等建筑物管理人、可能加害的建筑物使用人向具体侵权人追偿的，人民法院依照民法典第一千一百九十八条第二款、第一千二百五十四条第一款的规定予以支持。

《时间效力规定》

第十九条 民法典施行前，从建筑物中抛掷物品或者从建筑物上坠落的物品造成他人损害引起的民事纠纷案件，适用民法典第一千二百五十四条的规定。

第一千二百五十五条　【堆放物致害责任】堆放物倒塌、滚落或者滑落造成他人损害，堆放人不能证明自己没有过错的，应当承担侵权责任。

第一千二百五十六条　【在公共道路上妨碍通行物品的致害责任】在公共道路上堆放、倾倒、遗撒妨碍通行的物品造成他人损害的，由行为人承担侵权责任。公共道路管理人不能证明已经尽到清理、防护、警示等义务的，应当承担相应的责任。

第一千二百五十七条　【林木致害的责任】因林木折断、倾倒或者果实坠落等造成他人损害，林木的所有人或者管理人不能证明自己没有过错的，应当承担侵权责任。

第一千二百五十八条　【公共场所或道路施工致害责任和窨井等地下设施致害责任】在公共场所或者道路上挖掘、修缮安装地下设施等造成他人损害，施工人不能证明已经设置明显标志和采取安全措施的，应当承担侵权责任。

窨井等地下设施造成他人损害，管理人不能证明尽到管理职责的，应当承担侵权责任。

附　则

第一千二百五十九条　【法律术语含义】民法所称的"以上"、"以下"、"以内"、"届满"，包括本数；所称的"不满"、"超过"、"以外"，不包括本数。

第一千二百六十条　【施行日期】本法自2021年1月1日起施行。《中华人民共和国婚姻法》、《中华人民共和国继承法》、《中华人民共和国民法通则》、《中华人民共和国收养法》、《中华人民共和国担保法》、《中华人民共和国合同法》、《中华人民共和国物权法》、《中华人民共和国侵权责任法》、《中华人民共和国民法总则》同时废止。

关联对照

《时间效力规定》

第一条 民法典施行后的法律事实引起的民事纠纷案件，适用民法典的规定。

民法典施行前的法律事实引起的民事纠纷案件，适用当时的法律、司法解释的规定，但是法律、司法解释另有规定的除外。

民法典施行前的法律事实持续至民法典施行后，该法律事实引起的民事纠纷案件，适用民法典的规定，但是法律、司法解释另有规定的除外。

第二条 民法典施行前的法律事实引起的民事纠纷案件，当时的法律、司法解释有规定，适用当时的法律、司法解释的规定，但是适用民法典的规定更有利于保护民事主体合法权益，更有利于维护社会和经济秩序，更有利于弘扬社会主义核心价值观的除外。

第三条 民法典施行前的法律事实引起的民事纠纷案件，当时的法律、司法解释没有规定而民法典有规定的，可以适用民法典的规定，但是明显减损当事人合法权益、增加当事人法定义务或者背离当事人合理预期的除外。

第四条 民法典施行前的法律事实引起的民事纠纷案件，当时的法律、司法解释仅有原则性规定而民法典有具体规定的，适用当时的法律、司法解释的规定，但是可以依据民法典具体规定进行裁判说理。

第五条 民法典施行前已经终审的案件，当事人申请再审或者按照审判监督程序决定再审的，不适用民法典的规定。

民法典配套司法解释

最高人民法院关于适用《中华人民共和国民法典》时间效力的若干规定

（2020年12月14日最高人民法院审判委员会第1821次会议通过 2020年12月29日最高人民法院公告公布 自2021年1月1日起施行 法释〔2020〕15号）

根据《中华人民共和国立法法》《中华人民共和国民法典》等法律规定，就人民法院在审理民事纠纷案件中有关适用民法典时间效力问题作出如下规定。

一、一般规定

第一条 民法典施行后的法律事实引起的民事纠纷案件，适用民法典的规定。

民法典施行前的法律事实引起的民事纠纷案件，适用当时的法律、司法解释的规定，但是法律、司法解释另有规定的除外。

民法典施行前的法律事实持续至民法典施行后，该法律事实引起的民事纠纷案件，适用民法典的规定，但是法律、司法解释另有规定的除外。

第二条 民法典施行前的法律事实引起的民事纠纷案件，当时的法律、司法解释有规定，适用当时的法律、司法解释的规定，但是适用民法典的规定更有利于保护民事主体合法权益，更有利于维护社会和经济秩序，更有利于弘扬社会主义核心价值观的除外。

第三条 民法典施行前的法律事实引起的民事纠纷案件，当时的法律、司法解释没有规定而民法典有规定的，可以适用民法典的规定，但是明显减损当事人合法权益、增加当事人法定义务或者背离当事人合理预期的除外。

第四条 民法典施行前的法律事实引起的民事纠纷案件，当时的法律、司法解释仅有原则性规定而民法典有具体规定的，适用当时的法律、司法解释的规定，但是可以依据民法典具体规定进行裁判说理。

第五条 民法典施行前已经终审的案件，当事人申请再审或者按照审判监督程序决定再审的，不适用民法典的规定。

二、溯及适用的具体规定

第六条 《中华人民共和国民法总则》施行前，侵害英雄烈士等的姓名、肖像、名誉、荣誉，损害社会公共利益引起的民事纠纷案件，适用民法典第一百八十五条的规定。

第七条 民法典施行前，当事人在债务履行期限届满前约定债务人不履行到期债务时抵押财产或者质押财产归债权人所有的，适用民法典第四百零一条和第四百二十八条的规定。

第八条 民法典施行前成立的合同，适用当时的法律、司法解释的规定合同无效而适用民法典的规定合同有效的，适用民法典的相关规定。

第九条 民法典施行前订立的合同，提供格式条款一方未履行提示或者说明义务，涉及格式条款效力认定的，适用民法典第四百九十六条的规定。

第十条 民法典施行前，当事人一方未通知对方而直接以提起诉讼方式依法主张解除合同的，适用民法典第五百六十五条第二款的规定。

第十一条 民法典施行前成立的合同，当事人一方不履行非金钱债务或者履行非金钱债务不符合约定，对方可以请求履行，但是有民法典第五百八十条第一款第一项、第二项、第三项除外情形之一，致使不能实现合同目的，当事人请求终止合同权利义务关系的，适用民法典第五百八十条第二款的规定。

第十二条 民法典施行前订立的保理合同发生争议的，适用民法典第三编第十六章的规定。

第十三条 民法典施行前，继承人有民法典第一千一百二十五条第一款第四项和第五项规定行为之一，对该继承人是否丧失继承权发生争议的，适用民法典第一千一百二十五条第一款和第二款的规定。

民法典施行前，受遗赠人有民法典第一千一百二十五条第一款规定行为之一，对受遗赠人是否丧失受遗赠权发生争议的，适用民法典第一千一百二十五条第一款和第三款的规定。

第十四条 被继承人在民法典施行前死亡，遗产无人继承又无人受遗赠，其兄弟姐妹的子女请求代位继承的，适用民法典第一千一百二十八条第二款和第三款的规定，但是遗产已经在民法典施行前处理完毕的除外。

第十五条 民法典施行前，遗嘱人以打印方式立的遗嘱，当事人对该遗嘱效力发生争议的，适用民法典第一千一百三十六条的规定，但是遗产已经在民法典施行前处理完毕的除外。

第十六条 民法典施行前，受害人自愿参加具有一定风险的文体活动受到损害引起的民事纠纷案件，适用民法典第一千一百七十六条的规定。

第十七条 民法典施行前，受害人为保护自己合法权益采取扣留侵权人的财物等措施引起的民事纠纷案件，适用民法典第一千一百七十七条的规定。

第十八条 民法典施行前，因非营运机动车发生交通事故造成无偿搭乘人损害引起的民事纠纷案件，适用民法典第一千二百一十七条的规定。

第十九条 民法典施行前，从建筑物中抛掷物品或者从建筑物上坠落的物品造成他人损害引起的民事纠纷案件，适用民法典第一千二百五十四条的规定。

三、衔接适用的具体规定

第二十条 民法典施行前成立的合同，依照法律规定或者当事人约定该合同的履行持续至民法典施行后，因民法典施行前履行合同发生争议的，适用当时的法律、司法解释的规定；因民法典施行后履行合同发生争议的，适用民法典第三编第四章和第五章的相关规定。

第二十一条　民法典施行前租赁期限届满，当事人主张适用民法典第七百三十四条第二款规定的，人民法院不予支持；租赁期限在民法典施行后届满，当事人主张适用民法典第七百三十四条第二款规定的，人民法院依法予以支持。

第二十二条　民法典施行前，经人民法院判决不准离婚后，双方又分居满一年，一方再次提起离婚诉讼的，适用民法典第一千零七十九条第五款的规定。

第二十三条　被继承人在民法典施行前立有公证遗嘱，民法典施行后又立有新遗嘱，其死亡后，因该数份遗嘱内容相抵触发生争议的，适用民法典第一千一百四十二条第三款的规定。

第二十四条　侵权行为发生在民法典施行前，但是损害后果出现在民法典施行后的民事纠纷案件，适用民法典的规定。

第二十五条　民法典施行前成立的合同，当时的法律、司法解释没有规定且当事人没有约定解除权行使期限，对方当事人也未催告的，解除权人在民法典施行前知道或者应当知道解除事由，自民法典施行之日起一年内不行使的，人民法院应当依法认定该解除权消灭；解除权人在民法典施行后知道或者应当知道解除事由的，适用民法典第五百六十四条第二款关于解除权行使期限的规定。

第二十六条　当事人以民法典施行前受胁迫结婚为由请求人民法院撤销婚姻的，撤销权的行使期限适用民法典第一千零五十二条第二款的规定。

第二十七条　民法典施行前成立的保证合同，当事人对保证期间约定不明确，主债务履行期限届满至民法典施行之日不满二年，当事人主张保证期间为主债务履行期限届满之日起二年的，人民法院依法予以支持；当事人对保证期间没有约定，主债务履行期限届满至民法典施行之日不满六个月，当事人主张保证期间为主债务履行期限届满之日起六个月的，人民法院依法予以支持。

四、附　则

第二十八条　本规定自2021年1月1日起施行。

本规定施行后，人民法院尚未审结的一审、二审案件适用本规定。

最高人民法院关于适用《中华人民共和国民法典》总则编若干问题的解释

（2021年12月30日最高人民法院审判委员会第1861次会议通过　2022年2月24日最高人民法院公告公布　自2022年3月1日起施行　法释〔2022〕6号）

为正确审理民事案件，依法保护民事主体的合法权益，维护社会和经济秩序，根据《中华人民共和国民法典》《中华人民共和国民事诉讼法》等相关法律规定，结合审判实践，制定本解释。

一、一般规定

第一条 民法典第二编至第七编对民事关系有规定的，人民法院直接适用该规定；民法典第二编至第七编没有规定的，适用民法典第一编的规定，但是根据其性质不能适用的除外。

就同一民事关系，其他民事法律的规定属于对民法典相应规定的细化的，应当适用该民事法律的规定。民法典规定适用其他法律的，适用该法律的规定。

民法典及其他法律对民事关系没有具体规定的，可以遵循民法典关于基本原则的规定。

第二条 在一定地域、行业范围内长期为一般人从事民事活动时普遍遵守的民间习俗、惯常做法等，可以认定为民法典第十条规定的习惯。

当事人主张适用习惯的，应当就习惯及其具体内容提供相应证据；必要时，人民法院可以依职权查明。

适用习惯，不得违背社会主义核心价值观，不得违背公序良俗。

第三条 对于民法典第一百三十二条所称的滥用民事权利，人民法院可以根据权利行使的对象、目的、时间、方式、造成当事人之间利益失衡的程度等因素作出认定。

行为人以损害国家利益、社会公共利益、他人合法权益为主要目的行使民事权利的，人民法院应当认定构成滥用民事权利。

构成滥用民事权利的，人民法院应当认定该滥用行为不发生相应的法律效力。

滥用民事权利造成损害的，依照民法典第七编等有关规定处理。

二、民事权利能力和民事行为能力

第四条 涉及遗产继承、接受赠与等胎儿利益保护，父母在胎儿娩出前作为法定代理人主张相应权利的，人民法院依法予以支持。

第五条 限制民事行为能力人实施的民事法律行为是否与其年龄、智力、精神健康状况相适应，人民法院可以从行为与本人生活相关联的程度，本人的智力、精神健康状况能否理解其行为并预见相应的后果，以及标的、数量、价款或者报酬等方面认定。

三、监　护

第六条 人民法院认定自然人的监护能力，应当根据其年龄、身心健康状况、经济条件等因素确定；认定有关组织的监护能力，应当根据其资质、信用、财产状况等因素确定。

第七条 担任监护人的被监护人父母通过遗嘱指定监护人，遗嘱生效时被指定的人不同意担任监护人的，人民法院应当适用民法典第二十七条、第二十八条的规定确定监护人。

未成年人由父母担任监护人，父母中的一方通过遗嘱指定监护人，另一方在遗嘱生效时有监护能力，有关当事人对监护人的确定有争议的，人民法院应当适用民法典第二十七条第一款的规定确定监护人。

第八条 未成年人的父母与其他依法具有监护资格的人订立协议，约定免除具有监护能力的父母的监护职责的，人民法院不予支持。协议约定在未成年人的父母丧失监护能力时由该具有监护资格的人担任监护人的，人民法院依法予以支持。

依法具有监护资格的人之间依据民法典第三十条的规定，约定由民法典第二十七条第二款、第二十八条规定的不同顺序的人共同担任监护人，或者由顺序在后的人担任监护人的，人民法院依法予以支持。

第九条 人民法院依据民法典第三十一条第二款、第三十六条第一款的规定指定监护人时，应当尊重被监护人的真实意愿，按照最有利于被监护人的原则指定，具体参考以下因素：

（一）与被监护人生活、情感联系的密切程度；
（二）依法具有监护资格的人的监护顺序；
（三）是否有不利于履行监护职责的违法犯罪等情形；
（四）依法具有监护资格的人的监护能力、意愿、品行等。

人民法院依法指定的监护人一般应当是一人，由数人共同担任监护人更有利于保护被监护人利益的，也可以是数人。

第十条 有关当事人不服居民委员会、村民委员会或者民政部门的指定，在接到指定通知之日起三十日内向人民法院申请指定监护人的，人民法院经审理认为指定并无不当，依法裁定驳回申请；认为指定不当，依法判决撤销指定并另行指定监护人。

有关当事人在接到指定通知之日起三十日后提出申请的，人民法院应当按照变更监护关系处理。

第十一条 具有完全民事行为能力的成年人与他人依据民法典第三十三条的规定订立书面协议事先确定自己的监护人后，协议的任何一方在该成年人丧失或者部分丧失民事行为能力前请求解除协议的，人民法院依法予以支持。该成年人丧失或者部分丧失民事行为能力后，协议确定的监护人无正当理由请求解除协议的，人民法院不予支持。

该成年人丧失或者部分丧失民事行为能力后，协议确定的监护人有民法典第三十六条第一款规定的情形之一，该条第二款规定的有关个人、组织申请撤销其监护人资格的，人民法院依法予以支持。

第十二条 监护人、其他依法具有监护资格的人之间就监护人是否有民法典第三十九条第一款第二项、第四项规定的应当终止监护关系的情形发生争议，申请变更监护人的，人民法院应当依法受理。经审理认为理由成立的，人民法院依法予以支持。

被依法指定的监护人与其他具有监护资格的人之间协议变更监护人的，人民法院应当尊重被监护人的真实意愿，按照最有利于被监护人的原则作出裁判。

第十三条 监护人因患病、外出务工等原因在一定期限内不能完全履行监护职责,将全部或者部分监护职责委托给他人,当事人主张受托人因此成为监护人的,人民法院不予支持。

四、宣告失踪和宣告死亡

第十四条 人民法院审理宣告失踪案件时,下列人员应当认定为民法典第四十条规定的利害关系人:
(一)被申请人的近亲属;
(二)依据民法典第一千一百二十八条、第一千一百二十九条规定对被申请人有继承权的亲属;
(三)债权人、债务人、合伙人等与被申请人有民事权利义务关系的民事主体,但是不申请宣告失踪不影响其权利行使、义务履行的除外。

第十五条 失踪人的财产代管人向失踪人的债务人请求偿还债务的,人民法院应当将财产代管人列为原告。
债权人提起诉讼,请求失踪人的财产代管人支付失踪人所欠的债务和其他费用的,人民法院应当将财产代管人列为被告。经审理认为债权人的诉讼请求成立的,人民法院应当判决财产代管人从失踪人的财产中支付失踪人所欠的债务和其他费用。

第十六条 人民法院审理宣告死亡案件时,被申请人的配偶、父母、子女,以及依据民法典第一千一百二十九条规定对被申请人有继承权的亲属应当认定为民法典第四十六条规定的利害关系人。
符合下列情形之一的,被申请人的其他近亲属,以及依据民法典第一千一百二十八条规定对被申请人有继承权的亲属应当认定为民法典第四十六条规定的利害关系人:
(一)被申请人的配偶、父母、子女均已死亡或者下落不明的;
(二)不申请宣告死亡不能保护其相应合法权益的。
被申请人的债权人、债务人、合伙人等民事主体不能认定为民法典第四十六条规定的利害关系人,但是不申请宣告死亡不能保护其相应合法权益的除外。

第十七条 自然人在战争期间下落不明的,利害关系人申请宣告死亡的期间适用民法典第四十六条第一款第一项的规定,自战争结束之日或者有关机关确定的下落不明之日起计算。

五、民事法律行为

第十八条 当事人未采用书面形式或者口头形式,但是实施的行为本身表明已经作出相应意思表示,并符合民事法律行为成立条件的,人民法院可以认定为民法典第一百三十五条规定的采用其他形式实施的民事法律行为。

第十九条 行为人对行为的性质、对方当事人或者标的物的品种、质量、规格、价格、数量等产生错误认识,按照通常理解如果不发生该错误认识行为人就不会作出相应意思表示的,人民法院可以认定为民法典第一百四十七条规定的重大误解。
行为人能够证明自己实施民事法律行为时存在重大误解,并请求撤销该民事法律行为的,人民法院依法予以支持;但是,根据交易习惯等认定行为人无权请求撤销的除外。

第二十条 行为人以其意思表示存在第三人转达错误为由请求撤销民事法律行为的，适用本解释第十九条的规定。

第二十一条 故意告知虚假情况，或者负有告知义务的人故意隐瞒真实情况，致使当事人基于错误认识作出意思表示的，人民法院可以认定为民法典第一百四十八条、第一百四十九条规定的欺诈。

第二十二条 以给自然人及其近亲属等的人身权利、财产权利以及其他合法权益造成损害或者以给法人、非法人组织的名誉、荣誉、财产权益等造成损害为要挟，迫使其基于恐惧心理作出意思表示的，人民法院可以认定为民法典第一百五十条规定的胁迫。

第二十三条 民事法律行为不成立，当事人请求返还财产、折价补偿或者赔偿损失的，参照适用民法典第一百五十七条的规定。

第二十四条 民事法律行为所附条件不可能发生，当事人约定为生效条件的，人民法院应当认定民事法律行为不发生效力；当事人约定为解除条件的，应当认定未附条件，民事法律行为是否失效，依照民法典和相关法律、行政法规的规定认定。

六、代　理

第二十五条 数个委托代理人共同行使代理权，其中一人或者数人未与其他委托代理人协商，擅自行使代理权的，依据民法典第一百七十一条、第一百七十二条等规定处理。

第二十六条 由于急病、通讯联络中断、疫情防控等特殊原因，委托代理人自己不能办理代理事项，又不能与被代理人及时取得联系，如不及时转委托第三人代理，会给被代理人的利益造成损失或者扩大损失的，人民法院应当认定为民法典第一百六十九条规定的紧急情况。

第二十七条 无权代理行为未被追认，相对人请求行为人履行债务或者赔偿损失的，由行为人就相对人知道或者应当知道行为人无权代理承担举证责任。行为人不能证明的，人民法院依法支持相对人的相应诉讼请求；行为人能够证明的，人民法院应当按照各自的过错认定行为人与相对人的责任。

第二十八条 同时符合下列条件的，人民法院可以认定为民法典第一百七十二条规定的相对人有理由相信行为人有代理权：

（一）存在代理权的外观；

（二）相对人不知道行为人行为时没有代理权，且无过失。

因是否构成表见代理发生争议的，相对人应当就无权代理符合前款第一项规定的条件承担举证责任；被代理人应当就相对人不符合前款第二项规定的条件承担举证责任。

第二十九条 法定代理人、被代理人依据民法典第一百四十五条、第一百七十一条的规定向相对人作出追认的意思表示的，人民法院应当依据民法典第一百三十七条的规定确认其追认意思表示的生效时间。

七、民事责任

第三十条 为了使国家利益、社会公共利益、本人或者他人的人身权利、财产权利以及其他合法权益免受正在进行的不法侵害,而针对实施侵害行为的人采取的制止不法侵害的行为,应当认定为民法典第一百八十一条规定的正当防卫。

第三十一条 对于正当防卫是否超过必要的限度,人民法院应当综合不法侵害的性质、手段、强度、危害程度和防卫的时机、手段、强度、损害后果等因素判断。

经审理,正当防卫没有超过必要限度的,人民法院应当认定正当防卫人不承担责任。正当防卫超过必要限度的,人民法院应当认定正当防卫人在造成不应有的损害范围内承担部分责任;实施侵害行为的人请求正当防卫人承担全部责任的,人民法院不予支持。

实施侵害行为的人不能证明防卫行为造成不应有的损害,仅以正当防卫人采取的反击方式和强度与不法侵害不相当为由主张防卫过当的,人民法院不予支持。

第三十二条 为了使国家利益、社会公共利益、本人或者他人的人身权利、财产权利以及其他合法权益免受正在发生的急迫危险,不得已而采取紧急措施的,应当认定为民法典第一百八十二条规定的紧急避险。

第三十三条 对于紧急避险是否采取措施不当或者超过必要的限度,人民法院应当综合危险的性质、急迫程度、避险行为所保护的权益以及造成的损害后果等因素判断。

经审理,紧急避险采取措施并无不当且没有超过必要限度的,人民法院应当认定紧急避险人不承担责任。紧急避险采取措施不当或者超过必要限度的,人民法院应当根据紧急避险人的过错程度、避险措施造成不应有的损害的原因力大小、紧急避险人是否为受益人等因素认定紧急避险人在造成的不应有的损害范围内承担相应的责任。

第三十四条 因保护他人民事权益使自己受到损害,受害人依据民法典第一百八十三条的规定请求受益人适当补偿的,人民法院可以根据受害人所受损失和已获赔偿的情况、受益人受益的多少及其经济条件等因素确定受益人承担的补偿数额。

八、诉讼时效

第三十五条 民法典第一百八十八条第一款规定的三年诉讼时效期间,可以适用民法典有关诉讼时效中止、中断的规定,不适用延长的规定。该条第二款规定的二十年期间不适用中止、中断的规定。

第三十六条 无民事行为能力人或者限制民事行为能力人的权利受到损害的,诉讼时效期间自其法定代理人知道或者应当知道权利受到损害以及义务人之日起计算,但是法律另有规定的除外。

第三十七条 无民事行为能力人、限制民事行为能力人的权利受到原法定代理人损害,且在取得、恢复完全民事行为能力或者在原法定代理终止并确定新的法定代理人后,相应民事主体才知道或者应当知道权利受到损害,有关请求权诉讼时效期间的计算适用民法典第一百八十八条第二款、本解释第三十六条的规定。

第三十八条 诉讼时效依据民法典第一百九十五条的规定中断后,在新的诉讼时效期间内，再次出现第一百九十五条规定的中断事由，可以认定为诉讼时效再次中断。

权利人向义务人的代理人、财产代管人或者遗产管理人等提出履行请求的，可以认定为民法典第一百九十五条规定的诉讼时效中断。

九、附　则

第三十九条　本解释自 2022 年 3 月 1 日起施行。

民法典施行后的法律事实引起的民事案件，本解释施行后尚未终审的，适用本解释；本解释施行前已经终审，当事人申请再审或者按照审判监督程序决定再审的，不适用本解释。

最高人民法院关于适用《中华人民共和国民法典》物权编的解释（一）

（2020 年 12 月 25 日最高人民法院审判委员会第 1825 次会议通过　2020 年 12 月 29 日最高人民法院公告公布　自 2021 年 1 月 1 日起施行　法释〔2020〕24 号）

为正确审理物权纠纷案件，根据《中华人民共和国民法典》等相关法律规定，结合审判实践，制定本解释。

第一条　因不动产物权的归属，以及作为不动产物权登记基础的买卖、赠与、抵押等产生争议，当事人提起民事诉讼的，应当依法受理。当事人已经在行政诉讼中申请一并解决上述民事争议，且人民法院一并审理的除外。

第二条　当事人有证据证明不动产登记簿的记载与真实权利状态不符、其为该不动产物权的真实权利人，请求确认其享有物权的，应予支持。

第三条　异议登记因民法典第二百二十条第二款规定的事由失效后，当事人提起民事诉讼，请求确认物权归属的，应当依法受理。异议登记失效不影响人民法院对案件的实体审理。

第四条　未经预告登记的权利人同意，转让不动产所有权等物权，或者设立建设用地使用权、居住权、地役权、抵押权等其他物权的，应当依照民法典第二百二十一条第一款的规定，认定其不发生物权效力。

第五条　预告登记的买卖不动产物权的协议被认定无效、被撤销，或者预告登记的权利人放弃债权的，应当认定为民法典第二百二十一条第二款所称的"债权消灭"。

第六条　转让人转让船舶、航空器和机动车等所有权，受让人已经支付合理价款并取得占有，虽未经登记，但转让人的债权人主张其为民法典第二百二十五条所称的"善意第三人"的，不予支持，法律另有规定的除外。

第七条　人民法院、仲裁机构在分割共有不动产或者动产等案件中作出并依法生效的改变原有物权关系的判决书、裁决书、调解书，以及人民法院在执行程序中作出的拍卖成交裁定书、变卖成交裁定书、以物抵债裁定书，应当认定为民法典第二百二十九条所称导致物权设立、变更、转让或者消灭的人民法院、仲裁机构的法律文书。

第八条 依据民法典第二百二十九条至第二百三十一条规定享有物权，但尚未完成动产交付或者不动产登记的权利人，依据民法典第二百三十五条至第二百三十八条的规定，请求保护其物权的，应予支持。

第九条 共有份额的权利主体因继承、遗赠等原因发生变化时，其他按份共有人主张优先购买的，不予支持，但按份共有人之间另有约定的除外。

第十条 民法典第三百零五条所称的"同等条件"，应当综合共有份额的转让价格、价款履行方式及期限等因素确定。

第十一条 优先购买权的行使期间，按份共有人之间有约定的，按照约定处理；没有约定或者约定不明的，按照下列情形确定：

（一）转让人向其他按份共有人发出的包含同等条件内容的通知中载明行使期间的，以该期间为准；

（二）通知中未载明行使期间，或者载明的期间短于通知送达之日起十五日的，为十五日；

（三）转让人未通知的，为其他按份共有人知道或者应当知道最终确定的同等条件之日起十五日；

（四）转让人未通知，且无法确定其他按份共有人知道或者应当知道最终确定的同等条件的，为共有份额权属转移之日起六个月。

第十二条 按份共有人向共有人之外的人转让其份额，其他按份共有人根据法律、司法解释规定，请求按照同等条件优先购买该共有份额的，应予支持。其他按份共有人的请求具有下列情形之一的，不予支持：

（一）未在本解释第十一条规定的期间内主张优先购买，或者虽主张优先购买，但提出减少转让价款、增加转让人负担等实质性变更要求的；

（二）以其优先购买权受到侵害为由，仅请求撤销共有份额转让合同或者认定该合同无效。

第十三条 按份共有人之间转让共有份额，其他按份共有人主张依据民法典第三百零五条规定优先购买的，不予支持，但按份共有人之间另有约定的除外。

第十四条 受让人受让不动产或者动产时，不知道转让人无处分权，且无重大过失的，应当认定受让人为善意。

真实权利人主张受让人不构成善意的，应当承担举证证明责任。

第十五条 具有下列情形之一的，应当认定不动产受让人知道转让人无处分权：

（一）登记簿上存在有效的异议登记；

（二）预告登记有效期内，未经预告登记的权利人同意；

（三）登记簿上已经记载司法机关或者行政机关依法裁定、决定查封或者以其他形式限制不动产权利的有关事项；

（四）受让人知道登记簿上记载的权利主体错误；

（五）受让人知道他人已经依法享有不动产物权。

真实权利人有证据证明不动产受让人应当知道转让人无处分权的，应当认定受让人具有重大过失。

第十六条 受让人受让动产时，交易的对象、场所或者时机等不符合交易习惯的，应当认定受让人具有重大过失。

第十七条 民法典第三百一十一条第一款第一项所称的"受让人受让该不动产或者动产时"，是指依法完成不动产物权转移登记或者动产交付之时。

当事人以民法典第二百二十六条规定的方式交付动产的，转让动产民事法律行为生效时为动产交付之时；当事人以民法典第二百二十七条规定的方式交付动产的，转让人与受让人之间有关转让返还原物请求权的协议生效时为动产交付之时。

法律对不动产、动产物权的设立另有规定的，应当按照法律规定的时间认定权利人是否为善意。

第十八条 民法典第三百一十一条第一款第二项所称"合理的价格"，应当根据转让标的物的性质、数量以及付款方式等具体情况，参考转让时交易地市场价格以及交易习惯等因素综合认定。

第十九条 转让人将民法典第二百二十五条规定的船舶、航空器和机动车等交付给受让人的，应当认定符合民法典第三百一十一条第一款第三项规定的善意取得的条件。

第二十条 具有下列情形之一，受让人主张依据民法典第三百一十一条规定取得所有权的，不予支持：

（一）转让合同被认定无效；

（二）转让合同被撤销。

第二十一条 本解释自2021年1月1日起施行。

最高人民法院关于适用《中华人民共和国民法典》合同编通则若干问题的解释

（2023年5月23日最高人民法院审判委员会第1889次会议通过 2023年12月4日最高人民法院公告公布 自2023年12月5日起施行 法释〔2023〕13号）

为正确审理合同纠纷案件以及非因合同产生的债权债务关系纠纷案件，依法保护当事人的合法权益，根据《中华人民共和国民法典》、《中华人民共和国民事诉讼法》等相关法律规定，结合审判实践，制定本解释。

一、一般规定

第一条 人民法院依据民法典第一百四十二条第一款、第四百六十六条第一款的规定解释合同条款时，应当以词句的通常含义为基础，结合相关条款、合同的性质和目的、习惯以及诚信原则，参考缔约背景、磋商过程、履行行为等因素确定争议条款的含义。

有证据证明当事人之间对合同条款有不同于词句的通常含义的其他共同理解，一方主张按照词句的通常含义理解合同条款的，人民法院不予支持。

对合同条款有两种以上解释，可能影响该条款效力的，人民法院应当选择有利于该条款有效的解释；属于无偿合同的，应当选择对债务人负担较轻的解释。

第二条 下列情形，不违反法律、行政法规的强制性规定且不违背公序良俗的，人民法院可以认定为民法典所称的"交易习惯"：

（一）当事人之间在交易活动中的惯常做法；

（二）在交易行为当地或者某一领域、某一行业通常采用并为交易对方订立合同时所知道或者应当知道的做法。

对于交易习惯，由提出主张的当事人一方承担举证责任。

二、合同的订立

第三条 当事人对合同是否成立存在争议，人民法院能够确定当事人姓名或者名称、标的和数量的，一般应当认定合同成立。但是，法律另有规定或者当事人另有约定的除外。

根据前款规定能够认定合同已经成立的，对合同欠缺的内容，人民法院应当依据民法典第五百一十条、第五百一十一条等规定予以确定。

当事人主张合同无效或者请求撤销、解除合同等，人民法院认为合同不成立的，应当依据《最高人民法院关于民事诉讼证据的若干规定》第五十三条的规定将合同是否成立作为焦点问题进行审理，并可以根据案件的具体情况重新指定举证期限。

第四条 采取招标方式订立合同，当事人请求确认合同自中标通知书到达中标人时成立的，人民法院应予支持。合同成立后，当事人拒绝签订书面合同的，人民法院应当依据招标文件、投标文件和中标通知书等确定合同内容。

采取现场拍卖、网络拍卖等公开竞价方式订立合同，当事人请求确认合同自拍卖师落槌、电子交易系统确认成交时成立的，人民法院应予支持。合同成立后，当事人拒绝签订成交确认书的，人民法院应当依据拍卖公告、竞买人的报价等确定合同内容。

产权交易所等机构主持拍卖、挂牌交易，其公布的拍卖公告、交易规则等文件公开确定了合同成立需要具备的条件，当事人请求确认合同自该条件具备时成立的，人民法院应予支持。

第五条 第三人实施欺诈、胁迫行为，使当事人在违背真实意思的情况下订立合同，受到损失的当事人请求第三人承担赔偿责任的，人民法院依法予以支持；当事人亦有违背诚信原则的行为的，人民法院应当根据各自的过错确定相应的责任。但是，法律、司法解释对当事人与第三人的民事责任另有规定的，依照其规定。

第六条 当事人以认购书、订购书、预订书等形式约定在将来一定期限内订立合同，或者为担保在将来一定期限内订立合同交付了定金，能够确定将来所要订立合同的主体、标的等内容的，人民法院应当认定预约合同成立。

当事人通过签订意向书或者备忘录等方式，仅表达交易的意向，未约定在将来一定期限内订立合同，或者虽然有约定但是难以确定将来所要订立合同的主体、标的等内容，一方主张预约合同成立的，人民法院不予支持。

当事人订立的认购书、订购书、预订书等已就合同标的、数量、价款或者报酬等主要内容达成合意，符合本解释第三条第一款规定的合同成立条件，未明确约定在将来一定期限内另行订立合同，或者虽然有约定但是当事人一方已实施履行行为且对方接受的，人民法院应当认定本约合同成立。

第七条 预约合同生效后，当事人一方拒绝订立本约合同或者在磋商订立本约合同时违背诚信原则导致未能订立本约合同的，人民法院应当认定该当事人不履行预约合同约定的义务。

人民法院认定当事人一方在磋商订立本约合同时是否违背诚信原则，应当综合考虑该当事人在磋商时提出的条件是否明显背离预约合同约定的内容以及是否已尽合理努力进行协商等因素。

第八条 预约合同生效后，当事人一方不履行订立本约合同的义务，对方请求其赔偿因此造成的损失的，人民法院依法予以支持。

前款规定的损失赔偿，当事人有约定的，按照约定；没有约定的，人民法院应当综合考虑预约合同在内容上的完备程度以及订立本约合同的条件的成就程度等因素酌定。

第九条 合同条款符合民法典第四百九十六条第一款规定的情形，当事人仅以合同系依据合同示范文本制作或者双方已经明确约定合同条款不属于格式条款为由主张该条款不是格式条款的，人民法院不予支持。

从事经营活动的当事人一方仅以未实际重复使用为由主张其预先拟定且未与对方协商的合同条款不是格式条款的，人民法院不予支持。但是，有证据证明该条款不是为了重复使用而预先拟定的除外。

第十条 提供格式条款的一方在合同订立时采用通常足以引起对方注意的文字、符号、字体等明显标识，提示对方注意免除或者减轻其责任、排除或者限制对方权利等与对方有重大利害关系的异常条款的，人民法院可以认定其已经履行民法典第四百九十六条第二款规定的提示义务。

提供格式条款的一方按照对方的要求，就与对方有重大利害关系的异常条款的概念、内容及其法律后果以书面或者口头形式向对方作出通常能够理解的解释说明的，人民法院可以认定其已经履行民法典第四百九十六条第二款规定的说明义务。

提供格式条款的一方对其已经尽到提示义务或者说明义务承担举证责任。对于通过互联网等信息网络订立的电子合同，提供格式条款的一方仅以采取了设置勾选、弹窗等方式为由主张其已经履行提示义务或者说明义务的，人民法院不予支持，但是其举证符合前两款规定的除外。

三、合同的效力

第十一条 当事人一方是自然人，根据该当事人的年龄、智力、知识、经验并结合交易的复杂程度，能够认定其对合同的性质、合同订立的法律后果或者交易中存在的特定风险缺乏应有的认知能力的，人民法院可以认定该情形构成民法典第一百五十一条规定的"缺乏判断能力"。

第十二条 合同依法成立后,负有报批义务的当事人不履行报批义务或者履行报批义务不符合合同的约定或者法律、行政法规的规定,对方请求其继续履行报批义务的,人民法院应予支持;对方主张解除合同并请求其承担违反报批义务的赔偿责任的,人民法院应予支持。

人民法院判决当事人一方履行报批义务后,其仍不履行,对方主张解除合同并参照违反合同的违约责任请求其承担赔偿责任的,人民法院应予支持。

合同获得批准前,当事人一方起诉请求对方履行合同约定的主要义务,经释明后拒绝变更诉讼请求的,人民法院应当判决驳回其诉讼请求,但是不影响其另行提起诉讼。

负有报批义务的当事人已经办理申请批准等手续或者已经履行生效判决确定的报批义务,批准机关决定不予批准,对方请求其承担赔偿责任的,人民法院不予支持。但是,因迟延履行报批义务等可归责于当事人的原因导致合同未获批准,对方请求赔偿因此受到的损失的,人民法院应当依据民法典第一百五十七条的规定处理。

第十三条 合同存在无效或者可撤销的情形,当事人以该合同已在有关行政管理部门办理备案、已经批准机关批准或者已依据该合同办理财产权利的变更登记、移转登记等为由主张合同有效的,人民法院不予支持。

第十四条 当事人之间就同一交易订立多份合同,人民法院应当认定其中以虚假意思表示订立的合同无效。当事人为规避法律、行政法规的强制性规定,以虚假意思表示隐藏真实意思表示的,人民法院应当依据民法典第一百五十三条第一款的规定认定被隐藏合同的效力;当事人为规避法律、行政法规关于合同应当办理批准等手续的规定,以虚假意思表示隐藏真实意思表示的,人民法院应当依据民法典第五百零二条第二款的规定认定被隐藏合同的效力。

依据前款规定认定被隐藏合同无效或者确定不发生效力的,人民法院应当以被隐藏合同为事实基础,依据民法典第一百五十七条的规定确定当事人的民事责任。但是,法律另有规定的除外。

当事人就同一交易订立的多份合同均系真实意思表示,且不存在其他影响合同效力情形的,人民法院应当在查明各合同成立先后顺序和实际履行情况的基础上,认定合同内容是否发生变更。法律、行政法规禁止变更合同内容的,人民法院应当认定合同的相应变更无效。

第十五条 人民法院认定当事人之间的权利义务关系,不应当拘泥于合同使用的名称,而应当根据合同约定的内容。当事人主张的权利义务关系与根据合同内容认定的权利义务关系不一致的,人民法院应当结合缔约背景、交易目的、交易结构、履行行为以及当事人是否存在虚构交易标的等事实认定当事人之间的实际民事法律关系。

第十六条 合同违反法律、行政法规的强制性规定,有下列情形之一,由行为人承担行政责任或者刑事责任能够实现强制性规定的立法目的的,人民法院可以依据民法典第一百五十三条第一款关于"该强制性规定不导致该民事法律行为无效的除外"的规定认定该合同不因违反强制性规定无效:

(一)强制性规定虽然旨在维护社会公共秩序,但是合同的实际履行对社会公共秩序造成的影响显著轻微，认定合同无效将导致案件处理结果有失公平公正的；

（二）强制性规定旨在维护政府的税收、土地出让金等国家利益或者其他民事主体的合法利益而非合同当事人的民事权益，认定合同有效不会影响该规范目的的实现；

（三）强制性规定旨在要求当事人一方加强风险控制、内部管理等，对方无能力或者无义务审查合同是否违反强制性规定，认定合同无效将使其承担不利后果的；

（四）当事人一方虽然在订立合同时违反强制性规定，但是在合同订立后其已经具备补正违反强制性规定的条件却违背诚信原则不予补正的；

（五）法律、司法解释规定的其他情形。

法律、行政法规的强制性规定旨在规制合同订立后的履行行为，当事人以合同违反强制性规定为由请求认定合同无效的，人民法院不予支持。但是，合同履行必然导致违反强制性规定或者法律、司法解释另有规定的除外。

依据前两款认定合同有效，但是当事人的违法行为未经处理的，人民法院应当向有关行政管理部门提出司法建议。当事人的行为涉嫌犯罪的，应当将案件线索移送刑事侦查机关；属于刑事自诉案件的，应当告知当事人可以向有管辖权的人民法院另行提起诉讼。

第十七条 合同虽然不违反法律、行政法规的强制性规定，但是有下列情形之一，人民法院应当依据民法典第一百五十三条第二款的规定认定合同无效：

（一）合同影响政治安全、经济安全、军事安全等国家安全的；

（二）合同影响社会稳定、公平竞争秩序或者损害社会公共利益等违背社会公共秩序的；

（三）合同背离社会公德、家庭伦理或者有损人格尊严等违背善良风俗的。

人民法院在认定合同是否违背公序良俗时，应当以社会主义核心价值观为导向，综合考虑当事人的主观动机和交易目的、政府部门的监管强度、一定期限内当事人从事类似交易的频次、行为的社会后果等因素，并在裁判文书中充分说理。当事人确因生活需要进行交易，未给社会公共秩序造成重大影响，且不影响国家安全，也不违背善良风俗的，人民法院不应当认定合同无效。

第十八条 法律、行政法规的规定虽然有"应当""必须"或者"不得"等表述，但是该规定旨在限制或者赋予民事权利，行为人违反该规定将构成无权处分、无权代理、越权代表等，或者导致合同相对人、第三人因此获得撤销权、解除权等民事权利的，人民法院应当依据法律、行政法规规定的关于违反该规定的民事法律后果认定合同效力。

第十九条 以转让或者设定财产权利为目的订立的合同，当事人或者真正权利人仅以让与人在订立合同时对标的物没有所有权或者处分权为由主张合同无效的，人民法院不予支持；因未取得真正权利人事后同意或者让与人事后未取得处分权导致合同不能履行，受让人主张解除合同并请求让与人承担违反合同的赔偿责任的，人民法院依法予以支持。

前款规定的合同被认定有效，且让与人已经将财产交付或者移转登记至受让人，真正权利人请求认定财产权利未发生变动或者请求返还财产的，人民法院应予支持。但是，受让人依据民法典第三百一十一条等规定善意取得财产权利的除外。

第二十条　法律、行政法规为限制法人的法定代表人或者非法人组织的负责人的代表权，规定合同所涉事项应当由法人、非法人组织的权力机构或者决策机构决议，或者应当由法人、非法人组织的执行机构决定，法定代表人、负责人未取得授权而以法人、非法人组织的名义订立合同，未尽到合理审查义务的相对人主张该合同对法人、非法人组织发生效力并由其承担违约责任的，人民法院不予支持，但是法人、非法人组织有过错的，可以参照民法典第一百五十七条的规定判决其承担相应的赔偿责任。相对人已尽到合理审查义务，构成表见代表的，人民法院应当依据民法典第五百零四条的规定处理。

合同所涉事项未超越法律、行政法规规定的法定代表人或者负责人的代表权限，但是超越法人、非法人组织的章程或者权力机构等对代表权的限制，相对人主张该合同对法人、非法人组织发生效力并由其承担违约责任的，人民法院依法予以支持。但是，法人、非法人组织举证证明相对人知道或者应当知道该限制的除外。

法人、非法人组织承担民事责任后，向有过错的法定代表人、负责人追偿因越权代表行为造成的损失的，人民法院依法予以支持。法律、司法解释对法定代表人、负责人的民事责任另有规定的，依照其规定。

第二十一条　法人、非法人组织的工作人员就超越其职权范围的事项以法人、非法人组织的名义订立合同，相对人主张该合同对法人、非法人组织发生效力并由其承担违约责任的，人民法院不予支持。但是，法人、非法人组织有过错的，人民法院可以参照民法典第一百五十七条的规定判决其承担相应的赔偿责任。前述情形，构成表见代理的，人民法院应当依据民法典第一百七十二条的规定处理。

合同所涉事项有下列情形之一的，人民法院应当认定法人、非法人组织的工作人员在订立合同时超越其职权范围：

（一）依法应当由法人、非法人组织的权力机构或者决策机构决议的事项；

（二）依法应当由法人、非法人组织的执行机构决定的事项；

（三）依法应当由法定代表人、负责人代表法人、非法人组织实施的事项；

（四）不属于通常情形下依其职权可以处理的事项。

合同所涉事项未超越依据前款确定的职权范围，但是超越法人、非法人组织对工作人员职权范围的限制，相对人主张该合同对法人、非法人组织发生效力并由其承担违约责任的，人民法院应予支持。但是，法人、非法人组织举证证明相对人知道或者应当知道该限制的除外。

法人、非法人组织承担民事责任后，向故意或者有重大过失的工作人员追偿的，人民法院依法予以支持。

第二十二条　法定代表人、负责人或者工作人员以法人、非法人组织的名义订立合同且未超越权限，法人、非法人组织仅以合同加盖的印章不是备案印章或者系伪造的印章为由主张该合同对其不发生效力的，人民法院不予支持。

合同系以法人、非法人组织的名义订立，但是仅有法定代表人、负责人或者工作人员签名或者按指印而未加盖法人、非法人组织的印章，相对人能够证明法定代表人、负责人或者工作人员在订立合同时未超越权限的，人民法院应当认定合同对法人、非法人组织发生效力。但是，当事人约定以加盖印章作为合同成立条件的除外。

合同仅加盖法人、非法人组织的印章而无人员签名或者按指印,相对人能够证明合同系法定代表人、负责人或者工作人员在其权限范围内订立的,人民法院应当认定该合同对法人、非法人组织发生效力。

在前三款规定的情形下,法定代表人、负责人或者工作人员在订立合同时虽然超越代表或者代理权限,但是依据民法典第五百零四条的规定构成表见代表,或者依据民法典第一百七十二条的规定构成表见代理的,人民法院应当认定合同对法人、非法人组织发生效力。

第二十三条 法定代表人、负责人或者代理人与相对人恶意串通,以法人、非法人组织的名义订立合同,损害法人、非法人组织的合法权益,法人、非法人组织主张不承担民事责任的,人民法院应予支持。法人、非法人组织请求法定代表人、负责人或者代理人与相对人对因此受到的损失承担连带赔偿责任的,人民法院应予支持。

根据法人、非法人组织的举证,综合考虑当事人之间的交易习惯、合同在订立时是否显失公平、相关人员是否获取了不正当利益、合同的履行情况等因素,人民法院能够认定法定代表人、负责人或者代理人与相对人存在恶意串通的高度可能性的,可以要求前述人员就合同订立、履行的过程等相关事实作出陈述或者提供相应的证据。其无正当理由拒绝作出陈述,或者所作陈述不具合理性又不能提供相应证据的,人民法院可以认定恶意串通的事实成立。

第二十四条 合同不成立、无效、被撤销或者确定不发生效力,当事人请求返还财产,经审查财产能够返还的,人民法院应当根据案件具体情况,单独或者合并适用返还占有的标的物、更正登记簿册记载等方式;经审查财产不能返还或者没有必要返还的,人民法院应当以认定合同不成立、无效、被撤销或者确定不发生效力之日该财产的市场价值或者以其他合理方式计算的价值为基准判决折价补偿。

除前款规定的情形外,当事人还请求赔偿损失的,人民法院应当结合财产返还或者折价补偿的情况,综合考虑财产增值收益和贬值损失、交易成本的支出等事实,按照双方当事人的过错程度及原因力大小,根据诚信原则和公平原则,合理确定损失赔偿额。

合同不成立、无效、被撤销或者确定不发生效力,当事人的行为涉嫌违法且未经处理,可能导致一方或者双方通过违法行为获得不当利益的,人民法院应当向有关行政管理部门提出司法建议。当事人的行为涉嫌犯罪的,应当将案件线索移送刑事侦查机关;属于刑事自诉案件的,应当告知当事人可以向有管辖权的人民法院另行提起诉讼。

第二十五条 合同不成立、无效、被撤销或者确定不发生效力,有权请求返还价款或者报酬的当事人一方请求对方支付资金占用费的,人民法院应当在当事人请求的范围内按照中国人民银行授权全国银行间同业拆借中心公布的一年期贷款市场报价利率(LPR)计算。但是,占用资金的当事人对于合同不成立、无效、被撤销或者确定不发生效力没有过错的,应当以中国人民银行公布的同期同类存款基准利率计算。

双方互负返还义务,当事人主张同时履行的,人民法院应予支持;占有标的物的一方对标的物存在使用或者依法可以使用的情形,对方请求将其应支付的资金占用费与应收取的标的物使用费相互抵销的,人民法院应予支持,但是法律另有规定的除外。

四、合同的履行

第二十六条 当事人一方未根据法律规定或者合同约定履行开具发票、提供证明文件等非主要债务,对方请求继续履行该债务并赔偿因怠于履行该债务造成的损失的,人民法院依法予以支持;对方请求解除合同的,人民法院不予支持,但是不履行该债务致使不能实现合同目的或者当事人另有约定的除外。

第二十七条 债务人或者第三人与债权人在债务履行期限届满后达成以物抵债协议,不存在影响合同效力情形的,人民法院应当认定该协议自当事人意思表示一致时生效。

债务人或者第三人履行以物抵债协议后,人民法院应当认定相应的原债务同时消灭;债务人或者第三人未按照约定履行以物抵债协议,经催告后在合理期限内仍不履行,债权人选择请求履行原债务或者以物抵债协议的,人民法院应予支持,但是法律另有规定或者当事人另有约定的除外。

前款规定的以物抵债协议经人民法院确认或者人民法院根据当事人达成的以物抵债协议制作成调解书,债权人主张财产权利自确认书、调解书生效时发生变动或者具有对抗善意第三人效力的,人民法院不予支持。

债务人或者第三人以自己不享有所有权或者处分权的财产权利订立以物抵债协议的,依据本解释第十九条的规定处理。

第二十八条 债务人或者第三人与债权人在债务履行期限届满前达成以物抵债协议的,人民法院应当在审理债权债务关系的基础上认定该协议的效力。

当事人约定债务人到期没有清偿债务,债权人可以对抵债财产拍卖、变卖、折价以实现债权的,人民法院应当认定该约定有效。当事人约定债务人到期没有清偿债务,抵债财产归债权人所有的,人民法院应当认定该约定无效,但是不影响其他部分的效力;债权人请求对抵债财产拍卖、变卖、折价以实现债权的,人民法院应予支持。

当事人订立前款规定的以物抵债协议后,债务人或者第三人未将财产权利转移至债权人名下,债权人主张优先受偿的,人民法院不予支持;债务人或者第三人已将财产权利转移至债权人名下的,依据《最高人民法院关于适用〈中华人民共和国民法典〉有关担保制度的解释》第六十八条的规定处理。

第二十九条 民法典第五百二十二条第二款规定的第三人请求债务人向自己履行债务的,人民法院应予支持;请求行使撤销权、解除权等民事权利的,人民法院不予支持,但是法律另有规定的除外。

合同依法被撤销或者被解除,债务人请求债权人返还财产的,人民法院应予支持。

债务人按照约定向第三人履行债务,第三人拒绝受领,债权人请求债务人向自己履行债务的,人民法院应予支持,但是债务人已经采取提存等方式消灭债务的除外。第三人拒绝受领或者受领迟延,债务人请求债权人赔偿因此造成的损失的,人民法院依法予以支持。

第三十条 下列民事主体，人民法院可以认定为民法典第五百二十四条第一款规定的对履行债务具有合法利益的第三人：

（一）保证人或者提供物的担保的第三人；

（二）担保财产的受让人、用益物权人、合法占有人；

（三）担保财产上的后顺位担保权人；

（四）对债务人的财产享有合法权益且该权益将因财产被强制执行而丧失的第三人；

（五）债务人为法人或者非法人组织的，其出资人或者设立人；

（六）债务人为自然人的，其近亲属；

（七）其他对履行债务具有合法利益的第三人。

第三人在其已经代为履行的范围内取得对债务人的债权，但是不得损害债权人的利益。

担保人代为履行债务取得债权后，向其他担保人主张担保权利的，依据《最高人民法院关于适用〈中华人民共和国民法典〉有关担保制度的解释》第十三条、第十四条、第十八条第二款等规定处理。

第三十一条 当事人互负债务，一方以对方没有履行非主要债务为由拒绝履行自己的主要债务的，人民法院不予支持。但是，对方不履行非主要债务致使不能实现合同目的或者当事人另有约定的除外。

当事人一方起诉请求对方履行债务，被告依据民法典第五百二十五条的规定主张双方同时履行的抗辩且抗辩成立，被告未提起反诉的，人民法院应当判决被告在原告履行债务的同时履行自己的债务，并在判项中明确原告申请强制执行的，人民法院应当在原告履行自己的债务后对被告采取执行行为；被告提起反诉的，人民法院应当判决双方同时履行自己的债务，并在判项中明确任何一方申请强制执行的，人民法院应当在该当事人履行自己的债务后对对方采取执行行为。

当事人一方起诉请求对方履行债务，被告依据民法典第五百二十六条的规定主张原告应先履行的抗辩且抗辩成立的，人民法院应当驳回原告的诉讼请求，但是不影响原告履行债务后另行提起诉讼。

第三十二条 合同成立后，因政策调整或者市场供求关系异常变动等原因导致价格发生当事人在订立合同时无法预见的、不属于商业风险的涨跌，继续履行合同对于当事人一方明显不公平，人民法院应当认定合同的基础条件发生了民法典第五百三十三条第一款规定的"重大变化"。但是，合同涉及市场属性活跃、长期以来价格波动较大的大宗商品以及股票、期货等风险投资型金融产品的除外。

合同的基础条件发生了民法典第五百三十三条第一款规定的重大变化，当事人请求变更合同的，人民法院不得解除合同；当事人一方请求变更合同，对方请求解除合同的，或者当事人一方请求解除合同，对方请求变更合同的，人民法院应当结合案件的实际情况，根据公平原则判决变更或者解除合同。

人民法院依据民法典第五百三十三条的规定判决变更或者解除合同的，应当综合考虑合同基础条件发生重大变化的时间、当事人重新协商的情况以及因合同变更或者解除给当事人造成的损失等因素，在判项中明确合同变更或者解除的时间。

当事人事先约定排除民法典第五百三十三条适用的，人民法院应当认定该约定无效。

五、合同的保全

第三十三条 债务人不履行其对债权人的到期债务，又不以诉讼或者仲裁方式向相对人主张其享有的债权或者与该债权有关的从权利，致使债权人的到期债权未能实现的，人民法院可以认定为民法典第五百三十五条规定的"债务人怠于行使其债权或者与该债权有关的从权利，影响债权人的到期债权实现"。

第三十四条 下列权利，人民法院可以认定为民法典第五百三十五条第一款规定的专属于债务人自身的权利：

（一）抚养费、赡养费或者扶养费请求权；

（二）人身损害赔偿请求权；

（三）劳动报酬请求权，但是超过债务人及其所扶养家属的生活必需费用的部分除外；

（四）请求支付基本养老保险金、失业保险金、最低生活保障金等保障当事人基本生活的权利；

（五）其他专属于债务人自身的权利。

第三十五条 债权人依据民法典第五百三十五条的规定对债务人的相对人提起代位权诉讼的，由被告住所地人民法院管辖，但是依法应当适用专属管辖规定的除外。

债务人或者相对人以双方之间的债权债务关系订有管辖协议为由提出异议的，人民法院不予支持。

第三十六条 债权人提起代位权诉讼后，债务人或者相对人以双方之间的债权债务关系订有仲裁协议为由对法院主管提出异议的，人民法院不予支持。但是，债务人或者相对人在首次开庭前就债务人与相对人之间的债权债务关系申请仲裁的，人民法院可以依法中止代位权诉讼。

第三十七条 债权人以债务人的相对人为被告向人民法院提起代位权诉讼，未将债务人列为第三人的，人民法院应当追加债务人为第三人。

两个以上债权人以债务人的同一相对人为被告提起代位权诉讼的，人民法院可以合并审理。债务人对相对人享有的债权不足以清偿其对两个以上债权人负担的债务的，人民法院应当按照债权人享有的债权比例确定相对人的履行份额，但是法律另有规定的除外。

第三十八条 债权人向人民法院起诉债务人后，又向同一人民法院对债务人的相对人提起代位权诉讼，属于该人民法院管辖的，可以合并审理。不属于该人民法院管辖的，应当告知其向有管辖权的人民法院另行起诉；在起诉债务人的诉讼终结前，代位权诉讼应当中止。

第三十九条 在代位权诉讼中，债务人对超过债权人代位请求数额的债权部分起诉相对人，属于同一人民法院管辖的，可以合并审理。不属于同一人民法院管辖的，应当告知其向有管辖权的人民法院另行起诉；在代位权诉讼终结前，债务人对相对人的诉讼应当中止。

第四十条 代位权诉讼中,人民法院经审理认为债权人的主张不符合代位权行使条件的,应当驳回诉讼请求,但是不影响债权人根据新的事实再次起诉。

债务人的相对人仅以债权人提起代位权诉讼时债权人与债务人之间的债权债务关系未经生效法律文书确认为由,主张债权人提起的诉讼不符合代位权行使条件的,人民法院不予支持。

第四十一条 债权人提起代位权诉讼后,债务人无正当理由减免相对人的债务或者延长相对人的履行期限,相对人以此向债权人抗辩的,人民法院不予支持。

第四十二条 对于民法典第五百三十九条规定的"明显不合理"的低价或者高价,人民法院应当按照交易当地一般经营者的判断,并参考交易时交易地的市场交易价或者物价部门指导价予以认定。

转让价格未达到交易时交易地的市场交易价或者指导价百分之七十的,一般可以认定为"明显不合理的低价";受让价格高于交易时交易地的市场交易价或者指导价百分之三十的,一般可以认定为"明显不合理的高价"。

债务人与相对人存在亲属关系、关联关系的,不受前款规定的百分之七十、百分之三十的限制。

第四十三条 债务人以明显不合理的价格,实施互易财产、以物抵债、出租或者承租财产、知识产权许可使用等行为,影响债权人的债权实现,债务人的相对人知道或者应当知道该情形,债权人请求撤销债务人的行为的,人民法院应当依据民法典第五百三十九条的规定予以支持。

第四十四条 债权人依据民法典第五百三十八条、第五百三十九条的规定提起撤销权诉讼的,应当以债务人和债务人的相对人为共同被告,由债务人或者相对人的住所地人民法院管辖,但是依法应当适用专属管辖规定的除外。

两个以上债权人就债务人的同一行为提起撤销权诉讼的,人民法院可以合并审理。

第四十五条 在债权人撤销权诉讼中,被撤销行为的标的可分,当事人主张在受影响的债权范围内撤销债务人的行为的,人民法院应予支持;被撤销行为的标的不可分,债权人主张将债务人的行为全部撤销的,人民法院应予支持。

债权人行使撤销权所支付的合理的律师代理费、差旅费等费用,可以认定为民法典第五百四十条规定的"必要费用"。

第四十六条 债权人在撤销权诉讼中同时请求债务人的相对人向债务人承担返还财产、折价补偿、履行到期债务等法律后果的,人民法院依法予以支持。

债权人请求受理撤销权诉讼的人民法院一并审理其与债务人之间的债权债务关系,属于该人民法院管辖的,可以合并审理。不属于该人民法院管辖的,应当告知其向有管辖权的人民法院另行起诉。

债权人依据其与债务人的诉讼、撤销权诉讼产生的生效法律文书申请强制执行的,人民法院可以就债务人对相对人享有的权利采取强制执行措施以实现债权人的债权。债权人在撤销权诉讼中,申请对相对人的财产采取保全措施的,人民法院依法予以准许。

六、合同的变更和转让

第四十七条 债权转让后,债务人向受让人主张其对让与人的抗辩的,人民法院可以追加让与人为第三人。

债务转移后,新债务人主张原债务人对债权人的抗辩的,人民法院可以追加原债务人为第三人。

当事人一方将合同权利义务一并转让后,对方就合同权利义务向受让人主张抗辩或者受让人就合同权利义务向对方主张抗辩的,人民法院可以追加让与人为第三人。

第四十八条 债务人在接到债权转让通知前已经向让与人履行,受让人请求债务人履行的,人民法院不予支持;债务人接到债权转让通知后仍然向让与人履行,受让人请求债务人履行的,人民法院应予支持。

让与人未通知债务人,受让人直接起诉债务人请求履行债务,人民法院经审理确认债权转让事实的,应当认定债权转让自起诉状副本送达时对债务人发生效力。债务人主张因未通知而给其增加的费用或者造成的损失从认定的债权数额中扣除的,人民法院依法予以支持。

第四十九条 债务人接到债权转让通知后,让与人以债权转让合同不成立、无效、被撤销或者确定不发生效力为由请求债务人向其履行的,人民法院不予支持。但是,该债权转让通知被依法撤销的除外。

受让人基于债务人对债权真实存在的确认受让债权后,债务人又以该债权不存在为由拒绝向受让人履行的,人民法院不予支持。但是,受让人知道或者应当知道该债权不存在的除外。

第五十条 让与人将同一债权转让给两个以上受让人,债务人以已经向最先通知的受让人履行为由主张其不再履行债务的,人民法院应予支持。债务人明知接受履行的受让人不是最先通知的受让人,最先通知的受让人请求债务人继续履行债务或者依据债权转让协议请求让与人承担违约责任的,人民法院应予支持;最先通知的受让人请求接受履行的受让人返还其接受的财产的,人民法院不予支持,但是接受履行的受让人明知该债权在其受让前已经转让给其他受让人的除外。

前款所称最先通知的受让人,是指最先到达债务人的转让通知中载明的受让人。当事人之间对通知到达时间有争议的,人民法院应当结合通知的方式等因素综合判断,而不能仅根据债务人认可的通知时间或者通知记载的时间予以认定。当事人采用邮寄、通讯电子系统等方式发出通知的,人民法院应当以邮戳时间或者通讯电子系统记载的时间等作为认定通知到达时间的依据。

第五十一条 第三人加入债务并与债务人约定了追偿权,其履行债务后主张向债务人追偿的,人民法院应予支持;没有约定追偿权,第三人依照民法典关于不当得利等的规定,在其已经向债权人履行债务的范围内请求债务人向其履行的,人民法院应予支持,但是第三人知道或者应当知道加入债务会损害债务人利益的除外。

债务人就其对债权人享有的抗辩向加入债务的第三人主张的,人民法院应予支持。

367

七、合同的权利义务终止

第五十二条 当事人就解除合同协商一致时未对合同解除后的违约责任、结算和清理等问题作出处理,一方主张合同已经解除的,人民法院应予支持。但是,当事人另有约定的除外。

有下列情形之一的,除当事人一方另有意思表示外,人民法院可以认定合同解除:

(一)当事人一方主张行使法律规定或者合同约定的解除权,经审理认为不符合解除权行使条件但是对方同意解除;

(二)双方当事人均不符合解除权行使的条件但是均主张解除合同。

前两款情形下的违约责任、结算和清理等问题,人民法院应当依据民法典第五百六十六条、第五百六十七条和有关违约责任的规定处理。

第五十三条 当事人一方以通知方式解除合同,并以对方未在约定的异议期限或者其他合理期限内提出异议为由主张合同已经解除的,人民法院应当对其是否享有法律规定或者合同约定的解除权进行审查。经审查,享有解除权的,合同自通知到达对方时解除;不享有解除权的,不发生合同解除的效力。

第五十四条 当事人一方未通知对方,直接以提起诉讼的方式主张解除合同,撤诉后再次起诉主张解除合同,人民法院经审理支持该主张的,合同自再次起诉的起诉状副本送达对方时解除。但是,当事人一方撤诉后又通知对方解除合同且该通知已经到达对方的除外。

第五十五条 当事人一方依据民法典第五百六十八条的规定主张抵销,人民法院经审理认为抵销权成立的,应当认定通知到达对方时双方互负的主债务、利息、违约金或者损害赔偿金等债务在同等数额内消灭。

第五十六条 行使抵销权的一方负担的数项债务种类相同,但是享有的债权不足以抵销全部债务,当事人因抵销的顺序发生争议的,人民法院可以参照民法典第五百六十条的规定处理。

行使抵销权的一方享有的债权不足以抵销其负担的包括主债务、利息、实现债权的有关费用在内的全部债务,当事人因抵销的顺序发生争议的,人民法院可以参照民法典第五百六十一条的规定处理。

第五十七条 因侵害自然人人身权益,或者故意、重大过失侵害他人财产权益产生的损害赔偿债务,侵权人主张抵销的,人民法院不予支持。

第五十八条 当事人互负债务,一方以其诉讼时效期间已经届满的债权通知对方主张抵销,对方提出诉讼时效抗辩的,人民法院对该抗辩应予支持。一方的债权诉讼时效期间已经届满,对方主张抵销的,人民法院应予支持。

八、违约责任

第五十九条 当事人一方依据民法典第五百八十条第二款的规定请求终止合同权利义务关系的,人民法院一般应当以起诉状副本送达对方的时间作为合同权利义务关系终止的时间。根据案件的具体情况,以其他时间作为合同权利义务关系终止的时间更加符合公平原则和诚信原则的,人民法院可以以该时间作为合同权利义务关系终止的时间,但是应当在裁判文书中充分说明理由。

第六十条 人民法院依据民法典第五百八十四条的规定确定合同履行后可以获得的利益时,可以在扣除非违约方为订立、履行合同支出的费用等合理成本后,按照非违约方能够获得的生产利润、经营利润或者转售利润等计算。

非违约方依法行使合同解除权并实施了替代交易,主张按照替代交易价格与合同价格的差额确定合同履行后可以获得的利益的,人民法院依法予以支持;替代交易价格明显偏离替代交易发生时当地的市场价格,违约方主张按照市场价格与合同价格的差额确定合同履行后可以获得的利益的,人民法院应予支持。

非违约方依法行使合同解除权但是未实施替代交易,主张按照违约行为发生后合理期间内合同履行地的市场价格与合同价格的差额确定合同履行后可以获得的利益的,人民法院应予支持。

第六十一条 在以持续履行的债务为内容的定期合同中,一方不履行支付价款、租金等金钱债务,对方请求解除合同,人民法院经审理认为合同应当依法解除的,可以根据当事人的主张,参考合同主体、交易类型、市场价格变化、剩余履行期限等因素确定非违约方寻找替代交易的合理期限,并按照该期限对应的价款、租金等扣除非违约方应当支付的相应履约成本确定合同履行后可以获得的利益。

非违约方主张按照合同解除后剩余履行期限相应的价款、租金等扣除履约成本确定合同履行后可以获得的利益的,人民法院不予支持。但是,剩余履行期限少于寻找替代交易的合理期限的除外。

第六十二条 非违约方在合同履行后可以获得的利益难以根据本解释第六十条、第六十一条的规定予以确定的,人民法院可以综合考虑违约方因违约获得的利益、违约方的过错程度、其他违约情节等因素,遵循公平原则和诚信原则确定。

第六十三条 在认定民法典第五百八十四条规定的"违约一方订立合同时预见到或者应当预见到的因违约可能造成的损失"时,人民法院应当根据当事人订立合同的目的,综合考虑合同主体、合同内容、交易类型、交易习惯、磋商过程等因素,按照与违约方处于相同或者类似情况的民事主体在订立合同时预见到或者应当预见到的损失予以确定。

除合同履行后可以获得的利益外,非违约方主张还有其向第三人承担违约责任应当支出的额外费用等其他因违约所造成的损失,并请求违约方赔偿,经审理认为该损失系违约一方订立合同时预见到或者应当预见到的,人民法院应予支持。

在确定违约损失赔偿额时,违约方主张扣除非违约方未采取适当措施导致的扩大损失、非违约方也有过错造成的相应损失、非违约方因违约获得的额外利益或者减少的必要支出的,人民法院依法予以支持。

第六十四条 当事人一方通过反诉或者抗辩的方式,请求调整违约金的,人民法院依法予以支持。

违约方主张约定的违约金过分高于违约造成的损失,请求予以适当减少的,应当承担举证责任。非违约方主张约定的违约金合理的,也应当提供相应的证据。

当事人仅以合同约定不得对违约金进行调整为由主张不予调整违约金的,人民法院不予支持。

第六十五条 当事人主张约定的违约金过分高于违约造成的损失,请求予以适当减少的,人民法院应当以民法典第五百八十四条规定的损失为基础,兼顾合同主体、交易类型、合同的履行情况、当事人的过错程度、履约背景等因素,遵循公平原则和诚信原则进行衡量,并作出裁判。

约定的违约金超过造成损失的百分之三十的,人民法院一般可以认定为过分高于造成的损失。

恶意违约的当事人一方请求减少违约金的,人民法院一般不予支持。

第六十六条 当事人一方请求对方支付违约金,对方以合同不成立、无效、被撤销、确定不发生效力、不构成违约或者非违约方不存在损失等为由抗辩,未主张调整过高的违约金的,人民法院应当就若不支持该抗辩,当事人是否请求调整违约金进行释明。第一审人民法院认为抗辩成立且未予释明,第二审人民法院认为应当判决支付违约金的,可以直接释明,并根据当事人的请求,在当事人就是否应当调整违约金充分举证、质证、辩论后,依法判决适当减少违约金。

被告因客观原因在第一审程序中未到庭参加诉讼,但是在第二审程序中到庭参加诉讼并请求减少违约金的,第二审人民法院可以在当事人就是否应当调整违约金充分举证、质证、辩论后,依法判决适当减少违约金。

第六十七条 当事人交付留置金、担保金、保证金、订约金、押金或者订金等,但是没有约定定金性质,一方主张适用民法典第五百八十七条规定的定金罚则的,人民法院不予支持。当事人约定了定金性质,但是未约定定金类型或者约定不明,一方主张为违约定金的,人民法院应予支持。

当事人约定以交付定金作为订立合同的担保,一方拒绝订立合同或者在磋商订立合同时违背诚信原则导致未能订立合同,对方主张适用民法典第五百八十七条规定的定金罚则的,人民法院应予支持。

当事人约定以交付定金作为合同成立或者生效条件,应当交付定金的一方未交付定金,但是合同主要义务已经履行完毕并为对方所接受的,人民法院应当认定合同在对方接受履行时已经成立或者生效。

当事人约定定金性质为解约定金,交付定金的一方主张以丧失定金为代价解除合同的,或者收受定金的一方主张以双倍返还定金为代价解除合同的,人民法院应予支持。

第六十八条 双方当事人均具有致使不能实现合同目的的违约行为,其中一方请求适用定金罚则的,人民法院不予支持。当事人一方仅有轻微违约,对方具有致使不能实现合同目的的违约行为,轻微违约方主张适用定金罚则,对方以轻微违约方也构成违约为由抗辩的,人民法院对该抗辩不予支持。

当事人一方已经部分履行合同,对方接受并主张按照未履行部分所占比例适用定金罚则的,人民法院应予支持。对方主张按照合同整体适用定金罚则的,人民法院不予支持,但是部分未履行致使不能实现合同目的的除外。

因不可抗力致使合同不能履行,非违约方主张适用定金罚则的,人民法院不予支持。

九、附　则

第六十九条　本解释自 2023 年 12 月 5 日起施行。

民法典施行后的法律事实引起的民事案件，本解释施行后尚未终审的，适用本解释；本解释施行前已经终审，当事人申请再审或者按照审判监督程序决定再审的，不适用本解释。

最高人民法院关于适用《中华人民共和国民法典》有关担保制度的解释

（2020 年 12 月 25 日最高人民法院审判委员会第 1824 次会议通过　2020 年 12 月 31 日最高人民法院公告公布　自 2021 年 1 月 1 日起施行　法释〔2020〕28 号）

为正确适用《中华人民共和国民法典》有关担保制度的规定，结合民事审判实践，制定本解释。

一、关于一般规定

第一条　因抵押、质押、留置、保证等担保发生的纠纷，适用本解释。所有权保留买卖、融资租赁、保理等涉及担保功能发生的纠纷，适用本解释的有关规定。

第二条　当事人在担保合同中约定担保合同的效力独立于主合同，或者约定担保人对主合同无效的法律后果承担担保责任，该有关担保独立性的约定无效。主合同有效的，有关担保独立性的约定无效不影响担保合同的效力；主合同无效的，人民法院应当认定担保合同无效，但是法律另有规定的除外。

因金融机构开立的独立保函发生的纠纷，适用《最高人民法院关于审理独立保函纠纷案件若干问题的规定》。

第三条　当事人对担保责任的承担约定专门的违约责任，或者约定的担保责任范围超出债务人应当承担的责任范围，担保人主张仅在债务人应当承担的责任范围内承担责任的，人民法院应予支持。

担保人承担的责任超出债务人应当承担的责任范围，担保人向债务人追偿，债务人主张仅在其应当承担的责任范围内担责任的，人民法院应予支持；担保人请求债权人返还超出部分的，人民法院依法予以支持。

第四条　有下列情形之一，当事人将担保物权登记在他人名下，债务人不履行到期债务或者发生当事人约定的实现担保物权的情形，债权人或者其受托人主张就该财产优先受偿的，人民法院依法予以支持：

（一）为债券持有人提供的担保物权登记在债券受托管理人名下；

（二）为委托贷款人提供的担保物权登记在受托人名下；

（三）担保人知道债权人与他人之间存在委托关系的其他情形。

371

第五条 机关法人提供担保的，人民法院应当认定担保合同无效，但是经国务院批准为使用外国政府或者国际经济组织贷款进行转贷的除外。

居民委员会、村民委员会提供担保的，人民法院应当认定担保合同无效，但是依法代行村集体经济组织职能的村民委员会，依照村民委员会组织法规定的讨论决定程序对外提供担保的除外。

第六条 以公益为目的的非营利性学校、幼儿园、医疗机构、养老机构等提供担保的，人民法院应当认定担保合同无效，但是有下列情形之一的除外：

（一）在购入或者以融资租赁方式承租教育设施、医疗卫生设施、养老服务设施和其他公益设施时，出卖人、出租人为担保价款或者租金实现而在该公益设施上保留所有权；

（二）以教育设施、医疗卫生设施、养老服务设施和其他公益设施以外的不动产、动产或者财产权利设立担保物权。

登记为营利法人的学校、幼儿园、医疗机构、养老机构等提供担保，当事人以其不具有担保资格为由主张担保合同无效的，人民法院不予支持。

第七条 公司的法定代表人违反公司法关于公司对外担保决议程序的规定，超越权限代表公司与相对人订立担保合同，人民法院应当依照民法典第六十一条和第五百零四条等规定处理：

（一）相对人善意的，担保合同对公司发生效力；相对人请求公司承担担保责任的，人民法院应予支持。

（二）相对人非善意的，担保合同对公司不发生效力；相对人请求公司承担赔偿责任的，参照适用本解释第十七条的有关规定。

法定代表人超越权限提供担保造成公司损失，公司请求法定代表人承担赔偿责任的，人民法院应予支持。

第一款所称善意，是指相对人在订立担保合同时不知道且不应当知道法定代表人超越权限。相对人有证据证明已对公司决议进行了合理审查，人民法院应当认定其构成善意，但是公司有证据证明相对人知道或者应当知道决议系伪造、变造的除外。

第八条 有下列情形之一，公司以其未依照公司法关于公司对外担保的规定作出决议为由主张不承担担保责任的，人民法院不予支持：

（一）金融机构开立保函或者担保公司提供担保；

（二）公司为其全资子公司开展经营活动提供担保；

（三）担保合同系由单独或者共同持有公司三分之二以上对担保事项有表决权的股东签字同意。

上市公司对外提供担保，不适用前款第二项、第三项的规定。

第九条 相对人根据上市公司公开披露的关于担保事项已经董事会或者股东大会决议通过的信息，与上市公司订立担保合同，相对人主张担保合同对上市公司发生效力，并由上市公司承担担保责任的，人民法院应予支持。

相对人未根据上市公司公开披露的关于担保事项已经董事会或者股东大会决议通过的信息，与上市公司订立担保合同，上市公司主张担保合同对其不发生效力，且不承担担保责任或者赔偿责任的，人民法院应予支持。

相对人与上市公司已公开披露的控股子公司订立的担保合同,或者相对人与股票在国务院批准的其他全国性证券交易场所交易的公司订立的担保合同,适用前两款规定。

第十条 一人有限责任公司为其股东提供担保,公司以违反公司法关于公司对外担保决议程序的规定为由主张不承担担保责任的,人民法院不予支持。公司因承担担保责任导致无法清偿其他债务,提供担保时的股东不能证明公司财产独立于自己的财产,其他债权人请求该股东承担连带责任的,人民法院应予支持。

第十一条 公司的分支机构未经公司股东(大)会或者董事会决议以自己的名义对外提供担保,相对人请求公司或者其分支机构承担担保责任的,人民法院不予支持,但是相对人不知道且不应当知道分支机构对外提供担保未经公司决议程序的除外。

金融机构的分支机构在其营业执照记载的经营范围内开立保函,或者经有权从事担保业务的上级机构授权开立保函,金融机构或者其分支机构以违反公司法关于公司对外担保决议程序的规定为由主张不承担担保责任的,人民法院不予支持。金融机构的分支机构未经金融机构授权提供保函之外的担保,金融机构或者其分支机构主张不承担担保责任的,人民法院应予支持,但是相对人不知道且不应当知道分支机构对外提供担保未经金融机构授权的除外。

担保公司的分支机构未经担保公司授权对外提供担保,担保公司或者其分支机构主张不承担担保责任的,人民法院应予支持,但是相对人不知道且不应当知道分支机构对外提供担保未经担保公司授权的除外。

公司的分支机构对外提供担保,相对人非善意,请求公司承担赔偿责任的,参照本解释第十七条的有关规定处理。

第十二条 法定代表人依照民法典第五百五十二条的规定以公司名义加入债务的,人民法院在认定该行为的效力时,可以参照本解释关于公司为他人提供担保的有关规则处理。

第十三条 同一债务有两个以上第三人提供担保,担保人之间约定相互追偿及分担份额,承担了担保责任的担保人请求其他担保人按照约定分担份额的,人民法院应予支持;担保人之间约定承担连带共同担保,或者约定相互追偿但是未约定分担份额的,各担保人按照比例分担向债务人不能追偿的部分。

同一债务有两个以上第三人提供担保,担保人之间未对相互追偿作出约定且未约定承担连带共同担保,但是各担保人在同一份合同书上签字、盖章或者按指印,承担了担保责任的担保人请求其他担保人按照比例分担向债务人不能追偿部分的,人民法院应予支持。

除前两款规定的情形外,承担了担保责任的担保人请求其他担保人分担向债务人不能追偿部分的,人民法院不予支持。

第十四条 同一债务有两个以上第三人提供担保,担保人受让债权的,人民法院应当认定该行为系承担担保责任。受让债权的担保人作为债权人请求其他担保人承担担保责任的,人民法院不予支持;该担保人请求其他担保人分担相应份额的,依照本解释第十三条的规定处理。

第十五条 最高额担保中的最高债权额,是指包括主债权及其利息、违约金、损害赔偿金、保管担保财产的费用、实现债权或者实现担保物权的费用等在内的全部债权,但是当事人另有约定的除外。

登记的最高债权额与当事人约定的最高债权额不一致的,人民法院应当依据登记的最高债权额确定债权人优先受偿的范围。

第十六条 主合同当事人协议以新贷偿还旧贷,债权人请求旧贷的担保人承担担保责任的,人民法院不予支持;债权人请求新贷的担保人承担担保责任的,按照下列情形处理:

(一)新贷与旧贷的担保人相同的,人民法院应予支持;

(二)新贷与旧贷的担保人不同,或者旧贷无担保新贷有担保的,人民法院不予支持,但是债权人有证据证明新贷的担保人提供担保时对以新贷偿还旧贷的事实知道或者应当知道的除外。

主合同当事人协议以新贷偿还旧贷,旧贷的物的担保人在登记尚未注销的情形下同意继续为新贷提供担保,在订立新的贷款合同前又以该担保财产为其他债权人设立担保物权,其他债权人主张其担保物权顺位优先于新贷债权人的,人民法院不予支持。

第十七条 主合同有效而第三人提供的担保合同无效,人民法院应当区分不同情形确定担保人的赔偿责任:

(一)债权人与担保人均有过错的,担保人承担的赔偿责任不应超过债务人不能清偿部分的二分之一;

(二)担保人有过错而债权人无过错的,担保人对债务人不能清偿的部分承担赔偿责任;

(三)债权人有过错而担保人无过错的,担保人不承担赔偿责任。

主合同无效导致第三人提供的担保合同无效,担保人无过错的,不承担赔偿责任;担保人有过错的,其承担的赔偿责任不应超过债务人不能清偿部分的三分之一。

第十八条 承担了担保责任或者赔偿责任的担保人,在其承担责任的范围内向债务人追偿的,人民法院应予支持。

同一债权既有债务人自己提供的物的担保,又有第三人提供的担保,承担了担保责任或者赔偿责任的第三人,主张行使债权人对债务人享有的担保物权的,人民法院应予支持。

第十九条 担保合同无效,承担了赔偿责任的担保人按照反担保合同的约定,在其承担赔偿责任的范围内请求反担保人承担担保责任的,人民法院应予支持。

反担保合同无效的,依照本解释第十七条的有关规定处理。当事人仅以担保合同无效为由主张反担保合同无效的,人民法院不予支持。

第二十条 人民法院在审理第三人提供的物的担保纠纷案件时,可以适用民法典第六百九十五条第一款、第六百九十六条第一款、第六百九十七条第二款、第六百九十九条、第七百条、第七百零一条、第七百零二条等关于保证合同的规定。

第二十一条 主合同或者担保合同约定了仲裁条款的,人民法院对约定仲裁条款的合同当事人之间的纠纷无管辖权。

债权人一并起诉债务人和担保人的,应当根据主合同确定管辖法院。

债权人依法可以单独起诉担保人且仅起诉担保人的,应当根据担保合同确定管辖法院。

第二十二条 人民法院受理债务人破产案件后,债权人请求担保人承担担保责任,担保人主张担保债务自人民法院受理破产申请之日起停止计息的,人民法院对担保人的主张应予支持。

第二十三条 人民法院受理债务人破产案件,债权人在破产程序中申报债权后又向人民法院提起诉讼,请求担保人承担担保责任的,人民法院依法予以支持。

担保人清偿债权人的全部债权后,可以代替债权人在破产程序中受偿;在债权人的债权未获全部清偿前,担保人不得代替债权人在破产程序中受偿,但是有权就债权人通过破产分配和实现担保债权等方式获得清偿总额中超出债权的部分,在其承担担保责任的范围内请求债权人返还。

债权人在债务人破产程序中未获全部清偿,请求担保人继续承担担保责任的,人民法院应予支持;担保人承担担保责任后,向和解协议或者重整计划执行完毕后的债务人追偿的,人民法院不予支持。

第二十四条 债权人知道或者应当知道债务人破产,既未申报债权也未通知担保人,致使担保人不能预先行使追偿权的,担保人就该债权在破产程序中可能受偿的范围内免除担保责任,但是担保人因自身过错未行使追偿权的除外。

二、关于保证合同

第二十五条 当事人在保证合同中约定了保证人在债务人不能履行债务或者无力偿还债务时才承担保证责任等类似内容,具有债务人应当先承担责任的意思表示的,人民法院应当将其认定为一般保证。

当事人在保证合同中约定了保证人在债务人不履行债务或者未偿还债务时即承担保证责任、无条件承担保证责任等类似内容,不具有债务人应当先承担责任的意思表示的,人民法院应当将其认定为连带责任保证。

第二十六条 一般保证中,债权人以债务人为被告提起诉讼的,人民法院应予受理。债权人未就主合同纠纷提起诉讼或者申请仲裁,仅起诉一般保证人的,人民法院应当驳回起诉。

一般保证中,债权人一并起诉债务人和保证人的,人民法院可以受理,但是在作出判决时,除有民法典第六百八十七条第二款但书规定的情形外,应当在判决书主文中明确,保证人仅对债务人财产依法强制执行后仍不能履行的部分承担保证责任。

债权人未对债务人的财产申请保全,或者保全的债务人的财产足以清偿债务,债权人申请对一般保证人的财产进行保全的,人民法院不予准许。

第二十七条 一般保证的债权人取得对债务人赋予强制执行效力的公证债权文书后,在保证期间内向人民法院申请强制执行,保证人以债权人未在保证期间内对债务人提起诉讼或者申请仲裁为由主张不承担保证责任的,人民法院不予支持。

第二十八条 一般保证中,债权人依据生效法律文书对债务人的财产依法申请强制执行,保证债务诉讼时效的起算时间按照下列规则确定:

（一）人民法院作出终结本次执行程序裁定，或者依照民事诉讼法第二百五十七条第三项、第五项的规定作出终结执行裁定的，自裁定送达债权人之日起开始计算；

（二）人民法院自收到申请执行书之日起一年内未作出前项裁定的，自人民法院收到申请执行书满一年之日起开始计算，但是保证人有证据证明债务人仍有财产可供执行的除外。

一般保证的债权人在保证期间届满前对债务人提起诉讼或者申请仲裁，债权人举证证明存在民法典第六百八十七条第二款但书规定情形的，保证债务的诉讼时效自债权人知道或者应当知道该情形之日起开始计算。

第二十九条 同一债务有两个以上保证人，债权人以其已经在保证期间内依法向部分保证人行使权利为由，主张已经在保证期间内向其他保证人行使权利的，人民法院不予支持。

同一债务有两个以上保证人，保证人之间相互有追偿权，债权人未在保证期间内依法向部分保证人行使权利，导致其他保证人在承担保证责任后丧失追偿权，其他保证人主张在其不能追偿的范围内免除保证责任的，人民法院应予支持。

第三十条 最高额保证合同对保证期间的计算方式、起算时间等有约定的，按照其约定。

最高额保证合同对保证期间的计算方式、起算时间等没有约定或者约定不明，被担保债权的履行期限均已届满的，保证期间自债权确定之日起开始计算；被担保债权的履行期限尚未届满的，保证期间自最后到期债权的履行期限届满之日起开始计算。

前款所称债权确定之日，依照民法典第四百二十三条的规定认定。

第三十一条 一般保证的债权人在保证期间内对债务人提起诉讼或者申请仲裁后，又撤回起诉或者仲裁申请，债权人在保证期间届满前未再行提起诉讼或者申请仲裁，保证人主张不再承担保证责任的，人民法院应予支持。

连带责任保证的债权人在保证期间内对保证人提起诉讼或者申请仲裁后，又撤回起诉或者仲裁申请，起诉状副本或者仲裁申请书副本已经送达保证人的，人民法院应当认定债权人已经在保证期间内向保证人行使了权利。

第三十二条 保证合同约定保证人承担保证责任直至主债务本息还清时为止等类似内容的，视为约定不明，保证期间为主债务履行期限届满之日起六个月。

第三十三条 保证合同无效，债权人未在约定或者法定的保证期间内依法行使权利，保证人主张不承担赔偿责任的，人民法院应予支持。

第三十四条 人民法院在审理保证合同纠纷案件时，应当将保证期间是否届满、债权人是否在保证期间内依法行使权利等事实作为案件基本事实予以查明。

债权人在保证期间内未依法行使权利的，保证责任消灭。保证责任消灭后，债权人书面通知保证人要求承担保证责任，保证人在通知书上签字、盖章或者按指印，债权人请求保证人继续承担保证责任的，人民法院不予支持，但是债权人有证据证明成立了新的保证合同的除外。

第三十五条 保证人知道或者应当知道主债权诉讼时效期间届满仍然提供保证或者承担保证责任，又以诉讼时效期间届满为由拒绝承担保证责任或者请求返还财产的，人民法院不予支持；保证人承担保证责任后向债务人追偿的，人民法院不予支持，但是债务人放弃诉讼时效抗辩的除外。

第三十六条 第三人向债权人提供差额补足、流动性支持等类似承诺文件作为增信措施，具有提供担保的意思表示，债权人请求第三人承担保证责任的，人民法院应当依照保证的有关规定处理。

第三人向债权人提供的承诺文件，具有加入债务或者与债务人共同承担债务等意思表示的，人民法院应当认定为民法典第五百五十二条规定的债务加入。

前两款中第三人提供的承诺文件难以确定是保证还是债务加入的，人民法院应当将其认定为保证。

第三人向债权人提供的承诺文件不符合前三款规定的情形，债权人请求第三人承担保证责任或者连带责任的，人民法院不予支持，但是不影响其依据承诺文件请求第三人履行约定的义务或者承担相应的民事责任。

三、关于担保物权

（一）担保合同与担保物权的效力

第三十七条 当事人以所有权、使用权不明或者有争议的财产抵押，经审查构成无权处分的，人民法院应当依照民法典第三百一十一条的规定处理。

当事人以依法被查封或者扣押的财产抵押，抵押权人请求行使抵押权，经审查查封或者扣押措施已经解除的，人民法院应予支持。抵押人以抵押权设立时财产被查封为由主张抵押合同无效的，人民法院不予支持。

以依法被监管的财产抵押的，适用前款规定。

第三十八条 主债权未受全部清偿，担保物权人主张就担保财产的全部行使担保物权的，人民法院应予支持，但是留置权人行使留置权的，应当依照民法典第四百五十条的规定处理。

担保财产被分割或者部分转让，担保物权人主张就分割或者转让后的担保财产行使担保物权的，人民法院应予支持，但是法律或者司法解释另有规定的除外。

第三十九条 主债权被分割或者部分转让，各债权人主张就其享有的债权份额行使担保物权的，人民法院应予支持，但是法律另有规定或者当事人另有约定的除外。

主债务被分割或者部分转移，债务人自己提供物的担保，债权人请求以该担保财产担保全部债务履行的，人民法院应予支持；第三人提供物的担保，主张对未经其书面同意转移的债务不再承担担保责任的，人民法院应予支持。

第四十条 从物产生于抵押权依法设立前，抵押权人主张抵押权的效力及于从物的，人民法院应予支持，但是当事人另有约定的除外。

从物产生于抵押权依法设立后，抵押权人主张抵押权的效力及于从物的，人民法院不予支持，但是在抵押权实现时可以一并处分。

第四十一条 抵押权依法设立后，抵押财产被添附，添附物归第三人所有，抵押权人主张抵押权效力及于补偿金的，人民法院应予支持。

抵押权依法设立后，抵押财产被添附，抵押人对添附物享有所有权，抵押权人主张抵押权的效力及于添附物的,人民法院应予支持,但是添附导致抵押财产价值增加的,抵押权的效力不及于增加的价值部分。

抵押权依法设立后,抵押人与第三人因添附成为添附物的共有人,抵押权人主张抵押权的效力及于抵押人对共有物享有的份额的,人民法院应予支持。

本条所称添附,包括附合、混合与加工。

第四十二条 抵押权依法设立后,抵押财产毁损、灭失或者被征收等,抵押权人请求按照原抵押权的顺位就保险金、赔偿金或者补偿金等优先受偿的,人民法院应予支持。

给付义务人已经向抵押人给付了保险金、赔偿金或者补偿金,抵押权人请求给付义务人向其给付保险金、赔偿金或者补偿金的,人民法院不予支持,但是给付义务人接到抵押权人要求向其给付的通知后仍然向抵押人给付的除外。

抵押权人请求给付义务人向其给付保险金、赔偿金或者补偿金的,人民法院可以通知抵押人作为第三人参加诉讼。

第四十三条 当事人约定禁止或者限制转让抵押财产但是未将约定登记,抵押人违反约定转让抵押财产,抵押权人请求确认转让合同无效的,人民法院不予支持;抵押财产已经交付或者登记,抵押权人请求确认转让不发生物权效力的,人民法院不予支持,但是抵押权人有证据证明受让人知道的除外;抵押权人请求抵押人承担违约责任的,人民法院依法予以支持。

当事人约定禁止或者限制转让抵押财产且已经将约定登记,抵押人违反约定转让抵押财产,抵押权人请求确认转让合同无效的,人民法院不予支持;抵押财产已经交付或者登记,抵押权人主张转让不发生物权效力的,人民法院应予支持,但是因受让人代替债务人清偿债务导致抵押权消灭的除外。

第四十四条 主债权诉讼时效期间届满后,抵押权人主张行使抵押权的,人民法院不予支持;抵押人以主债权诉讼时效期间届满为由,主张不承担担保责任的,人民法院应予支持。主债权诉讼时效期间届满前,债权人仅对债务人提起诉讼,经人民法院判决或者调解后未在民事诉讼法规定的申请执行时效期间内对债务人申请强制执行,其向抵押人主张行使抵押权的,人民法院不予支持。

主债权诉讼时效期间届满后,财产被留置的债务人或者对留置财产享有所有权的第三人请求债权人返还留置财产的,人民法院不予支持;债务人或者第三人请求拍卖、变卖留置财产并以所得价款清偿债务的,人民法院应予支持。

主债权诉讼时效期间届满的法律后果,以登记作为公示方式的权利质权,参照适用第一款的规定;动产质权、以交付权利凭证作为公示方式的权利质权,参照适用第二款的规定。

第四十五条 当事人约定当债务人不履行到期债务或者发生当事人约定的实现担保物权的情形,担保物权人有权将担保财产自行拍卖、变卖并就所得的价款优先受偿的,该约定有效。因担保人的原因导致担保物权人无法自行对担保财产进行拍卖、变卖,担保物权人请求担保人承担因此增加的费用的,人民法院应予支持。

当事人依照民事诉讼法有关"实现担保物权案件"的规定,申请拍卖、变卖担保财产,被申请人以担保合同约定仲裁条款为由主张驳回申请的,人民法院经审查后,应当按照以下情形分别处理:

（一）当事人对担保物权无实质性争议且实现担保物权条件已经成就的，应当裁定准许拍卖、变卖担保财产；

（二）当事人对实现担保物权有部分实质性争议的，可以就无争议的部分裁定准许拍卖、变卖担保财产，并告知可以就有争议的部分申请仲裁；

（三）当事人对实现担保物权有实质性争议的，裁定驳回申请，并告知可以向仲裁机构申请仲裁。

债权人以诉讼方式行使担保物权的，应当以债务人和担保人作为共同被告。

（二）不动产抵押

第四十六条 不动产抵押合同生效后未办理抵押登记手续，债权人请求抵押人办理抵押登记手续的，人民法院应予支持。

抵押财产因不可归责于抵押人自身的原因灭失或者被征收等导致不能办理抵押登记，债权人请求抵押人在约定的担保范围内承担责任的，人民法院不予支持；但是抵押人已经获得保险金、赔偿金或者补偿金等，债权人请求抵押人在其所获金额范围内承担赔偿责任的，人民法院依法予以支持。

因抵押人转让抵押财产或者其他可归责于抵押人自身的原因导致不能办理抵押登记，债权人请求抵押人在约定的担保范围内承担责任的，人民法院依法予以支持，但是不得超过抵押权能够设立时抵押人应当承担的责任范围。

第四十七条 不动产登记簿就抵押财产、被担保的债权范围等所作的记载与抵押合同约定不一致的，人民法院应当根据登记簿的记载确定抵押财产、被担保的债权范围等事项。

第四十八条 当事人申请办理抵押登记手续时，因登记机构的过错致使其不能办理抵押登记，当事人请求登记机构承担赔偿责任的，人民法院依法予以支持。

第四十九条 以违法的建筑物抵押的，抵押合同无效，但是一审法庭辩论终结前已经办理合法手续的除外。抵押合同无效的法律后果，依照本解释第十七条的有关规定处理。

当事人以建设用地使用权依法设立抵押，抵押人以土地上存在违法的建筑物为由主张抵押合同无效的，人民法院不予支持。

第五十条 抵押人以划拨建设用地上的建筑物抵押，当事人以该建设用地使用权不能抵押或者未办理批准手续为由主张抵押合同无效或者不生效的，人民法院不予支持。抵押权依法实现时，拍卖、变卖建筑物所得的价款，应当优先用于补缴建设用地使用权出让金。

当事人以划拨方式取得的建设用地使用权抵押，抵押人以未办理批准手续为由主张抵押合同无效或者不生效的，人民法院不予支持。已经依法办理抵押登记，抵押权人主张行使抵押权的，人民法院应予支持。抵押权依法实现时所得的价款，参照前款有关规定处理。

第五十一条 当事人仅以建设用地使用权抵押，债权人主张抵押权的效力及于土地上已有的建筑物以及正在建造的建筑物已完成部分的，人民法院应予支持。债权人主张抵押权的效力及于正在建造的建筑物的续建部分以及新增建筑物的，人民

379

法院不予支持。

当事人以正在建造的建筑物抵押，抵押权的效力范围限于已办理抵押登记的部分。当事人按照担保合同的约定，主张抵押权的效力及于续建部分、新增建筑物以及规划中尚未建造的建筑物的，人民法院不予支持。

抵押人将建设用地使用权、土地上的建筑物或者正在建造的建筑物分别抵押给不同债权人的，人民法院应当根据抵押登记的时间先后确定清偿顺序。

第五十二条 当事人办理抵押预告登记后，预告登记权利人请求就抵押财产优先受偿，经审查存在尚未办理建筑物所有权首次登记、预告登记的财产与办理建筑物所有权首次登记时的财产不一致、抵押预告登记已经失效等情形，导致不具备办理抵押登记条件的，人民法院不予支持；经审查已经办理建筑物所有权首次登记，且不存在预告登记失效等情形的，人民法院应予支持，并应当认定抵押权自预告登记之日起设立。

当事人办理了抵押预告登记，抵押人破产，经审查抵押财产属于破产财产，预告登记权利人主张就抵押财产优先受偿的，人民法院应当在受理破产申请时抵押财产的价值范围内予以支持，但是在人民法院受理破产申请前一年内，债务人对没有财产担保的债务设立抵押预告登记的除外。

（三）动产与权利担保

第五十三条 当事人在动产和权利担保合同中对担保财产进行概括描述，该描述能够合理识别担保财产的，人民法院应当认定担保成立。

第五十四条 动产抵押合同订立后未办理抵押登记，动产抵押权的效力按照下列情形分别处理：

（一）抵押人转让抵押财产，受让人占有抵押财产后，抵押权人向受让人请求行使抵押权的，人民法院不予支持，但是抵押权人能够举证证明受让人知道或者应当知道已经订立抵押合同的除外；

（二）抵押人将抵押财产出租给他人并移转占有，抵押权人行使抵押权的，租赁关系不受影响，但是抵押权人能够举证证明承租人知道或者应当知道已经订立抵押合同的除外；

（三）抵押人的其他债权人向人民法院申请保全或者执行抵押财产，人民法院已经作出财产保全裁定或者采取执行措施，抵押权人主张对抵押财产优先受偿的，人民法院不予支持；

（四）抵押人破产，抵押权人主张对抵押财产优先受偿的，人民法院不予支持。

第五十五条 债权人、出质人与监管人订立三方协议，出质人以通过一定数量、品种等概括描述能够确定范围的货物为债务的履行提供担保，当事人有证据证明监管人系受债权人的委托监管并实际控制该货物的，人民法院应当认定质权于监管人实际控制货物之日起设立。监管人违反约定向出质人或者其他人放货、因保管不善导致货物毁损灭失，债权人请求监管人承担违约责任的，人民法院依法予以支持。

在前款规定情形下，当事人有证据证明监管人系受出质人委托监管该货物，或者虽然受债权人委托但是未实际履行监管职责，导致货物仍由出质人实际控制的，人民法院应当认定质权未设立。债权人可以基于质押合同的约定请求出质人承担违约责任，但是不得超过质权有效设立时出质人应当承担的责任范围。监管人未履行监管职责，债权人请求监管人承担责任的，人民法院依法予以支持。

第五十六条 买受人在出卖人正常经营活动中通过支付合理对价取得已被设立担保物权的动产，担保物权人请求就该动产优先受偿的，人民法院不予支持，但是有下列情形之一的除外：

（一）购买商品的数量明显超过一般买受人；

（二）购买出卖人的生产设备；

（三）订立买卖合同的目的在于担保出卖人或者第三人履行债务；

（四）买受人与出卖人存在直接或者间接的控制关系；

（五）买受人应当查询抵押登记而未查询的其他情形。

前款所称出卖人正常经营活动，是指出卖人的经营活动属于其营业执照明确记载的经营范围，且出卖人持续销售同类商品。前款所称担保物权人，是指已经办理登记的抵押权人、所有权保留买卖的出卖人、融资租赁合同的出租人。

第五十七条 担保人在设立动产浮动抵押并办理抵押登记后又购入或者以融资租赁方式承租新的动产，下列权利人为担保价款债权或者租金的实现而订立担保合同，并在该动产交付后十日内办理登记，主张其权利优先于在先设立的浮动抵押权的，人民法院应予支持：

（一）在该动产上设立抵押权或者保留所有权的出卖人；

（二）为价款支付提供融资而在该动产上设立抵押权的债权人；

（三）以融资租赁方式出租该动产的出租人。

买受人取得动产但未付清价款或者承租人以融资租赁方式占有租赁物但是未付清全部租金，又以标的物为他人设立担保物权，前款所列权利人为担保价款债权或者租金的实现而订立担保合同，并在该动产交付后十日内办理登记，主张其权利优先于买受人为他人设立的担保物权的，人民法院应予支持。

同一动产上存在多个价款优先权的，人民法院应当按照登记的时间先后确定清偿顺序。

第五十八条 以汇票出质，当事人以背书记载"质押"字样并在汇票上签章，汇票已经交付质权人的，人民法院应当认定质权自汇票交付质权人时设立。

第五十九条 存货人或者仓单持有人在仓单上以背书记载"质押"字样，并经保管人签章，仓单已经交付质权人的，人民法院应当认定质权自仓单交付质权人时设立。没有权利凭证的仓单，依法可以办理出质登记的，仓单质权自办理出质登记时设立。

出质人既以仓单出质，又以仓储物设立担保，按照公示的先后确定清偿顺序；难以确定先后的，按照债权比例清偿。

保管人为同一货物签发多份仓单，出质人在多份仓单上设立多个质权，按照公示的先后确定清偿顺序；难以确定先后的，按照债权比例受偿。

存在第二款、第三款规定的情形，债权人举证证明其损失系出质人与保管人的共同行为所致，请求出质人与保管人承担连带赔偿责任的，人民法院应予支持。

第六十条 在跟单信用证交易中，开证行与开证申请人之间约定以提单作为担

381

保的，人民法院应当依照民法典关于质权的有关规定处理。

在跟单信用证交易中，开证行依据其与开证申请人之间的约定或者跟单信用证的惯例持有提单，开证申请人未按照约定付款赎单，开证行主张对提单项下货物优先受偿的，人民法院应予支持；开证行主张对提单项下货物享有所有权的，人民法院不予支持。

在跟单信用证交易中，开证行依据其与开证申请人之间的约定或者跟单信用证的惯例，通过转让提单或者提单项下货物取得价款，开证申请人请求返还超出债权部分的，人民法院应予支持。

前三款规定不影响合法持有提单的开证行以提单持有人身份主张运输合同项下的权利。

第六十一条 以现有的应收账款出质，应收账款债务人向质权人确认应收账款的真实性后，又以应收账款不存在或者已经消灭为由主张不承担责任的，人民法院不予支持。

以现有的应收账款出质，应收账款债务人未确认应收账款的真实性，质权人以应收账款债务人为被告，请求就应收账款优先受偿，能够举证证明办理出质登记时应收账款真实存在的，人民法院应予支持；质权人不能举证证明办理出质登记时应收账款真实存在，仅以已经办理出质登记为由，请求就应收账款优先受偿的，人民法院不予支持。

以现有的应收账款出质，应收账款债务人已经向应收账款债权人履行了债务，质权人请求应收账款债务人履行债务的，人民法院不予支持，但是应收账款债务人接到质权人要求向其履行的通知后，仍然向应收账款债权人履行的除外。

以基础设施和公用事业项目收益权、提供服务或者劳务产生的债权以及其他将有的应收账款出质，当事人为应收账款设立特定账户，发生法定或者约定的质权实现事由时，质权人请求就该特定账户内的款项优先受偿的，人民法院应予支持；特定账户内的款项不足以清偿债务或者未设立特定账户，质权人请求折价或者拍卖、变卖项目收益权等将有的应收账款，并以所得的价款优先受偿的，人民法院依法予以支持。

第六十二条 债务人不履行到期债务，债权人因同一法律关系留置合法占有的第三人的动产，并主张就该留置财产优先受偿的，人民法院应予支持。第三人以该留置财产并非债务人的财产为由请求返还的，人民法院不予支持。

企业之间留置的动产与债权并非同一法律关系，债务人以该债权不属于企业持续经营中发生的债权为由请求债权人返还留置财产的，人民法院应予支持。

企业之间留置的动产与债权并非同一法律关系，债权人留置第三人的财产，第三人请求债权人返还留置财产的，人民法院应予支持。

四、关于非典型担保

第六十三条 债权人与担保人订立担保合同，约定以法律、行政法规尚未规定可以担保的财产权利设立担保，当事人主张合同无效的，人民法院不予支持。当事人未在法定的登记机构依法进行登记，主张该担保具有物权效力的，人民法院不予支持。

第六十四条 在所有权保留买卖中，出卖人依法有权取回标的物，但是与买受人协商不成，当事人请求参照民事诉讼法"实现担保物权案件"的有关规定，拍卖、变卖标的物的，人民法院应予准许。

出卖人请求取回标的物，符合民法典第六百四十二条规定的，人民法院应予支持；买受人以抗辩或者反诉的方式主张拍卖、变卖标的物，并在扣除买受人未支付的价款以及必要费用后返还剩余款项的，人民法院应当一并处理。

第六十五条 在融资租赁合同中，承租人未按照约定支付租金，经催告后在合理期限内仍不支付，出租人请求承租人支付全部剩余租金，并以拍卖、变卖租赁物所得的价款受偿的，人民法院应予支持；当事人请求参照民事诉讼法"实现担保物权案件"的有关规定，以拍卖、变卖租赁物所得价款支付租金的，人民法院应予准许。

出租人请求解除融资租赁合同并收回租赁物，承租人以抗辩或者反诉的方式主张返还租赁物价值超过欠付租金以及其他费用的，人民法院应当一并处理。当事人对租赁物的价值有争议的，应当按照下列规则确定租赁物的价值：

（一）融资租赁合同有约定的，按照其约定；

（二）融资租赁合同未约定或者约定不明的，根据约定的租赁物折旧以及合同到期后租赁物的残值来确定；

（三）根据前两项规定的方法仍然难以确定，或者当事人认为根据前两项规定的方法确定的价值严重偏离租赁物实际价值的，根据当事人的申请委托有资质的机构评估。

第六十六条 同一应收账款同时存在保理、应收账款质押和债权转让，当事人主张参照民法典第七百六十八条的规定确定优先顺序的，人民法院应予支持。

在有追索权的保理中，保理人以应收账款债权人或者应收账款债务人为被告提起诉讼，人民法院应予受理；保理人一并起诉应收账款债权人和应收账款债务人的，人民法院可以受理。

应收账款债权人向保理人返还保理融资款本息或者回购应收账款债权后，请求应收账款债务人向其履行应收账款债务的，人民法院应予支持。

第六十七条 在所有权保留买卖、融资租赁等合同中，出卖人、出租人的所有权未经登记不得对抗"善意第三人"的范围及其效力，参照本解释第五十四条的规定处理。

第六十八条 债务人或者第三人与债权人约定将财产形式上转移至债权人名下，债务人不履行到期债务，债权人有权对财产折价或者以拍卖、变卖该财产所得价款偿还债务的，人民法院应当认定该约定有效。当事人已经完成财产权利变动的公示，债务人不履行到期债务，债权人请求参照民法典关于担保物权的有关规定就该财产优先受偿的，人民法院应予支持。

债务人或者第三人与债权人约定将财产形式上转移至债权人名下，债务人不履行到期债务，财产归债权人所有的，人民法院应当认定该约定无效，但是不影响当事人有关提供担保的意思表示的效力。当事人已经完成财产权利变动的公示，债务人不履行到期债务，债权人请求对该财产享有所有权的，人民法院不予支持；债权人请求参照民法典关于担保物权的规定对财产折价或者以拍卖、变卖该财产所得的价款优先受偿的，人民法院应予支持；债务人履行债务后请求返还财产，或者请求对财产折价或者以拍卖、变卖所得的价款清偿债务的，人民法院应予支持。

债务人与债权人约定将财产转移至债权人名下，在一定期间后再由债务人或者其指定的第三人以交易本金加上溢价款回购，债务人到期不履行回购义务，财产归债权人所有的，人民法院应当参照第二款规定处理。回购对象自始不存在的，人民法院应当依照民法典第一百四十六条第二款的规定，按照其实际构成的法律关系处理。

第六十九条 股东以将其股权转移至债权人名下的方式为债务履行提供担保，公司或者公司的债权人以股东未履行或者未全面履行出资义务、抽逃出资等为由，请求作为名义股东的债权人与股东承担连带责任的，人民法院不予支持。

第七十条 债务人或者第三人为担保债务的履行，设立专门的保证金账户并由债权人实际控制，或者将其资金存入债权人设立的保证金账户，债权人主张就账户内的款项优先受偿的，人民法院应予支持。当事人以保证金账户内的款项浮动为由，主张实际控制该账户的债权人对账户内的款项不享有优先受偿权的，人民法院不予支持。

在银行账户下设立的保证金分户，参照前款规定处理。

当事人约定的保证金并非为担保债务的履行设立，或者不符合前两款规定的情形，债权人主张就保证金优先受偿的，人民法院不予支持，但是不影响当事人依照法律的规定或者按照当事人的约定主张权利。

五、附　则

第七十一条 本解释自 2021 年 1 月 1 日起施行。

最高人民法院关于适用《中华人民共和国民法典》婚姻家庭编的解释（一）

（2020 年 12 月 25 日最高人民法院审判委员会第 1825 次会议通过　2020 年 12 月 29 日最高人民法院公告公布　自 2021 年 1 月 1 日起施行　法释〔2020〕22 号）

为正确审理婚姻家庭纠纷案件，根据《中华人民共和国民法典》《中华人民共和国民事诉讼法》等相关法律规定，结合审判实践，制定本解释。

一、一般规定

第一条 持续性、经常性的家庭暴力，可以认定为民法典第一千零四十二条、第一千零七十九条、第一千零九十一条所称的"虐待"。

第二条 民法典第一千零四十二条、第一千零七十九条、第一千零九十一条规定的"与他人同居"的情形,是指有配偶者与婚外异性,不以夫妻名义,持续、稳定地共同居住。

第三条 当事人提起诉讼仅请求解除同居关系的,人民法院不予受理;已经受理的,裁定驳回起诉。

当事人因同居期间财产分割或者子女抚养纠纷提起诉讼的,人民法院应当受理。

第四条 当事人仅以民法典第一千零四十三条为依据提起诉讼的,人民法院不予受理;已经受理的,裁定驳回起诉。

第五条 当事人请求返还按照习俗给付的彩礼的,如果查明属于以下情形,人民法院应当予以支持:

(一)双方未办理结婚登记手续;

(二)双方办理结婚登记手续但确未共同生活;

(三)婚前给付并导致给付人生活困难。

适用前款第二项、第三项的规定,应当以双方离婚为条件。

二、结 婚

第六条 男女双方依据民法典第一千零四十九条规定补办结婚登记的,婚姻关系的效力从双方均符合民法典所规定的结婚的实质要件时起算。

第七条 未依据民法典第一千零四十九条规定办理结婚登记而以夫妻名义共同生活的男女,提起诉讼要求离婚的,应当区别对待:

(一)1994年2月1日民政部《婚姻登记管理条例》公布实施以前,男女双方已经符合结婚实质要件的,按事实婚姻处理。

(二)1994年2月1日民政部《婚姻登记管理条例》公布实施以后,男女双方符合结婚实质要件的,人民法院应当告知其补办结婚登记。未补办结婚登记的,依据本解释第三条规定处理。

第八条 未依据民法典第一千零四十九条规定办理结婚登记而以夫妻名义共同生活的男女,一方死亡,另一方以配偶身份主张享有继承权的,依据本解释第七条的原则处理。

第九条 有权依据民法典第一千零五十一条规定向人民法院就已办理结婚登记的婚姻请求确认婚姻无效的主体,包括婚姻当事人及利害关系人。其中,利害关系人包括:

(一)以重婚为由的,为当事人的近亲属及基层组织;

(二)以未到法定婚龄为由的,为未到法定婚龄者的近亲属;

(三)以有禁止结婚的亲属关系为由的,为当事人的近亲属。

第十条 当事人依据民法典第一千零五十一条规定向人民法院请求确认婚姻无效,法定的无效婚姻情形在提起诉讼时已经消失的,人民法院不予支持。

第十一条 人民法院受理请求确认婚姻无效案件后,原告申请撤诉的,不予准许。

对婚姻效力的审理不适用调解,应当依法作出判决。

涉及财产分割和子女抚养的,可以调解。调解达成协议的,另行制作调解书;

未达成调解协议的,应当一并作出判决。

第十二条 人民法院受理离婚案件后,经审理确属无效婚姻的,应当将婚姻无效的情形告知当事人,并依法作出确认婚姻无效的判决。

第十三条 人民法院就同一婚姻关系分别受理了离婚和请求确认婚姻无效案件的,对于离婚案件的审理,应当待请求确认婚姻无效案件作出判决后进行。

第十四条 夫妻一方或者双方死亡后,生存一方或者利害关系人依据民法典第一千零五十一条的规定请求确认婚姻无效的,人民法院应当受理。

第十五条 利害关系人依据民法典第一千零五十一条的规定,请求人民法院确认婚姻无效的,利害关系人为原告,婚姻关系当事人双方为被告。

夫妻一方死亡的,生存一方为被告。

第十六条 人民法院审理重婚导致的无效婚姻案件时,涉及财产处理的,应当准许合法婚姻当事人作为有独立请求权的第三人参加诉讼。

第十七条 当事人以民法典第一千零五十一条规定的三种无效婚姻以外的情形请求确认婚姻无效的,人民法院应当判决驳回当事人的诉讼请求。

当事人以结婚登记程序存在瑕疵为由提起民事诉讼,主张撤销结婚登记的,告知其可以依法申请行政复议或者提起行政诉讼。

第十八条 行为人以给另一方当事人或者其近亲属的生命、身体、健康、名誉、财产等方面造成损害为要挟,迫使另一方当事人违背真实意愿结婚的,可以认定为民法典第一千零五十二条所称的"胁迫"。

因受胁迫而请求撤销婚姻的,只能是受胁迫一方的婚姻关系当事人本人。

第十九条 民法典第一千零五十二条规定的"一年",不适用诉讼时效中止、中断或者延长的规定。

受胁迫或者被非法限制人身自由的当事人请求撤销婚姻的,不适用民法典第一百五十二条第二款的规定。

第二十条 民法典第一千零五十四条所规定的"自始没有法律约束力",是指无效婚姻或者可撤销婚姻在依法被确认无效或者被撤销时,才确定该婚姻自始不受法律保护。

第二十一条 人民法院根据当事人的请求,依法确认婚姻无效或者撤销婚姻的,应当收缴双方的结婚证书并将生效的判决书寄送当地婚姻登记管理机关。

第二十二条 被确认无效或者被撤销的婚姻,当事人同居期间所得的财产,除有证据证明为当事人一方所有的以外,按共同共有处理。

三、夫妻关系

第二十三条 夫以妻擅自中止妊娠侵犯其生育权为由请求损害赔偿的,人民法院不予支持;夫妻双方因是否生育发生纠纷,致使感情已破裂,一方请求离婚的,人民法院经调解无效,应依照民法典第一千零七十九条第三款第五项的规定处理。

第二十四条 民法典第一千零六十二条第一款第三项规定的"知识产权的收益",是指婚姻关系存续期间,实际取得或者已经明确可以取得的财产性收益。

第二十五条 婚姻关系存续期间,下列财产属于民法典第一千零六十二条规定的

"其他应当归共同所有的财产"：
（一）一方以个人财产投资取得的收益；
（二）男女双方实际取得或者应当取得的住房补贴、住房公积金；
（三）男女双方实际取得或者应当取得的基本养老金、破产安置补偿费。

第二十六条 夫妻一方个人财产在婚后产生的收益，除孳息和自然增值外，应认定为夫妻共同财产。

第二十七条 由一方婚前承租、婚后用共同财产购买的房屋，登记在一方名下的，应当认定为夫妻共同财产。

第二十八条 一方未经另一方同意出售夫妻共同所有的房屋，第三人善意购买、支付合理对价并已办理不动产登记，另一方主张追回该房屋的，人民法院不予支持。

夫妻一方擅自处分共同所有的房屋造成另一方损失，离婚时另一方请求赔偿损失的，人民法院应予支持。

第二十九条 当事人结婚前，父母为双方购置房屋出资的，该出资应当认定为对自己子女个人的赠与，但父母明确表示赠与双方的除外。

当事人结婚后，父母为双方购置房屋出资的，依照约定处理；没有约定或者约定不明确的，按照民法典第一千零六十二条第一款第四项规定的原则处理。

第三十条 军人的伤亡保险金、伤残补助金、医药生活补助费属于个人财产。

第三十一条 民法典第一千零六十三条规定为夫妻一方的个人财产，不因婚姻关系的延续而转化为夫妻共同财产。但当事人另有约定的除外。

第三十二条 婚前或者婚姻关系存续期间，当事人约定将一方所有的房产赠与另一方或者共有，赠与方在赠与房产变更登记之前撤销赠与，另一方请求判令继续履行的，人民法院可以按照民法典第六百五十八条的规定处理。

第三十三条 债权人就一方婚前所负个人债务向债务人的配偶主张权利的，人民法院不予支持。但债权人能够证明所负债务用于婚后家庭共同生活的除外。

第三十四条 夫妻一方与第三人串通，虚构债务，第三人主张该债务为夫妻共同债务的，人民法院不予支持。

夫妻一方在从事赌博、吸毒等违法犯罪活动中所负债务，第三人主张该债务为夫妻共同债务的，人民法院不予支持。

第三十五条 当事人的离婚协议或者人民法院生效判决、裁定、调解书已经对夫妻财产分割问题作出处理的，债权人仍有权就夫妻共同债务向男女双方主张权利。

一方就夫妻共同债务承担清偿责任后，主张由另一方按照离婚协议或者人民法院的法律文书承担相应债务的，人民法院应予支持。

第三十六条 夫或者妻一方死亡的，生存一方应当对婚姻关系存续期间的夫妻共同债务承担清偿责任。

第三十七条 民法典第一千零六十五条第三款所称"相对人知道该约定的"，夫妻一方对此负有举证责任。

第三十八条 婚姻关系存续期间，除民法典第一千零六十六条规定情形以外，夫妻一方请求分割共同财产的，人民法院不予支持。

四、父母子女关系

第三十九条 父或者母向人民法院起诉请求否认亲子关系,并已提供必要证据予以证明,另一方没有相反证据又拒绝做亲子鉴定的,人民法院可以认定否认亲子关系一方的主张成立。

父或者母以及成年子女起诉请求确认亲子关系,并提供必要证据予以证明,另一方没有相反证据又拒绝做亲子鉴定的,人民法院可以认定确认亲子关系一方的主张成立。

第四十条 婚姻关系存续期间,夫妻双方一致同意进行人工授精,所生子女应视为婚生子女,父母子女间的权利义务关系适用民法典的有关规定。

第四十一条 尚在校接受高中及其以下学历教育,或者丧失、部分丧失劳动能力等非因主观原因而无法维持正常生活的成年子女,可以认定为民法典第一千零六十七条规定的"不能独立生活的成年子女"。

第四十二条 民法典第一千零六十七条所称"抚养费",包括子女生活费、教育费、医疗费等费用。

第四十三条 婚姻关系存续期间,父母双方或者一方拒不履行抚养子女义务,未成年子女或者不能独立生活的成年子女请求支付抚养费的,人民法院应予支持。

第四十四条 离婚案件涉及未成年子女抚养的,对不满两周岁的子女,按照民法典第一千零八十四条第三款规定的原则处理。母亲有下列情形之一,父亲请求直接抚养的,人民法院应予支持:

(一)患有久治不愈的传染性疾病或者其他严重疾病,子女不宜与其共同生活;

(二)有抚养条件不尽抚养义务,而父亲要求子女随其生活;

(三)因其他原因,子女确不宜随母亲生活。

第四十五条 父母双方协议不满两周岁子女由父亲直接抚养,并对子女健康成长无不利影响的,人民法院应予支持。

第四十六条 对已满两周岁的未成年子女,父母均要求直接抚养,一方有下列情形之一的,可予优先考虑:

(一)已做绝育手术或者因其他原因丧失生育能力的;

(二)子女随其生活时间较长,改变生活环境对子女健康成长明显不利;

(三)无其他子女,而另一方有其他子女;

(四)子女随其生活,对子女成长有利,而另一方患有久治不愈的传染性疾病或者其他严重疾病,或者有其他不利于子女身心健康的情形,不宜与子女共同生活。

第四十七条 父母抚养子女的条件基本相同,双方均要求直接抚养子女,但子女单独随祖父母或者外祖父母共同生活多年,且祖父母或者外祖父母要求并且有能力帮助子女照顾孙子女或者外孙子女的,可以作为父或者母直接抚养子女的优先条件予以考虑。

第四十八条 在有利于保护子女利益的前提下,父母双方协议轮流直接抚养子女的,人民法院应予支持。

第四十九条 抚养费的数额,可以根据子女的实际需要、父母双方的负担能力和当地的实际生活水平确定。

有固定收入的，抚养费一般可以按其月总收入的百分之二十至三十的比例给付。负担两个以上子女抚养费的，比例可以适当提高，但一般不得超过月总收入的百分之五十。

无固定收入的，抚养费的数额可以依据当年总收入或者同行业平均收入，参照上述比例确定。

有特殊情况的，可以适当提高或者降低上述比例。

第五十条 抚养费应当定期给付，有条件的可以一次性给付。

第五十一条 父母一方无经济收入或者下落不明的，可以用其财物折抵抚养费。

第五十二条 父母双方可以协议由一方直接抚养子女并由直接抚养方负担子女全部抚养费。但是，直接抚养方的抚养能力明显不能保障子女所需费用，影响子女健康成长的，人民法院不予支持。

第五十三条 抚养费的给付期限，一般至子女十八周岁为止。

十六周岁以上不满十八周岁，以其劳动收入为主要生活来源，并能维持当地一般生活水平的，父母可以停止给付抚养费。

第五十四条 生父与继母离婚或者生母与继父离婚时，对曾受其抚养教育的继子女，继父或者继母不同意继续抚养的，仍应由生父或者生母抚养。

第五十五条 离婚后，父母一方要求变更子女抚养关系的，或者子女要求增加抚养费的，应当另行提起诉讼。

第五十六条 具有下列情形之一，父母一方要求变更子女抚养关系的，人民法院应予支持：

（一）与子女共同生活的一方因患严重疾病或者因伤残无力继续抚养子女；

（二）与子女共同生活的一方不尽抚养义务或有虐待子女行为，或者其与子女共同生活对子女身心健康确有不利影响；

（三）已满八周岁的子女，愿随另一方生活，该方又有抚养能力的；

（四）有其他正当理由需要变更。

第五十七条 父母双方协议变更子女抚养关系的，人民法院应予支持。

第五十八条 具有下列情形之一，子女要求有负担能力的父或者母增加抚养费的，人民法院应予支持：

（一）原定抚养费数额不足以维持当地实际生活水平；

（二）因子女患病、上学，实际需要已超过原定数额；

（三）有其他正当理由应当增加。

第五十九条 父母不得因子女变更姓氏而拒付子女抚养费。父或者母擅自将子女姓氏改为继母或继父姓氏而引起纠纷的，应当责令恢复原姓氏。

第六十条 在离婚诉讼期间，双方均拒绝抚养子女的，可以先行裁定暂由一方抚养。

第六十一条 对拒不履行或者妨害他人履行生效判决、裁定、调解书中有关子女抚养义务的当事人或者其他人，人民法院可依照民事诉讼法第一百一十一条的规定采取强制措施。

五、离 婚

第六十二条 无民事行为能力人的配偶有民法典第三十六条第一款规定行为，其他有监护资格的人可以要求撤销其监护资格，并依法指定新的监护人；变更后的监护人代理无民事行为能力一方提起离婚诉讼的，人民法院应予受理。

第六十三条 人民法院审理离婚案件，符合民法典第一千零七十九条第三款规定"应当准予离婚"情形的，不应当因当事人有过错而判决不准离婚。

第六十四条 民法典第一千零八十一条所称的"军人一方有重大过错"，可以依据民法典第一千零七十九条第三款前三项规定及军人有其他重大过错致夫妻感情破裂的情形予以判断。

第六十五条 人民法院作出的生效的离婚判决中未涉及探望权，当事人就探望权问题单独提起诉讼的，人民法院应予受理。

第六十六条 当事人在履行生效判决、裁定或者调解书的过程中，一方请求中止探望的，人民法院在征询双方当事人意见后，认为需要中止探望的，依法作出裁定；中止探望的情形消失后，人民法院应当根据当事人的请求书面通知其恢复探望。

第六十七条 未成年子女、直接抚养子女的父或者母以及其他对未成年子女负担抚养、教育、保护义务的法定监护人，有权向人民法院提出中止探望的请求。

第六十八条 对于拒不协助另一方行使探望权的有关个人或者组织，可以由人民法院依法采取拘留、罚款等强制措施，但是不能对子女的人身、探望行为进行强制执行。

第六十九条 当事人达成的以协议离婚或者到人民法院调解离婚为条件的财产以及债务处理协议，如果双方离婚未成，一方在离婚诉讼中反悔的，人民法院应当认定该财产以及债务处理协议没有生效，并根据实际情况依照民法典第一千零八十七条和第一千零八十九条的规定判决。

当事人依照民法典第一千零七十六条签订的离婚协议中关于财产以及债务处理的条款，对男女双方具有法律约束力。登记离婚后当事人因履行上述协议发生纠纷提起诉讼的，人民法院应当受理。

第七十条 夫妻双方协议离婚后就财产分割问题反悔，请求撤销财产分割协议的，人民法院应当受理。

人民法院审理后，未发现订立财产分割协议时存在欺诈、胁迫等情形的，应当依法驳回当事人的诉讼请求。

第七十一条 人民法院审理离婚案件，涉及分割发放到军人名下的复员费、自主择业费等一次性费用的，以夫妻婚姻关系存续年限乘以年平均值，所得数额为夫妻共同财产。

前款所称年平均值，是指将发放到军人名下的上述费用总额按具体年限均分得出的数额。其具体年限为人均寿命七十岁与军人入伍时实际年龄的差额。

第七十二条 夫妻双方分割共同财产中的股票、债券、投资基金份额等有价证券以及未上市股份有限公司股份时，协商不成或者按市价分配有困难的，人民法院可以根据数量按比例分配。

第七十三条 人民法院审理离婚案件,涉及分割夫妻共同财产中以一方名义在有限责任公司的出资额,另一方不是该公司股东的,按以下情形分别处理:

(一) 夫妻双方协商一致将出资额部分或者全部转让给该股东的配偶,其他股东过半数同意,并且其他股东均明确表示放弃优先购买权的,该股东的配偶可以成为该公司股东;

(二) 夫妻双方就出资额转让份额和转让价格等事项协商一致后,其他股东半数以上不同意转让,但愿意以同等条件购买该出资额的,人民法院可以对转让出资所得财产进行分割。其他股东半数以上不同意转让,也不愿意以同等条件购买该出资额的,视为其同意转让,该股东的配偶可以成为该公司股东。

用于证明前款规定的股东同意的证据,可以是股东会议材料,也可以是当事人通过其他合法途径取得的股东的书面声明材料。

第七十四条 人民法院审理离婚案件,涉及分割夫妻共同财产中以一方名义在合伙企业中的出资,另一方不是该企业合伙人的,当夫妻双方协商一致,将其合伙企业中的财产份额全部或者部分转让给对方时,按以下情形分别处理:

(一) 其他合伙人一致同意的,该配偶依法取得合伙人地位;

(二) 其他合伙人不同意转让,在同等条件下行使优先购买权的,可以对转让所得的财产进行分割;

(三) 其他合伙人不同意转让,也不行使优先购买权,但同意该合伙人退伙或者削减部分财产份额的,可以对结算后的财产进行分割;

(四) 其他合伙人既不同意转让,也不行使优先购买权,又不同意该合伙人退伙或者削减部分财产份额的,视为全体合伙人同意转让,该配偶依法取得合伙人地位。

第七十五条 夫妻以一方名义投资设立个人独资企业的,人民法院分割夫妻在该个人独资企业中的共同财产时,应当按照以下情形分别处理:

(一) 一方主张经营该企业的,对企业资产进行评估后,由取得企业资产所有权一方给予另一方相应的补偿;

(二) 双方均主张经营该企业的,在双方竞价基础上,由取得企业资产所有权的一方给予另一方相应的补偿;

(三) 双方均不愿意经营该企业的,按照《中华人民共和国个人独资企业法》等有关规定办理。

第七十六条 双方对夫妻共同财产中的房屋价值及归属无法达成协议时,人民法院按以下情形分别处理:

(一) 双方均主张房屋所有权并且同意竞价取得的,应当准许;

(二) 一方主张房屋所有权的,由评估机构按市场价格对房屋作出评估,取得房屋所有权的一方应当给予另一方相应的补偿;

(三) 双方均不主张房屋所有权的,根据当事人的申请拍卖、变卖房屋,就所得价款进行分割。

第七十七条 离婚时双方对尚未取得所有权或者尚未取得完全所有权的房屋有争议且协商不成的,人民法院不宜判决房屋所有权的归属,应当根据实际情况判决由当事人使用。

当事人就前款规定的房屋取得完全所有权后,有争议的,可以另行向人民法院提起诉讼。

第七十八条 夫妻一方婚前签订不动产买卖合同,以个人财产支付首付款并在银行贷款,婚后用夫妻共同财产还贷,不动产登记于首付款支付方名下的,离婚时该不动产由双方协议处理。

依前款规定不能达成协议的,人民法院可以判决该不动产归登记一方,尚未归还的贷款为不动产登记一方的个人债务。双方婚后共同还贷支付的款项及其相对应财产增值部分,离婚时应根据民法典第一千零八十七条第一款规定的原则,由不动产登记一方对另一方进行补偿。

第七十九条 婚姻关系存续期间,双方用夫妻共同财产出资购买以一方父母名义参加房改的房屋,登记在一方父母名下,离婚时另一方主张按照夫妻共同财产对该房屋进行分割的,人民法院不予支持。购买该房屋时的出资,可以作为债权处理。

第八十条 离婚时夫妻一方尚未退休、不符合领取基本养老金条件,另一方请求按照夫妻共同财产分割基本养老金的,人民法院不予支持;婚后以夫妻共同财产缴纳基本养老保险费,离婚时一方主张将养老金账户中婚姻关系存续期间个人实际缴纳部分及利息作为夫妻共同财产分割的,人民法院应予支持。

第八十一条 婚姻关系存续期间,夫妻一方作为继承人依法可以继承的遗产,在继承人之间尚未实际分割,起诉离婚时另一方请求分割的,人民法院应当告知当事人在继承人之间实际分割遗产后另行起诉。

第八十二条 夫妻之间订立借款协议,以夫妻共同财产出借给一方从事个人经营活动或者用于其他个人事务的,应视为双方约定处分夫妻共同财产的行为,离婚时可以按照借款协议的约定处理。

第八十三条 离婚后,一方以尚有夫妻共同财产未处理为由向人民法院起诉请求分割的,经审查该财产确属离婚时未涉及的夫妻共同财产,人民法院应当依法予以分割。

第八十四条 当事人依据民法典第一千零九十二条的规定向人民法院提起诉讼,请求再次分割夫妻共同财产的诉讼时效期间为三年,从当事人发现之日起计算。

第八十五条 夫妻一方申请对配偶的个人财产或者夫妻共同财产采取保全措施的,人民法院可以在采取保全措施可能造成损失的范围内,根据实际情况,确定合理的财产担保数额。

第八十六条 民法典第一千零九十一条规定的"损害赔偿",包括物质损害赔偿和精神损害赔偿。涉及精神损害赔偿的,适用《最高人民法院关于确定民事侵权精神损害赔偿责任若干问题的解释》的有关规定。

第八十七条 承担民法典第一千零九十一条规定的损害赔偿责任的主体,为离婚诉讼当事人中无过错方的配偶。

人民法院判决不准离婚的案件,对于当事人基于民法典第一千零九十一条提出的损害赔偿请求,不予支持。

在婚姻关系存续期间,当事人不起诉离婚而单独依据民法典第一千零九十一条提起损害赔偿请求的,人民法院不予受理。

第八十八条 人民法院受理离婚案件时，应当将民法典第一千零九十一条等规定中当事人的有关权利义务，书面告知当事人。在适用民法典第一千零九十一条时，应当区分以下不同情况：

（一）符合民法典第一千零九十一条规定的无过错方作为原告基于该条规定向人民法院提起损害赔偿请求的，必须在离婚诉讼的同时提出。

（二）符合民法典第一千零九十一条规定的无过错方作为被告的离婚诉讼案件，如果被告不同意离婚也不基于该条规定提起损害赔偿请求的，可以就此单独提起诉讼。

（三）无过错方作为被告的离婚诉讼案件，一审时被告未基于民法典第一千零九十一条规定提出损害赔偿请求，二审期间提出的，人民法院应当进行调解；调解不成的，告知当事人另行起诉。双方当事人同意由第二审人民法院一并审理的，第二审人民法院可以一并裁判。

第八十九条 当事人在婚姻登记机关办理离婚登记手续后，以民法典第一千零九十一条规定为由向人民法院提出损害赔偿请求的，人民法院应当受理。但当事人在协议离婚时已经明确表示放弃该项请求的，人民法院不予支持。

第九十条 夫妻双方均有民法典第一千零九十一条规定的过错情形，一方或者双方向对方提出离婚损害赔偿请求的，人民法院不予支持。

六、附　则

第九十一条 本解释自 2021 年 1 月 1 日起施行。

最高人民法院关于适用《中华人民共和国民法典》婚姻家庭编的解释（二）

（2024 年 11 月 25 日最高人民法院审判委员会第 1933 次会议通过　2025 年 1 月 15 日最高人民法院公告公布　自 2025 年 2 月 1 日起施行　法释〔2025〕1 号）

为正确审理婚姻家庭纠纷案件，根据《中华人民共和国民法典》《中华人民共和国民事诉讼法》等相关法律规定，结合审判实践，制定本解释。

第一条 当事人依据民法典第一千零五十一条第一项规定请求确认重婚的婚姻无效，提起诉讼时合法婚姻当事人已经离婚或者配偶已经死亡，被告以此为由抗辩后一婚姻自以上情形发生时转为有效的，人民法院不予支持。

第二条 夫妻登记离婚后，一方以双方意思表示虚假为由请求确认离婚无效的，人民法院不予支持。

第三条 夫妻一方的债权人有证据证明离婚协议中财产分割条款影响其债权实现，请求参照适用民法典第五百三十八条或者第五百三十九条规定撤销相关条款的，人民法院应当综合考虑夫妻共同财产整体分割及履行情况、子女抚养费负担、离婚过错等因素，依法予以支持。

第四条 双方均无配偶的同居关系析产纠纷案件中，对同居期间所得的财产，有约定的，按照约定处理；没有约定且协商不成的，人民法院按照以下情形分别处理：

（一）各自所得的工资、奖金、劳务报酬、知识产权收益，各自继承或者受赠的财产以及单独生产、经营、投资的收益等，归各自所有；

（二）共同出资购置的财产或者共同生产、经营、投资的收益以及其他无法区分的财产，以各自出资比例为基础，综合考虑共同生活情况、有无共同子女、对财产的贡献大小等因素进行分割。

第五条 婚前或者婚姻关系存续期间，当事人约定将一方所有的房屋转移登记至另一方或者双方名下，离婚诉讼时房屋所有权尚未转移登记，双方对房屋归属或者分割有争议且协商不成的，人民法院可以根据当事人诉讼请求，结合给予目的，综合考虑婚姻关系存续时间、共同生活及孕育共同子女情况、离婚过错、对家庭的贡献大小以及离婚时房屋市场价格等因素，判决房屋归其中一方所有，并确定是否由获得房屋一方对另一方予以补偿以及补偿的具体数额。

婚前或者婚姻关系存续期间，一方将其所有的房屋转移登记至另一方或者双方名下，离婚诉讼中，双方对房屋归属或者分割有争议且协商不成的，如果婚姻关系存续时间较短且给予方无重大过错，人民法院可以根据当事人诉讼请求，判决该房屋归给予方所有，并结合给予目的，综合考虑共同生活及孕育共同子女情况、离婚过错、对家庭的贡献大小以及离婚时房屋市场价格等因素，确定是否由获得房屋一方对另一方予以补偿以及补偿的具体数额。

给予方有证据证明另一方存在欺诈、胁迫、严重侵害给予方或者其近亲属合法权益、对给予方有扶养义务而不履行等情形，请求撤销前两款规定的民事法律行为的，人民法院依法予以支持。

第六条 夫妻一方未经另一方同意，在网络直播平台用夫妻共同财产打赏，数额明显超出其家庭一般消费水平，严重损害夫妻共同财产利益的，可以认定为民法典第一千零六十六条和第一千零九十二条规定的"挥霍"。另一方请求在婚姻关系存续期间分割夫妻共同财产，或者在离婚分割夫妻共同财产时请求对打赏一方少分或者不分的，人民法院应予支持。

第七条 夫妻一方为重婚、与他人同居以及其他违反夫妻忠实义务等目的，将夫妻共同财产赠与他人或者以明显不合理的价格处分夫妻共同财产，另一方主张该民事法律行为违背公序良俗无效的，人民法院应予支持并依照民法典第一百五十七条规定处理。

夫妻一方存在前款规定情形，另一方以该方存在转移、变卖夫妻共同财产行为，严重损害夫妻共同财产利益为由，依据民法典第一千零六十六条规定请求在婚姻关系存续期间分割夫妻共同财产，或者依据民法典第一千零九十二条规定请求在离婚分割夫妻共同财产时对该方少分或者不分的，人民法院应予支持。

第八条 婚姻关系存续期间，夫妻购置房屋由一方父母全额出资，如果赠与合同明确约定只赠与自己子女一方的，按照约定处理；没有约定或者约定不明确的，离婚分割夫妻共同财产时，人民法院可以判决该房屋归出资人子女一方所有，并综合考虑共同生活及孕育共同子女情况、离婚过错、对家庭的贡献大小以及离婚时房屋市场价格等因素，确定是否由获得房屋一方对另一方予以补偿以及补偿的具体数额。

婚姻关系存续期间，夫妻购置房屋由一方父母部分出资或者双方父母出资，如果赠与合同明确约定相应出资只赠与自己子女一方的，按照约定处理；没有约定或者约定不明确的，离婚分割夫妻共同财产时，人民法院可以根据当事人诉讼请求，以出资来源及比例为基础，综合考虑共同生活及孕育共同子女情况、离婚过错、对家庭的贡献大小以及离婚时房屋市场价格等因素，判决房屋归其中一方所有，并由获得房屋一方对另一方予以合理补偿。

第九条 夫妻一方转让用夫妻共同财产出资但登记在自己名下的有限责任公司股权，另一方以未经其同意侵害夫妻共同财产利益为由请求确认股权转让合同无效的，人民法院不予支持，但有证据证明转让人与受让人恶意串通损害另一方合法权益的除外。

第十条 夫妻以共同财产投资有限责任公司，并均登记为股东，双方对相应股权的归属没有约定或者约定不明确，离婚时，一方请求按照股东名册或者公司章程记载的各自出资额确定股权分割比例的，人民法院不予支持；对当事人分割夫妻共同财产的请求，人民法院依照民法典第一千零八十七条规定处理。

第十一条 夫妻一方以另一方可继承的财产为夫妻共同财产、放弃继承侵害夫妻共同财产利益为由主张另一方放弃继承无效的，人民法院不予支持，但有证据证明放弃继承导致放弃一方不能履行法定扶养义务的除外。

第十二条 父母一方或者其近亲属等抢夺、藏匿未成年子女，另一方向人民法院申请人身安全保护令或者参照适用民法典第九百九十七条规定申请人格权侵害禁令的，人民法院依法予以支持。

抢夺、藏匿未成年子女一方以另一方存在赌博、吸毒、家庭暴力等严重侵害未成年子女合法权益情形，主张其抢夺、藏匿行为有合理事由的，人民法院应当告知其依法通过撤销监护人资格、中止探望或者变更抚养关系等途径解决。当事人对其上述主张未提供证据证明且未在合理期限内提出相关请求的，人民法院依照前款规定处理。

第十三条 夫妻分居期间，一方或者其近亲属等抢夺、藏匿未成年子女，致使另一方无法履行监护职责，另一方请求行为人承担民事责任的，人民法院可以参照适用民法典第一千零八十四条关于离婚后子女抚养的有关规定，暂时确定未成年子女的抚养事宜，并明确暂时直接抚养未成年子女一方有协助另一方履行监护职责的义务。

第十四条 离婚诉讼中，父母均要求直接抚养已满两周岁的未成年子女，一方有下列情形之一的，人民法院应当按照最有利于未成年子女的原则，优先考虑由另一方直接抚养：

（一）实施家庭暴力或者虐待、遗弃家庭成员；
（二）有赌博、吸毒等恶习；
（三）重婚、与他人同居或者其他严重违反夫妻忠实义务情形；
（四）抢夺、藏匿未成年子女且另一方不存在本条第一项或者第二项等严重侵害未成年子女合法权益情形；

（五）其他不利于未成年子女身心健康的情形。

第十五条 父母双方以法定代理人身份处分用夫妻共同财产购买并登记在未成年子女名下的房屋后，又以违反民法典第三十五条规定损害未成年子女利益为由向相对人主张该民事法律行为无效的，人民法院不予支持。

第十六条 离婚协议中关于一方直接抚养未成年子女或者不能独立生活的成年子女、另一方不负担抚养费的约定，对双方具有法律约束力。但是，离婚后，直接抚养子女一方经济状况发生变化导致原生活水平显著降低或者子女生活、教育、医疗等必要合理费用确有显著增加，未成年子女或者不能独立生活的成年子女请求另一方支付抚养费的，人民法院依法予以支持，并综合考虑离婚协议整体约定、子女实际需要、另一方的负担能力、当地生活水平等因素，确定抚养费的数额。

前款但书规定情形下，另一方以直接抚养子女一方无抚养能力为由请求变更抚养关系的，人民法院依照民法典第一千零八十四条规定处理。

第十七条 离婚后，不直接抚养子女一方未按照离婚协议约定或者以其他方式作出的承诺给付抚养费，未成年子女或者不能独立生活的成年子女请求其支付欠付的抚养费的，人民法院应予支持。

前款规定情形下，如果子女已经成年并能够独立生活，直接抚养子女一方请求另一方支付欠付的费用的，人民法院依法予以支持。

第十八条 对民法典第一千零七十二条中继子女受继父或者继母抚养教育的事实，人民法院应当以共同生活时间长短为基础，综合考虑共同生活期间继父母是否实际进行生活照料、是否履行家庭教育职责、是否承担抚养费等因素予以认定。

第十九条 生父与继母或者生母与继父离婚后，当事人主张继父或者继母和曾受其抚养教育的继子女之间的权利义务关系不再适用民法典关于父母子女关系规定的，人民法院应予支持，但继父或者继母与继子女存在依法成立的收养关系或者继子女仍与继父或者继母共同生活的除外。

继父母子女关系解除后，缺乏劳动能力又缺乏生活来源的继父或者继母请求曾受其抚养教育的成年继子女给付生活费的，人民法院可以综合考虑抚养教育情况、成年继子女负担能力等因素，依法予以支持，但是继父或者继母曾存在虐待、遗弃继子女等情况的除外。

第二十条 离婚协议约定将部分或者全部夫妻共同财产给予子女，离婚后，一方在财产权利转移之前请求撤销该约定的，人民法院不予支持，但另一方同意的除外。

一方不履行前款离婚协议约定的义务，另一方请求其承担继续履行或者因无法履行而赔偿损失等民事责任的，人民法院依法予以支持。

双方在离婚协议中明确约定子女可以就本条第一款中的相关财产直接主张权利，一方不履行离婚协议约定的义务，子女请求参照适用民法典第五百二十二条第二款规定，由该方承担继续履行或者因无法履行而赔偿损失等民事责任的，人民法院依法予以支持。

离婚协议约定将部分或者全部夫妻共同财产给予子女，离婚后，一方有证据证明签订离婚协议时存在欺诈、胁迫等情形，请求撤销该约定的，人民法院依法予以支持；当事人同时请求分割该部分夫妻共同财产的，人民法院依照民法典第一千零八十七条规定处理。

第二十一条 离婚诉讼中，夫妻一方有证据证明在婚姻关系存续期间因抚育子女、照料老年人、协助另一方工作等负担较多义务，依据民法典第一千零八十八条规定请求另一方给予补偿的，人民法院可以综合考虑负担相应义务投入的时间、精力和对双方的影响以及给付方负担能力、当地居民人均可支配收入等因素，确定补偿数额。

第二十二条 离婚诉讼中，一方存在年老、残疾、重病等生活困难情形，依据民法典第一千零九十条规定请求有负担能力的另一方给予适当帮助的，人民法院可以根据当事人请求，结合另一方财产状况，依法予以支持。

第二十三条 本解释自 2025 年 2 月 1 日起施行。

最高人民法院关于适用《中华人民共和国民法典》继承编的解释（一）

（2020 年 12 月 25 日最高人民法院审判委员会第 1825 次会议通过 2020 年 12 月 29 日最高人民法院公告公布 自 2021 年 1 月 1 日起施行 法释〔2020〕23 号）

为正确审理继承纠纷案件，根据《中华人民共和国民法典》等相关法律规定，结合审判实践，制定本解释。

一、一般规定

第一条 继承从被继承人生理死亡或者被宣告死亡时开始。

宣告死亡的，根据民法典第四十八条规定确定的死亡日期，为继承开始的时间。

第二条 承包人死亡时尚未取得承包收益的，可以将死者生前对承包所投入的资金和所付出的劳动及其增值和孳息，由发包单位或者接续承包合同的人合理折价、补偿。其价额作为遗产。

第三条 被继承人生前与他人订有遗赠扶养协议，同时又立有遗嘱的，继承开始后，如果遗赠扶养协议与遗嘱没有抵触，遗产分别按协议和遗嘱处理；如果有抵触，按协议处理，与协议抵触的遗嘱全部或者部分无效。

第四条 遗嘱继承人依遗嘱取得遗产后，仍有权依照民法典第一千一百三十条的规定取得遗嘱未处分的遗产。

第五条 在遗产继承中，继承人之间因是否丧失继承权发生纠纷，向人民法院提起诉讼的，由人民法院依据民法典第一千一百二十五条的规定，判决确认其是否丧失继承权。

第六条 继承人是否符合民法典第一千一百二十五条第一款第三项规定的"虐待被继承人情节严重"，可以从实施虐待行为的时间、手段、后果和社会影响等方面认定。

虐待被继承人情节严重的，不论是否追究刑事责任，均可确认其丧失继承权。

第七条 继承人故意杀害被继承人的，不论是既遂还是未遂，均应当确认其丧失继承权。

第八条 继承人有民法典第一千一百二十五条第一款第一项或者第二项所列之行为，而被继承人以遗嘱将遗产指定由该继承人继承的，可以确认遗嘱无效，并确认该继承人丧失继承权。

第九条 继承人伪造、篡改、隐匿或者销毁遗嘱，侵害了缺乏劳动能力又无生活来源的继承人的利益，并造成其生活困难的，应当认定为民法典第一千一百二十五条第一款第四项规定的"情节严重"。

二、法定继承

第十条 被收养人对养父母尽了赡养义务，同时又对生父母扶养较多的，除可以依照民法典第一千一百二十七条的规定继承养父母的遗产外，还可以依照民法典第一千一百三十一条的规定分得生父母适当的遗产。

第十一条 继子女继承了继父母遗产的，不影响其继承生父母的遗产。

继父母继承了继子女遗产的，不影响其继承生子女的遗产。

第十二条 养子女与生子女之间、养子女与养子女之间，系养兄弟姐妹，可以互为第二顺序继承人。

被收养人与其亲兄弟姐妹之间的权利义务关系，因收养关系的成立而消除，不能互为第二顺序继承人。

第十三条 继兄弟姐妹之间的继承权，因继兄弟姐妹之间的扶养关系而发生。没有扶养关系的，不能互为第二顺序继承人。

继兄弟姐妹之间相互继承了遗产的，不影响其继承亲兄弟姐妹的遗产。

第十四条 被继承人的孙子女、外孙子女、曾孙子女、外曾孙子女都可以代位继承，代位继承人不受辈数的限制。

第十五条 被继承人的养子女、已形成扶养关系的继子女的生子女可以代位继承；被继承人亲生子女的养子女可以代位继承；被继承人养子女的养子女可以代位继承；与被继承人已形成扶养关系的继子女的养子女也可以代位继承。

第十六条 代位继承人缺乏劳动能力又没有生活来源，或者对被继承人尽过主要赡养义务的，分配遗产时，可以多分。

第十七条 继承人丧失继承权的，其晚辈直系血亲不得代位继承。如该代位继承人缺乏劳动能力又没有生活来源，或者对被继承人尽赡养义务较多的，可以适当分给遗产。

第十八条 丧偶儿媳对公婆、丧偶女婿对岳父母，无论其是否再婚，依照民法典第一千一百二十九条规定作为第一顺序继承人时，不影响其子女代位继承。

第十九条 对被继承人生活提供了主要经济来源，或者在劳务等方面给予了主要扶助的，应当认定其尽了主要赡养义务或主要扶养义务。

第二十条 依照民法典第一千一百三十一条规定可以分给适当遗产的人，分给他们遗产时，按具体情况可以多于或者少于继承人。

第二十一条 依照民法典第一千一百三十一条规定可以分给适当遗产的人，在其依法取得被继承人遗产的权利受到侵犯时，本人有权以独立的诉讼主体资格向人民法院提起诉讼。

第二十二条 继承人有扶养能力和扶养条件，愿意尽扶养义务，但被继承人因有固定收入和劳动能力，明确表示不要求其扶养的，分配遗产时，一般不应因此而影响其继承份额。

第二十三条 有扶养能力和扶养条件的继承人虽然与被继承人共同生活，但对需要扶养的被继承人不尽扶养义务，分配遗产时，可以少分或者不分。

三、遗嘱继承和遗赠

第二十四条 继承人、受遗赠人的债权人、债务人，共同经营的合伙人，也应当视为与继承人、受遗赠人有利害关系，不能作为遗嘱的见证人。

第二十五条 遗嘱人未保留缺乏劳动能力又没有生活来源的继承人的遗产份额，遗产处理时，应当为该继承人留下必要的遗产，所剩余的部分，才可参照遗嘱确定的分配原则处理。

继承人是否缺乏劳动能力又没有生活来源，应当按遗嘱生效时该继承人的具体情况确定。

第二十六条 遗嘱人以遗嘱处分了国家、集体或者他人财产的，应当认定该部分遗嘱无效。

第二十七条 自然人在遗书中涉及死后个人财产处分的内容，确为死者的真实意思表示，有本人签名并注明了年、月、日，又无相反证据的，可以按自书遗嘱对待。

第二十八条 遗嘱人立遗嘱时必须具有完全民事行为能力。无民事行为能力人或者限制民事行为能力人所立的遗嘱，即使其本人后来具有完全民事行为能力，仍属无效遗嘱。遗嘱人立遗嘱时具有完全民事行为能力，后来成为无民事行为能力人或者限制民事行为能力人的，不影响遗嘱的效力。

第二十九条 附义务的遗嘱继承或者遗赠，如义务能够履行，而继承人、受遗赠人无正当理由不履行，经受益人或者其他继承人请求，人民法院可以取消其接受附义务部分遗产的权利，由提出请求的继承人或者受益人负责按遗嘱人的意愿履行义务，接受遗产。

四、遗产的处理

第三十条 人民法院在审理继承案件时，如果知道有继承人而无法通知的，分割遗产时，要保留其应继承的遗产，并确定该遗产的保管人或者保管单位。

第三十一条 应当为胎儿保留的遗产份额没有保留的，应从继承人所继承的遗产中扣回。

为胎儿保留的遗产份额，如胎儿出生后死亡的，由其继承人继承；如胎儿娩出时是死体的，由被继承人的继承人继承。

第三十二条　继承人因放弃继承权,致其不能履行法定义务的,放弃继承权的行为无效。

第三十三条　继承人放弃继承应当以书面形式向遗产管理人或者其他继承人表示。

第三十四条　在诉讼中,继承人向人民法院以口头方式表示放弃继承的,要制作笔录,由放弃继承的人签名。

第三十五条　继承人放弃继承的意思表示,应当在继承开始后、遗产分割前作出。遗产分割后表示放弃的不再是继承权,而是所有权。

第三十六条　遗产处理前或者在诉讼进行中,继承人对放弃继承反悔的,由人民法院根据其提出的具体理由,决定是否承认。遗产处理后,继承人对放弃继承反悔的,不予承认。

第三十七条　放弃继承的效力,追溯到继承开始的时间。

第三十八条　继承开始后,受遗赠人表示接受遗赠,并于遗产分割前死亡的,其接受遗赠的权利转移给他的继承人。

第三十九条　由国家或者集体组织供给生活费用的烈属和享受社会救济的自然人,其遗产仍应准许合法继承人继承。

第四十条　继承人以外的组织或者个人与自然人签订遗赠扶养协议后,无正当理由不履行,导致协议解除的,不能享有受遗赠的权利,其支付的供养费用一般不予补偿;遗赠人无正当理由不履行,导致协议解除的,则应当偿还继承人以外的组织或者个人已支付的供养费用。

第四十一条　遗产因无人继承又无人受遗赠归国家或者集体所有制组织所有时,按照民法典第一千一百三十一条规定可以分给适当遗产的人提出取得遗产的诉讼请求,人民法院应当视情况适当分给遗产。

第四十二条　人民法院在分割遗产中的房屋、生产资料和特定职业所需要的财产时,应当依据有利于发挥其使用效益和继承人的实际需要,兼顾各继承人的利益进行处理。

第四十三条　人民法院对故意隐匿、侵吞或者争抢遗产的继承人,可以酌情减少其应继承的遗产。

第四十四条　继承诉讼开始后,如继承人、受遗赠人中有既不愿参加诉讼,又不表示放弃实体权利的,应当追加为共同原告;继承人已书面表示放弃继承、受遗赠人在知道受遗赠后六十日内表示放弃受遗赠或者到期没有表示的,不再列为当事人。

五、附　则

第四十五条　本解释自 2021 年 1 月 1 日起施行。

最高人民法院关于适用《中华人民共和国民法典》侵权责任编的解释（一）

（2023年12月18日最高人民法院审判委员会第1909次会议通过 2024年9月25日最高人民法院公告公布 自2024年9月27日起施行 法释〔2024〕12号）

为正确审理侵权责任纠纷案件，根据《中华人民共和国民法典》、《中华人民共和国民事诉讼法》等法律规定，结合审判实践，制定本解释。

第一条 非法使被监护人脱离监护，监护人请求赔偿为恢复监护状态而支出的合理费用等财产损失的，人民法院应予支持。

第二条 非法使被监护人脱离监护，导致父母子女关系或者其他近亲属关系受到严重损害的，应当认定为民法典第一千一百八十三条第一款规定的严重精神损害。

第三条 非法使被监护人脱离监护，被监护人在脱离监护期间死亡，作为近亲属的监护人既请求赔偿人身损害，又请求赔偿监护关系受侵害产生的损失的，人民法院依法予以支持。

第四条 无民事行为能力人、限制民事行为能力人造成他人损害，被侵权人请求监护人承担侵权责任，或者合并请求监护人和受托履行监护职责的人承担侵权责任的，人民法院应当将无民事行为能力人、限制民事行为能力人列为共同被告。

第五条 无民事行为能力人、限制民事行为能力人造成他人损害，被侵权人请求监护人承担侵权人应承担的全部责任的，人民法院应予支持，并在判决中明确，赔偿费用可以先从被监护人财产中支付，不足部分由监护人支付。

监护人抗辩主张承担补充责任，或者被侵权人、监护人主张人民法院判令有财产的无民事行为能力人、限制民事行为能力人承担赔偿责任的，人民法院不予支持。

从被监护人财产中支付赔偿费用的，应当保留被监护人所必需的生活费和完成义务教育所必需的费用。

第六条 行为人在侵权行为发生时不满十八周岁，被诉时已满十八周岁的，被侵权人请求原监护人承担侵权人应承担的全部责任的，人民法院应予支持，并在判决中明确，赔偿费用可以先从被监护人财产中支付，不足部分由监护人支付。

前款规定情形，被侵权人仅起诉行为人的，人民法院应当向原告释明申请追加原监护人为共同被告。

第七条 未成年子女造成他人损害，被侵权人请求父母共同承担侵权责任的，人民法院依照民法典第二十七条第一款、第一千零六十八条以及第一千一百八十八条的规定予以支持。

第八条 夫妻离婚后，未成年子女造成他人损害，被侵权人请求离异夫妻共同承担侵权责任的，人民法院依照民法典第一千零六十八条、第一千零八十四条以及第一千一百八十八条的规定予以支持。一方以未与该子女共同生活为由主张不承担或者少承担责任的，人民法院不予支持。

离异夫妻之间的责任份额,可以由双方协议确定;协议不成的,人民法院可以根据双方履行监护职责的约定和实际履行情况等确定。实际承担责任超过自己责任份额的一方向另一方追偿的,人民法院应予支持。

第九条 未成年子女造成他人损害的,依照民法典第一千零七十二条第二款的规定,未与该子女形成抚养教育关系的继父或者继母不承担监护人的侵权责任,由该子女的生父母依照本解释第八条的规定承担侵权责任。

第十条 无民事行为能力人、限制民事行为能力人造成他人损害,被侵权人合并请求监护人和受托履行监护职责的人承担侵权责任的,依照民法典第一千一百八十九条的规定,监护人承担侵权人应承担的全部责任;受托人在过错范围内与监护人共同承担责任,但责任主体实际支付的赔偿费用总和不应超出被侵权人应受偿的损失数额。

监护人承担责任后向受托人追偿的,人民法院可以参照民法典第九百二十九条的规定处理。

仅有一般过失的无偿受托人承担责任后向监护人追偿的,人民法院应予支持。

第十一条 教唆、帮助无民事行为能力人、限制民事行为能力人实施侵权行为,教唆人、帮助人以其不知道且不应当知道行为人为无民事行为能力人、限制民事行为能力人为由,主张不承担侵权责任或者与行为人的监护人承担连带责任的,人民法院不予支持。

第十二条 教唆、帮助无民事行为能力人、限制民事行为能力人实施侵权行为,被侵权人合并请求教唆人、帮助人以及监护人承担侵权责任的,依照民法典第一千一百六十九条第二款的规定,教唆人、帮助人承担侵权人应承担的全部责任;监护人在未尽到监护职责的范围内与教唆人、帮助人共同承担责任,但责任主体实际支付的赔偿费用总和不应超出被侵权人应受偿的损失数额。

监护人先行支付赔偿费用后,就超过自己相应责任的部分向教唆人、帮助人追偿的,人民法院应予支持。

第十三条 教唆、帮助无民事行为能力人、限制民事行为能力人实施侵权行为,被侵权人合并请求教唆人、帮助人与监护人以及受托履行监护职责的人承担侵权责任的,依照本解释第十条、第十二条的规定认定民事责任。

第十四条 无民事行为能力人或者限制民事行为能力人在幼儿园、学校或者其他教育机构学习、生活期间,受到教育机构以外的第三人人身损害,第三人、教育机构作为共同被告且依法应承担侵权责任的,人民法院应当在判决中明确,教育机构在人民法院就第三人的财产依法强制执行后仍不能履行的范围内,承担与其过错相应的补充责任。

被侵权人仅起诉教育机构的,人民法院应当向原告释明申请追加实施侵权行为的第三人为共同被告。

第三人不确定的,未尽到管理职责的教育机构先行承担与其过错相应的责任;教育机构承担责任后向已经确定的第三人追偿的,人民法院依照民法典第一千二百零一条的规定予以支持。

第十五条 与用人单位形成劳动关系的工作人员、执行用人单位工作任务的其他人员,因执行工作任务造成他人损害,被侵权人依照民法典第一千一百九十一条第一款的规定，请求用人单位承担侵权责任的，人民法院应予支持。

个体工商户的从业人员因执行工作任务造成他人损害的，适用民法典第一千一百九十一条第一款的规定认定民事责任。

第十六条 劳务派遣期间，被派遣的工作人员因执行工作任务造成他人损害，被侵权人合并请求劳务派遣单位与接受劳务派遣的用工单位承担侵权责任的，依照民法典第一千一百九十一条第二款的规定，接受劳务派遣的用工单位承担侵权人应承担的全部责任；劳务派遣单位在不当选派工作人员、未依法履行培训义务等过错范围内，与接受劳务派遣的用工单位共同承担责任，但责任主体实际支付的赔偿费用总和不应超出被侵权人应受偿的损失数额。

劳务派遣单位先行支付赔偿费用后，就超过自己相应责任的部分向接受劳务派遣的用工单位追偿的，人民法院应予支持，但双方另有约定的除外。

第十七条 工作人员在执行工作任务中实施的违法行为造成他人损害，构成自然人犯罪的，工作人员承担刑事责任不影响用人单位依法承担民事责任。依照民法典第一千一百九十一条规定用人单位应当承担侵权责任的，在刑事案件中已完成的追缴、退赔可以在民事判决书中明确并扣减，也可以在执行程序中予以扣减。

第十八条 承揽人在完成工作过程中造成第三人损害的，人民法院依照民法典第一千一百六十五条的规定认定承揽人的民事责任。

被侵权人合并请求定作人和承揽人承担侵权责任的，依照民法典第一千一百六十五条、第一千一百九十三条的规定，造成损害的承揽人承担侵权人应承担的全部责任；定作人在定作、指示或者选任过错范围内与承揽人共同承担责任，但责任主体实际支付的赔偿费用总和不应超出被侵权人应受偿的损失数额。

定作人先行支付赔偿费用后，就超过自己相应责任的部分向承揽人追偿的，人民法院应予支持，但双方另有约定的除外。

第十九条 因产品存在缺陷造成买受人财产损害，买受人请求产品的生产者或者销售者赔偿缺陷产品本身损害以及其他财产损害的，人民法院依照民法典第一千二百零二条、第一千二百零三条的规定予以支持。

第二十条 以买卖或者其他方式转让拼装或者已经达到报废标准的机动车，发生交通事故造成损害，转让人、受让人以其不知道且不应当知道该机动车系拼装或者已经达到报废标准为由，主张不承担侵权责任的，人民法院不予支持。

第二十一条 未依法投保强制保险的机动车发生交通事故造成损害，投保义务人和交通事故责任人不是同一人，被侵权人合并请求投保义务人和交通事故责任人承担侵权责任的，交通事故责任人承担侵权人应承担的全部责任；投保义务人在机动车强制保险责任限额范围内与交通事故责任人共同承担责任，但责任主体实际支付的赔偿费用总和不应超出被侵权人应受偿的损失数额。

投保义务人先行支付赔偿费用后，就超出机动车强制保险责任限额范围部分向交通事故责任人追偿的，人民法院应予支持。

第二十二条 机动车驾驶人离开本车后，因未采取制动措施等自身过错受到本车碰撞、碾压造成损害，机动车驾驶人请求承保本车机动车强制保险的保险人在强制保险责任限额范围内，以及承保本车机动车商业第三者责任保险的保险人按照保险合同的约定赔偿的，人民法院不予支持，但可以依据机动车车上人员责任保险的有关约定支持相应的赔偿请求。

第二十三条 禁止饲养的烈性犬等危险动物造成他人损害，动物饲养人或者管理人主张不承担责任或者减轻责任的，人民法院不予支持。

第二十四条 物业服务企业等建筑物管理人未采取必要的安全保障措施防止从建筑物中抛掷物品或者从建筑物上坠落的物品造成他人损害，具体侵权人、物业服务企业等建筑物管理人作为共同被告的，人民法院应当依照民法典第一千一百九十八条第二款、第一千二百五十四条的规定，在判决中明确，未采取必要安全保障措施的物业服务企业等建筑物管理人在人民法院就具体侵权人的财产依法强制执行后仍不能履行的范围内，承担与其过错相应的补充责任。

第二十五条 物业服务企业等建筑物管理人未采取必要的安全保障措施防止从建筑物中抛掷物品或者从建筑物上坠落的物品造成他人损害，经公安等机关调查，在民事案件一审法庭辩论终结前仍难以确定具体侵权人的，未采取必要安全保障措施的物业服务企业等建筑物管理人承担与其过错相应的责任。被侵权人其余部分的损害，由可能加害的建筑物使用人给予适当补偿。

具体侵权人确定后，已经承担责任的物业服务企业等建筑物管理人、可能加害的建筑物使用人向具体侵权人追偿的，人民法院依照民法典第一千一百九十八条第二款、第一千二百五十四条第一款的规定予以支持。

第二十六条 本解释自 2024 年 9 月 27 日起施行。

本解释施行后，人民法院尚未审结的一审、二审案件适用本解释。本解释施行前已经终审，当事人申请再审或者按照审判监督程序决定再审的，适用当时的法律、司法解释规定。

民法典具体领域司法解释

最高人民法院关于审理买卖合同纠纷案件适用法律问题的解释

（2012年3月31日最高人民法院审判委员会第1545次会议通过 根据2020年12月23日最高人民法院审判委员会第1823次会议通过的《最高人民法院关于修改〈最高人民法院关于在民事审判工作中适用《中华人民共和国工会法》若干问题的解释〉等二十七件民事类司法解释的决定》修正 2020年12月29日最高人民法院公告公布 自2021年1月1日起施行 法释〔2020〕17号）

为正确审理买卖合同纠纷案件，根据《中华人民共和国民法典》《中华人民共和国民事诉讼法》等法律的规定，结合审判实践，制定本解释。

一、买卖合同的成立

第一条 当事人之间没有书面合同，一方以送货单、收货单、结算单、发票等主张存在买卖合同关系的，人民法院应当结合当事人之间的交易方式、交易习惯以及其他相关证据，对买卖合同是否成立作出认定。

对账确认函、债权确认书等函件、凭证没有记载债权人名称，买卖合同当事人一方以此证明存在买卖合同关系的，人民法院应予支持，但有相反证据足以推翻的除外。

二、标的物交付和所有权转移

第二条 标的物为无需以有形载体交付的电子信息产品，当事人对交付方式约定不明确，且依照民法典第五百一十条的规定仍不能确定的，买受人收到约定的电子信息产品或者权利凭证即为交付。

第三条 根据民法典第六百二十九条的规定，买受人拒绝接收多交部分标的物的，可以代为保管多交部分标的物。买受人主张出卖人负担代为保管期间的合理费用的，人民法院应予支持。

买受人主张出卖人承担代为保管期间非因买受人故意或者重大过失造成的损失的，人民法院应予支持。

第四条 民法典第五百九十九条规定的"提取标的物单证以外的有关单证和资料"，主要应当包括保险单、保修单、普通发票、增值税专用发票、产品合格证、质量保证书、质量鉴定书、品质检验证书、产品进出口检疫书、原产地证明书、使用说明书、装箱单等。

第五条 出卖人仅以增值税专用发票及税款抵扣资料证明其已履行交付标的物义务，买受人不认可的，出卖人应当提供其他证据证明交付标的物的事实。

合同约定或者当事人之间习惯以普通发票作为付款凭证，买受人以普通发票证明已经履行付款义务的，人民法院应予支持，但有相反证据足以推翻的除外。

第六条 出卖人就同一普通动产订立多重买卖合同，在买卖合同均有效的情况下，买受人均要求实际履行合同的，应当按照以下情形分别处理：

（一）先行受领交付的买受人请求确认所有权已经转移的，人民法院应予支持；

（二）均未受领交付，先行支付价款的买受人请求出卖人履行交付标的物等合同义务的，人民法院应予支持；

（三）均未受领交付，也未支付价款，依法成立在先合同的买受人请求出卖人履行交付标的物等合同义务的，人民法院应予支持。

第七条 出卖人就同一船舶、航空器、机动车等特殊动产订立多重买卖合同，在买卖合同均有效的情况下，买受人均要求实际履行合同的，应当按照以下情形分别处理：

（一）先行受领交付的买受人请求出卖人履行办理所有权转移登记手续等合同义务的，人民法院应予支持；

（二）均未受领交付，先行办理所有权转移登记手续的买受人请求出卖人履行交付标的物等合同义务的，人民法院应予支持；

（三）均未受领交付，也未办理所有权转移登记手续，依法成立在先合同的买受人请求出卖人履行交付标的物和办理所有权转移登记手续等合同义务的，人民法院应予支持；

（四）出卖人将标的物交付给买受人之一，又为其他买受人办理所有权转移登记，已受领交付的买受人请求将标的物所有权登记在自己名下的，人民法院应予支持。

三、标的物风险负担

第八条 民法典第六百零三条第二款第一项规定的"标的物需要运输的"，是指标的物由出卖人负责办理托运，承运人系独立于买卖合同当事人之外的运输业者的情形。标的物毁损、灭失的风险负担，按照民法典第六百零七条第二款的规定处理。

第九条 出卖人根据合同约定将标的物运送至买受人指定地点并交付给承运人后，标的物毁损、灭失的风险由买受人负担，但当事人另有约定的除外。

第十条 出卖人出卖交由承运人运输的在途标的物，在合同成立时知道或者应当知道标的物已经毁损、灭失却未告知买受人，买受人主张出卖人负担标的物毁损、灭失的风险的，人民法院应予支持。

第十一条 当事人对风险负担没有约定，标的物为种类物，出卖人未以装运单据、加盖标记、通知买受人等可识别的方式清楚地将标的物特定于买卖合同，买受人主张不负担标的物毁损、灭失的风险的，人民法院应予支持。

四、标的物检验

第十二条 人民法院具体认定民法典第六百二十一条第二款规定的"合理期限"时,应当综合当事人之间的交易性质、交易目的、交易方式、交易习惯、标的物的种类、数量、性质、安装和使用情况、瑕疵的性质、买受人应尽的合理注意义务、检验方法和难易程度、买受人或者检验人所处的具体环境、自身技能以及其他合理因素,依据诚实信用原则进行判断。

民法典第六百二十一条第二款规定的"二年"是最长的合理期限。该期限为不变期间,不适用诉讼时效中止、中断或者延长的规定。

第十三条 买受人在合理期限内提出异议,出卖人以买受人已经支付价款、确认欠款数额、使用标的物等为由,主张买受人放弃异议的,人民法院不予支持,但当事人另有约定的除外。

第十四条 民法典第六百二十一条规定的检验期限、合理期限、二年期限经过后,买受人主张标的物的数量或者质量不符合约定的,人民法院不予支持。

出卖人自愿承担违约责任后,又以上述期限经过为由翻悔的,人民法院不予支持。

五、违约责任

第十五条 买受人依约保留部分价款作为质量保证金,出卖人在质量保证期未及时解决质量问题而影响标的物的价值或者使用效果,出卖人主张支付该部分价款的,人民法院不予支持。

第十六条 买受人在检验期限、质量保证期、合理期限内提出质量异议,出卖人未按要求予以修理或者因情况紧急,买受人自行或者通过第三人修理标的物后,主张出卖人负担因此发生的合理费用的,人民法院应予支持。

第十七条 标的物质量不符合约定,买受人依照民法典第五百八十二条的规定要求减少价款的,人民法院应予支持。当事人主张以符合约定的标的物和实际交付的标的物按交付时的市场价值计算差价的,人民法院应予支持。

价款已经支付,买受人主张返还减价后多出部分价款的,人民法院应予支持。

第十八条 买卖合同对付款期限作出的变更,不影响当事人关于逾期付款违约金的约定,但该违约金的起算点应当随之变更。

买卖合同约定逾期付款违约金,买受人以出卖人接受价款时未主张逾期付款违约金为由拒绝支付该违约金的,人民法院不予支持。

买卖合同约定逾期付款违约金,但对账单、还款协议等未涉及逾期付款责任,出卖人根据对账单、还款协议等主张欠款时请求买受人依约支付逾期付款违约金的,人民法院应予支持,但对账单、还款协议等明确载有本金及逾期付款利息数额或者已经变更买卖合同中关于本金、利息等约定内容的除外。

买卖合同没有约定逾期付款违约金或者该违约金的计算方法,出卖人以买受人违约为由主张赔偿逾期付款损失,违约行为发生在 2019 年 8 月 19 日之前的,人民法院可以中国人民银行同期同类人民币贷款基准利率为基础,参照逾期罚息利率标准计算；违约行为发生在 2019 年 8 月 20 日之后的，人民法院可以违约行为发生时中国人民银行授权全国银行间同业拆借中心公布的一年期贷款市场报价利率（LPR）标准为基础，加计 30—50% 计算逾期付款损失。

第十九条 出卖人没有履行或者不当履行从给付义务，致使买受人不能实现合同目的，买受人主张解除合同的，人民法院应当根据民法典第五百六十三条第一款第四项的规定，予以支持。

第二十条 买卖合同因违约而解除后，守约方主张继续适用违约金条款的，人民法院应予支持；但约定的违约金过分高于造成的损失的，人民法院可以参照民法典第五百八十五条第二款的规定处理。

第二十一条 买卖合同当事人一方以对方违约为由主张支付违约金，对方以合同不成立、合同未生效、合同无效或者不构成违约等为由进行免责抗辩而未主张调整过高的违约金的，人民法院应当就法院若不支持免责抗辩，当事人是否需要主张调整违约金进行释明。

一审法院认为免责抗辩成立且未予释明，二审法院认为应当判决支付违约金的，可以直接释明并改判。

第二十二条 买卖合同当事人一方违约造成对方损失，对方主张赔偿可得利益损失的，人民法院在确定违约责任范围时，应当根据当事人的主张，依据民法典第五百八十四条、第五百九十一条、第五百九十二条、本解释第二十三条等规定进行认定。

第二十三条 买卖合同当事人一方因对方违约而获有利益，违约方主张从损失赔偿额中扣除该部分利益的，人民法院应予支持。

第二十四条 买受人在缔约时知道或者应当知道标的物质量存在瑕疵，主张出卖人承担瑕疵担保责任的，人民法院不予支持，但买受人在缔约时不知道该瑕疵会导致标的物的基本效用显著降低的除外。

六、所有权保留

第二十五条 买卖合同当事人主张民法典第六百四十一条关于标的物所有权保留的规定适用于不动产的，人民法院不予支持。

第二十六条 买受人已经支付标的物总价款的百分之七十五以上，出卖人主张取回标的物的，人民法院不予支持。

在民法典第六百四十二条第一款第三项情形下，第三人依据民法典第三百一十一条的规定已经善意取得标的物所有权或者其他物权，出卖人主张取回标的物的，人民法院不予支持。

七、特种买卖

第二十七条 民法典第六百三十四条第一款规定的"分期付款"，系指买受人将应付的总价款在一定期限内至少分三次向出卖人支付。

分期付款买卖合同的约定违反民法典第六百三十四条第一款的规定，损害买受人利益，买受人主张该约定无效的，人民法院应予支持。

第二十八条 分期付款买卖合同约定出卖人在解除合同时可以扣留已受领价金，出卖人扣留的金额超过标的物使用费以及标的物受损赔偿额，买受人请求返还超过部分的，人民法院应予支持。

当事人对标的物的使用费没有约定的，人民法院可以参照当地同类标的物的租金标准确定。

第二十九条 合同约定的样品质量与文字说明不一致且发生纠纷时当事人不能达成合意，样品封存后外观和内在品质没有发生变化的，人民法院应当以样品为准；外观和内在品质发生变化，或者当事人对是否发生变化有争议而又无法查明的，人民法院应当以文字说明为准。

第三十条 买卖合同存在下列约定内容之一的，不属于试用买卖。买受人主张属于试用买卖的，人民法院不予支持：

（一）约定标的物经过试用或者检验符合一定要求时，买受人应当购买标的物；
（二）约定第三人经试验对标的物认可时，买受人应当购买标的物；
（三）约定买受人在一定期限内可以调换标的物；
（四）约定买受人在一定期限内可以退还标的物。

八、其他问题

第三十一条 出卖人履行交付义务后诉请买受人支付价款，买受人以出卖人违约在先为由提出异议的，人民法院应当按照下列情况分别处理：

（一）买受人拒绝支付违约金、拒绝赔偿损失或者主张出卖人应当采取减少价款等补救措施的，属于提出抗辩；
（二）买受人主张出卖人应支付违约金、赔偿损失或者要求解除合同的，应当提起反诉。

第三十二条 法律或者行政法规对债权转让、股权转让等权利转让合同有规定的，依照其规定；没有规定的，人民法院可以根据民法典第四百六十七条和第六百四十六条的规定，参照适用买卖合同的有关规定。

权利转让或者其他有偿合同参照适用买卖合同的有关规定的，人民法院应当首先引用民法典第六百四十六条的规定，再引用买卖合同的有关规定。

第三十三条 本解释施行前本院发布的有关购销合同、销售合同等有偿转移标的物所有权的合同的规定，与本解释抵触的，自本解释施行之日起不再适用。

本解释施行后尚未终审的买卖合同纠纷案件，适用本解释；本解释施行前已经终审，当事人申请再审或者按照审判监督程序决定再审的，不适用本解释。

最高人民法院关于审理商品房买卖合同纠纷案件适用法律若干问题的解释

（2003年3月24日最高人民法院审判委员会第1267次会议通过 根据2020年12月23日最高人民法院审判委员会第1823次会议通过的《最高人民法院关于修改〈最高人民法院关于在民事审判工作中适用〈中华人民共和国工会法〉若干问题的解释〉等二十七件民事类司法解释的决定》修正 2020年12月29日最高人民法院公告公布 自2021年1月1日起施行 法释〔2020〕17号）

为正确、及时审理商品房买卖合同纠纷案件，根据《中华人民共和国民法典》《中华人民共和国城市房地产管理法》等相关法律，结合民事审判实践，制定本解释。

第一条 本解释所称的商品房买卖合同，是指房地产开发企业（以下统称为出卖人）将尚未建成或者已竣工的房屋向社会销售并转移房屋所有权于买受人，买受人支付价款的合同。

第二条 出卖人未取得商品房预售许可证明，与买受人订立的商品房预售合同，应当认定无效，但是在起诉前取得商品房预售许可证明的，可以认定有效。

第三条 商品房的销售广告和宣传资料为要约邀请，但是出卖人就商品房开发规划范围内的房屋及相关设施所作的说明和允诺具体确定，并对商品房买卖合同的订立以及房屋价格的确定有重大影响的，构成要约。该说明和允诺即使未载入商品房买卖合同，亦应当为合同内容，当事人违反的，应当承担违约责任。

第四条 出卖人通过认购、订购、预订等方式向买受人收受定金作为订立商品房买卖合同担保的，如果因当事人一方原因未能订立商品房买卖合同，应当按照法律关于定金的规定处理；因不可归责于当事人双方的事由，导致商品房买卖合同未能订立的，出卖人应当将定金返还买受人。

第五条 商品房的认购、订购、预订等协议具备《商品房销售管理办法》第十六条规定的商品房买卖合同的主要内容，并且出卖人已经按照约定收受购房款的，该协议应当认定为商品房买卖合同。

第六条 当事人以商品房预售合同未按照法律、行政法规规定办理登记备案手续为由，请求确认合同无效的，不予支持。

当事人约定以办理登记备案手续为商品房预售合同生效条件的，从其约定，但当事人一方已经履行主要义务，对方接受的除外。

第七条 买受人以出卖人与第三人恶意串通，另行订立商品房买卖合同并将房屋交付使用，导致其无法取得房屋为由，请求确认出卖人与第三人订立的商品房买卖合同无效的，应予支持。

第八条 对房屋的转移占有，视为房屋的交付使用，但当事人另有约定的除外。

房屋毁损、灭失的风险，在交付使用前由出卖人承担，交付使用后由买受人承担；买受人接到出卖人的书面交房通知，无正当理由拒绝接收的，房屋毁损、灭失的风险自书面交房通知确定的交付使用之日起由买受人承担，但法律另有规定或者当事人另有约定的除外。

第九条 因房屋主体结构质量不合格不能交付使用，或者房屋交付使用后，房屋主体结构质量经核验确属不合格，买受人请求解除合同和赔偿损失的，应予支持。

第十条 因房屋质量问题严重影响正常居住使用，买受人请求解除合同和赔偿损失的，应予支持。

交付使用的房屋存在质量问题，在保修期内，出卖人应当承担修复责任；出卖人拒绝修复或者在合理期限内拖延修复的，买受人可以自行或者委托他人修复。修复费用及修复期间造成的其他损失由出卖人承担。

第十一条 根据民法典第五百六十三条的规定，出卖人迟延交付房屋或者买受人迟延支付购房款，经催告后在三个月的合理期限内仍未履行，解除权人请求解除合同的，应予支持，但当事人另有约定的除外。

法律没有规定或者当事人没有约定，经对方当事人催告后，解除权行使的合理期限为三个月。对方当事人没有催告的，解除权人自知道或者应当知道解除事由之日起一年内行使。逾期不行使的，解除权消灭。

第十二条 当事人以约定的违约金过高为由请求减少的，应当以违约金超过造成的损失30%为标准适当减少；当事人以约定的违约金低于造成的损失为由请求增加的，应当以违约造成的损失确定违约金数额。

第十三条 商品房买卖合同没有约定违约金数额或者损失赔偿额计算方法，违约金数额或者损失赔偿额可以参照以下标准确定：

逾期付款的，按照未付购房款总额，参照中国人民银行规定的金融机构计收逾期贷款利息的标准计算。

逾期交付使用房屋的，按照逾期交付使用房屋期间有关主管部门公布或者有资格的房地产评估机构评定的同地段同类房屋租金标准确定。

第十四条 由于出卖人的原因，买受人在下列期限届满未能取得不动产权属证书的，除当事人有特殊约定外，出卖人应当承担违约责任：

（一）商品房买卖合同约定的办理不动产登记的期限；

（二）商品房买卖合同的标的物为尚未建成房屋的，自房屋交付使用之日起90日；

（三）商品房买卖合同的标的物为已竣工房屋的，自合同订立之日起90日。

合同没有约定违约金或者损失数额难以确定的，可以按照已付购房款总额，参照中国人民银行规定的金融机构计收逾期贷款利息的标准计算。

第十五条 商品房买卖合同约定或者《城市房地产开发经营管理条例》第三十二条规定的办理不动产登记的期限届满后超过一年，由于出卖人的原因，导致买受人无法办理不动产登记，买受人请求解除合同和赔偿损失的，应予支持。

第十六条 出卖人与包销人订立商品房包销合同，约定出卖人将其开发建设的房屋交由包销人以出卖人的名义销售的，包销期满未销售的房屋，由包销人按照合同约定的包销价格购买，但当事人另有约定的除外。

第十七条 出卖人自行销售已经约定由包销人包销的房屋，包销人请求出卖人赔偿损失的，应予支持，但当事人另有约定的除外。

第十八条 对于买受人因商品房买卖合同与出卖人发生的纠纷，人民法院应当通知包销人参加诉讼；出卖人、包销人和买受人对各自的权利义务有明确约定的，按照约定的内容确定各方的诉讼地位。

第十九条 商品房买卖合同约定，买受人以担保贷款方式付款、因当事人一方原因未能订立商品房担保贷款合同并导致商品房买卖合同不能继续履行的，对方当事人可以请求解除合同和赔偿损失。因不可归责于当事人双方的事由未能订立商品房担保贷款合同并导致商品房买卖合同不能继续履行的，当事人可以请求解除合同，出卖人应当将收受的购房款本金及其利息或者定金返还买受人。

第二十条 因商品房买卖合同被确认无效或者被撤销、解除，致使商品房担保贷款合同的目的无法实现，当事人请求解除商品房担保贷款合同的，应予支持。

第二十一条 以担保贷款为付款方式的商品房买卖合同的当事人一方请求确认商品房买卖合同无效或者撤销、解除合同的，如果担保权人作为有独立请求权第三人提出诉讼请求，应当与商品房担保贷款合同纠纷合并审理；未提出诉讼请求的，仅处理商品房买卖合同纠纷。担保权人就商品房担保贷款合同纠纷另行起诉的，可以与商品房买卖合同纠纷合并审理。

商品房买卖合同被确认无效或者被撤销、解除后，商品房担保贷款合同也被解除的，出卖人应当将收受的购房贷款和购房款的本金及利息分别返还担保权人和买受人。

第二十二条 买受人未按照商品房担保贷款合同的约定偿还贷款，亦未与担保权人办理不动产抵押登记手续，担保权人起诉买受人，请求处分商品房买卖合同项下买受人合同权利的，应当通知出卖人参加诉讼；担保权人同时起诉出卖人时，如果出卖人为商品房担保贷款合同提供保证的，应当列为共同被告。

第二十三条 买受人未按照商品房担保贷款合同的约定偿还贷款，但是已经取得不动产权属证书并与担保权人办理了不动产抵押登记手续，抵押权人请求买受人偿还贷款或者就抵押的房屋优先受偿的，不应当追加出卖人为当事人，但出卖人提供保证的除外。

第二十四条 本解释自2003年6月1日起施行。

《中华人民共和国城市房地产管理法》施行后订立的商品房买卖合同发生的纠纷案件，本解释公布施行后尚在一审、二审阶段的，适用本解释。

《中华人民共和国城市房地产管理法》施行后订立的商品房买卖合同发生的纠纷案件，在本解释公布施行前已经终审，当事人申请再审或者按照审判监督程序决定再审的，不适用本解释。

《中华人民共和国城市房地产管理法》施行前发生的商品房买卖行为，适用当时的法律、法规和《最高人民法院关于审理房地产管理法施行前房地产开发经营案件若干问题的解答》。

最高人民法院关于审理劳动争议案件适用法律问题的解释（一）

(2020年12月25日最高人民法院审判委员会第1825次会议通过 2020年12月29日最高人民法院公告公布 自2021年1月1日起施行 法释〔2020〕26号)

为正确审理劳动争议案件，根据《中华人民共和国民法典》《中华人民共和国劳动法》《中华人民共和国劳动合同法》《中华人民共和国劳动争议调解仲裁法》《中华人民共和国民事诉讼法》等相关法律规定，结合审判实践，制定本解释。

第一条 劳动者与用人单位之间发生的下列纠纷，属于劳动争议，当事人不服劳动争议仲裁机构作出的裁决，依法提起诉讼的，人民法院应予受理：

（一）劳动者与用人单位在履行劳动合同过程中发生的纠纷；

（二）劳动者与用人单位之间没有订立书面劳动合同，但已形成劳动关系后发生的纠纷；

（三）劳动者与用人单位因劳动关系是否已经解除或者终止，以及应否支付解除或者终止劳动关系经济补偿金发生的纠纷；

（四）劳动者与用人单位解除或者终止劳动关系后，请求用人单位返还其收取的劳动合同定金、保证金、抵押金、抵押物发生的纠纷，或者办理劳动者的人事档案、社会保险关系等移转手续发生的纠纷；

（五）劳动者以用人单位未为其办理社会保险手续，且社会保险经办机构不能补办导致其无法享受社会保险待遇为由，要求用人单位赔偿损失发生的纠纷；

（六）劳动者退休后，与尚未参加社会保险统筹的原用人单位因追索养老金、医疗费、工伤保险待遇和其他社会保险待遇而发生的纠纷；

（七）劳动者因为工伤、职业病，请求用人单位依法给予工伤保险待遇发生的纠纷；

（八）劳动者依据劳动合同法第八十五条规定，要求用人单位支付加付赔偿金发生的纠纷；

（九）因企业自主进行改制发生的纠纷。

第二条 下列纠纷不属于劳动争议：

（一）劳动者请求社会保险经办机构发放社会保险金的纠纷；

（二）劳动者与用人单位因住房制度改革产生的公有住房转让纠纷；

（三）劳动者对劳动能力鉴定委员会的伤残等级鉴定结论或者对职业病诊断鉴定委员会的职业病诊断鉴定结论的异议纠纷；

（四）家庭或者个人与家政服务人员之间的纠纷；

（五）个体工匠与帮工、学徒之间的纠纷；

（六）农村承包经营户与雇佣人之间的纠纷。

第三条 劳动争议案件由用人单位所在地或者劳动合同履行地的基层人民法院

管辖。

劳动合同履行地不明确的,由用人单位所在地的基层人民法院管辖。

法律另有规定的,依照其规定。

第四条　劳动者与用人单位均不服劳动争议仲裁机构的同一裁决,向同一人民法院起诉的,人民法院应当并案审理,双方当事人互为原告和被告,对双方的诉讼请求,人民法院应当一并作出裁决。在诉讼过程中,一方当事人撤诉的,人民法院应当根据另一方当事人的诉讼请求继续审理。双方当事人就同一仲裁裁决分别向有管辖权的人民法院起诉的,后受理的人民法院应当将案件移送给先受理的人民法院。

第五条　劳动争议仲裁机构以无管辖权为由对劳动争议案件不予受理,当事人提起诉讼的,人民法院按照以下情形分别处理:

(一)经审查认为该劳动争议仲裁机构对案件确无管辖权的,应当告知当事人向有管辖权的劳动争议仲裁机构申请仲裁;

(二)经审查认为该劳动争议仲裁机构有管辖权的,应当告知当事人申请仲裁,并将审查意见书面通知该劳动争议仲裁机构;劳动争议仲裁机构仍不受理,当事人就该劳动争议事项提起诉讼的,人民法院应予受理。

第六条　劳动争议仲裁机构以当事人申请仲裁的事项不属于劳动争议为由,作出不予受理的书面裁决、决定或者通知,当事人不服依法提起诉讼的,人民法院应当分别情况予以处理:

(一)属于劳动争议案件的,应当受理;

(二)虽不属于劳动争议案件,但属于人民法院主管的其他案件,应当依法受理。

第七条　劳动争议仲裁机构以申请仲裁的主体不适格为由,作出不予受理的书面裁决、决定或者通知,当事人不服依法提起诉讼,经审查确属主体不适格的,人民法院不予受理;已经受理的,裁定驳回起诉。

第八条　劳动争议仲裁机构为纠正原仲裁裁决错误重新作出裁决,当事人不服依法提起诉讼的,人民法院应当受理。

第九条　劳动争议仲裁机构仲裁的事项不属于人民法院受理的案件范围,当事人不服依法提起诉讼的,人民法院不予受理;已经受理的,裁定驳回起诉。

第十条　当事人不服劳动争议仲裁机构作出的预先支付劳动者劳动报酬、工伤医疗费、经济补偿或者赔偿金的裁决,依法提起诉讼的,人民法院不予受理。

用人单位不履行上述裁决中的给付义务,劳动者依法申请强制执行的,人民法院应予受理。

第十一条　劳动争议仲裁机构作出的调解书已经发生法律效力,一方当事人反悔提起诉讼的,人民法院不予受理;已经受理的,裁定驳回起诉。

第十二条　劳动争议仲裁机构逾期未作出受理决定或仲裁裁决,当事人直接提起诉讼的,人民法院应予受理,但申请仲裁的案件存在下列事由的除外:

(一)移送管辖的;

(二)正在送达或者送达延误的;

(三)等待另案诉讼结果、评残结论的;

(四)正在等待劳动争议仲裁机构开庭的;

(五) 启动鉴定程序或者委托其他部门调查取证的;
(六) 其他正当事由。
　　当事人以劳动争议仲裁机构逾期未作出仲裁裁决为由提起诉讼的,应当提交该仲裁机构出具的受理通知书或者其他已接受仲裁申请的凭证、证明。
　　第十三条　劳动者依据劳动合同法第三十条第二款和调解仲裁法第十六条规定向人民法院申请支付令,符合民事诉讼法第十七章督促程序规定的,人民法院应予受理。
　　依据劳动合同法第三十条第二款规定申请支付令被人民法院裁定终结督促程序后,劳动者就劳动争议事项直接提起诉讼的,人民法院应当告知其先向劳动争议仲裁机构申请仲裁。
　　依据调解仲裁法第十六条规定申请支付令被人民法院裁定终结督促程序后,劳动者依据调解协议直接提起诉讼的,人民法院应予受理。
　　第十四条　人民法院受理劳动争议案件后,当事人增加诉讼请求的,如该诉讼请求与讼争的劳动争议具有不可分性,应当合并审理;如属独立的劳动争议,应当告知当事人向劳动争议仲裁机构申请仲裁。
　　第十五条　劳动者以用人单位的工资欠条为证据直接提起诉讼,诉讼请求不涉及劳动关系其他争议的,视为拖欠劳动报酬争议,人民法院按照普通民事纠纷受理。
　　第十六条　劳动争议仲裁机构作出仲裁裁决后,当事人对裁决中的部分事项不服,依法提起诉讼的,劳动争议仲裁裁决不发生法律效力。
　　第十七条　劳动争议仲裁机构对多个劳动者的劳动争议作出仲裁裁决后,部分劳动者对仲裁裁决不服,依法提起诉讼的,仲裁裁决对提起诉讼的劳动者不发生法律效力;对未提起诉讼的部分劳动者,发生法律效力,如其申请执行的,人民法院应当受理。
　　第十八条　仲裁裁决的类型以仲裁裁决书确定为准。仲裁裁决书未载明该裁决为终局裁决或者非终局裁决,用人单位不服该仲裁裁决向基层人民法院提起诉讼的,应当按照以下情形分别处理:
　　(一) 经审查认为该仲裁裁决为非终局裁决的,基层人民法院应予受理;
　　(二) 经审查认为该仲裁裁决为终局裁决的,基层人民法院不予受理,但应告知用人单位可以自收到不予受理裁定书之日起三十日内向劳动争议仲裁机构所在地的中级人民法院申请撤销该仲裁裁决;已经受理的,裁定驳回起诉。
　　第十九条　仲裁裁决书未载明该裁决为终局裁决或者非终局裁决,劳动者依据调解仲裁法第四十七条第一项规定,追索劳动报酬、工伤医疗费、经济补偿或者赔偿金,如果仲裁裁决涉及数项,每项确定的数额均不超过当地月最低工资标准十二个月金额的,应当按照终局裁决处理。
　　第二十条　劳动争议仲裁机构作出的同一仲裁裁决同时包含终局裁决事项和非终局裁决事项,当事人不服该仲裁裁决向人民法院提起诉讼的,应当按照非终局裁决处理。
　　第二十一条　劳动者依据调解仲裁法第四十八条规定向基层人民法院提起诉讼,用人单位依据调解仲裁法第四十九条规定向劳动争议仲裁机构所在地的中级人民法院申请撤销仲裁裁决的,中级人民法院应当不予受理;已经受理的,应当裁定驳回申请。

被人民法院驳回起诉或者劳动者撤诉的,用人单位可以自收到裁定书之日起三十日内,向劳动争议仲裁机构所在地的中级人民法院申请撤销仲裁裁决。

第二十二条 用人单位依据调解仲裁法第四十九条规定向中级人民法院申请撤销仲裁裁决,中级人民法院作出的驳回申请或者撤销仲裁裁决的裁定为终审裁定。

第二十三条 中级人民法院审理用人单位申请撤销终局裁决的案件,应当组成合议庭开庭审理。经过阅卷、调查和询问当事人,对没有新的事实、证据或者理由,合议庭认为不需要开庭审理的,可以不开庭审理。

中级人民法院可以组织双方当事人调解。达成调解协议的,可以制作调解书。一方当事人逾期不履行调解协议的,另一方可以申请人民法院强制执行。

第二十四条 当事人申请人民法院执行劳动争议仲裁机构作出的发生法律效力的裁决书、调解书,被申请人提出证据证明劳动争议仲裁裁决书、调解书有下列情形之一,并经审查核实,人民法院可以根据民事诉讼法第二百三十七条规定,裁定不予执行:

(一)裁决的事项不属于劳动争议仲裁范围,或者劳动争议仲裁机构无权仲裁的;

(二)适用法律、法规确有错误的;

(三)违反法定程序的;

(四)裁决所根据的证据是伪造的;

(五)对方当事人隐瞒了足以影响公正裁决的证据的;

(六)仲裁员在仲裁该案时有索贿受贿、徇私舞弊、枉法裁决行为的;

(七)人民法院认定执行该劳动争议仲裁裁决违背社会公共利益的。

人民法院在不予执行的裁定书中,应当告知当事人在收到裁定书之次日起三十日内,可以就该劳动争议事项向人民法院提起诉讼。

第二十五条 劳动争议仲裁机构作出终局裁决,劳动者向人民法院申请执行,用人单位向劳动争议仲裁机构所在地的中级人民法院申请撤销的,人民法院应当裁定中止执行。

用人单位撤回撤销终局裁决申请或者其申请被驳回的,人民法院应当裁定恢复执行。仲裁裁决被撤销的,人民法院应当裁定终结执行。

用人单位向人民法院申请撤销仲裁裁决被驳回后,又在执行程序中以相同理由提出不予执行抗辩的,人民法院不予支持。

第二十六条 用人单位与其它单位合并的,合并前发生的劳动争议,由合并后的单位为当事人;用人单位分立为若干单位的,其分立前发生的劳动争议,由分立后的实际用人单位为当事人。

用人单位分立为若干单位后,具体承受劳动权利义务的单位不明确的,分立后的单位均为当事人。

第二十七条 用人单位招用尚未解除劳动合同的劳动者,原用人单位与劳动者发生的劳动争议,可以列新的用人单位为第三人。

原用人单位以新的用人单位侵权为由提起诉讼的,可以列劳动者为第三人。

原用人单位以新的用人单位和劳动者共同侵权为由提起诉讼的,新的用人单位和劳动者列为共同被告。

第二十八条 劳动者在用人单位与其他平等主体之间的承包经营期间,与发包方和承包方双方或者一方发生劳动争议,依法提起诉讼的,应当将承包方和发包方作为当事人。

第二十九条 劳动者与未办理营业执照、营业执照被吊销或者营业期限届满仍继续经营的用人单位发生争议的,应当将用人单位或者其出资人列为当事人。

第三十条 未办理营业执照、营业执照被吊销或者营业期限届满仍继续经营的用人单位,以挂靠等方式借用他人营业执照经营的,应当将用人单位和营业执照出借方列为当事人。

第三十一条 当事人不服劳动争议仲裁机构作出的仲裁裁决,依法提起诉讼,人民法院审查认为仲裁裁决遗漏了必须共同参加仲裁的当事人的,应当依法追加遗漏的人为诉讼当事人。

被追加的当事人应当承担责任的,人民法院应当一并处理。

第三十二条 用人单位与其招用的已经依法享受养老保险待遇或者领取退休金的人员发生用工争议而提起诉讼的,人民法院应当按劳务关系处理。

企业停薪留职人员、未达到法定退休年龄的内退人员、下岗待岗人员以及企业经营性停产放长假人员,因与新的用人单位发生用工争议而提起诉讼的,人民法院应当按劳动关系处理。

第三十三条 外国人、无国籍人未依法取得就业证件即与中华人民共和国境内的用人单位签订劳动合同,当事人请求确认与用人单位存在劳动关系的,人民法院不予支持。

持有《外国专家证》并取得《外国人来华工作许可证》的外国人,与中华人民共和国境内的用人单位建立用工关系的,可以认定为劳动关系。

第三十四条 劳动合同期满后,劳动者仍在原用人单位工作,原用人单位未表示异议的,视为双方同意以原条件继续履行劳动合同。一方提出终止劳动关系的,人民法院应予支持。

根据劳动合同法第十四条规定,用人单位应当与劳动者签订无固定期限劳动合同而未签订的,人民法院可以视为双方之间存在无固定期限劳动合同关系,并以原劳动合同确定双方的权利义务关系。

第三十五条 劳动者与用人单位就解除或者终止劳动合同办理相关手续、支付工资报酬、加班费、经济补偿或者赔偿金等达成的协议,不违反法律、行政法规的强制性规定,且不存在欺诈、胁迫或者乘人之危情形的,应当认定有效。

前款协议存在重大误解或者显失公平情形,当事人请求撤销的,人民法院应予支持。

第三十六条 当事人在劳动合同或者保密协议中约定了竞业限制,但未约定解除或者终止劳动合同后给予劳动者经济补偿,劳动者履行了竞业限制义务,要求用人单位按照劳动者在劳动合同解除或者终止前十二个月平均工资的 30% 按月支付经济补偿的,人民法院应予支持。

前款规定的月平均工资的 30% 低于劳动合同履行地最低工资标准的,按照劳动合同履行地最低工资标准支付。

第三十七条 当事人在劳动合同或者保密协议中约定了竞业限制和经济补偿,当事人解除劳动合同时,除另有约定外,用人单位要求劳动者履行竞业限制义务,或者劳动者履行了竞业限制义务后要求用人单位支付经济补偿的,人民法院应予支持。

第三十八条 当事人在劳动合同或者保密协议中约定了竞业限制和经济补偿,劳动合同解除或者终止后,因用人单位的原因导致三个月未支付经济补偿,劳动者请求解除竞业限制约定的,人民法院应予支持。

第三十九条 在竞业限制期限内,用人单位请求解除竞业限制协议的,人民法院应予支持。

在解除竞业限制协议时,劳动者请求用人单位额外支付劳动者三个月的竞业限制经济补偿的,人民法院应予支持。

第四十条 劳动者违反竞业限制约定,向用人单位支付违约金后,用人单位要求劳动者按照约定继续履行竞业限制义务的,人民法院应予支持。

第四十一条 劳动合同被确认为无效,劳动者已付出劳动的,用人单位应当按照劳动合同法第二十八条、第四十六条、第四十七条的规定向劳动者支付劳动报酬和经济补偿。

由于用人单位原因订立无效劳动合同,给劳动者造成损害的,用人单位应当赔偿劳动者因合同无效所造成的经济损失。

第四十二条 劳动者主张加班费的,应当就加班事实的存在承担举证责任。但劳动者有证据证明用人单位掌握加班事实存在的证据,用人单位不提供的,由用人单位承担不利后果。

第四十三条 用人单位与劳动者协商一致变更劳动合同,虽未采用书面形式,但已经实际履行了口头变更的劳动合同超过一个月,变更后的劳动合同内容不违反法律、行政法规且不违背公序良俗,当事人以未采用书面形式为由主张劳动合同变更无效的,人民法院不予支持。

第四十四条 因用人单位作出的开除、除名、辞退、解除劳动合同、减少劳动报酬、计算劳动者工作年限等决定而发生的劳动争议,用人单位负举证责任。

第四十五条 用人单位有下列情形之一,迫使劳动者提出解除劳动合同的,用人单位应当支付劳动者的劳动报酬和经济补偿,并可支付赔偿金:

(一)以暴力、威胁或者非法限制人身自由的手段强迫劳动的;
(二)未按照劳动合同约定支付劳动报酬或者提供劳动条件的;
(三)克扣或者无故拖欠劳动者工资的;
(四)拒不支付劳动者延长工作时间工资报酬的;
(五)低于当地最低工资标准支付劳动者工资的。

第四十六条 劳动者非因本人原因从原用人单位被安排到新用人单位工作,原用人单位未支付经济补偿,劳动者依据劳动合同法第三十八条规定与新用人单位解除劳动合同,或者新用人单位向劳动者提出解除、终止劳动合同,在计算支付经济补偿或赔偿金的工作年限时,劳动者请求把在原用人单位的工作年限合并计算为新用人单位工作年限的,人民法院应予支持。

用人单位符合下列情形之一的,应当认定属于"劳动者非因本人原因从原用人单位被安排到新用人单位工作":

(一)劳动者仍在原工作场所、工作岗位工作,劳动合同主体由原用人单位变更为新用人单位；

（二）用人单位以组织委派或任命形式对劳动者进行工作调动；

（三）因用人单位合并、分立等原因导致劳动者工作调动；

（四）用人单位及其关联企业与劳动者轮流订立劳动合同；

（五）其他合理情形。

第四十七条 建立了工会组织的用人单位解除劳动合同符合劳动合同法第三十九条、第四十条规定，但未按照劳动合同法第四十三条规定事先通知工会，劳动者以用人单位违法解除劳动合同为由请求用人单位支付赔偿金的，人民法院应予支持，但起诉前用人单位已经补正有关程序的除外。

第四十八条 劳动合同法施行后，因用人单位经营期限届满不再继续经营导致劳动合同不能继续履行，劳动者请求用人单位支付经济补偿的，人民法院应予支持。

第四十九条 在诉讼过程中，劳动者向人民法院申请采取财产保全措施，人民法院经审查认为申请人经济确有困难，或者有证据证明用人单位存在欠薪逃匿可能的，应当减轻或者免除劳动者提供担保的义务，及时采取保全措施。

人民法院作出的财产保全裁定中，应当告知当事人在劳动争议仲裁机构的裁决书或者在人民法院的裁判文书生效后三个月内申请强制执行。逾期不申请的，人民法院应当裁定解除保全措施。

第五十条 用人单位根据劳动合同法第四条规定，通过民主程序制定的规章制度，不违反国家法律、行政法规及政策规定，并已向劳动者公示的，可以作为确定双方权利义务的依据。

用人单位制定的内部规章制度与集体合同或者劳动合同约定的内容不一致，劳动者请求优先适用合同约定的，人民法院应予支持。

第五十一条 当事人在调解仲裁法第十条规定的调解组织主持下达成的具有劳动权利义务内容的调解协议，具有劳动合同的约束力，可以作为人民法院裁判的根据。

当事人在调解仲裁法第十条规定的调解组织主持下仅就劳动报酬争议达成调解协议，用人单位不履行调解协议确定的给付义务，劳动者直接提起诉讼的，人民法院可以按照普通民事纠纷受理。

第五十二条 当事人在人民调解委员会主持下仅就给付义务达成的调解协议，双方认为有必要的，可以共同向人民调解委员会所在地的基层人民法院申请司法确认。

第五十三条 用人单位对劳动者作出的开除、除名、辞退等处理，或者因其他原因解除劳动合同确有错误的，人民法院可以依法判决予以撤销。

对于追索劳动报酬、养老金、医疗费以及工伤保险待遇、经济补偿金、培训费及其他相关费用等案件，给付数额不当的，人民法院可以予以变更。

第五十四条 本解释自 2021 年 1 月 1 日起施行。

最高人民法院关于审理建设工程施工合同纠纷案件适用法律问题的解释（一）

（2020年12月25日最高人民法院审判委员会第1825次会议通过 2020年12月29日最高人民法院公告公布 自2021年1月1日起施行 法释〔2020〕25号）

为正确审理建设工程施工合同纠纷案件，依法保护当事人合法权益，维护建筑市场秩序，促进建筑市场健康发展，根据《中华人民共和国民法典》《中华人民共和国建筑法》《中华人民共和国招标投标法》《中华人民共和国民事诉讼法》等相关法律规定，结合审判实践，制定本解释。

第一条 建设工程施工合同具有下列情形之一的，应当依据民法典第一百五十三条第一款的规定，认定无效：

（一）承包人未取得建筑业企业资质或者超越资质等级的；

（二）没有资质的实际施工人借用有资质的建筑施工企业名义的；

（三）建设工程必须进行招标而未招标或者中标无效的。

承包人因转包、违法分包建设工程与他人签订的建设工程施工合同，应当依据民法典第一百五十三条第一款及第七百九十一条第二款、第三款的规定，认定无效。

第二条 招标人和中标人另行签订的建设工程施工合同约定的工程范围、建设工期、工程质量、工程价款等实质性内容，与中标合同不一致，一方当事人请求按照中标合同确定权利义务的，人民法院应予支持。

招标人和中标人在中标合同之外就明显高于市场价格购买承建房产、无偿建设住房配套设施、让利、向建设单位捐赠财物等另行签订合同，变相降低工程价款，一方当事人以该合同背离中标合同实质性内容为由请求确认无效的，人民法院应予支持。

第三条 当事人以发包人未取得建设工程规划许可证等规划审批手续为由，请求确认建设工程施工合同无效的，人民法院应予支持，但发包人在起诉前取得建设工程规划许可证等规划审批手续的除外。

发包人能够办理审批手续而未办理，并以未办理审批手续为由请求确认建设工程施工合同无效的，人民法院不予支持。

第四条 承包人超越资质等级许可的业务范围签订建设工程施工合同，在建设工程竣工前取得相应资质等级，当事人请求按照无效合同处理的，人民法院不予支持。

第五条 具有劳务作业法定资质的承包人与总承包人、分包人签订的劳务分包合同，当事人请求确认无效的，人民法院依法不予支持。

第六条 建设工程施工合同无效，一方当事人请求对方赔偿损失的，应当就对方过错、损失大小、过错与损失之间的因果关系承担举证责任。

损失大小无法确定，一方当事人请求参照合同约定的质量标准、建设工期、工程价款支付时间等内容确定损失大小的，人民法院可以结合双方过错程度、过错与损失之间的因果关系等因素作出裁判。

第七条 缺乏资质的单位或者个人借用有资质的建筑施工企业名义签订建设工程施工合同，发包人请求出借方与借用方对建设工程质量不合格等因出借资质造成的损失承担连带赔偿责任的，人民法院应予支持。

第八条 当事人对建设工程开工日期有争议的，人民法院应当分别按照以下情形予以认定：

（一）开工日期为发包人或者监理人发出的开工通知载明的开工日期；开工通知发出后，尚不具备开工条件的，以开工条件具备的时间为开工日期；因承包人原因导致开工时间推迟的，以开工通知载明的时间为开工日期。

（二）承包人经发包人同意已经实际进场施工的，以实际进场施工时间为开工日期。

（三）发包人或者监理人未发出开工通知，亦无相关证据证明实际开工日期的，应当综合考虑开工报告、合同、施工许可证、竣工验收报告或者竣工验收备案表等载明的时间，并结合是否具备开工条件的事实，认定开工日期。

第九条 当事人对建设工程实际竣工日期有争议的，人民法院应当分别按照以下情形予以认定：

（一）建设工程经竣工验收合格的，以竣工验收合格之日为竣工日期；

（二）承包人已经提交竣工验收报告，发包人拖延验收的，以承包人提交验收报告之日为竣工日期；

（三）建设工程未经竣工验收，发包人擅自使用的，以转移占有建设工程之日为竣工日期。

第十条 当事人约定顺延工期应当经发包人或者监理人签证等方式确认，承包人虽未取得工期顺延的确认，但能够证明在合同约定的期限内向发包人或者监理人申请过工期顺延且顺延事由符合合同约定，承包人以此为由主张工期顺延的，人民法院应予支持。

当事人约定承包人未在约定期限内提出工期顺延申请视为工期不顺延的，按照约定处理，但发包人在约定期限后同意工期顺延或者承包人提出合理抗辩的除外。

第十一条 建设工程竣工前，当事人对工程质量发生争议，工程质量经鉴定合格的，鉴定期间为顺延工期期间。

第十二条 因承包人的原因造成建设工程质量不符合约定，承包人拒绝修理、返工或者改建，发包人请求减少支付工程价款的，人民法院应予支持。

第十三条 发包人具有下列情形之一，造成建设工程质量缺陷，应当承担过错责任：

（一）提供的设计有缺陷；

（二）提供或者指定购买的建筑材料、建筑构配件、设备不符合强制性标准；

（三）直接指定分包人分包专业工程。

承包人有过错的，也应当承担相应的过错责任。

第十四条 建设工程未经竣工验收，发包人擅自使用后，又以使用部分质量不符合约定为由主张权利的，人民法院不予支持；但是承包人应当在建设工程的合理使用寿命内对地基基础工程和主体结构质量承担民事责任。

第十五条 因建设工程质量发生争议的,发包人可以以总承包人、分包人和实际施工人为共同被告提起诉讼。

第十六条 发包人在承包人提起的建设工程施工合同纠纷案件中,以建设工程质量不符合合同约定或者法律规定为由,就承包人支付违约金或者赔偿修理、返工、改建的合理费用等损失提出反诉的,人民法院可以合并审理。

第十七条 有下列情形之一,承包人请求发包人返还工程质量保证金的,人民法院应予支持:

(一)当事人约定的工程质量保证金返还期限届满;

(二)当事人未约定工程质量保证金返还期限的,自建设工程通过竣工验收之日起满二年;

(三)因发包人原因建设工程未按约定期限进行竣工验收的,自承包人提交工程竣工验收报告九十日后当事人约定的工程质量保证金返还期限届满;当事人未约定工程质量保证金返还期限的,自承包人提交工程竣工验收报告九十日起满二年。

发包人返还工程质量保证金后,不影响承包人根据合同约定或者法律规定履行工程保修义务。

第十八条 因保修人未及时履行保修义务,导致建筑物毁损或者造成人身损害、财产损失的,保修人应当承担赔偿责任。

保修人与建筑物所有人或者发包人对建筑物毁损均有过错的,各自承担相应的责任。

第十九条 当事人对建设工程的计价标准或者计价方法有约定的,按照约定结算工程价款。

因设计变更导致建设工程的工程量或者质量标准发生变化,当事人对该部分工程价款不能协商一致的,可以参照签订建设工程施工合同时当地建设行政主管部门发布的计价方法或者计价标准结算工程价款。

建设工程施工合同有效,但建设工程经竣工验收不合格的,依照民法典第五百七十七条规定处理。

第二十条 当事人对工程量有争议的,按照施工过程中形成的签证等书面文件确认。承包人能够证明发包人同意其施工,但未能提供签证文件证明工程量发生的,可以按照当事人提供的其他证据确认实际发生的工程量。

第二十一条 当事人约定,发包人收到竣工结算文件后,在约定期限内不予答复,视为认可竣工结算文件的,按照约定处理。承包人请求按照竣工结算文件结算工程价款的,人民法院应予支持。

第二十二条 当事人签订的建设工程施工合同与招标文件、投标文件、中标通知书载明的工程范围、建设工期、工程质量、工程价款不一致,一方当事人请求将招标文件、投标文件、中标通知书作为结算工程价款的依据的,人民法院应予支持。

第二十三条 发包人将依法不属于必须招标的建设工程进行招标后,与承包人另行订立的建设工程施工合同背离中标合同的实质性内容,当事人请求以中标合同作为结算建设工程价款依据的,人民法院应予支持,但发包人与承包人因客观情况发生了于在招标投标时难以预见的变化而另行订立建设工程施工合同的除外。

第二十四条 当事人就同一建设工程订立的数份建设工程施工合同均无效,但建设工程质量合格,一方当事人请求参照实际履行的合同关于工程价款的约定折价补偿承包人的,人民法院应予支持。

实际履行的合同难以确定,当事人请求参照最后签订的合同关于工程价款的约定折价补偿承包人的,人民法院应予支持。

第二十五条 当事人对垫资和垫资利息有约定,承包人请求按照约定返还垫资及其利息的,人民法院应予支持,但是约定的利息计算标准高于垫资时的同类贷款利率或者同期贷款市场报价利率的部分除外。

当事人对垫资没有约定的,按照工程欠款处理。

当事人对垫资利息没有约定,承包人请求支付利息的,人民法院不予支持。

第二十六条 当事人对欠付工程价款利息计付标准有约定的,按照约定处理。没有约定的,按照同期同类贷款利率或者同期贷款市场报价利率计息。

第二十七条 利息从应付工程价款之日开始计付。当事人对付款时间没有约定或者约定不明的,下列时间视为应付款时间:

(一)建设工程已实际交付的,为交付之日;

(二)建设工程没有交付的,为提交竣工结算文件之日;

(三)建设工程未交付,工程价款也未结算的,为当事人起诉之日。

第二十八条 当事人约定按照固定价结算工程价款,一方当事人请求对建设工程造价进行鉴定的,人民法院不予支持。

第二十九条 当事人在诉讼前已经对建设工程价款结算达成协议,诉讼中一方当事人申请对工程造价进行鉴定的,人民法院不予准许。

第三十条 当事人在诉讼前共同委托有关机构、人员对建设工程造价出具咨询意见,诉讼中一方当事人不认可该咨询意见申请鉴定的,人民法院应予准许,但双方当事人明确表示受该咨询意见约束的除外。

第三十一条 当事人对部分案件事实有争议的,仅对有争议的事实进行鉴定,但争议事实范围不能确定,或者双方当事人请求对全部事实鉴定的除外。

第三十二条 当事人对工程造价、质量、修复费用等专门性问题有争议,人民法院认为需要鉴定的,应当向负有举证责任的当事人释明。当事人经释明未申请鉴定,虽申请鉴定但未支付鉴定费用或者拒不提供相关材料的,应当承担举证不能的法律后果。

一审诉讼中负有举证责任的当事人未申请鉴定,虽申请鉴定但未支付鉴定费用或者拒不提供相关材料,二审诉讼中申请鉴定,人民法院认为确有必要的,应当依照民事诉讼法第一百七十条第一款第三项的规定处理。

第三十三条 人民法院准许当事人的鉴定申请后,应当根据当事人申请及查明案件事实的需要,确定委托鉴定的事项、范围、鉴定期限等,并组织当事人对争议的鉴定材料进行质证。

第三十四条 人民法院应当组织当事人对鉴定意见进行质证。鉴定人将当事人有争议且未经质证的材料作为鉴定依据的,人民法院应当组织当事人就该部分材料进行质证。经质证认为不能作为鉴定依据的,根据该材料作出的鉴定意见不得作为认定案件事实的依据。

第三十五条 与发包人订立建设工程施工合同的承包人，依据民法典第八百零七条的规定请求其承建工程的价款就工程折价或者拍卖的价款优先受偿的，人民法院应予支持。

第三十六条 承包人根据民法典第八百零七条规定享有的建设工程价款优先受偿权优于抵押权和其他债权。

第三十七条 装饰装修工程具备折价或者拍卖条件，装饰装修工程的承包人请求工程价款就该装饰装修工程折价或者拍卖的价款优先受偿的，人民法院应予支持。

第三十八条 建设工程质量合格，承包人请求其承建工程的价款就工程折价或者拍卖的价款优先受偿的，人民法院应予支持。

第三十九条 未竣工的建设工程质量合格，承包人请求其承建工程的价款就其承建工程部分折价或者拍卖的价款优先受偿的，人民法院应予支持。

第四十条 承包人建设工程价款优先受偿的范围依照国务院有关行政主管部门关于建设工程价款范围的规定确定。

承包人就逾期支付建设工程价款的利息、违约金、损害赔偿金等主张优先受偿的，人民法院不予支持。

第四十一条 承包人应当在合理期限内行使建设工程价款优先受偿权，但最长不得超过十八个月，自发包人应当给付建设工程价款之日起算。

第四十二条 发包人与承包人约定放弃或者限制建设工程价款优先受偿权，损害建筑工人利益，发包人根据该约定主张承包人不享有建设工程价款优先受偿权的，人民法院不予支持。

第四十三条 实际施工人以转包人、违法分包人为被告起诉的，人民法院应当依法受理。

实际施工人以发包人为被告主张权利的，人民法院应当追加转包人或者违法分包人为本案第三人，在查明发包人欠付转包人或者违法分包人建设工程价款的数额后，判决发包人在欠付建设工程价款范围内对实际施工人承担责任。

第四十四条 实际施工人依据民法典第五百三十五条规定，以转包人或者违法分包人怠于向发包人行使到期债权或者与该债权有关的从权利，影响其到期债权实现，提起代位权诉讼的，人民法院应予支持。

第四十五条 本解释自2021年1月1日起施行。

最高人民法院关于审理使用人脸识别技术处理个人信息相关民事案件适用法律若干问题的规定

（2021年6月8日最高人民法院审判委员会第1841次会议通过 2021年7月27日最高人民法院公告公布 自2021年8月1日起施行 法释〔2021〕15号）

为正确审理使用人脸识别技术处理个人信息相关民事案件，保护当事人合法权益，促进数字经济健康发展，根据《中华人民共和国民法典》《中华人民共和国网络安全法》《中华人民共和国消费者权益保护法》《中华人民共和国电子商务法》《中华人民共和国民事诉讼法》等法律的规定,结合审判实践,制定本规定。

第一条 因信息处理者违反法律、行政法规的规定或者双方的约定使用人脸识别技术处理人脸信息、处理基于人脸识别技术生成的人脸信息所引起的民事案件,适用本规定。

人脸信息的处理包括人脸信息的收集、存储、使用、加工、传输、提供、公开等。

本规定所称人脸信息属于民法典第一千零三十四条规定的"生物识别信息"。

第二条 信息处理者处理人脸信息有下列情形之一的,人民法院应当认定属于侵害自然人人格权益的行为:

(一)在宾馆、商场、银行、车站、机场、体育场馆、娱乐场所等经营场所、公共场所违反法律、行政法规的规定使用人脸识别技术进行人脸验证、辨识或者分析;

(二)未公开处理人脸信息的规则或者未明示处理的目的、方式、范围;

(三)基于个人同意处理人脸信息的,未征得自然人或者其监护人的单独同意,或者未按照法律、行政法规的规定征得自然人或者其监护人的书面同意;

(四)违反信息处理者明示或者双方约定的处理人脸信息的目的、方式、范围等;

(五)未采取应有的技术措施或者其他必要措施确保其收集、存储的人脸信息安全,致使人脸信息泄露、篡改、丢失;

(六)违反法律、行政法规的规定或者双方的约定,向他人提供人脸信息;

(七)违背公序良俗处理人脸信息;

(八)违反合法、正当、必要原则处理人脸信息的其他情形。

第三条 人民法院认定信息处理者承担侵害自然人人格权益的民事责任,应当适用民法典第九百九十八条的规定,并结合案件具体情况综合考量受害人是否为未成年人、告知同意情况以及信息处理的必要程度等因素。

第四条 有下列情形之一,信息处理者以已征得自然人或者其监护人同意为由抗辩的,人民法院不予支持:

(一)信息处理者要求自然人同意处理其人脸信息才提供产品或者服务的,但是处理人脸信息属于提供产品或者服务所必需的除外;

(二)信息处理者以与其他授权捆绑等方式要求自然人同意处理其人脸信息的;

(三)强迫或者变相强迫自然人同意处理其人脸信息的其他情形。

第五条 有下列情形之一,信息处理者主张其不承担民事责任的,人民法院依法予以支持:

(一)为应对突发公共卫生事件,或者紧急情况下为保护自然人的生命健康和财产安全所必需而处理人脸信息的;

(二)为维护公共安全,依据国家有关规定在公共场所使用人脸识别技术的;

(三)为公共利益实施新闻报道、舆论监督等行为在合理的范围内处理人脸信息的;

(四)在自然人或者其监护人同意的范围内合理处理人脸信息的;

(五)符合法律、行政法规规定的其他情形。

第六条 当事人请求信息处理者承担民事责任的，人民法院应当依据民事诉讼法第六十四条及《最高人民法院关于适用〈中华人民共和国民事诉讼法〉的解释》第九十条、第九十一条，《最高人民法院关于民事诉讼证据的若干规定》的相关规定确定双方当事人的举证责任。

信息处理者主张其行为符合民法典第一千零三十五条第一款规定情形的，应当就此所依据的事实承担举证责任。

信息处理者主张其不承担民事责任的，应当就其行为符合本规定第五条规定的情形承担举证责任。

第七条 多个信息处理者处理人脸信息侵害自然人人格权益，该自然人主张多个信息处理者按照过错程度和造成损害结果的大小承担侵权责任的，人民法院依法予以支持；符合民法典第一千一百六十八条、第一千一百六十九条第一款、第一千一百七十条、第一千一百七十一条等规定的相应情形，该自然人主张多个信息处理者承担连带责任的，人民法院依法予以支持。

信息处理者利用网络服务处理人脸信息侵害自然人人格权益的，适用民法典第一千一百九十五条、第一千一百九十六条、第一千一百九十七条等规定。

第八条 信息处理者处理人脸信息侵害自然人人格权益造成财产损失，该自然人依据民法典第一千一百八十二条主张财产损害赔偿的，人民法院依法予以支持。

自然人为制止侵权行为所支付的合理开支，可以认定为民法典第一千一百八十二条规定的财产损失。合理开支包括该自然人或者委托代理人对侵权行为进行调查、取证的合理费用。人民法院根据当事人的请求和具体案情，可以将合理的律师费用计算在赔偿范围内。

第九条 自然人有证据证明信息处理者使用人脸识别技术正在实施或者即将实施侵害其隐私权或者其他人格权益的行为，不及时制止将使其合法权益受到难以弥补的损害，向人民法院申请采取责令信息处理者停止有关行为的措施的，人民法院可以根据案件具体情况依法作出人格权侵害禁令。

第十条 物业服务企业或者其他建筑物管理人以人脸识别作为业主或者物业使用人出入物业服务区域的唯一验证方式，不同意的业主或者物业使用人请求其提供其他合理验证方式的，人民法院依法予以支持。

物业服务企业或者其他建筑物管理人存在本规定第二条规定的情形，当事人请求物业服务企业或者其他建筑物管理人承担侵权责任的，人民法院依法予以支持。

第十一条 信息处理者采用格式条款与自然人订立合同，要求自然人授予其无期限限制、不可撤销、可任意转授权等处理人脸信息的权利，该自然人依据民法典第四百九十七条请求确认格式条款无效的，人民法院依法予以支持。

第十二条 信息处理者违反约定处理自然人的人脸信息，该自然人请求其承担违约责任的，人民法院依法予以支持。该自然人请求信息处理者承担违约责任时，请求删除人脸信息的，人民法院依法予以支持；信息处理者以双方未对人脸信息的删除作出约定为由抗辩的，人民法院不予支持。

第十三条 基于同一信息处理者处理人脸信息侵害自然人人格权益发生的纠纷，多个受害人分别向同一人民法院起诉的，经当事人同意，人民法院可以合并审理。

第十四条 信息处理者处理人脸信息的行为符合民事诉讼法第五十五条、消费者权益保护法第四十七条或者其他法律关于民事公益诉讼的相关规定，法律规定的机关和有关组织提起民事公益诉讼的，人民法院应予受理。

第十五条 自然人死亡后，信息处理者违反法律、行政法规的规定或者双方的约定处理人脸信息，死者的近亲属依据民法典第九百九十四条请求信息处理者承担民事责任的，适用本规定。

第十六条 本规定自2021年8月1日起施行。

信息处理者使用人脸识别技术处理人脸信息、处理基于人脸识别技术生成的人脸信息的行为发生在本规定施行前的，不适用本规定。

最高人民法院关于审理网络消费纠纷案件适用法律若干问题的规定（一）

（2022年2月15日最高人民法院审判委员会第1864次会议通过 2022年3月1日最高人民法院公告公布 自2022年3月15日起施行 法释〔2022〕8号）

为正确审理网络消费纠纷案件，依法保护消费者合法权益，促进网络经济健康持续发展，根据《中华人民共和国民法典》《中华人民共和国消费者权益保护法》《中华人民共和国电子商务法》《中华人民共和国民事诉讼法》等法律规定，结合审判实践，制定本规定。

第一条 电子商务经营者提供的格式条款有以下内容的，人民法院应当依法认定无效：

（一）收货人签收商品即视为认可商品质量符合约定；

（二）电子商务平台经营者依法应承担的责任一概由平台内经营者承担；

（三）电子商务经营者享有单方解释权或者最终解释权；

（四）排除或者限制消费者依法投诉、举报、请求调解、申请仲裁、提起诉讼的权利；

（五）其他排除或者限制消费者权利、减轻或者免除电子商务经营者责任、加重消费者责任等对消费者不公平、不合理的内容。

第二条 电子商务经营者就消费者权益保护法第二十五条第一款规定的四项除外商品做出七日内无理由退货承诺，消费者主张电子商务经营者应当遵守其承诺的，人民法院应予支持。

第三条 消费者因检查商品的必要对商品进行拆封查验且不影响商品完好，电子商务经营者以商品已拆封为由主张不适用消费者权益保护法第二十五条规定的无理由退货制度的，人民法院不予支持，但法律另有规定的除外。

第四条 电子商务平台经营者以标记自营业务方式或者虽未标记自营但实际开展自营业务所销售的商品或者提供的服务损害消费者合法权益，消费者主张电子商务平台经营者承担商品销售者或者服务提供者责任的，人民法院应予支持。

电子商务平台经营者虽非实际开展自营业务，但其所作标识等足以误导消费者使消费者相信系电子商务平台经营者自营，消费者主张电子商务平台经营者承担商品销售者或者服务提供者责任的，人民法院应予支持。

第五条 平台内经营者出售商品或者提供服务过程中，其工作人员引导消费者通过交易平台提供的支付方式以外的方式进行支付，消费者主张平台内经营者承担商品销售者或者服务提供者责任，平台内经营者以未经过交易平台支付为由抗辩的，人民法院不予支持。

第六条 注册网络经营账号开设网络店铺的平台内经营者，通过协议等方式将网络账号及店铺转让给其他经营者，但未依法进行相关经营主体信息变更公示，实际经营者的经营活动给消费者造成损害，消费者主张注册经营者、实际经营者承担赔偿责任的，人民法院应予支持。

第七条 消费者在二手商品网络交易平台购买商品受到损害，人民法院综合销售者出售商品的性质、来源、数量、价格、频率、是否有其他销售渠道、收入等情况，能够认定销售者系从事商业经营活动，消费者主张销售者依据消费者权益保护法承担经营者责任的，人民法院应予支持。

第八条 电子商务经营者在促销活动中提供的奖品、赠品或者消费者换购的商品给消费者造成损害，消费者主张电子商务经营者承担赔偿责任，电子商务经营者以奖品、赠品属于免费提供或者商品属于换购为由主张免责的，人民法院不予支持。

第九条 电子商务经营者与他人签订的以虚构交易、虚构点击量、编造用户评价等方式进行虚假宣传的合同，人民法院应当依法认定无效。

第十条 平台内经营者销售商品或者提供服务损害消费者合法权益，其向消费者承诺的赔偿标准高于相关法定赔偿标准，消费者主张平台内经营者按照承诺赔偿的，人民法院应依法予以支持。

第十一条 平台内经营者开设网络直播间销售商品，其工作人员在网络直播中因虚假宣传等给消费者造成损害，消费者主张平台内经营者承担赔偿责任的，人民法院应予支持。

第十二条 消费者因在网络直播间点击购买商品合法权益受到损害，直播间运营者不能证明已经以足以使消费者辨别的方式标明其并非销售者并标明实际销售者的，消费者主张直播间运营者承担商品销售者责任的，人民法院应予支持。

直播间运营者能够证明已经尽到前款所列标明义务的，人民法院应当综合交易外观、直播间运营者与经营者的约定、与经营者的合作模式、交易过程以及消费者认知等因素予以认定。

第十三条 网络直播营销平台经营者通过网络直播方式开展自营业务销售商品，消费者主张其承担商品销售者责任的，人民法院应予支持。

第十四条 网络直播间销售商品损害消费者合法权益，网络直播营销平台经营者不能提供直播间运营者的真实姓名、名称、地址和有效联系方式的，消费者依据消费者权益保护法第四十四条规定向网络直播营销平台经营者请求赔偿的，人民法院应予支持。网络直播营销平台经营者承担责任后，向直播间运营者追偿的，人民法院应予支持。

第十五条 网络直播营销平台经营者对依法需取得食品经营许可的网络直播间的食品经营资质未尽到法定审核义务，使消费者的合法权益受到损害，消费者依据食品安全法第一百三十一条等规定主张网络直播营销平台经营者与直播间运营者承担连带责任的，人民法院应予支持。

第十六条 网络直播营销平台经营者知道或者应当知道网络直播间销售的商品不符合保障人身、财产安全的要求，或者有其他侵害消费者合法权益行为，未采取必要措施，消费者依据电子商务法第三十八条等规定主张网络直播营销平台经营者与直播间运营者承担连带责任的，人民法院应予支持。

第十七条 直播间运营者知道或者应当知道经营者提供的商品不符合保障人身、财产安全的要求，或者有其他侵害消费者合法权益行为，仍为其推广，给消费者造成损害，消费者依据民法典第一千一百六十八条等规定主张直播间运营者与提供该商品的经营者承担连带责任的，人民法院应予支持。

第十八条 网络餐饮服务平台经营者违反食品安全法第六十二条和第一百三十一条规定，未对入网餐饮服务提供者进行实名登记、审查许可证，或者未履行报告、停止提供网络交易平台服务等义务，使消费者的合法权益受到损害，消费者主张网络餐饮服务平台经营者与入网餐饮服务提供者承担连带责任的，人民法院应予支持。

第十九条 入网餐饮服务提供者所经营食品损害消费者合法权益，消费者主张入网餐饮服务提供者承担经营者责任，入网餐饮服务提供者以订单系委托他人加工制作为由抗辩的，人民法院不予支持。

第二十条 本规定自 2022 年 3 月 15 日起施行。

最高人民法院关于办理人身安全保护令案件适用法律若干问题的规定

（2022 年 6 月 7 日最高人民法院审判委员会第 1870 次会议通过 2022 年 7 月 14 日最高人民法院公告公布 自 2022 年 8 月 1 日起施行 法释〔2022〕17 号）

为正确办理人身安全保护令案件，及时保护家庭暴力受害人的合法权益，根据《中华人民共和国民法典》《中华人民共和国反家庭暴力法》《中华人民共和国民事诉讼法》等相关法律规定，结合审判实践，制定本规定。

第一条 当事人因遭受家庭暴力或者面临家庭暴力的现实危险，依照反家庭暴力法向人民法院申请人身安全保护令的，人民法院应当受理。

向人民法院申请人身安全保护令，不以提起离婚等民事诉讼为条件。

第二条 当事人因年老、残疾、重病等原因无法申请人身安全保护令，其近亲属、公安机关、民政部门、妇女联合会、居民委员会、村民委员会、残疾人联合会、依法设立的老年人组织、救助管理机构等，根据当事人意愿，依照反家庭暴力法第二十三条规定代为申请的,人民法院应当依法受理。

第三条 家庭成员之间以冻饿或者经常性侮辱、诽谤、威胁、跟踪、骚扰等方式实施的身体或者精神侵害行为,应当认定为反家庭暴力法第二条规定的"家庭暴力"。

第四条 反家庭暴力法第三十七条规定的"家庭成员以外共同生活的人"一般包括共同生活的儿媳、女婿、公婆、岳父母以及其他有监护、扶养、寄养等关系的人。

第五条 当事人及其代理人对因客观原因不能自行收集的证据,申请人民法院调查收集,符合《最高人民法院关于适用〈中华人民共和国民事诉讼法〉的解释》第九十四条第一款规定情形的,人民法院应当调查收集。

人民法院经审查,认为办理案件需要的证据符合《最高人民法院关于适用〈中华人民共和国民事诉讼法〉的解释》第九十六条规定的,应当调查收集。

第六条 人身安全保护令案件中,人民法院根据相关证据,认为申请人遭受家庭暴力或者面临家庭暴力现实危险的事实存在较大可能性的,可以依法作出人身安全保护令。

前款所称"相关证据"包括:

(一)当事人的陈述;

(二)公安机关出具的家庭暴力告诫书、行政处罚决定书;

(三)公安机关的出警记录、讯问笔录、询问笔录、接警记录、报警回执等;

(四)被申请人曾出具的悔过书或者保证书等;

(五)记录家庭暴力发生或者解决过程等的视听资料;

(六)被申请人与申请人或者其近亲属之间的电话录音、短信、即时通讯信息、电子邮件等;

(七)医疗机构的诊疗记录;

(八)申请人或者被申请人所在单位、民政部门、居民委员会、村民委员会、妇女联合会、残疾人联合会、未成年人保护组织、依法设立的老年人组织、救助管理机构、反家暴社会公益机构等单位收到投诉、反映或者求助的记录;

(九)未成年子女提供的与其年龄、智力相适应的证言或者亲友、邻居等其他证人证言;

(十)伤情鉴定意见;

(十一)其他能够证明申请人遭受家庭暴力或者面临家庭暴力现实危险的证据。

第七条 人民法院可以通过在线诉讼平台、电话、短信、即时通讯工具、电子邮件等简便方式询问被申请人。被申请人未发表意见的,不影响人民法院依法作出人身安全保护令。

第八条 被申请人认可存在家庭暴力行为,但辩称申请人有过错的,不影响人民法院依法作出人身安全保护令。

第九条 离婚等案件中,当事人仅以人民法院曾作出人身安全保护令为由,主张存在家庭暴力事实的,人民法院应当根据《最高人民法院关于适用〈中华人民共和国民事诉讼法〉的解释》第一百零八条的规定,综合认定是否存在该事实。

第十条 反家庭暴力法第二十九条第四项规定的"保护申请人人身安全的其他措施"可以包括下列措施:

（一）禁止被申请人以电话、短信、即时通讯工具、电子邮件等方式侮辱、诽谤、威胁申请人及其相关近亲属；

（二）禁止被申请人在申请人及其相关近亲属的住所、学校、工作单位等经常出入场所的一定范围内从事可能影响申请人及其相关近亲属正常生活、学习、工作的活动。

第十一条 离婚案件中，判决不准离婚或者调解和好后，被申请人违反人身安全保护令实施家庭暴力的，可以认定为民事诉讼法第一百二十七条第七项规定的"新情况、新理由"。

第十二条 被申请人违反人身安全保护令，符合《中华人民共和国刑法》第三百一十三条规定的，以拒不执行判决、裁定罪定罪处罚；同时构成其他犯罪的，依照刑法有关规定处理。

第十三条 本规定自 2022 年 8 月 1 日起施行。

最高人民法院关于审理人身损害赔偿案件适用法律若干问题的解释

（2003 年 12 月 4 日最高人民法院审判委员会第 1299 次会议通过 根据 2020 年 12 月 23 日最高人民法院审判委员会第 1823 次会议通过的《最高人民法院关于修改〈最高人民法院关于在民事审判工作中适用《中华人民共和国工会法》若干问题的解释〉等二十七件民事类司法解释的决定》第一次修正 根据 2022 年 2 月 15 日最高人民法院审判委员会第 1864 次会议通过的《最高人民法院关于修改〈最高人民法院关于审理人身损害赔偿案件适用法律若干问题的解释〉的决定》第二次修正 2022 年 4 月 24 日最高人民法院公告公布 自 2022 年 5 月 1 日起施行）

为正确审理人身损害赔偿案件，依法保护当事人的合法权益，根据《中华人民共和国民法典》《中华人民共和国民事诉讼法》等有关法律规定，结合审判实践，制定本解释。

第一条 因生命、身体、健康遭受侵害，赔偿权利人起诉请求赔偿义务人赔偿物质损害和精神损害的，人民法院应予受理。

本条所称"赔偿权利人"，是指因侵权行为或者其他致害原因直接遭受人身损害的受害人以及死亡受害人的近亲属。

本条所称"赔偿义务人"，是指因自己或者他人的侵权行为以及其他致害原因依法应当承担民事责任的自然人、法人或者非法人组织。

第二条 赔偿权利人起诉部分共同侵权人的，人民法院应当追加其他共同侵权人作为共同被告。赔偿权利人在诉讼中放弃对部分共同侵权人的诉讼请求的，其他共同侵权人对被放弃诉讼请求的被告应当承担的赔偿份额不承担连带责任。责任范围难以确定的，推定各共同侵权人承担同等责任。

人民法院应当将放弃诉讼请求的法律后果告知赔偿权利人，并将放弃诉讼请求的情况在法律文书中叙明。

第三条 依法应当参加工伤保险统筹的用人单位的劳动者，因工伤事故遭受人身损害，劳动者或者其近亲属向人民法院起诉请求用人单位承担民事赔偿责任的，告知其按《工伤保险条例》的规定处理。

因用人单位以外的第三人侵权造成劳动者人身损害，赔偿权利人请求第三人承担民事赔偿责任的，人民法院应予支持。

第四条 无偿提供劳务的帮工人，在从事帮工活动中致人损害的，被帮工人应当承担赔偿责任。被帮工人承担赔偿责任后向有故意或者重大过失的帮工人追偿的，人民法院应予支持。被帮工人明确拒绝帮工的，不承担赔偿责任。

第五条 无偿提供劳务的帮工人因帮工活动遭受人身损害的，根据帮工人和被帮工人各自的过错承担相应的责任；被帮工人明确拒绝帮工的，被帮工人不承担赔偿责任，但可以在受益范围内予以适当补偿。

帮工人在帮工活动中因第三人的行为遭受人身损害的，有权请求第三人承担赔偿责任，也有权请求被帮工人予以适当补偿。被帮工人补偿后，可以向第三人追偿。

第六条 医疗费根据医疗机构出具的医药费、住院费等收款凭证，结合病历和诊断证明等相关证据确定。赔偿义务人对治疗的必要性和合理性有异议的，应当承担相应的举证责任。

医疗费的赔偿数额，按照一审法庭辩论终结前实际发生的数额确定。器官功能恢复训练所必要的康复费、适当的整容费以及其他后续治疗费，赔偿权利人可以待实际发生后另行起诉。但根据医疗证明或者鉴定结论确定必然发生的费用，可以与已经发生的医疗费一并予以赔偿。

第七条 误工费根据受害人的误工时间和收入状况确定。

误工时间根据受害人接受治疗的医疗机构出具的证明确定。受害人因伤致残持续误工的，误工时间可以计算至定残日前一天。

受害人有固定收入的，误工费按照实际减少的收入计算。受害人无固定收入的，按照其最近三年的平均收入计算；受害人不能举证证明其最近三年的平均收入状况的，可以参照受诉法院所在地相同或者相近行业上一年度职工的平均工资计算。

第八条 护理费根据护理人员的收入状况和护理人数、护理期限确定。

护理人员有收入的，参照误工费的规定计算；护理人员没有收入或者雇佣护工的，参照当地护工从事同等级别护理的劳务报酬标准计算。护理人员原则上为一人，但医疗机构或者鉴定机构有明确意见的，可以参照确定护理人员人数。

护理期限应计算至受害人恢复生活自理能力时止。受害人因残疾不能恢复生活自理能力的，可以根据其年龄、健康状况等因素确定合理的护理期限，但最长不超过二十年。

受害人定残后的护理，应当根据其护理依赖程度并结合配制残疾辅助器具的情况确定护理级别。

第九条 交通费根据受害人及其必要的陪护人员因就医或者转院治疗实际发生的费用计算。交通费应当以正式票据为凭；有关凭据应当与就医地点、时间、人数、次数相符合。

第十条 住院伙食补助费可以参照当地国家机关一般工作人员的出差伙食补助

标准予以确定。

受害人确有必要到外地治疗,因客观原因不能住院,受害人本人及其陪护人员实际发生的住宿费和伙食费,其合理部分应予赔偿。

第十一条 营养费根据受害人伤残情况参照医疗机构的意见确定。

第十二条 残疾赔偿金根据受害人丧失劳动能力程度或者伤残等级,按照受诉法院所在地上一年度城镇居民人均可支配收入标准,自定残之日起按二十年计算。但六十周岁以上的,年龄每增加一岁减少一年;七十五周岁以上的,按五年计算。

受害人因伤致残但实际收入没有减少,或者伤残等级较轻但造成职业妨害严重影响其劳动就业的,可以对残疾赔偿金作相应调整。

第十三条 残疾辅助器具费按照普通适用器具的合理费用标准计算。伤情有特殊需要的,可以参照辅助器具配制机构的意见确定相应的合理费用标准。

辅助器具的更换周期和赔偿期限参照配制机构的意见确定。

第十四条 丧葬费按照受诉法院所在地上一年度职工月平均工资标准,以六个月总额计算。

第十五条 死亡赔偿金按照受诉法院所在地上一年度城镇居民人均可支配收入标准,按二十年计算。但六十周岁以上的,年龄每增加一岁减少一年;七十五周岁以上的,按五年计算。

第十六条 被扶养人生活费计入残疾赔偿金或者死亡赔偿金。

第十七条 被扶养人生活费根据扶养人丧失劳动能力程度,按照受诉法院所在地上一年度城镇居民人均消费支出标准计算。被扶养人为未成年人的,计算至十八周岁;被扶养人无劳动能力又无其他生活来源的,计算二十年。但六十周岁以上的,年龄每增加一岁减少一年;七十五周岁以上的,按五年计算。

被扶养人是指受害人依法应当承担扶养义务的未成年人或者丧失劳动能力又无其他生活来源的成年近亲属。被扶养人还有其他扶养人的,赔偿义务人只赔偿受害人依法应当负担的部分。被扶养人有数人的,年赔偿总额累计不超过上一年度城镇居民人均消费支出额。

第十八条 赔偿权利人举证证明其住所地或者经常居住地城镇居民人均可支配收入高于受诉法院所在地标准的,残疾赔偿金或者死亡赔偿金可以按照其住所地或者经常居住地的相关标准计算。

被扶养人生活费的相关计算标准,依照前款原则确定。

第十九条 超过确定的护理期限、辅助器具费给付年限或者残疾赔偿金给付年限,赔偿权利人向人民法院起诉请求继续给付护理费、辅助器具费或者残疾赔偿金的,人民法院应予受理。赔偿权利人确需继续护理、配制辅助器具,或者没有劳动能力和生活来源的,人民法院应当判令赔偿义务人继续给付相关费用五至十年。

第二十条 赔偿义务人请求以定期金方式给付残疾赔偿金、辅助器具费的,应当提供相应的担保。人民法院可以根据赔偿义务人的给付能力和提供担保的情况,确定以定期金方式给付相关费用。但是,一审法庭辩论终结前已经发生的费用、死亡赔偿金以及精神损害抚慰金,应当一次性给付。

第二十一条 人民法院应当在法律文书中明确定期金的给付时间、方式以及每期给付标准。执行期间有关统计数据发生变化的，给付金额应当适时进行相应调整。

定期金按照赔偿权利人的实际生存年限给付，不受本解释有关赔偿期限的限制。

第二十二条 本解释所称"城镇居民人均可支配收入""城镇居民人均消费支出""职工平均工资"，按照政府统计部门公布的各省、自治区、直辖市以及经济特区和计划单列市上一年度相关统计数据确定。

"上一年度"，是指一审法庭辩论终结时的上一统计年度。

第二十三条 精神损害抚慰金适用《最高人民法院关于确定民事侵权精神损害赔偿责任若干问题的解释》予以确定。

第二十四条 本解释自 2022 年 5 月 1 日起施行。施行后发生的侵权行为引起的人身损害赔偿案件适用本解释。

本院以前发布的司法解释与本解释不一致的，以本解释为准。

最高人民法院关于确定民事侵权精神损害赔偿责任若干问题的解释

（2001 年 2 月 26 日最高人民法院审判委员会第 1161 次会议通过 根据 2020 年 12 月 23 日最高人民法院审判委员会第 1823 次会议通过的《最高人民法院关于修改〈最高人民法院关于在民事审判工作中适用〈中华人民共和国工会法〉若干问题的解释〉等二十七件民事类司法解释的决定》修正 2020 年 12 月 29 日最高人民法院公告公布 自 2021 年 1 月 1 日起施行 法释〔2020〕17 号）

为在审理民事侵权案件中正确确定精神损害赔偿责任，根据《中华人民共和国民法典》等有关法律规定，结合审判实践，制定本解释。

第一条 因人身权益或者具有人身意义的特定物受到侵害，自然人或者其近亲属向人民法院提起诉讼请求精神损害赔偿的，人民法院应当依法予以受理。

第二条 非法使被监护人脱离监护，导致亲子关系或者近亲属间的亲属关系遭受严重损害，监护人向人民法院起诉请求赔偿精神损害的，人民法院应当依法予以受理。

第三条 死者的姓名、肖像、名誉、荣誉、隐私、遗体、遗骨等受到侵害，其近亲属向人民法院提起诉讼请求精神损害赔偿的，人民法院应当依法予以支持。

第四条 法人或者非法人组织以名誉权、荣誉权、名称权遭受侵害为由，向人民法院起诉请求精神损害赔偿的，人民法院不予支持。

第五条 精神损害的赔偿数额根据以下因素确定：

（一）侵权人的过错程度，但是法律另有规定的除外；

（二）侵权行为的目的、方式、场合等具体情节；

（三）侵权行为所造成的后果；

（四）侵权人的获利情况；
（五）侵权人承担责任的经济能力；
（六）受理诉讼法院所在地的平均生活水平。
第六条 在本解释公布施行之前已经生效施行的司法解释，其内容有与本解释不一致的，以本解释为准。

最高人民法院关于审理涉彩礼纠纷案件适用法律若干问题的规定

（2023 年 11 月 13 日最高人民法院审判委员会第 1905 次会议通过 2024 年 1 月 17 日最高人民法院公告公布 自 2024 年 2 月 1 日起施行 法释〔2024〕1 号）

为正确审理涉彩礼纠纷案件，根据《中华人民共和国民法典》、《中华人民共和国民事诉讼法》等法律规定，结合审判实践，制定本规定。

第一条 以婚姻为目的依据习俗给付彩礼后，因要求返还产生的纠纷，适用本规定。

第二条 禁止借婚姻索取财物。一方以彩礼为名借婚姻索取财物，另一方要求返还的，人民法院应予支持。

第三条 人民法院在审理涉彩礼纠纷案件中，可以根据一方给付财物的目的，综合考虑双方当地习俗、给付的时间和方式、财物价值、给付人及接收人等事实，认定彩礼范围。

下列情形给付的财物，不属于彩礼：
（一）一方在节日、生日等有特殊纪念意义时点给付的价值不大的礼物、礼金；
（二）一方为表达或者增进感情的日常消费性支出；
（三）其他价值不大的财物。

第四条 婚约财产纠纷中，婚约一方及其实际给付彩礼的父母可以作为共同原告；婚约另一方及其实际接收彩礼的父母可以作为共同被告。

离婚纠纷中，一方提出返还彩礼诉讼请求的，当事人仍为夫妻双方。

第五条 双方已办理结婚登记且共同生活，离婚时一方请求返还按照习俗给付的彩礼的，人民法院一般不予支持。但是，如果共同生活时间较短且彩礼数额过高的，人民法院可以根据彩礼实际使用及嫁妆情况，综合考虑彩礼数额、共同生活及孕育情况、双方过错等事实，结合当地习俗，确定是否返还以及返还的具体比例。

人民法院认定彩礼数额是否过高，应当综合考虑彩礼给付方所在地居民人均可支配收入、给付方家庭经济情况以及当地习俗等因素。

第六条 双方未办理结婚登记但已共同生活，一方请求返还按照习俗给付的彩礼的，人民法院应当根据彩礼实际使用及嫁妆情况，综合考虑共同生活及孕育情况、双方过错等事实，结合当地习俗，确定是否返还以及返还的具体比例。

第七条 本规定自 2024 年 2 月 1 日起施行。

本规定施行后,人民法院尚未审结的一审、二审案件适用本规定。本规定施行前已经终审、施行后当事人申请再审或者按照审判监督程序决定再审的案件,不适用本规定。

民法典其他相关司法规范性文件

民事案件案由规定

(2007年10月29日最高人民法院审判委员会第1438次会议通过 自2008年4月1日起施行 根据2011年2月18日最高人民法院《关于修改〈民事案件案由规定〉的决定》(法〔2011〕41号)第一次修正 根据2020年12月14日最高人民法院审判委员会第1821次会议通过的《最高人民法院关于修改〈民事案件案由规定〉的决定》(法〔2020〕346号)第二次修正)

为了正确适用法律,统一确定案由,根据《中华人民共和国民法典》《中华人民共和国民事诉讼法》等法律规定,结合人民法院民事审判工作实际情况,对民事案件案由规定如下:

第一部分 人格权纠纷

一、人格权纠纷
1. **生命权、身体权、健康权纠纷**①
2. 姓名权纠纷
3. **名称权纠纷**
4. 肖像权纠纷
5. **声音保护纠纷**
6. 名誉权纠纷
7. 荣誉权纠纷
8. **隐私权、个人信息保护纠纷**
(1) 隐私权纠纷
(2) **个人信息保护纠纷**
9. 婚姻自主权纠纷
10. 人身自由权纠纷
11. 一般人格权纠纷
(1) 平等就业权纠纷

---

① 新增或修改案由均在正文中以黑体字标注。

第二部分 婚姻家庭、继承纠纷

二、**婚姻家庭纠纷**
12. 婚约财产纠纷
13. **婚内夫妻财产分割纠纷**
14. 离婚纠纷
15. 离婚后财产纠纷
16. 离婚后损害责任纠纷
17. 婚姻无效纠纷
18. 撤销婚姻纠纷
19. 夫妻财产约定纠纷
20. 同居关系纠纷
（1）同居关系析产纠纷
（2）同居关系子女抚养纠纷
21. **亲子关系纠纷**
（1）确认亲子关系纠纷
（2）否认亲子关系纠纷
22. 抚养纠纷
（1）抚养费纠纷
（2）变更抚养关系纠纷
23. 扶养纠纷
（1）扶养费纠纷
（2）变更扶养关系纠纷
24. 赡养纠纷
（1）赡养费纠纷
（2）变更赡养关系纠纷
25. 收养关系纠纷
（1）确认收养关系纠纷
（2）解除收养关系纠纷
26. 监护权纠纷
27. 探望权纠纷
28. 分家析产纠纷

三、**继承纠纷**
29. 法定继承纠纷
（1）转继承纠纷
（2）代位继承纠纷
30. 遗嘱继承纠纷
31. 被继承人债务清偿纠纷
32. 遗赠纠纷

33. 遗赠扶养协议纠纷
34. **遗产管理纠纷**

第三部分 物权纠纷

四、不动产登记纠纷
35. 异议登记不当损害责任纠纷
36. 虚假登记损害责任纠纷
五、物权保护纠纷
37. 物权确认纠纷
（1）所有权确认纠纷
（2）用益物权确认纠纷
（3）担保物权确认纠纷
38. 返还原物纠纷
39. 排除妨害纠纷
40. 消除危险纠纷
41. 修理、重作、更换纠纷
42. 恢复原状纠纷
43. 财产损害赔偿纠纷
六、所有权纠纷
44. 侵害集体经济组织成员权益纠纷
45. 建筑物区分所有权纠纷
（1）业主专有权纠纷
（2）业主共有权纠纷
（3）车位纠纷
（4）车库纠纷
46. 业主撤销权纠纷
47. 业主知情权纠纷
48. 遗失物返还纠纷
49. 漂流物返还纠纷
50. 埋藏物返还纠纷
51. 隐藏物返还纠纷
52. **添附物归属纠纷**
53. 相邻关系纠纷
（1）相邻用水、排水纠纷
（2）相邻通行纠纷
（3）相邻土地、建筑物利用关系纠纷
（4）相邻通风纠纷
（5）相邻采光、日照纠纷
（6）相邻污染侵害纠纷

（7）相邻损害防免关系纠纷
54. 共有纠纷
（1）共有权确认纠纷
（2）共有物分割纠纷
（3）共有人优先购买权纠纷
（4）**债权人代位析产纠纷**
七、用益物权纠纷
55. 海域使用权纠纷
56. 探矿权纠纷
57. 采矿权纠纷
58. 取水权纠纷
59. 养殖权纠纷
60. 捕捞权纠纷
61. 土地承包经营权纠纷
（1）土地承包经营权确认纠纷
（2）承包地征收补偿费用分配纠纷
（3）土地承包经营权继承纠纷
62. **土地经营权纠纷**
63. 建设用地使用权纠纷
64. 宅基地使用权纠纷
65. **居住权纠纷**
66. 地役权纠纷
八、担保物权纠纷
67. 抵押权纠纷
（1）建筑物和其他土地附着物抵押权纠纷
（2）在建建筑物抵押权纠纷
（3）建设用地使用权抵押权纠纷
（4）**土地经营权抵押权纠纷**
（5）**探矿权抵押权纠纷**
（6）**采矿权抵押权纠纷**
（7）**海域使用权抵押权纠纷**
（8）动产抵押权纠纷
（9）在建船舶、航空器抵押权纠纷
（10）动产浮动抵押权纠纷
（11）最高额抵押权纠纷
68. 质权纠纷
（1）动产质权纠纷
（2）转质权纠纷
（3）最高额质权纠纷
（4）票据质权纠纷

（5）债券质权纠纷
（6）存单质权纠纷
（7）仓单质权纠纷
（8）提单质权纠纷
（9）股权质权纠纷
（10）基金份额质权纠纷
（11）知识产权质权纠纷
（12）应收账款质权纠纷
69. 留置权纠纷
九、占有保护纠纷
70. 占有物返还纠纷
71. 占有排除妨害纠纷
72. 占有消除危险纠纷
73. 占有物损害赔偿纠纷

第四部分　合同、准合同纠纷

十、合同纠纷
74. 缔约过失责任纠纷
75. 预约合同纠纷
76. 确认合同效力纠纷
（1）确认合同有效纠纷
（2）确认合同无效纠纷
77. 债权人代位权纠纷
78. 债权人撤销权纠纷
79. 债权转让合同纠纷
80. 债务转移合同纠纷
81. 债权债务概括转移合同纠纷
82. 债务加入纠纷
83. 悬赏广告纠纷
84. 买卖合同纠纷
（1）分期付款买卖合同纠纷
（2）凭样品买卖合同纠纷
（3）试用买卖合同纠纷
（4）所有权保留买卖合同纠纷
（5）招标投标买卖合同纠纷
（6）互易纠纷
（7）国际货物买卖合同纠纷
（8）信息网络买卖合同纠纷
85. 拍卖合同纠纷

441

86. 建设用地使用权合同纠纷
（1）建设用地使用权出让合同纠纷
（2）建设用地使用权转让合同纠纷
87. 临时用地合同纠纷
88. 探矿权转让合同纠纷
89. 采矿权转让合同纠纷
90. 房地产开发经营合同纠纷
（1）委托代建合同纠纷
（2）合资、合作开发房地产合同纠纷
（3）项目转让合同纠纷
91. 房屋买卖合同纠纷
（1）商品房预约合同纠纷
（2）商品房预售合同纠纷
（3）商品房销售合同纠纷
（4）商品房委托代理销售合同纠纷
（5）经济适用房转让合同纠纷
（6）农村房屋买卖合同纠纷
92. **民事主体间房屋拆迁补偿合同纠纷**
93. 供用电合同纠纷
94. 供用水合同纠纷
95. 供用气合同纠纷
96. 供用热力合同纠纷
97. **排污权交易纠纷**
98. **用能权交易纠纷**
99. **用水权交易纠纷**
100. **碳排放权交易纠纷**
101. **碳汇交易纠纷**
102. 赠与合同纠纷
（1）公益事业捐赠合同纠纷
（2）附义务赠与合同纠纷
103. 借款合同纠纷
（1）金融借款合同纠纷
（2）同业拆借纠纷
（3）民间借贷纠纷
（4）小额借款合同纠纷
（5）金融不良债权转让合同纠纷
（6）金融不良债权追偿纠纷
104. 保证合同纠纷
105. 抵押合同纠纷
106. 质押合同纠纷

107. 定金合同纠纷
108. 进出口押汇纠纷
109. 储蓄存款合同纠纷
110. 银行卡纠纷
（1）借记卡纠纷
（2）信用卡纠纷
111. 租赁合同纠纷
（1）土地租赁合同纠纷
（2）房屋租赁合同纠纷
（3）车辆租赁合同纠纷
（4）建筑设备租赁合同纠纷
112. 融资租赁合同纠纷
113. **保理合同纠纷**
114. 承揽合同纠纷
（1）加工合同纠纷
（2）定作合同纠纷
（3）修理合同纠纷
（4）复制合同纠纷
（5）测试合同纠纷
（6）检验合同纠纷
（7）铁路机车、车辆建造合同纠纷
115. 建设工程合同纠纷
（1）建设工程勘察合同纠纷
（2）建设工程设计合同纠纷
（3）建设工程施工合同纠纷
（4）建设工程价款优先受偿权纠纷
（5）建设工程分包合同纠纷
（6）建设工程监理合同纠纷
（7）装饰装修合同纠纷
（8）铁路修建合同纠纷
（9）农村建房施工合同纠纷
116. 运输合同纠纷
（1）公路旅客运输合同纠纷
（2）公路货物运输合同纠纷
（3）水路旅客运输合同纠纷
（4）水路货物运输合同纠纷
（5）航空旅客运输合同纠纷
（6）航空货物运输合同纠纷
（7）出租汽车运输合同纠纷
（8）管道运输合同纠纷

（9）城市公交运输合同纠纷
（10）联合运输合同纠纷
（11）多式联运合同纠纷
（12）铁路货物运输合同纠纷
（13）铁路旅客运输合同纠纷
（14）铁路行李运输合同纠纷
（15）铁路包裹运输合同纠纷
（16）国际铁路联运合同纠纷
117. 保管合同纠纷
118. 仓储合同纠纷
119. 委托合同纠纷
（1）进出口代理合同纠纷
（2）货运代理合同纠纷
（3）民用航空运输销售代理合同纠纷
（4）诉讼、仲裁、人民调解代理合同纠纷
（5）销售代理合同纠纷
120. 委托理财合同纠纷
（1）金融委托理财合同纠纷
（2）民间委托理财合同纠纷
121. 物业服务合同纠纷
122. 行纪合同纠纷
123. 中介合同纠纷
124. 补偿贸易纠纷
125. 借用合同纠纷
126. 典当纠纷
127. 合伙合同纠纷
128. 种植、养殖回收合同纠纷
129. 彩票、奖券纠纷
130. 中外合作勘探开发自然资源合同纠纷
131. 农业承包合同纠纷
132. 林业承包合同纠纷
133. 渔业承包合同纠纷
134. 牧业承包合同纠纷
135. 土地承包经营权合同纠纷
（1）土地承包经营权转让合同纠纷
（2）土地承包经营权互换合同纠纷
（3）土地经营权入股合同纠纷
（4）土地经营权抵押合同纠纷
（5）土地经营权出租合同纠纷
136. 居住权合同纠纷

137. 服务合同纠纷
（1）电信服务合同纠纷
（2）**邮政服务合同纠纷**
（3）**快递服务合同纠纷**
（4）医疗服务合同纠纷
（5）法律服务合同纠纷
（6）旅游合同纠纷
（7）房地产咨询合同纠纷
（8）房地产价格评估合同纠纷
（9）旅店服务合同纠纷
（10）财会服务合同纠纷
（11）餐饮服务合同纠纷
（12）娱乐服务合同纠纷
（13）有线电视服务合同纠纷
（14）网络服务合同纠纷
（15）教育培训合同纠纷
（16）家政服务合同纠纷
（17）庆典服务合同纠纷
（18）殡葬服务合同纠纷
（19）农业技术服务合同纠纷
（20）农机作业服务合同纠纷
（21）保安服务合同纠纷
（22）银行结算合同纠纷
138. 演出合同纠纷
139. 劳务合同纠纷
140. 离退休人员返聘合同纠纷
141. 广告合同纠纷
142. 展览合同纠纷
143. 追偿权纠纷

十一、不当得利纠纷
144. 不当得利纠纷
十二、无因管理纠纷
145. 无因管理纠纷

第五部分　知识产权与竞争纠纷

十三、知识产权合同纠纷
146. 著作权合同纠纷
（1）委托创作合同纠纷
（2）合作创作合同纠纷

445

（3）著作权转让合同纠纷
（4）著作权许可使用合同纠纷
（5）出版合同纠纷
（6）表演合同纠纷
（7）音像制品制作合同纠纷
（8）广播电视播放合同纠纷
（9）邻接权转让合同纠纷
（10）邻接权许可使用合同纠纷
（11）计算机软件开发合同纠纷
（12）计算机软件著作权转让合同纠纷
（13）计算机软件著作权许可使用合同纠纷

147. 商标合同纠纷
（1）商标权转让合同纠纷
（2）商标使用许可合同纠纷
（3）商标代理合同纠纷

148. 专利合同纠纷
（1）专利申请权转让合同纠纷
（2）专利权转让合同纠纷
（3）发明专利实施许可合同纠纷
（4）实用新型专利实施许可合同纠纷
（5）外观设计专利实施许可合同纠纷
（6）专利代理合同纠纷

149. 植物新品种合同纠纷
（1）植物新品种育种合同纠纷
（2）植物新品种申请权转让合同纠纷
（3）植物新品种权转让合同纠纷
（4）植物新品种实施许可合同纠纷

150. 集成电路布图设计合同纠纷
（1）集成电路布图设计创作合同纠纷
（2）集成电路布图设计专有权转让合同纠纷
（3）集成电路布图设计许可使用合同纠纷

151. 商业秘密合同纠纷
（1）技术秘密让与合同纠纷
（2）技术秘密许可使用合同纠纷
（3）经营秘密让与合同纠纷
（4）经营秘密许可使用合同纠纷

152. 技术合同纠纷
（1）技术委托开发合同纠纷
（2）技术合作开发合同纠纷
（3）技术转化合同纠纷

（4）技术转让合同纠纷
（5）技术许可合同纠纷
（6）技术咨询合同纠纷
（7）技术服务合同纠纷
（8）技术培训合同纠纷
（9）技术中介合同纠纷
（10）技术进口合同纠纷
（11）技术出口合同纠纷
（12）职务技术成果完成人奖励、报酬纠纷
（13）技术成果完成人署名权、荣誉权、奖励权纠纷
153. 特许经营合同纠纷
154. 企业名称（商号）合同纠纷
（1）企业名称（商号）转让合同纠纷
（2）企业名称（商号）使用合同纠纷
155. 特殊标志合同纠纷
156. 网络域名合同纠纷
（1）网络域名注册合同纠纷
（2）网络域名转让合同纠纷
（3）网络域名许可使用合同纠纷
157. 知识产权质押合同纠纷

十四、知识产权权属、侵权纠纷
158. 著作权权属、侵权纠纷
（1）著作权权属纠纷
（2）侵害作品发表权纠纷
（3）侵害作品署名权纠纷
（4）侵害作品修改权纠纷
（5）侵害保护作品完整权纠纷
（6）侵害作品复制权纠纷
（7）侵害作品发行权纠纷
（8）侵害作品出租权纠纷
（9）侵害作品展览权纠纷
（10）侵害作品表演权纠纷
（11）侵害作品放映权纠纷
（12）侵害作品广播权纠纷
（13）侵害作品信息网络传播权纠纷
（14）侵害作品摄制权纠纷
（15）侵害作品改编权纠纷
（16）侵害作品翻译权纠纷
（17）侵害作品汇编权纠纷
（18）侵害其他著作财产权纠纷

（19）出版者权权属纠纷
（20）表演者权权属纠纷
（21）录音录像制作者权权属纠纷
（22）广播组织权权属纠纷
（23）侵害出版者权纠纷
（24）侵害表演者权纠纷
（25）侵害录音录像制作者权纠纷
（26）侵害广播组织权纠纷
（27）计算机软件著作权权属纠纷
（28）侵害计算机软件著作权纠纷
159. 商标权权属、侵权纠纷
（1）商标权权属纠纷
（2）侵害商标权纠纷
160. 专利权权属、侵权纠纷
（1）专利申请权权属纠纷
（2）专利权权属纠纷
（3）侵害发明专利权纠纷
（4）侵害实用新型专利权纠纷
（5）侵害外观设计专利权纠纷
（6）假冒他人专利纠纷
（7）发明专利临时保护期使用费纠纷
（8）职务发明创造发明人、设计人奖励、报酬纠纷
（9）发明创造发明人、设计人署名纠纷
（10）标准必要专利使用费纠纷
161. 植物新品种权权属、侵权纠纷
（1）植物新品种申请权权属纠纷
（2）植物新品种权权属纠纷
（3）侵害植物新品种权纠纷
（4）植物新品种临时保护期使用费纠纷
162. 集成电路布图设计专有权权属、侵权纠纷
（1）集成电路布图设计专有权权属纠纷
（2）侵害集成电路布图设计专有权纠纷
163. 侵害企业名称（商号）权纠纷
164. 侵害特殊标志专有权纠纷
165. 网络域名权属、侵权纠纷
（1）网络域名权属纠纷
（2）侵害网络域名纠纷
166. 发现权纠纷
167. 发明权纠纷
168. 其他科技成果权纠纷

169. 确认不侵害知识产权纠纷
（1）确认不侵害专利权纠纷
（2）确认不侵害商标权纠纷
（3）确认不侵害著作权纠纷
（4）确认不侵害植物新品种权纠纷
（5）确认不侵害集成电路布图设计专用权纠纷
（6）确认不侵害计算机软件著作权纠纷
170. 因申请知识产权临时措施损害责任纠纷
（1）因申请诉前停止侵害专利权损害责任纠纷
（2）因申请诉前停止侵害注册商标专用权损害责任纠纷
（3）因申请诉前停止侵害著作权损害责任纠纷
（4）因申请诉前停止侵害植物新品种权损害责任纠纷
（5）因申请海关知识产权保护措施损害责任纠纷
（6）因申请诉前停止侵害计算机软件著作权损害责任纠纷
（7）因申请诉前停止侵害集成电路布图设计专用权损害责任纠纷
171. 因恶意提起知识产权诉讼损害责任纠纷
172. 专利权宣告无效后返还费用纠纷

十五、不正当竞争纠纷

173. 仿冒纠纷
（1）擅自使用与他人有一定影响的商品名称、包装、装潢等相同或者近似的标识纠纷
（2）擅自使用他人有一定影响的企业名称、社会组织名称、姓名纠纷
（3）擅自使用他人有一定影响的域名主体部分、网站名称、网页纠纷
174. 商业贿赂不正当竞争纠纷
175. 虚假宣传纠纷
176. 侵害商业秘密纠纷
（1）侵害技术秘密纠纷
（2）侵害经营秘密纠纷
177. 低价倾销不正当竞争纠纷
178. 捆绑销售不正当竞争纠纷
179. 有奖销售纠纷
180. 商业诋毁纠纷
181. 串通投标不正当竞争纠纷
182. 网络不正当竞争纠纷

十六、垄断纠纷

183. 垄断协议纠纷
（1）横向垄断协议纠纷
（2）纵向垄断协议纠纷
184. 滥用市场支配地位纠纷
（1）垄断定价纠纷

449

(2) 掠夺定价纠纷
(3) 拒绝交易纠纷
(4) 限定交易纠纷
(5) 捆绑交易纠纷
(6) 差别待遇纠纷
185. 经营者集中纠纷

第六部分　劳动争议、人事争议

十七、劳动争议
186. 劳动合同纠纷
(1) 确认劳动关系纠纷
(2) 集体合同纠纷
(3) 劳务派遣合同纠纷
(4) 非全日制用工纠纷
(5) 追索劳动报酬纠纷
(6) 经济补偿金纠纷
(7) 竞业限制纠纷
187. 社会保险纠纷
(1) 养老保险待遇纠纷
(2) 工伤保险待遇纠纷
(3) 医疗保险待遇纠纷
(4) 生育保险待遇纠纷
(5) 失业保险待遇纠纷
188. 福利待遇纠纷

十八、人事争议
189. 聘用合同纠纷
190. 聘任合同纠纷
191. 辞职纠纷
192. 辞退纠纷

第七部分　海事海商纠纷

十九、海事海商纠纷
193. 船舶碰撞损害责任纠纷
194. 船舶触碰损害责任纠纷
195. 船舶损坏空中设施、水下设施损害责任纠纷
196. 船舶污染损害责任纠纷
197. 海上、通海水域污染损害责任纠纷
198. 海上、通海水域养殖损害责任纠纷
199. 海上、通海水域财产损害责任纠纷

200. 海上、通海水域人身损害责任纠纷
201. 非法留置船舶、船载货物、船用燃油、船用物料损害责任纠纷
202. 海上、通海水域货物运输合同纠纷
203. 海上、通海水域旅客运输合同纠纷
204. 海上、通海水域行李运输合同纠纷
205. 船舶经营管理合同纠纷
206. 船舶买卖合同纠纷
207. 船舶建造合同纠纷
208. 船舶修理合同纠纷
209. 船舶改建合同纠纷
210. 船舶拆解合同纠纷
211. 船舶抵押合同纠纷
212. 航次租船合同纠纷
213. 船舶租用合同纠纷
（1）定期租船合同纠纷
（2）光船租赁合同纠纷
214. 船舶融资租赁合同纠纷
215. 海上、通海水域运输船舶承包合同纠纷
216. 渔船承包合同纠纷
217. 船舶属具租赁合同纠纷
218. 船舶属具保管合同纠纷
219. 海运集装箱租赁合同纠纷
220. 海运集装箱保管合同纠纷
221. 港口货物保管合同纠纷
222. 船舶代理合同纠纷
223. 海上、通海水域货运代理合同纠纷
224. 理货合同纠纷
225. 船舶物料和备品供应合同纠纷
226. 船员劳务合同纠纷
227. 海难救助合同纠纷
228. 海上、通海水域打捞合同纠纷
229. 海上、通海水域拖航合同纠纷
230. 海上、通海水域保险合同纠纷
231. 海上、通海水域保赔合同纠纷
232. 海上、通海水域运输联营合同纠纷
233. 船舶营运借款合同纠纷
234. 海事担保合同纠纷
235. 航道、港口疏浚合同纠纷
236. 船坞、码头建造合同纠纷
237. 船舶检验合同纠纷

451

238. 海事请求担保纠纷
239. 海上、通海水域运输重大责任事故责任纠纷
240. 港口作业重大责任事故责任纠纷
241. 港口作业纠纷
242. 共同海损纠纷
243. 海洋开发利用纠纷
244. 船舶共有纠纷
245. 船舶权属纠纷
246. 海运欺诈纠纷
247. 海事债权确权纠纷

第八部分 与公司、证券、保险、票据等有关的民事纠纷

二十、与企业有关的纠纷
248. 企业出资人权益确认纠纷
249. 侵害企业出资人权益纠纷
250. 企业公司制改造合同纠纷
251. 企业股份合作制改造合同纠纷
252. 企业债权转股权合同纠纷
253. 企业分立合同纠纷
254. 企业租赁经营合同纠纷
255. 企业出售合同纠纷
256. 挂靠经营合同纠纷
257. 企业兼并合同纠纷
258. 联营合同纠纷
259. 企业承包经营合同纠纷
（1）中外合资经营企业承包经营合同纠纷
（2）中外合作经营企业承包经营合同纠纷
（3）外商独资企业承包经营合同纠纷
（4）乡镇企业承包经营合同纠纷
260. 中外合资经营企业合同纠纷
261. 中外合作经营企业合同纠纷

二十一、与公司有关的纠纷
262. 股东资格确认纠纷
263. 股东名册记载纠纷
264. 请求变更公司登记纠纷
265. 股东出资纠纷
266. 新增资本认购纠纷
267. 股东知情权纠纷
268. 请求公司收购股份纠纷

269. 股权转让纠纷
270. 公司决议纠纷
(1) 公司决议效力确认纠纷
(2) 公司决议撤销纠纷
271. 公司设立纠纷
272. 公司证照返还纠纷
273. 发起人责任纠纷
274. 公司盈余分配纠纷
275. 损害股东利益责任纠纷
276. 损害公司利益责任纠纷
277. 损害公司债权人利益责任纠纷
(1) **股东损害公司债权人利益责任纠纷**
(2) **实际控制人损害公司债权人利益责任纠纷**
278. 公司关联交易损害责任纠纷
279. 公司合并纠纷
280. 公司分立纠纷
281. 公司减资纠纷
282. 公司增资纠纷
283. 公司解散纠纷
284. 清算责任纠纷
285. 上市公司收购纠纷

二十二、合伙企业纠纷
286. 入伙纠纷
287. 退伙纠纷
288. 合伙企业财产份额转让纠纷

二十三、与破产有关的纠纷
289. 请求撤销个别清偿行为纠纷
290. 请求确认债务人行为无效纠纷
291. 对外追收债权纠纷
292. 追收未缴出资纠纷
293. 追收抽逃出资纠纷
294. 追收非正常收入纠纷
295. 破产债权确认纠纷
(1) 职工破产债权确认纠纷
(2) 普通破产债权确认纠纷
296. 取回权纠纷
(1) 一般取回权纠纷
(2) 出卖人取回权纠纷
297. 破产抵销权纠纷
298. 别除权纠纷

453

299. 破产撤销权纠纷
300. 损害债务人利益赔偿纠纷
301. 管理人责任纠纷

二十四、证券纠纷

302. 证券权利确认纠纷
（1）股票权利确认纠纷
（2）公司债券权利确认纠纷
（3）国债权利确认纠纷
（4）证券投资基金权利确认纠纷
303. 证券交易合同纠纷
（1）股票交易纠纷
（2）公司债券交易纠纷
（3）国债交易纠纷
（4）证券投资基金交易纠纷
304. 金融衍生品种交易纠纷
305. 证券承销合同纠纷
（1）证券代销合同纠纷
（2）证券包销合同纠纷
306. 证券投资咨询纠纷
307. 证券资信评级服务合同纠纷
308. 证券回购合同纠纷
（1）股票回购合同纠纷
（2）国债回购合同纠纷
（3）公司债券回购合同纠纷
（4）证券投资基金回购合同纠纷
（5）质押式证券回购纠纷
309. 证券上市合同纠纷
310. 证券交易代理合同纠纷
311. 证券上市保荐合同纠纷
312. 证券发行纠纷
（1）证券认购纠纷
（2）证券发行失败纠纷
313. 证券返还纠纷
314. 证券欺诈责任纠纷
（1）证券内幕交易责任纠纷
（2）操纵证券交易市场责任纠纷
（3）证券虚假陈述责任纠纷
（4）欺诈客户责任纠纷
315. 证券托管纠纷
316. 证券登记、存管、结算纠纷

317. 融资融券交易纠纷
318. 客户交易结算资金纠纷

二十五、期货交易纠纷
319. 期货经纪合同纠纷
320. 期货透支交易纠纷
321. 期货强行平仓纠纷
322. 期货实物交割纠纷
323. 期货保证合约纠纷
324. 期货交易代理合同纠纷
325. 侵占期货交易保证金纠纷
326. 期货欺诈责任纠纷
327. 操纵期货交易市场责任纠纷
328. 期货内幕交易责任纠纷
329. 期货虚假信息责任纠纷

二十六、信托纠纷
330. 民事信托纠纷
331. 营业信托纠纷
332. 公益信托纠纷

二十七、保险纠纷
333. 财产保险合同纠纷
（1）财产损失保险合同纠纷
（2）责任保险合同纠纷
（3）信用保险合同纠纷
（4）保证保险合同纠纷
（5）保险人代位求偿权纠纷
334. 人身保险合同纠纷
（1）人寿保险合同纠纷
（2）意外伤害保险合同纠纷
（3）健康保险合同纠纷
335. 再保险合同纠纷
336. 保险经纪合同纠纷
337. 保险代理合同纠纷
338. 进出口信用保险合同纠纷
339. 保险费纠纷

二十八、票据纠纷
340. 票据付款请求权纠纷
341. 票据追索权纠纷
342. 票据交付请求权纠纷
343. 票据返还请求权纠纷
344. 票据损害责任纠纷

345. 票据利益返还请求权纠纷
346. 汇票回单签发请求权纠纷
347. 票据保证纠纷
348. 确认票据无效纠纷
349. 票据代理纠纷
350. 票据回购纠纷

二十九、信用证纠纷
351. 委托开立信用证纠纷
352. 信用证开证纠纷
353. 信用证议付纠纷
354. 信用证欺诈纠纷
355. 信用证融资纠纷
356. 信用证转让纠纷

三十、独立保函纠纷
357. 独立保函开立纠纷
358. 独立保函付款纠纷
359. 独立保函追偿纠纷
360. 独立保函欺诈纠纷
361. 独立保函转让纠纷
362. 独立保函通知纠纷
363. 独立保函撤销纠纷

第九部分　侵权责任纠纷

三十一、侵权责任纠纷
364. 监护人责任纠纷
365. 用人单位责任纠纷
366. 劳务派遣工作人员侵权责任纠纷
367. 提供劳务者致害责任纠纷
368. 提供劳务者受害责任纠纷
369. 网络侵权责任纠纷
（1）**网络侵害虚拟财产纠纷**
370. 违反安全保障义务责任纠纷
（1）**经营场所、公共场所的经营者、管理者责任纠纷**
（2）群众性活动组织者责任纠纷
371. 教育机构责任纠纷
372. **性骚扰损害责任纠纷**
373. 产品责任纠纷
（1）产品生产者责任纠纷
（2）产品销售者责任纠纷
（3）产品运输者责任纠纷

（4）产品仓储者责任纠纷
374. 机动车交通事故责任纠纷
375. **非机动车交通事故责任纠纷**
376. 医疗损害责任纠纷
（1）侵害患者知情同意权责任纠纷
（2）医疗产品责任纠纷
377. 环境污染责任纠纷
（1）大气污染责任纠纷
（2）水污染责任纠纷
（3）**土壤污染责任纠纷**
（4）**电子废物污染责任纠纷**
（5）**固体废物污染责任纠纷**
（6）**噪声污染责任纠纷**
（7）**光污染责任纠纷**
（8）**放射性污染责任纠纷**
378. **生态破坏责任纠纷**
379. 高度危险责任纠纷
（1）**民用核设施、核材料损害责任纠纷**
（2）民用航空器损害责任纠纷
（3）占有、使用高度危险物损害责任纠纷
（4）高度危险活动损害责任纠纷
（5）遗失、抛弃高度危险物损害责任纠纷
（6）非法占有高度危险物损害责任纠纷
380. 饲养动物损害责任纠纷
381. **建筑物和物件损害责任纠纷**
（1）物件脱落、坠落损害责任纠纷
（2）**建筑物、构筑物倒塌、塌陷损害责任纠纷**
（3）**高空抛物、坠物损害责任纠纷**
（4）**堆放物倒塌、滚落、滑落损害责任纠纷**
（5）公共道路妨碍通行损害责任纠纷
（6）**林木折断、倾倒、果实坠落损害责任纠纷**
（7）地面施工、地下设施损害责任纠纷
382. 触电人身损害责任纠纷
383. 义务帮工人受害责任纠纷
384. 见义勇为人受害责任纠纷
385. 公证损害责任纠纷
386. 防卫过当损害责任纠纷
387. 紧急避险损害责任纠纷
388. 驻香港、澳门特别行政区军人执行职务侵权责任纠纷
389. 铁路运输损害责任纠纷

（1）铁路运输人身损害责任纠纷
（2）铁路运输财产损害责任纠纷
390. 水上运输损害责任纠纷
（1）水上运输人身损害责任纠纷
（2）水上运输财产损害责任纠纷
391. 航空运输损害责任纠纷
（1）航空运输人身损害责任纠纷
（2）航空运输财产损害责任纠纷
392. **因申请财产保全损害责任纠纷**
393. **因申请行为保全损害责任纠纷**
394. **因申请证据保全损害责任纠纷**
395. 因申请先予执行损害责任纠纷

第十部分　非讼程序案件案由

三十二、选民资格案件
396. 申请确定选民资格

三十三、宣告失踪、宣告死亡案件
397. 申请宣告自然人失踪
398. 申请撤销宣告失踪判决
399. 申请为失踪人财产指定、变更代管人
400. 申请宣告自然人死亡
401. 申请撤销宣告自然人死亡判决

三十四、认定自然人无民事行为能力、限制民事行为能力案件
402. 申请宣告自然人无民事行为能力
403. 申请宣告自然人限制民事行为能力
404. 申请宣告自然人恢复限制民事行为能力
405. 申请宣告自然人恢复完全民事行为能力

三十五、指定遗产管理人案件
406. 申请指定遗产管理人

三十六、认定财产无主案件
407. 申请认定财产无主
408. 申请撤销认定财产无主判决

三十七、确认调解协议案件
409. 申请司法确认调解协议
410. 申请撤销确认调解协议裁定

三十八、实现担保物权案件
411. 申请实现担保物权
412. 申请撤销准许实现担保物权裁定

三十九、监护权特别程序案件
413. 申请确定监护人

414. 申请指定监护人
415. 申请变更监护人
416. 申请撤销监护人资格
417. 申请恢复监护人资格
四十、督促程序案件
418. 申请支付令
四十一、公示催告程序案件
419. 申请公示催告
四十二、公司清算案件
420. 申请公司清算
四十三、破产程序案件
421. 申请破产清算
422. 申请破产重整
423. 申请破产和解
424. 申请对破产财产追加分配
四十四、申请诉前停止侵害知识产权案件
425. 申请诉前停止侵害专利权
426. 申请诉前停止侵害注册商标专用权
427. 申请诉前停止侵害著作权
428. 申请诉前停止侵害植物新品种权
429. **申请诉前停止侵害计算机软件著作权**
430. 申请诉前停止侵害集成电路布图设计专用权
四十五、申请保全案件
431. 申请诉前财产保全
432. **申请诉前行为保全**
433. **申请诉前证据保全**
434. **申请仲裁前财产保全**
435. **申请仲裁前行为保全**
436. **申请仲裁前证据保全**
437. 仲裁程序中的财产保全
438. 仲裁程序中的证据保全
439. **申请执行前财产保全**
440. 申请中止支付信用证项下款项
441. 申请中止支付保函项下款项
四十六、申请人身安全保护令案件
442. 申请人身安全保护令
四十七、申请人格权侵害禁令案件
443. 申请人格权侵害禁令
四十八、仲裁程序案件
444. 申请确认仲裁协议效力

459

445. 申请撤销仲裁裁决
四十九、海事诉讼特别程序案件
446. 申请海事请求保全
（1）申请扣押船舶
（2）申请拍卖扣押船舶
（3）申请扣押船载货物
（4）申请拍卖扣押船载货物
（5）申请扣押船用燃油及船用物料
（6）申请拍卖扣押船用燃油及船用物料
447. 申请海事支付令
448. 申请海事强制令
449. 申请海事证据保全
450. 申请设立海事赔偿责任限制基金
451. 申请船舶优先权催告
452. 申请海事债权登记与受偿
五十、申请承认与执行法院判决、仲裁裁决案件
453. 申请执行海事仲裁裁决
454. 申请执行知识产权仲裁裁决
455. 申请执行涉外仲裁裁决
456. 申请认可和执行香港特别行政区法院民事判决
457. 申请认可和执行香港特别行政区仲裁裁决
458. 申请认可和执行澳门特别行政区法院民事判决
459. 申请认可和执行澳门特别行政区仲裁裁决
460. 申请认可和执行台湾地区法院民事判决
461. 申请认可和执行台湾地区仲裁裁决
462. 申请承认和执行外国法院民事判决、裁定
463. 申请承认和执行外国仲裁裁决

第十一部分　特殊诉讼程序案件案由

五十一、与宣告失踪、宣告死亡案件有关的纠纷
464. 失踪人债务支付纠纷
465. 被撤销死亡宣告人请求返还财产纠纷
五十二、公益诉讼
466. 生态环境保护民事公益诉讼
（1）环境污染民事公益诉讼
（2）生态破坏民事公益诉讼
（3）生态环境损害赔偿诉讼
467. 英雄烈士保护民事公益诉讼
468. 未成年人保护民事公益诉讼

469. 消费者权益保护民事公益诉讼

五十三、第三人撤销之诉

470. 第三人撤销之诉

五十四、执行程序中的异议之诉

471. 执行异议之诉

（1）案外人执行异议之诉

（2）申请执行人执行异议之诉

472. 追加、变更被执行人异议之诉

473. 执行分配方案异议之诉

人民法院贯彻实施民法典典型案例[①]

一、广州市黄埔区民政局与陈某金申请变更监护人案

（一）典型意义

习近平总书记强调："孩子们成长得更好，是我们最大的心愿。"本案是人民法院、人民检察院和民政部门联动护航困境少年的典型范例。《民法典》和新修订的《未成年人保护法》完善了公职监护人制度，明确规定在没有依法具有监护资格的人时，由民政部门承担未成年人的监护责任。审理法院以判决形式确定由民政部门担任监护人，为民政部门规范适用相关法律履行公职监护职责提供了司法实践样本，推动民法典确立的以家庭、社会和国家为一体的多元监护格局落实落地。

（二）基本案情

吴某，2010年10月28日出生，于2011年8月22日被收养。吴某为智力残疾三级，其养父母于2012年和2014年先后因病死亡，后由其养祖母陈某金作为监护人。除每月500余元农村养老保险及每年2000余元社区股份分红外，陈某金无其他经济收入来源，且陈某金年事已高并有疾病在身。吴某的外祖父母也年事已高亦无经济收入来源。2018年起，陈某金多次向街道和区民政局申请将吴某送往儿童福利机构养育、照料。为妥善做好吴某的后期监护，广州市黄埔区民政局依照《民法典》相关规定向人民法院申请变更吴某的监护人为民政部门，广州市黄埔区人民检察院出庭支持民政部门的变更申请。

（三）裁判结果

生效裁判认为，被监护人吴某为未成年人，且智力残疾三级，养父母均已去世，陈某金作为吴某的养祖母，年事已高并有疾病在身，经济状况较差，已无能力抚养吴某。鉴于陈某金已不适宜继续承担吴某的监护职责，而吴某的外祖父母同样不具备监护能力，且陈某金同意将吴某的监护权变更给广州市黄埔区民政局，将吴某的监护人由陈某金变更为广州市黄埔区民政局不仅符合法律规定，还可以为吴某提供更好的生活、教育环境，更有利于吴某的健康成长。故判决自2021年7月23日起，吴某的监护人由陈某金变更为广州市黄埔区民政局。

[①] 编者对典型案例的顺序进行了重新编排。来源：《人民法院贯彻实施民法典典型案例（第一批）》，载最高人民法院网站，https://www.court.gov.cn/zixun-xiangqing-347181.html。《人民法院贯彻实施民法典典型案例（第二批）》，载最高人民法院网站，https://www.court.gov.cn/xinshidai-xiangqing-386521.html，最后访问日期：2024年1月16日。

（四）条文指引

《民法典》第二十七条、第三十二条

二、梅河口市儿童福利院与张某柔申请撤销监护人资格案

（一）典型意义

未成年人是祖国的未来和民族的希望，进一步加强未成年人司法保护是新时代对人民法院工作提出的更高要求。本案是适用《民法典》相关规定，依法撤销监护人资格的典型案例。《民法典》扩大了监护人的范围，进一步严格了监护责任，对撤销监护人资格的情形作出了明确规定。本案中，未成年人生母构成遗弃罪，为切实保护未成年人合法权益，梅河口市儿童福利院申请撤销监护人资格并申请指定其作为监护人。人民法院依法判决支持其申请，彰显了司法的态度和温度。

（二）基本案情

2021年3月14日3时许，张某柔在吉林省梅河口市某烧烤店内生育一女婴（非婚生，暂无法确认生父），随后将女婴遗弃在梅河口市某村露天垃圾箱内。当日9时30分许，女婴被群众发现并报案，梅河口市公安局民警将女婴送至医院抢救治疗。2021年3月21日，女婴出院并被梅河口市儿童福利院抚育至今，取名"党心"（化名）。张某柔因犯遗弃罪，被判刑。目前，张某柔仍不履行抚养义务，其近亲属亦无抚养意愿。梅河口市儿童福利院申请撤销张某柔监护人资格，并申请由该福利院作为党心的监护人。梅河口市人民检察院出庭支持梅河口市儿童福利院的申请。

（三）裁判结果

生效裁判认为，父母是未成年子女的法定监护人，有保护被监护人的身体健康、照顾被监护人的生活、管理和保护被监护人的财产等义务。张某柔的遗弃行为严重损害了被监护人的身心健康和合法权益，依照《民法典》第三十六条规定，其监护人资格应当予以撤销。梅河口市儿童福利院作为为全市孤儿和残疾儿童提供社会服务的机构，能够解决党心的教育、医疗、心理疏导等一系列问题。从对未成年人特殊、优先保护原则和未成年人最大利益原则出发，由梅河口市儿童福利院作为党心的监护人，更有利于保护其生活、受教育、医疗保障等权利，故指定梅河口市儿童福利院为党心的监护人。

（四）条文指引

《民法典》第三十六条

三、乐平市民政局申请撤销罗某监护人资格案

（一）典型意义

未成年人是祖国的未来和民族的希望，进一步加强未成年人司法保护是新时代对人民法院工作提出的更高要求。本案是人民法院准确适用民法典关于监护制度的

规定，并主动延伸司法职能，与有关部门合力守护未成年人健康成长的典型案例。本案中，人民法院根据案件具体情况依法撤销了原监护人的监护人资格，指定民政部门作为监护人，同时向民政部门发出司法建议书，协助其更好地履行监护职责，为被监护人的临时生活照料、确定收养关系、完善收养手续以及后续的生活教育提供司法服务。

（二）基本案情

被申请人罗某系吴某1（11岁）、吴某2（10岁）、吴某3（8岁）三姐弟的生母。罗某自三子女婴幼时期起既未履行抚养教育义务，又未支付抚养费用，不履行监护职责，且与他人另组建家庭并生育子女。罗某在知道三个孩子的父亲、祖父均去世，家中无其他近亲属照料、抚养孩子的情况下，仍不管不问，拒不履行监护职责达6年以上，导致三子女生活处于极其危困状态。为保障三姐弟的合法权益，乐平市民政局向人民法院申请撤销罗某对三姐弟的监护人资格，并指定该民政局为三姐弟的监护人。

（三）裁判结果

生效裁判认为，被申请人罗某作为被监护人吴某1、吴某2、吴某3的生母及法定监护人，在三名被监护人年幼时离家出走，六年期间未履行对子女的抚养、照顾、教育等义务；在被监护人父亲去世，三名被监护人处于无人照看、生活危困的状况下，被申请人知情后仍怠于履行监护职责，导致三名未成年人流离失所，其行为已严重侵害了三名被监护人的合法权益。监护人怠于履行监护职责导致被监护人处于危困状态，人民法院根据乐平市民政局的申请，依法撤销了罗某的监护人资格。被监护人的祖父过世，祖母情况不明，外祖父母远在贵州且从未与三名被监护人共同生活，上述顺位亲属均不能或者不适合担任吴某1、吴某2、吴某3的监护人。考虑到现在的临时照料家庭能够为孩子们提供良好的成长环境和安定的生活保障，经人民法院与乐平市民政局沟通后，明确三名被监护人由乐平市民政局监护，便于其通过相应法定程序与"临时家庭"完善收养手续，将临时照料人转变为合法收养人，与三姐弟建立起完整的亲权法律关系。如此，三姐弟能获得良好的教育、感受家庭的温暖，三个临时照料家庭的父母也能享天伦之乐。故判决自2022年5月27日起，吴某1、吴某2、吴某3的监护人由乐平市民政局担任。

（四）条文指引

《民法典》第二十七条第一款、第三十六条

四、李某良、钟某梅诉吴某闲等生命权纠纷案

（一）典型意义

见义勇为是中华民族的传统美德，是社会主义核心价值观的内在要求。"一人兴善，万人可激"，新时代新征程，更需要榜样的力量、榜样的激励。本案中，李某林在突发情况下毫不犹豫跳水救人后不幸溺亡，其英勇救人的行为值得肯定、褒扬和尊重。审理法院适用民法典"见义勇为损害救济规则"，肯定李某林的见义勇为精

神，通过以案释法树立是非标杆，积极倡导了崇德向善的社会风尚。

（二）基本案情

2020年6月2日晚，李某林与吴某闲等四人一同就餐后，前往重庆市江津区几江长江大桥下江边码头散步。因琐事发生争执，吴某闲跳入长江，李某林跳江施救，此后吴某闲抓住岸上连接船只的钢丝线后获救，李某林不幸溺亡。吴某闲垫付打捞尸体费用6000元。后李某林的父母李某良、钟某梅以吴某闲等人为被告诉至法院，请求判令吴某闲等赔偿因李某林死亡产生的各项赔偿款800000元。

（三）裁判结果

生效裁判认为，因保护他人民事权益使自己受到损害，没有侵权人、侵权人逃逸或者无力承担民事责任，受害人请求补偿的，受益人应当给予适当补偿。本案中，李某林在没有法定或者约定义务的前提下，下水救助吴某闲而不幸溺亡，属于见义勇为。吴某闲系因发生争执情绪激动主动跳水，本案没有侵权人，吴某闲作为受益人应当给予适当补偿。遂综合考虑李某林救助行为及所起作用、原告受损情况等，判令吴某闲补偿李某良、钟某梅40000元，吴某闲垫付的打捞尸体费用亦作为吴某闲的补偿费用，不再进行抵扣。

（四）条文指引

《民法典》第一百八十三条

五、杭州市临平区人民检察院诉陈某英雄烈士保护民事公益诉讼案

（一）典型意义

习近平总书记指出，一切民族英雄都是中华民族的脊梁，他们的事迹和精神都是激励我们前行的强大力量。英烈不容诋毁，法律不容挑衅。《民法典》第一百八十五条"英烈条款"的核心要义是保护英雄烈士的人格利益，维护社会公共利益，弘扬尊崇英烈、扬善抑恶的精神风气。肖思远烈士为国戍边守土，遭敌围攻壮烈牺牲，其英雄事迹必将为人民群众缅怀铭记。该案适用民法典规定，认定陈某的行为侵害肖思远烈士的名誉、荣誉，损害了社会公共利益，鲜明表达了人民法院严厉打击和制裁抹黑英雄烈士形象行为的坚定立场，向全社会传递了热爱英雄、崇尚英雄、捍卫英雄的强烈态度。

（二）基本案情

2020年6月15日，戍边烈士肖思远在边境冲突中誓死捍卫祖国领土，突围后又义无反顾返回营救战友，遭敌围攻壮烈牺牲，于2021年2月被中央军委追记一等功。2021年2月至4月间，陈某在人民日报、央视新闻、头条新闻等微博账号发布的纪念、缅怀肖思远烈士的文章下，发表针对肖思远烈士的不当评论内容共计20条，诋毁其形象和荣誉。公益诉讼起诉人认为，陈某的行为侵害戍边烈士肖思远的名誉和荣誉，损害社会公共利益，故向人民法院提起民事公益诉讼，请求判令陈某在全国性的新闻媒体上公开赔礼道歉、消除影响。

(三) 裁判结果

生效裁判认为,《民法典》第一百八十五条侧重保护的是已经成为社会公共利益重要组成部分的英雄烈士的人格利益。英雄烈士是中华民族最优秀群体的代表,英雄烈士和他们所体现的爱国主义、英雄主义精神,是我们党魂、国魂、军魂、民族魂的不竭源泉和重要支撑,是中华民族精神的集中反映。英雄烈士的事迹和精神是中华民族的共同记忆,是社会主义核心价值观的重要体现。抹黑英雄烈士,既是对社会主义核心价值观的否定和瓦解,也容易对人民群众的价值观念造成恶劣影响。陈某在互联网空间多次公开发表针对肖思远烈士名誉、荣誉的严重侮辱、诋毁、贬损、亵渎言论,伤害了国民的共同情感和民族精神,污染了社会风气,不利于民族共同记忆的赓续、传承,更是对社会主义核心价值观的严重背离,已构成对社会公共利益的侵害。故判决陈某在全国性的新闻媒体上向社会公众公开赔礼道歉、消除影响。

(四) 条文指引

《民法典》第一百八十五条

六、杭州市上城区人民检察院诉某网络科技有限公司英雄烈士保护民事公益诉讼案

(一) 典型意义

英雄烈士是一个国家和民族精神的体现,是引领社会风尚的标杆,加强对英烈姓名、名誉、荣誉等的法律保护,对于促进社会尊崇英烈、扬善抑恶、弘扬社会主义核心价值观意义重大。为更好地弘扬英雄烈士精神,增强民族凝聚力,维护社会公共利益,《民法典》第一百八十五条对英雄烈士等的人格利益保护作出了特别规定。本案适用《民法典》的规定,认定将雷锋姓名用于商业广告和营利宣传,曲解了雷锋精神,构成对雷锋同志人格利益的侵害,损害了社会公共利益,依法应当承担相应法律责任,为网络空间注入缅怀英烈、热爱英烈、敬仰英烈的法治正能量。

(二) 基本案情

被告某网络科技有限公司将其付费会员称为"雷锋会员",将其提供服务的平台称为"雷锋社群",将其注册运营的微信公众号称为"雷锋哥",在微信公众号上发布有"雷锋会员""雷锋社群"等文字的宣传海报和文章,并在公司住所地悬挂"雷锋社群"文字标识。该公司以"雷锋社群"名义多次举办"创业广交会""电商供应链大会""全球云选品对接会"等商业活动,并以"雷锋社群会费"等名目收取客户费用16笔,金额共计308464元。公益诉讼起诉人诉称,要求被告立即停止在经营项目中以雷锋的名义进行宣传,并在浙江省内省级媒体就使用雷锋姓名赔礼道歉。

(三) 裁判结果

生效裁判认为,英雄的事迹和精神是中华民族共同的历史记忆和精神财富,雷锋同志的姓名作为一种重要的人格利益,应当受到保护。某网络科技有限公司使用

的"雷锋"文字具有特定意义，确系社会公众所广泛认知的雷锋同志之姓名。该公司明知雷锋同志的姓名具有特定的意义，仍擅自将其用于开展网络商业宣传，会让公众对"雷锋社群"等称谓产生误解，侵犯了英雄烈士的人格利益。将商业运作模式假"雷锋精神"之名推广，既曲解了"雷锋精神"，与社会公众的一般认知相背离，也损害了承载于其上的人民群众的特定感情，对营造积极健康的网络环境产生负面影响，侵害了社会公共利益。故判决被告停止使用雷锋同志姓名的行为（包括停止使用"雷锋哥"微信公众号名称、"雷锋社群"名称、"雷锋会员"名称等），并在浙江省内省级报刊向社会公众发表赔礼道歉的声明。

（四）条文指引

《民法典》第一百八十五条、第一千条

七、邱某光与董某军居住权执行案

（一）典型意义

《民法典》物权编正式确立了居住权制度，有利于更好地保障弱势群体的居住生存权益，对平衡房屋所有权人和居住权人的利益具有重要制度价值。本案申请执行人作为丧偶独居老人，其对案涉房屋的居住使用权益取得于《民法典》实施之前，执行法院依照《民法典》规定的居住权登记制度，向不动产登记机构发出协助执行通知书，为申请执行人办理了居住权登记，最大限度地保障了申请执行人既有的房屋居住使用权利，对于引导当事人尊重法院判决，推动《民法典》有关居住权制度的新规则真正惠及人民群众，具有积极的示范意义。

（二）基本案情

邱某光与董某峰于2006年登记结婚，双方均系再婚，婚后未生育子女，董某军系董某峰之弟。董某峰于2016年3月去世，生前写下遗嘱，其内容为："我名下位于洪山区珞狮路某房遗赠给我弟弟董某军，在我丈夫邱某光没再婚前拥有居住权，此房是我毕生心血，不许分割、不许转让、不许卖出……"董某峰离世后，董某军等人与邱某光发生遗嘱继承纠纷并诉至法院。法院判决被继承人董某峰名下位于武汉市洪山区珞狮路某房所有权归董某军享有，邱某光在其再婚前享有该房屋的居住使用权。判决生效后，邱某光一直居住在该房屋内。2021年初，邱某光发现所住房屋被董某军挂在某房产中介出售，其担心房屋出售后自己被赶出家门，遂向法院申请居住权强制执行。

（三）裁判结果

生效裁判认为，案涉房屋虽为董某军所有，但是董某峰通过遗嘱方式使得邱某光享有案涉房屋的居住使用权。执行法院遂依照《民法典》第三百六十八条等关于居住权的规定，裁定将董某军所有的案涉房屋的居住权登记在邱某光名下。

（四）条文指引

《民法典》第三百六十八条

八、某金属表面处理公司与某铁塔公司破产债权确认纠纷案

（一）典型意义

民法典新增添附制度，明确规定添附物所有权归属的认定方式，以及因此造成当事人损害的赔偿或补偿规则，使我国有关产权保护的法律规则体系更加完备。本案中，审理法院依法认定添附物的所有权优先按合同约定确定归属，同时妥善解决因确定添附物归属造成当事人损害的赔偿问题，有效维护了物的归属和利用关系，有利于保障诚信、公平的市场交易秩序。

（二）基本案情

2019年8月，某金属表面处理公司向某铁塔公司租赁厂房及生产线，租赁期限为十年，同时约定某金属表面处理公司经某铁塔公司同意可以对厂房、设备等进行扩建、改造，但其投资建设的一切固定设施、建筑物均归某铁塔公司所有。之后，某金属表面处理公司使用租赁厂房和生产线进行生产经营，并投入大量资金对厂房、生产线进行改造。2020年7月，某铁塔公司进入破产清算程序，人民法院依法指定管理人接管某铁塔公司。2020年9月，管理人通知某金属表面处理公司解除前述租赁合同。某金属表面处理公司诉至法院，请求确认其购买设备及改造车间费用、遣散工人费用、部分停产停业损失为某铁塔公司的共益债务。

（三）裁判结果

生效裁判认为，本案纠纷虽然发生在民法典施行前，但根据《最高人民法院关于适用〈中华人民共和国民法典〉时间效力的若干规定》第三条，本案可以适用民法典关于添附制度的新规定。租赁合同解除后，某金属表面处理公司对租赁标的物所作配套投入形成的添附物所有权依约归某铁塔公司所有。因某铁塔公司进入破产程序而提前解除合同，添附物归属于某铁塔公司导致某金属表面处理公司存在一定损失，依照《民法典》第三百二十二条"因一方当事人的过错或者确定物的归属造成另一方当事人损害的，应当给予赔偿或者补偿"的规定精神，某铁塔公司应对某金属表面处理公司的损失承担赔偿责任。由于某铁塔公司对某金属表面处理公司所负赔偿责任并非破产程序开始后为了全体债权人的共同利益而负担的债务，不能认定为共益债务。故判决确认某金属表面处理公司对某铁塔公司享有普通债权334.3万元。

（四）条文指引

《民法典》第三百二十二条

九、某物流有限公司诉吴某运输合同纠纷案

(一) 典型意义

《民法典》合同编新增了具有合法利益的第三人代为履行的规定,对于确保各交易环节有序运转,促进债权实现,维护交易安全,优化营商环境具有重要意义。本案是适用《民法典》关于具有合法利益的第三人代为履行规则的典型案例。审理法院适用《民法典》相关规定,依法认定原告某物流有限公司代被告吴某向承运司机支付吴某欠付的运费具有合法利益,且在原告履行后依法取得承运司机对被告吴某的债权。本案判决不仅对维护物流运输行业交易秩序、促进物流运输行业蓬勃发展具有保障作用,也对人民法院探索具有合法利益的第三人代为履行规则的适用具有积极意义。

(二) 基本案情

某物流有限公司(甲方)与吴某(乙方)于2020年签订《货物运输合同》,约定该公司的郑州运输业务由吴某承接。合同还约定调运车辆、雇佣运输司机的费用由吴某结算,与某物流有限公司无关。某物流有限公司与吴某之间已结清大部分运费,但因吴某未及时向承运司机结清运费,2020年11月某日,承运司机在承运货物时对货物进行扣留。基于运输货物的时效性,某物流有限公司向承运司机垫付了吴某欠付的46万元,并通知吴某,吴某当时对此无异议。后吴某仅向某物流有限公司支付了6万元。某物流有限公司向吴某追偿余款未果,遂提起诉讼。

(三) 裁判结果

生效裁判认为,某物流有限公司与吴某存在运输合同关系,在吴某未及时向货物承运司机结清费用,致使货物被扣留时,某物流有限公司对履行该债务具有合法利益,有权代吴某向承运司机履行。某物流有限公司代为履行后,承运司机对吴某的债权即转让给该公司,故依照《民法典》第五百二十四条规定,判决支持某物流有限公司请求吴某支付剩余运费的诉讼请求。

(四) 条文指引

《民法典》第五百二十四条

十、邹某玲诉某医院医疗服务合同纠纷案

(一) 典型意义

本案是依照民法典和《妇女权益保障法》相关规定的精神,保护丧偶妇女辅助生育权益的典型案例。审理法院结合案情和《人类辅助生殖技术规范》《人类辅助生殖技术和人类精子库伦理原则》有关"禁止给单身妇女实施人类辅助生殖技术"的规范目的,依法认定本案原告丧偶后与上述规定中的"单身妇女"有本质不同,从而确认了"丧偶妇女"继续实施人类辅助生殖技术的正当性。本案是依法保护女性生育权益的具体实践,体现了司法对妇女合法权益的有效维护,具有积极的导向

意义。

（二）基本案情

2020年，邹某玲与丈夫陈某平因生育障碍问题，为实施试管婴儿辅助生育手术到被告湖南省某医院处进行助孕治疗，并于2020年10月1日签署了《助孕治疗情况及配子、胚胎处理知情同意书》等材料。因邹某玲的身体原因暂不宜实施胚胎移植手术，被告对符合冷冻条件的4枚胚胎于当日进行冷冻保存。2021年5月29日，陈某平死亡。后邹某玲要求被告继续为其实施胚胎移植手术，但被告以不能够为单身妇女实施辅助生殖术为由拒绝。

（三）裁判结果

生效裁判认为，有关行政规范性文件规定"禁止给单身妇女实施人类辅助生殖技术"，但原告是否属于条文中的"单身妇女"需要结合规范目的及本案的案情综合看待。"单身妇女"应当指未有配偶者到医院实施人类辅助生殖技术的情形，原告是已实施完胚胎培育后丧偶的妇女，与上述规定所指实施胚胎移植手术的单身妇女有本质区别。目前对于丧偶妇女要求继续移植与丈夫已受精完成的胚胎进行生育，法律并无禁止性规定。原告欲继续实施人类辅助生殖，既是为了寄托对丈夫的哀思，也是为人母的责任与担当的体现，符合人之常情和社会公众一般认知，不违背公序良俗。故判决湖南省某医院继续履行与原告的医疗服务合同。

（四）条文指引

《民法典》第三条、第八条

十一、蔡某勤诉姚某、杨某昊买卖合同纠纷案

（一）典型意义

本案是适用民法典债务加入规则的典型案例。民法典总结民商事审判经验，回应民商事实践发展需要，以立法形式对债务加入作出规定，赋予民事主体更加多元的选择，对于贯彻自愿原则、保障债权安全、优化营商环境具有重要意义。本案中，审理法院结合具体案情，依法认定被告向原告作出的还款意思表示不属于债务转移，而是构成债务加入，是人民法院适用民法典新增制度规则的一次生动实践。

（二）基本案情

2020年春节后新冠肺炎疫情暴发期间，蔡某勤与姚某协商订购200支额温枪，并支付77000元货款，姚某收款后与杨某昊联系订购150支额温枪，并付款42000元。后姚某、杨某昊均未能交付货物，经蔡某勤催要，姚某退还蔡某勤15000元。杨某昊向蔡某勤出具承诺，表示其因被他人诈骗不能交付货物，如2020年6月3日前不能退赃退赔，愿意直接退还蔡某勤42000元。后姚某、杨某昊均未退还货款，蔡某勤遂提起诉讼，要求姚某对62000元及利息承担还款责任，杨某昊对其中42000元及利息承担连带责任。

（三）裁判结果

生效裁判认为，蔡某勤、杨某昊均未明示同意免除姚某的还款责任，双方的诉

讼主张也表明双方均未同意免除姚某的还款责任,故本案不属于债务转移,姚某应对62000元货款承担还款责任。杨某昊自愿向蔡某勤作出承担42000元债务的意思表示,其行为构成债务加入。民法典之前的法律对债务加入未作规定,根据《最高人民法院关于适用〈中华人民共和国民法典〉时间效力的若干规定》第三条,本案可以适用民法典关于债务加入的规定。故判决由姚某对62000元及利息承担还款责任,杨某昊对其中42000元及利息承担连带责任。

（四）条文指引

《民法典》第五百五十二条

十二、北京某旅游公司诉北京某村民委员会等合同纠纷案

（一）典型意义

本案是人民法院准确适用民法典关于合同权利义务关系终止和违约责任承担等制度,依法妥善化解民事纠纷的典型案例。审理法院根据案件具体情况认定所涉案件事实不构成情势变更,防止市场主体随意以构成情势变更为由逃避合同规定的义务,同时考虑到合同已经丧失继续履行的现实可行性,依法终止合同权利义务关系。本案裁判有利于指引市场主体遵循诚信原则依法行使权利、履行义务,对于维护市场交易秩序、弘扬诚实守信的社会主义核心价值观具有积极意义。

（二）基本案情

2019年2月26日,北京某村民委员会、北京某经济合作社、北京某旅游公司就北京某村域范围内旅游资源开发建设签订经营协议,经营面积595.88公顷,经营范围内有河沟、山谷、民宅等旅游资源,经营期限50年。北京某旅游公司交纳合作费用300万元。2018年年中,区水务局开始进行城市蓝线规划工作,至2019年底形成正式稿,将涉案经营范围内河沟两侧划定为城市蓝线。2019年11月左右,北京某旅游公司得知河沟两侧被划定为城市蓝线,于2020年5月11日通知要求解除相关协议,后北京某旅游公司撤诉。区水务局提供的城市蓝线图显示,城市蓝线沿着河沟两侧划定,大部分村民旧宅在城市蓝线范围外。区水务局陈述,城市蓝线是根据标准不同以及河道防洪等级不同划定的,开发建设必须保证不影响防洪,如果影响,需要对河道进行治理,治理验收合格后则能正常开发建设。庭审中,北京某旅游公司未提交证据证明其对经营范围内区域进行旅游开发时,曾按照政策要求报请相关审批手续,也未提交证据证明因城市蓝线的划定相关政府部门向其出具禁止开展任何活动的通知。

（三）裁判结果

生效裁判认为,本案中城市蓝线的划定不属于情势变更。城市蓝线划定不属于无法预见的重大变化,不会导致一方当事人无法履约。经营协议确定的绝大部分经营区域并不在城市蓝线范围内,对于在城市蓝线范围内的经营区域,北京某旅游公司亦可在履行相应行政审批手续、符合政策文件具体要求的情况下继续进行开发活

动,城市蓝线政策不必然导致其履约困难。北京某村民委员会、北京某经济合作社并不存在违约行为,北京某旅游公司明确表示不再对经营范围进行民宿及旅游资源开发,属于违约一方,不享有合同的法定解除权。本案中,北京某旅游公司已撤场,且明确表示不再对经营范围进行民宿及旅游资源开发,要求解除或终止合同,而北京某村民委员会不同意解除或终止合同,要求北京某旅游公司继续履行合同。双方签订的经营协议系具有合作性质的长期性合同,北京某旅游公司是否对民宿及旅游资源进行开发建设必将影响北京某村民委员会的后期收益,北京某旅游公司的开发建设既属权利,也系义务,该不履行属"不履行非金钱债务"情形,且该债务不适合强制履行。同时,长期性合作合同须以双方自愿且相互信赖为前提,在涉案经营协议已丧失继续履行的现实可行性情形下,如不允许双方权利义务终止,既不利于充分发挥土地等资源的价值,又不利于双方利益的平衡保护。因此,涉案经营协议履行已陷入僵局,故对于当事人依据《民法典》第五百八十条请求终止合同权利义务关系的主张,人民法院予以支持。本案中,旅游开发建设未实际开展,合同权利义务关系终止后,产生恢复原状的法律后果,但合同权利义务关系终止不影响违约责任的承担。综合考虑北京某村民委员会前期费用支出、双方合同权利义务约定、北京某旅游公司的违约情形、合同实际履行期间等因素,酌定北京某村民委员会、北京某经济合作社退还北京某旅游公司部分合作费120万元。

(四)条文指引

《民法典》第七条、第五百三十三条、第五百八十条

十三、楼某熙诉杜某峰、某网络技术有限公司肖像权纠纷案

(一)典型意义

本案是人民法院依法打击网络侵权行为,保护自然人人格权益的典型案件。本案中,行为人于"七七事变"纪念日在微博上发表不当言论,并附有他人清晰脸部和身体特征的图片,意图达到贬低、丑化祖国和中国人的效果。该行为不仅侵犯了他人的肖像权,而且冲击了社会公共利益和良好的道德风尚。审理法院在本案判决中依法适用《民法典》的规定保护他人的肖像权,同时结合案情,将"爱国"这一社会主义核心价值观要求融入裁判说理,既依法维护了当事人的合法权益,也充分发挥了司法裁判的引领示范作用,突出弘扬了爱国主义精神的鲜明价值导向,有利于净化网络环境,维护网络秩序。

(二)基本案情

2021年7月7日,杜某峰通过其名为"西格隆咚锵的隆"的新浪微博账号发布一条微博(某网络技术有限公司系该平台经营者),内容为"日本地铁上的小乘客,一个人上学,那眼神里充满自信和勇气,太可爱了",并附有楼某熙乘坐杭州地铁时的照片,引起网友热议。次日,楼某熙的母亲在新浪微博发布辟谣帖:"我是地铁小女孩的妈妈,网传我家孩子是日本小孩!在此特此申明:我家孩子是我大中华儿女,并深深

热爱着我们的祖国！……"广大网友也纷纷指出其错误。杜某峰对此仍不删除案涉微博，还在该微博下留言，继续发表贬低祖国和祖国文化的言论。后该微博账号"西格隆咚锵的隆"由于存在其他不当言论被新浪微博官方关闭，所有发布的内容从新浪微博平台清除。楼某熙以杜某峰、某网络科技有限公司侵害其肖像权为由，提起诉讼。

（三）裁判结果

生效裁判认为，自然人享有肖像权，有权依法制作、使用、公开或者许可他人使用自己的肖像；任何组织或者个人不得以丑化、污损，或者利用信息技术手段伪造等方式侵害他人的肖像权；未经肖像权人同意，不得制作、使用、公开肖像权人的肖像，但是法律另有规定的除外。本案中，杜某峰发布的案涉微博中使用的图片含有小女孩的清晰面部、体貌状态等外部身体形象，通过比对楼某熙本人的肖像，以社会一般人的认知标准，能够清楚确认案涉微博中的肖像为楼某熙的形象，故楼某熙对该图片再现的肖像享有肖像权。杜某峰在"七七事变"纪念日这一特殊时刻，枉顾客观事实，在众多网友留言指出其错误、楼某熙母亲发文辟谣的情况下，仍拒不删除案涉微博，还不断留言，此种行为严重损害了包括楼某熙在内的社会公众的国家认同感和民族自豪感，应认定为以造谣传播等方式歪曲使用楼某熙的肖像，严重侵害了楼某熙的肖像权。楼某熙诉请杜某峰赔礼道歉，有利于恢复其人格状态的圆满，有利于其未来的健康成长，依法应获得支持。遂判决杜某峰向楼某熙赔礼道歉，并赔偿楼某熙精神损害抚慰金、合理维权费用等损失。

（四）条文指引

《民法典》第一千零一十八条、第一千零一十九条第一款、第一千一百八十三条第一款

十四、安徽某医疗科技公司诉安徽某健康科技公司名誉权纠纷案

（一）典型意义

党的二十大报告强调要优化民营企业发展环境，依法保护民营企业产权和企业家权益，促进民营经济发展壮大。企业名誉是企业赖以生存和发展的重要基础，依法保护企业名誉权是构建法治化营商环境的应有之义。《民法典》第一百一十条确认了法人、非法人组织享有名誉权，第一千零二十四条规定任何组织和个人不得以侮辱、诽谤等方式侵害他人名誉权。本案中，安徽某健康科技公司未经核实，采取投诉、公开发布指责声明的方式，侵犯同行业安徽某医疗科技公司名誉，致使其商业信誉降低，构成侵犯企业名誉权。人民法院依法判决安徽某健康科技公司停止侵害、删除发布在网站上的不实信息并登报赔礼道歉，既保护了被侵权企业的合法权益，也有利于维护市场竞争秩序，促进行业在良性竞争中发展。

（二）基本案情

原告安徽某医疗科技公司与被告安徽某健康科技公司均生产防护口罩。2021年7月，安徽某健康科技公司向安徽省商务厅投诉称，安徽某医疗科技公司盗取其公司

防护口罩的产品图片等宣传资料,并冒用其公司名义在国际电商平台上公开销售产品。随后,安徽某医疗科技公司收到安徽省商务厅的约谈通知。与此同时,该公司不断接到客户电话反映称,安徽某健康科技公司在公司官网、微信公众号上发布指责其盗用防护口罩名称、包装的文章,被各大网络平台转载。经查,涉案国际电商平台设立在东南亚某国,安徽某医疗科技公司从未在该平台上注册企业用户信息,也不是该平台的卖家商户,虽然平台上确有安徽某健康科技公司防护口罩的产品信息,但网页配图中安徽某医疗科技公司的厂房和车间图片系被盗用和嫁接。为了维护自身合法权益,安徽某医疗科技公司诉至法院,请求判令安徽某健康科技公司立即停止侵犯名誉权行为并赔礼道歉。安徽某健康科技公司提起反诉,要求安徽某医疗科技公司立即停止在国际电商平台销售和宣传侵权产品,并赔礼道歉。

(三)裁判结果

生效裁判认为,涉案国际电商平台上涉及两家公司的商品信息均为网站用户在其个人终端上自主上传,安徽某医疗科技公司没有在该平台上注册过企业用户信息,不具备在该电商平台上销售产品的前提条件,网页配图系被他人盗用。安徽某健康科技公司发现平台用户存在侵权行为后,应当第一时间向该电商平台要求采取删除、屏蔽、断开链接等必要措施,并查清实际侵权人。但安徽某健康科技公司未核实信息来源,仅凭配发的安徽某医疗科技公司图片即向有关部门投诉。在投诉尚无结论时,安徽某健康科技公司即在公司官网及微信公众号发布不实言论,主观认定安徽某医疗科技公司假冒、仿冒其公司产品,文章和声明被各大网络平台大量转载和传播,足以引导阅读者对安徽某医疗科技公司产生误解,致使公司的商业信誉降低,社会评价下降。安徽某健康科技公司的行为严重侵犯安徽某医疗科技公司的企业名誉,构成侵权,应当承担相应的民事责任。据此,依法判决安徽某健康科技公司停止侵害、删除发布在网站上的不实信息并登报赔礼道歉,驳回安徽某健康科技公司的反诉。

(四)条文指引

《民法典》第一百一十条、第一百七十九条、第一千零二十四条

十五、孙某燕与某通信公司某市分公司等隐私权、个人信息保护纠纷案

(一)典型意义

《民法典》在总则编和人格权编对隐私权和个人信息保护作出专门规定,丰富和完善了隐私权和个人信息保护的规则。特别是第一千零三十三条第一项对群众反映强烈的以电话、短信、即时通信工具、电子邮件等方式侵扰他人私人生活安宁的行为进行了严格规制,回应了社会关切。本案中,原告孙某燕使用被告某通信公司某市分公司提供的移动通信号码,并向其支付费用,故原、被告之间存在电信服务合同关系。某通信公司某市分公司在孙某燕多次明确表示不接受电话推销业务后,仍继续向孙某燕进行电话推销,其行为构成对孙某燕隐私权的侵犯。本案虽系依据

《民法总则》作出裁判，但也充分体现了《民法典》第一千零三十二条、第一千零三十三条第一项的规定精神，其裁判结果不仅维护了当事人的隐私权，更对当前群众反映强烈的问题作出了回应，亮明了司法态度。

（二）基本案情

2011年7月，原告孙某燕在被告某通信公司某市分公司处入网，办理了电话卡。2020年6月至12月，孙某燕持续收到营销人员以某通信公司某市分公司工作人员名义拨打的推销电话，以"搞活动""回馈老客户""赠送""升级"等为由数次向孙某燕推销套餐升级业务。期间，原告孙某燕两次拨打该通信公司客服电话进行投诉，该通信公司客服在投诉回访中表示会将原告的手机号加入"营销免打扰"，以后尽量避免再向原告推销。后原告孙某燕又接到了被告的推销电话，经拨打该通信公司客服电话反映沟通未得到回复，遂通过工业和信息化部政务平台"电信用户申诉受理平台"进行申诉。该平台回复"在处理过程中，双方未能达成一致意见，依据《电信用户申诉处理办法》第十七、十九、二十条等规定，因调解不成，故视为办结，建议依照国家有关法律规定就申诉事项向仲裁机构申请仲裁或者向人民法院提起诉讼"。原告孙某燕遂向人民法院提起诉讼，请求被告承担侵权责任。

（三）裁判结果

生效裁判认为，自然人的私人生活安宁不受侵扰和破坏。本案中，孙某燕与某通信公司某市分公司之间的电信服务合同依法成立生效。某通信公司某市分公司应当在服务期内为孙某燕提供合同约定的电信服务。孙某燕提交的证据能够证明某通信公司某市分公司擅自多次向孙某燕进行电话推销，侵扰了孙某燕的私人生活安宁，构成了对孙某燕隐私权的侵犯。故判决被告某通信公司某市分公司未经原告孙某燕的同意不得向其移动通信号码拨打营销电话，并赔偿原告孙某燕交通费用782元、精神损害抚慰金3000元。

（四）条文指引

《民法典》第一百一十条、第一千零三十二条、第一千零三十三条

十六、林某诉张某撤销婚姻纠纷案

（一）典型意义

本案是依法适用民法典相关规定判决撤销婚姻的典型案例。对于一方患有重大疾病，未在结婚登记前如实告知另一方的情形，民法典明确另一方可以向人民法院请求撤销婚姻。本案中，人民法院依法适用民法典相关规定，判决撤销双方的婚姻关系，不仅有效保护了案件中无过错方的合法权益，也符合社会大众对公平正义、诚实信用的良好期待，弘扬了社会主义核心价值观。

（二）基本案情

林某和张某经人介绍相识，于2020年6月28日登记结婚。在登记之后，张某向林某坦白其患有艾滋病多年，并且长期吃药。2020年7月，林某被迫人工终止妊娠。2020年10月，林某提起诉讼要求宣告婚姻无效。诉讼中，林某明确若婚姻无效不能

成立,则请求撤销婚姻,对此,张某亦无异议。

(三) 裁判结果

生效裁判认为,自然人依法享有缔结婚姻等合法权益,张某虽患有艾滋病,但不属于婚姻无效的情形。林某又提出撤销婚姻的请求,张某对此亦无异议,为减少当事人讼累,人民法院一并予以处理。张某所患疾病对婚姻生活有重大影响,属于婚前应告知林某的重大疾病,但张某未在结婚登记前告知林某,显属不当。故依照《民法典》第一千零五十三条的规定,判决撤销林某与张某的婚姻关系。判决后,双方均未上诉。

(四) 条文指引

《民法典》第一千零五十三条

十七、马某臣、段某娥诉于某艳探望权纠纷案

(一) 典型意义

近年来,(外)祖父母起诉要求探视(外)孙子女的案件不断增多,突出反映了社会生活对保障"隔代探望权"的司法需求。民法典虽未对隔代探望权作出规定,但《民法典》第十条明确了处理民事纠纷的依据。按照我国风俗习惯,隔代近亲属探望(外)孙子女符合社会广泛认可的人伦常理,不违背公序良俗。本案依法支持原告探望孙女的诉讼请求,符合民法典立法目的和弘扬社会主义核心价值观的要求,对保障未成年人身心健康成长和维护老年人合法权益具有积极意义。

(二) 基本案情

原告马某臣、段某娥系马某豪父母。被告于某艳与马某豪原系夫妻关系,两人于2018年2月14日办理结婚登记,2019年6月30日生育女儿马某。2019年8月14日,马某豪在工作时因电击意外去世。目前,马某一直随被告于某艳共同生活。原告因探望孙女马某与被告发生矛盾,协商未果,现诉至法院,请求判令:每周五下午六点原告从被告处将马某接走,周日下午六点被告将马某从原告处接回;寒暑假由原告陪伴马某。

(三) 裁判结果

生效裁判认为,马某臣、段某娥夫妇老年痛失独子,要求探望孙女是人之常情,符合民法典立法精神。马某臣、段某娥夫妇探望孙女,既可缓解老人丧子之痛,也能使孙女从老人处得到关爱,有利于其健康成长。我国祖孙三代之间的关系十分密切,一概否定(外)祖父母对(外)孙子女的探望权不符合公序良俗。因此,对于马某臣、段某娥要求探望孙女的诉求,人民法院予以支持。遵循有利于未成年人成长原则,综合考虑马某的年龄、居住情况及双方家庭关系等因素,判决:马某臣、段某娥对马某享有探望权,每月探望两次,每次不超过五个小时,于某艳可在场陪同或予以协助。

(四) 条文指引

《民法典》第十条、第一千零四十三条

十八、曾某泉、曾某军、曾某、李某军与孙某学婚姻家庭纠纷案

（一）典型意义

习近平总书记强调："家风是一个家庭的精神内核，也是一个社会的价值缩影。"本案是人民法院弘扬新时代优良家风，维护尽到赡养义务的成年继子女权益的典型案例。民法典明确规定了有扶养关系的继子女与婚生子女、非婚生子女、养子女同属于子女范畴。审理法院依法认定对继父母尽到赡养义务的成年继子女属于有扶养关系的继子女，享有继父母死亡抚恤金分配权，同时确定年老患病的遗孀享有更多分配份额，为弘扬敬老爱老的传统美德，鼓励互助互爱的优良家风提供了现实样例。

（二）基本案情

曾某彬（男）与曾某泉、曾某军、曾某三人系父子关系，孙某学（女）与李某军系母子关系。2006年，李某军34岁时，曾某彬与孙某学登记结婚。2019年11月4日，曾某彬去世，其单位向孙某学发放一次性死亡抚恤金163536元。曾某彬生前十余年一直与孙某学、李某军共同在李某军所有的房屋中居住生活。曾某彬患有矽肺，孙某学患有（直肠）腺癌，李某军对曾某彬履行了赡养义务。曾某泉三兄弟主张李某军在曾某彬与孙某学结婚时已经成年，双方未形成扶养关系，故李某军不具有上述死亡抚恤金的分配资格。

（三）裁判结果

生效裁判认为，一次性死亡抚恤金是针对死者近亲属的一种抚恤，应参照继承相关法律规范进行处理。本案应由曾某彬的配偶、子女参与分配，子女包括有扶养关系的继子女。成年继子女对继父母履行了赡养义务的，应认定为有扶养关系的继子女。本案中，曾某彬与孙某学再婚时，李某军虽已成年，但三人共同居住生活在李某军所有的房屋长达十余年，形成了《民法典》第一千零四十五条第三款规定的更为紧密的家庭成员关系，且曾某彬患有矽肺，孙某学患有癌症，二人均需家人照顾，根据案件事实可以认定李某军对曾某彬履行了赡养义务。考虑到孙某学年老患病且缺乏劳动能力，遂判决孙某学享有曾某彬一次性死亡抚恤金40%的份额，李某军与曾某泉三兄弟各享有15%的份额。

（四）条文指引

《民法典》第一千零四十三条、第一千零四十五条、第一千一百二十七条、第一千一百三十条

十九、刘某起与刘某海、刘某霞、刘某华遗嘱继承纠纷案

（一）典型意义

民法典顺应时代的变化，回应人民群众的新需要，将打印遗嘱新增规定为法定遗嘱形式。本案依据打印遗嘱规则，准确认定打印遗嘱的成立和生效要件，明确打印人的不同不影响打印遗嘱的认定。打印遗嘱应当有两个以上见证人在场见证，否则不符合法律规定的形式要件，应认定打印遗嘱无效。本案有利于推动打印遗嘱规则在司法实践中的正确适用，有利于践行民法典的新增亮点规定，对于依法维护老年人的遗嘱权益，保障继承权的行使具有重要意义。

（二）基本案情

刘某海、刘某起系刘某与张某的子女。张某和刘某分别于2010年与2018年死亡。刘某起持有《遗嘱》一份，为打印件，加盖有立遗嘱人张某人名章和手印，另见证人处有律师祁某、陈某的署名文字。刘某起称该《遗嘱》系见证人根据张某意思在外打印。刘某起还提供视频录像对上述遗嘱订立过程予以佐证，但录像内容显示张某仅在一名见证人宣读遗嘱内容后，在该见证人协助下加盖人名章、捺手印。依刘某起申请，一审法院分别向两位见证人邮寄相关出庭材料，一份被退回，一份虽被签收但见证人未出庭作证。刘某海亦持有打印《遗嘱》一份，主张为刘某的见证遗嘱，落款处签署有"刘某"姓名及日期"2013年12月11日"并捺印，另有见证律师李某、高某署名及日期。刘某订立遗嘱的过程有视频录像作为佐证。视频录像主要显示刘某在两名律师见证下签署了遗嘱。此外，作为见证人之一的律师高某出庭接受了质询，证明其与律师李某共同见证刘某订立遗嘱的过程。

（三）裁判结果

生效裁判认为，刘某起提交的《遗嘱》为打印形成，应认定为打印遗嘱而非代书遗嘱。在其他继承人对该遗嘱真实性有异议的情况下，刘某起提交的遗嘱上虽有两名见证人署名，但相应录像视频并未反映见证过程全貌，且录像视频仅显示一名见证人，经法院多次释明及向《遗嘱》记载的两位见证人邮寄出庭通知书，见证人均未出庭证实《遗嘱》真实性，据此对该份《遗嘱》的效力不予认定。刘某海提交的《遗嘱》符合打印遗嘱的形式要件，亦有证据证明见证人全程在场见证，应认定为有效。

（四）条文指引

《民法典》第一千一百三十六条

二十、苏某甲诉李某田等法定继承纠纷案

（一）典型意义

本案是适用《民法典》关于侄甥代位继承制度的典型案例。侄甥代位继承系《民

法典》新设立的制度,符合我国民间传统,有利于保障财产在血缘家族内部的流转,减少产生遗产无人继承的状况,同时促进亲属关系的发展,引导人们重视亲属亲情,从而减少家族矛盾、促进社会和谐。本案中,审理法院还适用了遗产的酌给制度,即对继承人以外的对被继承人扶养较多的人适当分给遗产,体现了权利义务相一致原则,弘扬了积极妥善赡养老人的传统美德,充分体现了社会主义核心价值观的要求。

(二) 基本案情

被继承人苏某泉于2018年3月死亡,其父母和妻子均先于其死亡,生前未生育和收养子女。苏某泉的姐姐苏某乙先于苏某泉死亡,苏某泉无其他兄弟姐妹。苏某甲系苏某乙的养女。李某田是苏某泉堂姐的儿子,李某禾是李某田的儿子。苏某泉生前未立遗嘱,也未立遗赠扶养协议。上海市徐汇区华泾路某弄某号某室房屋的登记权利人为苏某泉、李某禾,共同共有。苏某泉的梅花牌手表1块及钻戒1枚由李某田保管中。苏某甲起诉请求,依法继承系争房屋中属于被继承人苏某泉的产权份额,及梅花牌手表1块和钻戒1枚。

(三) 裁判结果

生效裁判认为,当事人一致确认苏某泉生前未立遗嘱,也未立遗赠扶养协议,故苏某泉的遗产应由其继承人按照法定继承办理。苏某甲系苏某泉姐姐苏某乙的养子女,在苏某乙先于苏某泉死亡且苏某泉的遗产无人继承又无人受遗赠的情况下,根据《最高人民法院关于适用〈中华人民共和国民法典〉时间效力的若干规定》第十四条,适用《民法典》第一千一百二十八条第二款和第三款的规定,苏某甲有权作为苏某泉的法定继承人继承苏某泉的遗产。另外,李某田与苏某泉长期共同居住,苏某泉生病在护理院期间的事宜由李某田负责处理,费用由李某田代为支付,苏某泉的丧葬事宜也由李某田操办,相较苏某甲,李某田对苏某泉尽了更多的扶养义务,故李某田作为继承人以外对被继承人扶养较多的人,可以分得适当遗产且可多于苏某甲。对于苏某泉名下系争房屋的产权份额和梅花牌手表1块及钻戒1枚,法院考虑到有利于生产生活、便于执行的原则,判归李某田所有并由李某田向苏某甲给付房屋折价款人民币60万元。

(四) 条文指引

《民法典》第一千一百二十八条

二十一、欧某士申请指定遗产管理人案

(一) 典型意义

侨乡涉侨房产因年代久远、继承人散落海外往往析产确权困难,存在管养维护责任长期处于搁置或争议状态的窘境,不少历史风貌建筑因此而残破贬损。本案中,审理法院巧用《民法典》新创设的遗产管理人法律制度,创造性地在可查明的继承人中引入管养房屋方案"竞标"方式,让具有管养维护遗产房屋优势条件的部分继承人担任侨房遗产管理人,妥善解决了涉侨祖宅的管养维护问题,充分彰显了《民法典》以人为本、物尽其用的价值追求,为侨乡历史建筑的司法保护开创了一条全新路径。

(二) 基本案情

厦门市思明区某处房屋原业主为魏姜氏（19世纪生人）。魏姜氏育有三女一子，该四支继承人各自向下已经延嗣到第五代，但其中儿子一支无任何可查信息，幼女一支散落海外情况不明，仅长女和次女两支部分继承人居住在境内。因继承人无法穷尽查明，长女和次女两支继承人曾历经四代、长达十年的继承诉讼，仍未能顺利实现继承析产。《民法典》实施后，长女一支继承人以欧某士为代表提出，可由生活在境内的可查明信息的两支继承人共同管理祖宅；次女一支继承人则提出，遗产房屋不具有共同管理的条件，应由现实际居住在境内且别无住处的次女一支继承人中的陈某萍和陈某芬担任遗产管理人。

(三) 裁判结果

生效裁判认为，魏姜氏遗产的多名继承人目前下落不明、信息不明，遗产房屋将在较长时间内不能明确所有权人，其管养维护责任可能长期无法得到有效落实，确有必要在析产分割条件成就前尽快依法确定管理责任人。而魏姜氏生前未留有遗嘱，未指定其遗嘱执行人或遗产管理人，在案各继承人之间就遗产管理问题又分歧巨大、未能协商达成一致意见，故当秉承最有利于遗产保护、管理、债权债务清理的原则，在综合考虑被继承人内心意愿、各继承人与被继承人亲疏远近关系、各继承人管理保护遗产的能力水平等方面因素，确定案涉遗产房屋的合适管理人。次女魏某燕一支在姜魏氏生前尽到主要赡养义务，与产权人关系较为亲近，且历代长期居住在遗产房屋内并曾主持危房改造，与遗产房屋有更深的历史情感联系，对周边人居环境更为熟悉，更有实际能力履行管养维护职责，更有能力清理遗产上可能存在的债权债务；长女魏某静一支可查后人现均居住漳州市，客观上无法对房屋尽到充分、周到的管养维护责任。故，由魏某静一支继承人跨市管理案涉遗产房屋暂不具备客观条件；魏某燕一支继承人能够协商支持由陈某萍、陈某芬共同管理案涉遗产房屋，符合遗产效用最大化原则。因此判决指定陈某萍、陈某芬为魏姜氏房屋的遗产管理人。

(四) 条文指引

《民法典》第一千一百四十六条

二十二、柳某诉张某莲、某物业公司健康权纠纷案

(一) 典型意义

与邻为善、邻里互助是中华民族优秀传统美德，是社会主义核心价值观在社会生活领域的重要体现。本案适用民法典侵权责任编的相关规定，严格审查行为与后果之间的因果关系，坚守法律底线，不因有人受伤而扩大赔偿主体范围，明确自愿为小区购买游乐设施的业主不承担赔偿责任。本案的裁判贯彻了社会主义核心价值观的要求，依法保护无过错方权益，为善行正名、为义举护航，就对与错、赔与不赔等是非问题予以明确回应，不让好人无端担责或受委屈，维护了人民群众心中的公平正义，表明了司法的态度和温度，弘扬了时代新风新貌。

（二）基本案情

被告张某莲系江苏省江阴市某小区业主，因所在小区游乐设施较少，在征得小区物业公司同意后，自费购置一套儿童滑梯（含配套脚垫）放置在小区公共区域，供儿童免费玩耍。该区域的卫生清洁管理等工作由小区物业公司负责。2020年11月，原告柳某途经此处时，踩到湿滑的脚垫而滑倒摔伤，造成十级伤残。后柳某将张某莲和小区物业公司诉至法院，要求共同赔偿医疗费、护理费、残疾赔偿金、精神损害抚慰金等各项损失近20万元。

（三）裁判结果

生效裁判认为，《民法典》第一千一百六十五条规定，行为人因过错侵害他人民事权益造成损害的，应当承担侵权责任。本案中，张某莲自费为小区添置儿童游乐设施，在法律上并无过错，也与本案事故的发生无因果关系，依法无需承担赔偿责任。相反，张某莲的行为丰富了小区业主生活，增进了邻里友谊，符合与人为善、与邻为善的传统美德，应予以肯定性的评价。某物业公司作为小区物业服务人，应在同意张某莲放置游乐设施后承担日常维护、管理和安全防范等义务。某物业公司未及时有效清理、未设置警示标志，存在过错，致使滑梯脚垫湿滑，是导致事故发生的主要原因。柳某作为成年公民，未能及时查明路况，对损害的发生亦存在一定过错，依法可适当减轻某物业公司的赔偿责任。一审法院判决某物业公司赔偿柳某因本案事故所受损失的80%，共计12万余元。

（四）条文指引

《民法典》第一千一百六十五条第一款、第一千一百七十三条

二十三、宋某祯诉周某身体权纠纷案

（一）典型意义

本案是《民法典》施行后，首例适用《民法典》第一千一百七十六条"自甘冒险"规定作出判决的案件。《民法典》施行前，由于法律规定不明确，人民法院在处理文体活动中身体受伤引发的民事纠纷时，容易出现认识分歧，进而引发争议。《民法典》确立"自甘冒险"规则，既统一了思想认识，也统一了裁判尺度。本案审理法院结合具体案情，适用"自甘冒险"规则，明确判决对损害发生无故意、无重大过失的文体活动参加者，不承担赔偿责任，亮明了拒绝"和稀泥"的司法态度，宣示了冒险者须对自己行为负责的规则，不仅弘扬了社会主义核心价值观，促进了文体活动的健康有序发展，也为《民法典》新规则的实施提供了有益的司法经验。

（二）基本案情

宋某祯、周某均为羽毛球业余爱好者，自2015年起自发参加羽毛球比赛。2020年4月28日上午，宋某祯、周某与案外四人在北京市朝阳区红领巾公园内露天场地进行羽毛球3对3比赛。运动中，宋某祯站在发球线位置接对方网前球后，将球回挑到周某方中场，周某迅速杀球进攻，宋某祯直立举拍防守未果，被羽毛球击中右眼。事发后，宋某祯至北京大学人民医院就诊治疗，术后5周余验光提示右眼最佳矫正视

力为 0.05。宋某祯遂诉至法院，要求周某赔偿医疗费、护理费、住院伙食补助费、营养费等各项费用。

（三）裁判结果

生效裁判认为，竞技体育运动不同于一般的生活领域，主要目的即为争胜，此类运动具有对抗性、人身危险性的特点，参与者均处于潜在危险中，既是危险的潜在制造者，也是危险的潜在承担者。羽毛球运动系典型的对抗性体育竞赛，除扭伤、拉伤等常规风险外，更为突出的风险即在于羽毛球自身体积小、密度大、移动速度快，运动员如来不及时作出判断即会被击中，甚至击伤。宋某祯作为多年参与羽毛球运动的爱好者，对于自身和其他参赛者的能力以及此项运动的危险和可能造成的损害，应当有所认知和预见，而宋某祯仍自愿参加比赛，将自身置于潜在危险之中，属于自甘冒险的行为。依照《民法典》第一千一百七十六条第一款，在此情形下，只有周某对宋某祯受伤的损害后果存在故意或重大过失时，才需承担侵权损害赔偿责任。本案中，周某杀球进攻的行为系该类运动的正常技术动作，周某并不存在明显违反比赛规则的情形，不应认定其存在重大过失，且现行法律未就本案所涉情形适用公平责任予以规定，故宋某祯无权主张周某承担赔偿责任或分担损失。2021 年 1 月 4 日，一审法院判决驳回宋某祯的全部诉讼请求。二审法院判决驳回上诉，维持原判。

（四）条文指引

《民法典》第一千一百七十六条第一款、第一千一百八十六条

二十四、浮梁县人民检察院诉某化工集团有限公司环境污染民事公益诉讼案

（一）典型意义

本案是我国首例适用《民法典》惩罚性赔偿条款的环境污染民事公益诉讼案件。《民法典》侵权责任编新增规定了污染环境和破坏生态的惩罚性赔偿制度，贯彻了"绿水青山就是金山银山"的环保理念，增强了生态环境保护力度，是构建天蓝地绿水净的美好家园的法治保障。审理法院在判令被告承担生态环境修复费用、环境功能性损失等补偿性费用之外，采取"基数+倍数"的计算方式，结合具体案情决定以环境功能性损失费用为计算基数，综合考虑侵权人主观过错程度、侵权后果的严重程度、侵权人的经济能力、赔偿态度、受到行政处罚的情况等调节因素确定倍数，进而确定最终的惩罚性赔偿数额，为正确实施环境污染和生态破坏责任惩罚性赔偿制度提供了有益借鉴。

（二）基本案情

2018 年 3 月 3 日至同年 7 月 31 日期间，被告某化工集团有限公司（以下简称被告公司）生产部经理吴某民将公司生产的硫酸钠废液交由无危险废物处置资质的吴某良处理，吴某良又雇请李某贤将 30 车共计 1124.1 吨硫酸钠废液运输到浮梁县寿安镇八角井、浮梁县湘湖镇洞口村的山上倾倒，造成了浮梁县寿安镇八角井周边约 8.08 亩范围内的环境和浮梁县湘湖镇洞口村洞口组、江村组地表水、地下水受到污

染,影响了浮梁县湘湖镇洞口村约6.6平方公里流域的环境,妨碍了当地1000余名居民的饮用水安全。经鉴定,两处受污染地块的生态环境修复总费用为人民币2168000元,环境功能性损失费用共计人民币57135.45元,并产生检测鉴定费95670元。受污染地浮梁县湘湖镇洞口村采取合理预防、处置措施产生的应急处置费用共计人民币528160.11元。其中,吴某良、吴某民、李某贤等因犯污染环境罪已被另案判处六年六个月至三年二个月不等的有期徒刑。公益诉讼起诉人起诉请求被告公司赔偿相关生态环境损害。

(三)裁判结果

生效裁判认为,被告公司将生产废液交由无危险废物处置资质的个人处理,放任污染环境危害结果的发生,主观上存在故意,客观上违反了法律规定,损害了社会公共利益,造成严重后果。且至本案审理期间,涉案倾倒废液行为所致的环境污染并未得到修复,损害后果仍在持续,符合《民法典》第一千二百三十二条规定的环境侵权惩罚性赔偿适用条件。综合该公司的过错程度、赔偿态度、损害后果、承担责任的经济能力、受到行政处罚等因素,判令其赔偿环境修复费用2168000元、环境功能性损失费用57135.45元、应急处置费用532860.11元、检测鉴定费95670元,并承担环境污染惩罚性赔偿171406.35元,以上共计3025071.91元;对违法倾倒硫酸钠废液污染环境的行为在国家级新闻媒体上向社会公众赔礼道歉。

(四)条文指引

《民法典》第一千二百三十二条

二十五、某种业科技有限公司诉某农业产业发展有限公司侵害植物新品种权纠纷案

(一)典型意义

种子是农业的"芯片",种业知识产权保护事关国家粮食安全,事关农业科技自立自强。习近平总书记强调,要把种源安全提升到关系国家安全的战略高度,实现种业科技自立自强、种源自主可控。本案是适用《民法典》规定的惩罚性赔偿制度,打击种子套牌侵权、净化种业市场秩序的典型案件。《民法典》侵权责任编新增规定了知识产权侵权惩罚性赔偿制度,为各类知识产权纠纷适用惩罚性赔偿提供了一般规则,对于建设知识产权强国,保障经济社会高质量发展具有重要作用。本案中,审理法院秉持强化植物新品种权保护的司法理念,在侵权人拒不提供交易记录、相关账簿的情况下,依法适用举证妨碍制度,参考其宣传的交易额合理推定侵权获利达到100万元以上,并依法适用《民法典》及《种子法》规定的惩罚性赔偿制度,按照计算基数的二倍确定惩罚性赔偿金额为200万元,实际赔偿总额为基数的三倍。本案判决对于切实解决知识产权侵权维权难度大、赔偿数额低的问题,形成对恶意侵权行为的强有力威慑,彰显种业知识产权司法保护力度,具有积极示范作用。

(二)基本案情

某种业科技有限公司为水稻新品种"金粳18"的独占实施被许可人。某农业产

业发展有限公司在不具有种子生产经营许可证的情况下，未经许可在微信群内发布"农业产业链信息匹配"寻找潜在交易者，并收取会员费后提供种子交易信息，与买家商定交易价格、数量、交货时间后安排送交无标识、标签的白皮袋，或者包装标注为其他商品粮的"金粳818"种子。某种业科技有限公司诉请判令某农业产业发展有限公司停止侵权，并赔偿经济损失300万元。

（三）裁判结果

生效裁判认为，某农业产业发展有限公司系被诉侵权种子的交易组织者、决策者，其行为构成销售侵权。由于该公司拒不提供相关账簿，故审理法院参考其宣传资料，综合考虑侵权情节推定侵权获利达到100万元以上，并以此为基数。该公司明知未经许可销售授权品种繁殖材料的侵权性质，所销售的被诉侵权种子部分包装未标注任何信息、部分包装标注为其他商品粮，试图掩盖侵权行为和逃避责任追究的意图明显，具有侵权恶意。其未取得种子生产经营许可证生产经营种子，可以认定为侵权行为情节严重。因此，审理法院依法适用惩罚性赔偿，按照基数的二倍确定惩罚性赔偿数额，全额支持权利人诉请。

（四）条文指引

《民法典》第一千一百八十五条

二十六、庾某娴诉黄某辉高空抛物损害责任纠纷案

（一）**典型意义**

本案是人民法院首次适用《民法典》第一千二百五十四条判决高空抛物者承担赔偿责任，切实维护人民群众"头顶上的安全"的典型案例。《民法典》侵权责任编明确禁止从建筑物中抛掷物品，进一步完善了高空抛物的治理规则。本案依法判决高空抛物者承担赔偿责任，有利于通过公正裁判树立行为规则，进一步强化高空抛物、坠物行为预防和惩治工作，也有利于更好地保障居民合法权益，切实增强人民群众的幸福感、安全感。

（二）**基本案情**

2019年5月26日，庾某娴在位于广州杨箕的自家小区花园散步，经过黄某辉楼下时，黄某辉家小孩在房屋阳台从35楼抛下一瓶矿泉水，水瓶掉落到庾某娴身旁，导致其惊吓、摔倒，随后被送往医院救治。次日，庾某娴亲属与黄某辉一起查看监控，确认了上述事实后，双方签订确认书，确认矿泉水瓶系黄某辉家小孩从阳台扔下，同时黄某辉向庾某娴支付1万元赔偿。庾某娴住院治疗22天才出院，其后又因此事反复入院治疗，累计超过60天，且被鉴定为十级伤残。由于黄某辉拒绝支付剩余治疗费，庾某娴遂向法院提起诉讼。

（三）**裁判结果**

生效裁判认为，庾某娴散步时被从高空抛下的水瓶惊吓摔倒受伤，经监控录像显示水瓶由黄某辉租住房屋阳台抛下，有视频及庾某娴、黄某辉签订的确认书证明。双方确认抛物者为无民事行为能力人，黄某辉是其监护人，庾某娴要求黄某辉承担

赔偿责任,黄某辉亦同意赔偿。涉案高空抛物行为发生在《民法典》实施前,但为了更好地保护公民、法人和其他组织的权利和利益,根据《最高人民法院关于适用〈中华人民共和国民法典〉时间效力的若干规定》第十九条规定,《民法典》施行前,从建筑物中抛掷物品或者从建筑物上坠落的物品造成他人损害引起的民事纠纷案件,适用《民法典》第一千二百五十四条的规定。2021年1月4日,审理法院判决黄某辉向庾某娴赔偿医疗费、护理费、交通费、住院伙食补助费、残疾赔偿金、鉴定费合计8.3万元;精神损害抚慰金1万元。

(四)条文指引
《民法典》第一千二百五十四条

二十七、稳健股份公司诉苏州稳健公司、某包装公司、滑某侵害商标权及不正当竞争纠纷案

(一)典型意义

《知识产权强国建设纲要(2021-2035)》提出,要建设支撑国际一流营商环境的知识产权保护体系。知识产权司法保护作为知识产权保护体系的重要力量,发挥着不可或缺的重要作用。本案是人民法院依法保护企业字号和商标权益,服务保障疫情防控和经济社会发展的典型案例。本案中,稳健股份公司是知名医用卫生材料生产企业,商标及企业字号在业内知名度较高。侵权人故意以该字号为名称注册企业,生产销售口罩产品,有组织、有分工地实施严重的商标侵权及不正当竞争行为。对此,审理法院判决通过适用惩罚性赔偿、加大赔偿力度、认定共同侵权、责令停止使用字号等方式予以严厉惩治,有力保护了权利人的知识产权和相关权利,诠释了人民法院全面加强知识产权司法保护、维护公平竞争秩序的基本理念,实现了政治效果、法律效果和社会效果有机统一。

(二)基本案情

稳健股份公司成立于2000年,业务覆盖医用敷料、手术耗材、医用卫生材料及家庭卫生护理用品等领域,在口罩等多个商品上注册有"图片""图片""图片"等诸多商标。稳健股份公司在业内具有较高的知名度和影响力,为我国疫情防控工作作出了重要贡献。苏州稳健公司成立于2020年,在生产销售的口罩产品图片、参数、详情、包装箱、合格证、价签、包装袋以及经营环境、公众号、网站等处使用"图片""图片"以及"品牌:苏稳、品牌:稳健、品牌:Winner/稳健、生产企业:苏州稳健医疗用品有限公司""稳健医疗、SW苏稳、WJ稳健医疗、苏州稳健医疗""苏州稳健公司""苏州稳健医疗用品有限公司"等字样,对其产品、公司及经营进行宣传介绍。滑某分别持有苏州稳健公司、某包装公司99%、91.6667%股份。苏州稳健公司办公地址位于某包装工业园内,销售的口罩包装袋上标注某包装公司官网地址,出具的销售收据加盖某包装公司公章。某包装公司官网大篇幅介绍苏州稳健公司产品及企业信息,网店销售苏州稳健公司口罩,并自称"自有工厂""源头厂

家"。滑某将某包装公司网店销售口罩的收入纳入个人账户。稳健股份公司认为上述行为侵害其商标权,并构成不正当竞争,某包装公司、滑某实施共同侵权,故要求苏州稳健公司停止侵权并赔偿损失,某包装公司、滑某承担连带责任。

(三)裁判结果

生效裁判认为,涉案注册商标及企业字号知名度较高。苏州稳健公司在口罩产品和公司网站、网店、公众号上使用与涉案注册商标相同或近似的标识,擅自注册、使用"稳健"字号及企业名称,开展相同经营活动,具有明显攀附稳健股份公司商誉的目的,造成混淆误认,构成商标侵权及不正当竞争。苏州稳健公司、某包装公司高度关联,滑某为两公司绝对控股股东,个人与公司财产混同。在滑某策划与控制下,两公司分工合作,共同实施侵权行为,三者应当承担连带责任。苏州稳健公司、某包装公司、滑某明知涉案商标及字号在业内知名度极高,使用侵权字号注册公司,有组织、有分工地实施上述行为,且在稳健股份公司两次举报后仍继续实施侵权行为,并向市场监管部门进行不实陈述,严重违背诚信原则和商业道德。同时,本案侵权商品为疫情防控物资,价格低廉,未经正规检验程序即向公众销售,质量堪忧,极大损害稳健股份公司商誉,严重危及公众健康,对疫情防控工作造成不利影响。本案侵权渠道多样,包括线上官网、网店、线下销售,线上覆盖了微信、抖音、淘宝、1688等,而且侵权规模较大、时间跨度长,当事人拒绝根据法院要求提交财务账册等证据。因此,法院认为苏州稳健公司、某包装公司、滑某侵权情节严重,主观故意明显,对于可以查明的侵权获利部分,依法适用四倍惩罚性赔偿;对于无法查明具体销量的部分,综合考虑严重侵权情节,适用法定赔偿确定赔偿额。据此判决苏州稳健公司、某包装公司、滑某立即停止侵害商标专用权行为及不正当竞争行为,苏州稳健公司立即停止使用现有企业名称,三者共同赔偿稳健股份公司损失及维权合理费用1021655元。

(四)条文指引

《民法典》第一百七十九条、第一千一百六十八条

二十八、上海市奉贤区生态环境局与张某新、童某勇、王某平生态环境损害赔偿诉讼案

(一)典型意义

习近平总书记多次强调,要像保护眼睛一样保护生态环境。本案系人民法院践行习近平生态文明思想,适用民法典相关规定判决由国家规定的机关委托修复生态环境,所需费用由侵权人负担的典型案例。本案依法认定生态修复刻不容缓而侵权人客观上无法履行修复义务的,行政机关有权委托他人进行修复,并可根据《民法典》第一千二百三十四条直接主张费用赔偿,既有力推动了生态环境修复,也为民法典施行前发生的环境污染纠纷案件准确适用法律提供了参考借鉴。

（二）基本案情

2018年4月始，张某新、童某勇合伙进行电镀作业，含镍废液直接排入厂房内渗坑。后王某平向张某新承租案涉场地部分厂房，亦进行电镀作业，含镍废液也直接排入渗坑。2018年12月左右，两家电镀作坊雇人在厂房内挖了一口渗井后，含镍废液均通过渗井排放。2019年4月，上海市奉贤区环境监测站检测发现渗井内镍浓度超标，严重污染环境。奉城镇人民政府遂委托他人对镍污染河水和案涉场地电镀废液进行应急处置，并开展环境损害的鉴定评估、生态环境修复、环境监理、修复后效果评估等工作。相关刑事判决以污染环境罪分别判处张某新、童某勇及案外人宋某军有期徒刑，王某平在逃。经奉贤区人民政府指定，奉贤区生态环境局启动本案的生态环境损害索赔工作。因与被告磋商无果，奉贤区生态环境局提起生态环境损害赔偿诉讼，请求判令三被告共同承担应急处置费、环境损害鉴定评估费、招标代理费、修复工程费、环境监理费、修复效果评估费等费用共计6712571元。上海市人民检察院第三分院支持起诉。

（三）裁判结果

生效裁判认为，《民法典》第一千二百三十四条规定，国家规定的机关可以自行或者委托他人进行修复，所需费用由侵权人负担。涉案侵权行为发生在民法典实施之前，根据《最高人民法院关于适用〈中华人民共和国民法典〉时间效力的若干规定》第三条规定的空白溯及原则，本案可以适用《民法典》第一千二百三十四条。法院判决三被告共赔偿原告奉贤区生态环境局应急处置费、环境损害鉴定评估费、招标代理费、修复工程费、环境监理费、修复效果评估费等费用共计6712571元，其中张某新、童某勇连带赔偿上述金额的50%，王某平赔偿上述金额的50%。

（四）条文指引

《民法典》第一千二百三十四条

《合同编通则解释》相关典型案例[①]

一、某物业管理有限公司与某研究所房屋租赁合同纠纷案

【裁判要点】

招投标程序中，中标通知书送达后，一方当事人不履行订立书面合同的义务，相对方请求确认合同自中标通知书到达中标人时成立的，人民法院应予支持。

[①]《最高人民法院发布民法典合同编通则司法解释相关典型案例》，载最高人民法院网站，https://www.court.gov.cn/zixun/xiangqing/419392.html，最后访问日期：2024年1月16日。

【简要案情】

2021年7月8日，某研究所委托招标公司就案涉宿舍项目公开发出投标邀请。2021年7月28日，某物业管理有限公司向招标公司发出《投标文件》，表示对招标文件无任何异议，愿意提供招标文件要求的服务。2021年8月1日，招标公司向物业管理公司送达中标通知书，确定物业管理公司为中标人。2021年8月11日，研究所向物业管理公司致函，要求解除与物业管理公司之间的中标关系，后续合同不再签订。物业管理公司主张中标通知书送达后双方租赁合同法律关系成立，研究所应承担因违约给其造成的损失。研究所辩称双方并未签订正式书面租赁合同，仅成立预约合同关系。

【判决理由】

法院生效裁判认为，从合同法律关系成立角度，招投标程序中的招标行为应为要约邀请，投标行为应为要约，经评标后招标人向特定投标人发送中标通知书的行为应为承诺，中标通知书送达投标人后承诺生效，合同成立。预约合同是指约定将来订立本约合同的合同，其主要目的在于将来成立本约合同。《招标投标法》第四十六条第一款规定："招标人和中标人应当自中标通知书发出之日起三十日内，按照招标文件和中标人的投标文件订立书面合同。招标人和中标人不得再行订立背离合同实质性内容的其他协议。"从该条可以看出，中标通知书发出后签订的书面合同必须按照招投标文件订立。本案中招投标文件对租赁合同内容已有明确记载，故应认为中标通知书到达投标人时双方当事人已就租赁合同内容达成合意。该合意与主要目的为签订本约合同的预约合意存在区别，应认为租赁合同在中标通知书送达时成立。中标通知书送达后签订的书面合同，按照上述法律规定其实质性内容应与招投标文件一致，因此应为租赁合同成立后法律要求的书面确认形式，而非新的合同。由于中标通知书送达后租赁合同法律关系已成立，故研究所不履行合同义务，应承担违约责任。

【司法解释相关条文】

《合同编通则解释》第四条

二、某通讯公司与某实业公司房屋买卖合同纠纷案

【裁判要点】

判断当事人之间订立的合同是本约还是预约的根本标准应当是当事人是否有意在将来另行订立一个新的合同，以最终明确双方之间的权利义务关系。即使当事人对标的、数量以及价款等内容进行了约定，但如果约定将来一定期间仍须另行订立合同，就应认定该约定是预约而非本约。当事人在签订预约合同后，已经实施交付标的物或者支付价款等履行行为，应当认定当事人以行为的方式订立了本约合同。

【简要案情】

2006年9月20日，某实业公司与某通讯公司签订《购房协议书》，对买卖诉争

房屋的位置、面积及总价款等事宜作出约定，该协议书第三条约定在本协议原则下磋商确定购房合同及付款方式，第五条约定本协议在双方就诉争房屋签订房屋买卖合同时自动失效。通讯公司向实业公司的股东某纤维公司共转款1000万元，纤维公司为此出具定金收据两张，金额均为500万元。次年1月4日，实业公司向通讯公司交付了诉争房屋，此后该房屋一直由通讯公司使用。2009年9月28日，通讯公司发出《商函》给实业公司，该函的内容为因受金融危机影响，且房地产销售价格整体下调，请求实业公司将诉争房屋的价格下调至6000万元左右。当天，实业公司发函给通讯公司，要求其在30日内派员协商正式的房屋买卖合同。通讯公司于次日回函表示同意商谈购房事宜，商谈时间为同年10月9日。2009年10月10日，实业公司发函致通讯公司，要求通讯公司对其拟定的《房屋买卖合同》作出回复。当月12日，通讯公司回函对其已收到上述合同文本作出确认。2009年11月12日，实业公司发函给通讯公司，函件内容为双方因对买卖合同的诸多重大问题存在严重分歧，未能签订《房屋买卖合同》，故双方并未成立买卖关系，通讯公司应支付场地使用费。通讯公司于当月17日回函，称双方已实际履行了房屋买卖义务，其系合法占有诉争房屋，故无需支付场地占用费。2010年3月3日，实业公司发函给通讯公司，解除其与通讯公司签订于2006年9月20日的《购房协议书》，且要求通讯公司腾出诉争房屋并支付场地使用费、退还定金。通讯公司以其与实业公司就诉争房屋的买卖问题签订了《购房协议书》，且其已支付1000万元定金，实业公司亦已将诉争房屋交付给其使用，双方之间的《购房协议书》合法有效，且以已实际履行为由，认为其与实业公司于2006年9月20日签订的《购房协议书》已成立并合法有效，请求判令实业公司向其履行办理房屋产权过户登记的义务。

【判决理由】

法院生效裁判认为，判断当事人之间订立的合同系本约还是预约的根本标准应当是当事人的意思表示，即当事人是否有意在将来订立一个新的合同，以最终明确在双方之间形成某种法律关系的具体内容。如果当事人存在明确的将来订立本约的意思，那么，即使预约的内容与本约已经十分接近，且通过合同解释，从预约中可以推导出本约的全部内容，也应当尊重当事人的意思表示，排除这种客观解释的可能性。不过，仅就案涉《购房协议书》而言，虽然其性质应为预约，但结合双方当事人在订立《购房协议书》之后的履行事实，实业公司与通讯公司之间已经成立了房屋买卖法律关系。对于当事人之间存在预约还是本约关系，不能仅凭一份孤立的协议就简单地加以认定，而是应当综合审查相关协议的内容以及当事人嗣后为达成交易进行的磋商甚至具体的履行行为等事实，从中探寻当事人的真实意思，并据此对当事人之间法律关系的性质作出准确的界定。本案中，双方当事人在签订《购房协议书》时，作为买受人的通讯公司已经实际交付了定金并约定在一定条件下自动转为购房款，作为出卖人的实业公司也接受了通讯公司的交付。在签订《购房协议书》的三个多月后，实业公司将合同项下的房屋交付给了通讯公司，通讯公司接受了该交付。而根据《购房协议书》的预约性质，实业公司交付房屋的行为不应视为对该合同的履行，在当事人之间不存在租赁等其他有偿使用房屋的法律关系的情形下，实业公司的该行为应认定为系基于与通讯公司之间的房屋买卖关系而为的交付。据此，可以认定当事人之间达成了买卖房屋的合意，成立了房屋买卖法律关系。

【司法解释相关条文】
《合同编通则解释》第六条

三、某甲银行和某乙银行合同纠纷案

【裁判要点】
案涉交易符合以票据贴现为手段的多链条融资交易的基本特征。案涉《回购协议》是双方虚假意思表示，目的是借用银行承兑汇票买入返售的形式为某甲银行向实际用资人提供资金通道，真实合意是资金通道合同。在资金通道合同项下，各方当事人的权利义务是，过桥行提供资金通道服务，由出资银行提供所需划转的资金并支付相应的服务费，过桥行无交付票据的义务，但应根据其过错对出资银行的损失承担相应的赔偿责任。

【简要案情】
票据中介王某与某甲银行票据部员工姚某等联系以开展票据回购交易的方式进行融资，2015年3月至12月间，双方共完成60笔交易。交易的模式是：姚某与王某达成票据融资的合意后，姚某与王某分别联系为两者之间的交易提供资金划转服务的银行即过桥行，包括某乙银行、某丙银行、某丁银行等。所有的交易资金最终通过过桥行流入由王某控制的企业账户中；在票据的交付上，王某从持票企业收购票据后，通过其控制的村镇银行完成票据贴现，并直接向某甲银行交付。资金通道或过桥的特点是过桥行不需要见票、验票、垫资，没有资金风险，仅收取利差。票据回购到期后，由于王某与姚某等人串通以虚假票据入库，致使某甲银行的资金遭受损失，王某与姚某等人亦因票据诈骗、挪用资金等行为被判处承担刑事责任。之后，某甲银行以其与某乙银行签订的《银行承兑汇票回购合同》（以下简称《回购合同》）为据，以其与某乙银行开展票据回购交易而某乙银行未能如期交付票据为由提起诉讼，要求某乙银行承担回购合同约定的违约责任。

【判决理由】
生效判决认为：《回购合同》系双方虚假合意，该虚假合意隐藏的真实合意是由某乙银行为某甲银行提供资金通道服务，故双方之间的法律关系为资金通道合同法律关系。具体理由为：第一，某甲银行明知以票据回购形式提供融资发生在其与王某之间，亦明知是在无票据作为担保的情况下向王某融出资金，而某乙银行等过桥行仅凭某甲银行提供的票据清单开展交易，为其提供通道服务。因此，本案是以票据贴现为手段，以票据清单交易为形式的多链条融资模式，某甲银行是实际出资行，王某是实际用资人，某乙银行是过桥行。第二，某甲银行与某乙银行之间不交票、不背书，仅凭清单交易的事实可以证明，《回购合同》并非双方当事人的真实合意。第三，案涉交易存在不符合正常票据回购交易顺序的倒打款，进一步说明《回购合同》并非双方的真实意思表示。《回购合同》表面约定的票据回购系双方的虚假意思而无效；隐藏的资金通道合同违反了金融机构审慎经营原则，且扰乱了票据市场交易秩序、引发金融风险，因此双方当事人基于真实意思表示形成的资金通道合同属于违背公序良俗、损害社会公共利益的合同，依据《民法总则》第一百五十三条第二款及《合同法》第五十二条第四项的规定，应为无效。在《回购合同》无效的情形下，某甲银行请求某乙银行履行合同约定的义务并承担违约责任，缺乏法律依据，但某乙银行应根据其过错对某甲银行的损失承担相应的赔偿责任。

【司法解释相关条文】
《合同编通则解释》第十五条

四、某旅游管理公司与某村村民委员会等合同纠纷案

【裁判要点】
当事人签订具有合作性质的长期性合同，因政策变化对当事人履行合同产生影响，但该变化不属于订立合同时无法预见的重大变化，按照变化后的政策要求予以调整亦不影响合同继续履行，且继续履行不会对当事人一方明显不公平，该当事人不能依据《民法典》第五百三十三条请求变更或者解除合同。该当事人请求终止合同权利义务关系，守约方不同意终止合同，但双方当事人丧失合作可能性导致合同目的不能实现的，属于《民法典》第五百八十条第一款第二项规定的"债务的标的不适于强制履行"，应根据违约方的请求判令终止合同权利义务关系并判决违约方承担相应的违约责任。

【简要案情】
2019年初，某村村委会、村股份经济合作社（甲方）与某旅游管理有限公司（乙方）就某村村域范围内旅游资源开发建设签订经营协议，约定经营期限50年。2019年底，某村所在市辖区水务局将经营范围内河沟两侧划定为城市蓝线，对蓝线范围内的建设活动进行管理。2019年11月左右，某旅游管理有限公司得知河沟两侧被划定为城市蓝线。2020年5月11日，某旅游管理有限公司书面通知要求解除相关协议。经调查，经营协议确定的范围绝大部分不在蓝线范围内，且对河道治理验收合格就能对在蓝线范围内的部分地域进行开发建设。

【判决理由】
生效判决认为，双方约定就经营区域进行民宿与旅游开发建设，因流经某村村域的河道属于签订经营协议时既有的山区河道，不属于无法预见的重大变化，城市蓝线主要是根据江、河、湖、库、渠和湿地等城市地标水体来进行地域界限划定，主要目的是为了水体保护和控制，某旅游管理有限公司可在履行相应行政手续审批或符合政策文件的具体要求时继续进行开发活动，故城市蓝线划定不构成情势变更。某村村委会、村股份经济合作社并不存在违约行为，某旅游管理有限公司明确表示不再对经营范围进行民宿及旅游资源开发，属于违约一方。某旅游管理有限公司以某村村委会及村股份经济合作社根本违约为由要求解除合同，明确表示不再对经营范围进行民宿及旅游资源开发，某村村委会及村股份经济合作社不同意解除合同或终止合同权利义务，双方已构成合同僵局。考虑到双方合同持续履行长达50年，须以双方自愿且相互信赖为前提，如不允许双方权利义务终止，既不利于充分发挥土

地等资源的价值利用,又不利于双方利益的平衡保护,案涉经营协议已丧失继续履行的现实可行性,合同权利义务关系应当终止。

【司法解释相关条文】

《合同编通则解释》第三十二条

五、某控股株式会社与某利公司等债权人代位权纠纷案

【裁判要点】

在代位权诉讼中,相对人以其与债务人之间的债权债务关系约定了仲裁条款为由,主张案件不属于人民法院受理案件范围的,人民法院不予支持。

【简要案情】

2015年至2016年,某控股株式会社与某利国际公司等先后签订《可转换公司债发行及认购合同》及补充协议,至2019年3月,某利国际公司欠付某控股株式会社款项6400余万元。2015年5月,某利公司与其母公司某利国际公司签订《贷款协议》,由某利国际公司向某利公司出借2.75亿元用于公司经营。同年6月,某利国际公司向某利公司发放了贷款。案涉《可转换公司债发行及认购合同》及补充协议、《贷款协议》均约定了仲裁条款。某控股株式会社认为某利国际公司怠于行使对某利公司的债权,影响了某控股株式会社到期债权的实现,遂提起代位权诉讼。一审法院认为,虽然某控股株式会社与某利公司之间并无直接的仲裁协议,但某控股株式会社向某利公司行使代位权时,应受某利公司与某利国际公司之间仲裁条款的约束。相关协议约定的仲裁条款排除了人民法院的管辖,故裁定驳回某控股株式会社的起诉。某控股株式会社不服提起上诉。二审法院依据《最高人民法院关于适用〈中华人民共和国合同法〉若干问题的解释(一)》第十四条的规定,裁定撤销一审裁定,移送被告住所地人民法院审理。

【判决理由】

生效裁判认为,虽然案涉合同中均约定了仲裁条款,但仲裁条款只约束签订合同的各方当事人,对合同之外的当事人不具有约束力。本案并非债权转让引起的诉讼,某控股株式会社既非《贷款协议》的当事人,亦非该协议权利义务的受让人,一审法院认为某控股株式会社行使代位权时应受某利公司与某利国际公司之间仲裁条款的约束缺乏依据。

【司法解释相关条文】

《合同编通则解释》第三十六条

六、周某与丁某、薛某债权人撤销权纠纷案

【裁判要点】

在债权人撤销权诉讼中,债权人请求撤销债务人与相对人的行为并主张相对人

向债务人返还财产的,人民法院依法予以支持。

【简要案情】

周某因丁某未能履行双方订立的加油卡买卖合同,于2020年8月提起诉讼,请求解除买卖合同并由丁某返还相关款项。生效判决对周某的诉讼请求予以支持,但未能执行到位。执行中,周某发现丁某于2020年6月至7月间向其母亲薛某转账87万余元,遂提起债权人撤销权诉讼,请求撤销丁某无偿转让财产的行为并同时主张薛某向丁某返还相关款项。

【判决理由】

生效裁判认为,丁某在其基于加油卡买卖合同关系形成的债务未能履行的情况下,将名下银行卡中的款项无偿转账给其母亲薛某的行为客观上影响了债权人周某债权的实现。债权人周某在法定期限内提起撤销权诉讼,符合法律规定。丁某的行为被撤销后,薛某即丧失占有案涉款项的合法依据,应当负有返还义务,遂判决撤销丁某的行为、薛某向丁某返还相关款项。

【司法解释相关条文】

《合同编通则解释》第四十六条第一款

七、孙某与某房地产公司合资、合作开发房地产合同纠纷案

【裁判要点】

合同一方当事人以通知形式行使合同解除权的,须以享有法定或者约定解除权为前提。不享有解除权的一方向另一方发出解除通知,另一方即便未在合理期限内提出异议,也不发生合同解除的效力。

【简要案情】

2014年5月,某房地产开发有限公司(以下简称房地产公司)与孙某签订《合作开发协议》。协议约定:房地产公司负有证照手续办理、项目招商、推广销售的义务,孙某承担全部建设资金的投入;房地产公司拟定的《项目销售整体推广方案》,应当与孙某协商并取得孙某书面认可;孙某投入500万元(保证金)资金后,如果销售额不足以支付工程款,孙某再投入500万元,如不到位按违约处理;孙某享有全权管理施工项目及承包商、施工场地权利,房地产公司支付施工方款项必须由孙某签字认可方能转款。

同年10月,房地产公司向孙某发出协调函,双方就第二笔500万元投资款是否达到支付条件产生分歧。2015年1月20日,房地产公司向孙某发出《关于履行的通知》,告知孙某5日内履行合作义务,向该公司支付500万元投资款,否则将解除《合作开发协议》。孙某在房地产公司发出协调函后,对其中提及的需要支付的工程款并未提出异议,亦未要求该公司提供依据,并于2015年1月23日向该公司发送回复函,要求该公司近日内尽快推出相关楼栋销售计划并取得其签字认可,尽快择期开盘销售,并尽快按合同约定设立项目资金管理共同账户。房地产公司于2015年3月13日向孙某发出《解除合同告知函》,通知解除《合作开发协议》。孙某收到该函

493

后,未对其形式和内容提出异议。2015年7月17日,孙某函告房地产公司,请该公司严格执行双方合作协议约定,同时告知"销售已近半月,望及时通报销售进展实况"。后孙某诉至法院,要求房地产公司支付合作开发房地产收益分红总价值3000万元;房地产公司提出反诉,要求孙某给付违约金300万元。一审、二审法院认为,孙某收到解除通知后,未对通知的形式和内容提出异议,亦未在法律规定期限内请求人民法院或者仲裁机构确认解除合同的效力,故认定双方的合同已经解除。孙某不服二审判决,向最高人民法院申请再审。

【判决理由】

生效裁判认为,房地产公司于2015年3月13日向孙某发送《解除合同告知函》,通知解除双方签订的《合作开发协议》,但该《解除合同告知函》产生解除合同的法律效果须以该公司享有法定或者约定解除权为前提。从案涉《合作开发协议》的约定看,孙某第二次投入500万元资金附有前置条件,即房地产公司应当对案涉项目进行销售,只有在销售额不足以支付工程款时,才能要求孙某投入第二笔500万元。结合《合作开发协议》的约定,能否认定房地产公司作为守约方,享有法定解除权,应当审查该公司是否依约履行了己方合同义务。包括案涉项目何时开始销售,销售额是否足以支付工程款;房地产公司在房屋销售前后,是否按照合同约定,将《项目销售整体推广方案》报孙某审批;工程款的支付是否经由孙某签字等一系列事实。一审、二审法院未对上述涉及房地产公司是否享有法定解除权的事实进行审理,即以孙某"未在法律规定期限内请求人民法院或者仲裁机构确认解除合同的效力"为由,认定《合作开发协议》已经解除,属于认定事实不清,适用法律错误。

【司法解释相关条文】

《合同编通则解释》第五十三条

八、某实业发展公司与某棉纺织品公司委托合同纠纷案

【裁判要点】

据以行使抵销权的债权不足以抵销其全部债务,应当按照实现债权的有关费用、利息、主债务的顺序进行抵销。

【简要案情】

2012年6月7日,某实业发展公司与某棉纺织品公司签订《委托协议》,约定某实业发展公司委托某棉纺织品公司通过某银行向案外人某商贸公司发放贷款5000万元。该笔委托贷款后展期至2015年6月9日。某商贸公司在贷款期间所支付的利息,均已通过某棉纺织品公司支付给某实业发展公司。2015年6月2日,某商贸公司将5000万元本金归还某棉纺织品公司,但某棉纺织品公司未将该笔款项返还给某实业发展公司,形成本案诉讼。另,截至2015年12月31日,某实业发展公司欠某棉纺织品公司8296517.52元。某棉纺织品公司于2017年7月20日向某实业发展公司送达

《债务抵销通知书》，提出以其对某实业发展公司享有的 8296517.52 元债权抵销案涉 5000 万元本金债务。某实业发展公司以某棉纺织品公司未及时归还所欠款项为由诉至法院，要求某棉纺织品公司归还本息。在本案一审期间，某棉纺织品公司又以抗辩的形式就该笔债权向一审法院提出抵销，并提起反诉，后主动撤回反诉。

【判决理由】

生效裁判认为，某棉纺织品公司据以行使抵销权的债权不足以抵销其对某实业发展公司负有的全部债务，参照《最高人民法院关于适用〈中华人民共和国合同法〉若干问题的解释（二）》第二十一条的规定，应当按照实现债权的有关费用、利息、主债务的顺序进行抵销，即某棉纺织品公司对某实业发展公司享有的 8296517.52 元债权，先用于抵销其对某实业发展公司负有的 5000 万元债务中的利息，然后再用于抵销本金。某棉纺织品公司有关 8296517.52 元先用于抵销 5000 万元本金的再审申请缺乏事实和法律依据，故不予支持。

【司法解释相关条文】

《合同编通则解释》第五十六条第二款

九、某石材公司与某采石公司买卖合同纠纷案

【裁判要点】

非违约方主张按照违约行为发生后合理期间内合同履行地的市场价格与合同价格的差额确定合同履行后可以获得的利益的，人民法院依法予以支持。

【简要案情】

某石材公司与某采石公司签订《大理石方料买卖合同》，约定自某采石公司在某石材公司具备生产能力后前两年每月保证供应石料 1200 立方米至 1500 立方米。合同约定的大理石方料收方价格根据体积大小，主要有两类售价：每立方米 350 元和每立方米 300 元。自 2011 年 7 月至 2011 年 9 月，某采石公司向某石材公司供应了部分石料，但此后某采石公司未向某石材公司供货，某石材公司遂起诉主张某采石公司承担未按照合同供货的违约损失。某采石公司提供的评估报告显示荒料单价为每立方米 715.64 元。

【判决理由】

生效裁判认为，某采石公司提供的评估报告显示的石材荒料单价每立方米 715.64 元，是某石材公司在某采石公司违约后如采取替代交易的方法再购得每立方米同等质量的石料所需要支出的费用。以该价格扣除合同约定的供货价每立方米 350 元，即某石材公司受到的单位损失。

【司法解释相关条文】

《合同编通则解释》第六十条第三款

十、柴某与某管理公司房屋租赁合同纠纷案

【裁判要点】

当事人一方违约后,对方没有采取适当措施致使损失扩大的,不得就扩大的损失请求赔偿。承租人已经通过多种途径向出租人作出了解除合同的意思表示,而出租人一直拒绝接收房屋,造成涉案房屋的长期空置,不得向承租人主张全部空置期内的租金。

【简要案情】

2018年7月21日,柴某与某管理公司签订《资产管理服务合同》,约定:柴某委托某管理公司管理运营涉案房屋,用于居住;管理期限自2018年7月24日起至2021年10月16日止。合同签订后,柴某依约向某管理公司交付了房屋。某管理公司向柴某支付了服务质量保证金,以及至2020年10月16日的租金。后某管理公司与柴某协商合同解除事宜,但未能达成一致,某管理公司向柴某邮寄解约通知函及该公司单方签章的结算协议,通知柴某该公司决定于2020年11月3日解除《资产管理服务合同》。柴某对某管理公司的单方解除行为不予认可。2020年12月29日,某管理公司向柴某签约时留存并认可的手机号码发送解约完成通知及房屋密码锁的密码。2021年10月8日,法院判决终止双方之间的合同权利义务关系。柴某起诉请求某管理公司支付2020年10月17日至2021年10月16日房屋租金114577.2元及逾期利息、违约金19096.2元、未履行租期年度对应的空置期部分折算金额7956.75元等。

【判决理由】

生效裁判认为,当事人一方违约后,对方应当采取适当措施防止损失的扩大;没有采取适当措施致使损失扩大的,不得就扩大的损失请求赔偿。合同终止前,某管理公司应当依约向柴某支付租金。但鉴于某管理公司已经通过多种途径向柴某表达解除合同的意思表示,并向其发送房屋密码锁密码,而柴某一直拒绝接收房屋,造成涉案房屋的长期空置。因此,柴某应当对其扩大损失的行为承担相应责任。法院结合双方当事人陈述、合同实际履行情况、在案证据等因素,酌情支持柴某主张的房屋租金至某管理公司向其发送电子密码后一个月,即2021年1月30日,应付租金为33418.35元。

【司法解释相关条文】

《合同编通则解释》第六十一条第二款、第六十三条第三款

涉婚姻家庭纠纷典型案例[①]

案例一：一方在结婚后将其婚前房产为另一方"加名"，离婚分割夫妻共同财产时，人民法院可以判决房屋归给予方所有，并综合考虑共同生活情况等因素合理补偿对方——崔某某与陈某某离婚纠纷案

【基本案情】

崔某某与陈某某（男）于2009年1月登记结婚。2009年2月，陈某某将其婚前购买的房屋转移登记至崔某某、陈某某双方名下。陈某某为再婚，与前妻育有一女陈某。崔某某与陈某某结婚时，陈某15岁，平时住校，周末及假期回家居住。崔某某与陈某某未生育子女。2020年，双方因家庭矛盾分居，崔某某提起本案诉讼，请求判决其与陈某某离婚，并由陈某某向其支付房屋折价款250万元。陈某某辩称，因崔某某与其女儿陈某关系紧张，超出其可忍受范围，双方感情已破裂，同意离婚。崔某某对房屋产权的取得没有贡献，而且，婚后陈某某的银行卡一直由崔某某保管，家庭开销均由陈某某负担，故只同意支付100万元补偿款。诉讼中，双方均认可案涉房屋市场价值600万元。

【裁判结果判决理由】

审理法院认为，崔某某与陈某某因生活琐事及与对方家人矛盾较深，以致感情破裂，双方一致同意解除婚姻关系，与法不悖，予以准许。案涉房屋系陈某某婚前财产，陈某某于婚后为崔某某"加名"系对个人财产的处分，该房屋现登记为共同共有，应作为夫妻共同财产予以分割。至于双方争议的房屋分割比例，该房屋原为陈某某婚前个人财产，崔某某对房屋产权的取得无贡献，但考虑到双方婚姻已存续十余年，结合双方对家庭的贡献以及双方之间的资金往来情况，酌定崔某某可分得房屋折价款120万元。该判决作出后，双方均未提出上诉，判决已发生法律效力。

【典型意义】

根据《民法典》第一千零六十五条规定，男女双方可以约定婚姻关系存续期间所得的财产以及婚前财产归各自所有、共同所有或者部分各自所有、部分共同所有。

---

① 《涉婚姻家庭纠纷典型案例》，载最高人民法院网站，https://www.court.gov.cn/zixun/xiangqing/452761.html，最后访问日期：2025年1月16日。

夫妻对婚姻关系存续期间所得的财产以及婚前财产的约定，对双方具有法律约束力。婚姻关系存续期间，夫妻一方将其个人所有的婚前财产变更为夫妻共同所有，该种给予行为一般是以建立、维持婚姻关系的长久稳定并期望共同享有房产利益为基础。离婚分割夫妻共同财产时，应当根据诚实信用原则妥善平衡双方利益。本案中，双方共同生活时间较长，但婚后给予方负担了较多的家庭开销，人民法院综合考虑共同生活情况、双方对家庭的贡献、房屋市场价格等因素，判决房屋归给予方所有，并酌定给予方补偿对方120万元，既保护了给予方的财产权益，也肯定了接受方对家庭付出的价值，较为合理。

案例二：婚姻关系存续期间，一方父母将其房产转移登记至夫妻双方名下，离婚分割夫妻共同财产时，人民法院可以判决房屋归出资方子女所有，并综合考虑婚姻关系存续时间、共同生活情况等因素合理补偿对方——范某某与许某某离婚纠纷案

【基本案情】

2019年12月，许某某（男）父母全款购买案涉房屋。2020年5月，范某某与许某某登记结婚。2021年8月，许某某父母将案涉房屋转移登记至范某某、许某某双方名下。范某某与许某某婚后未生育子女。2024年，因家庭矛盾较大，范某某提起本案诉讼，请求判决其与许某某离婚，并平均分割案涉房屋。许某某辩称，同意离婚，但该房屋是其父母全款购买，范某某无权分割。诉讼中，双方均认可案涉房屋市场价值为30万元。

【裁判结果判决理由】

审理法院认为，范某某起诉离婚，许某某同意离婚，视为夫妻感情确已破裂，故依法准予离婚。关于案涉房屋的分割，虽然该房屋所有权已在双方婚姻关系存续期间转移登记至范某某和许某某双方名下，属于夫妻共同财产。但考虑到该房屋系许某某父母基于范某某与许某某长期共同生活的目的进行赠与，而范某某与许某某婚姻关系存续时间较短，且无婚生子女，为妥善平衡双方当事人利益，故结合赠与目的、出资来源等事实，判决案涉房屋归许某某所有，同时参考房屋市场价格，酌定许某某补偿范某某7万元。

【典型意义】

根据《民法典》第一千零八十七条规定，离婚时，夫妻的共同财产由双方协议处理；协议不成的，由人民法院根据财产的具体情况，按照照顾子女、女方和无过错方权益的原则判决。婚姻关系存续期间，由一方父母全额出资购置的房屋转移登记至夫妻双方名下，离婚分割夫妻共同财产时，可以根据该财产的出资来源情况，判决该房屋归出资方子女所有，但需综合考虑共同生活及孕育共同子女情况、离婚过错、离婚时房屋市场价格等因素，确定是否由获得房屋一方对另一方予以补偿以

及补偿的具体数额。本案中，人民法院综合考虑婚姻关系存续时间较短、未孕育共同子女、房屋市场价格等因素，判决房屋归出资方子女所有，并酌定出资方子女补偿对方7万元，既保护了父母的合理预期和财产权益，也肯定和鼓励了对家庭的投入和付出，较好地平衡了双方利益。

案例三：父母一方或者其近亲属等抢夺、藏匿未成年子女，另一方向人民法院申请人格权侵害禁令的，人民法院应予支持——颜某某申请人格权侵害禁令案

【基本案情】

2015年，颜某某与罗某某（男）登记结婚。2022年7月，颜某某生育双胞胎子女罗大某（男）、罗小某（女）。罗大某、罗小某出生后，与颜某某、罗某某共同生活居住在A省。因家庭矛盾未能得到有效调和，2024年3月，罗某某及其父母、妹妹等人将罗大某强行带离上述住所并带至B省。此后，罗大某与罗某某的父母在B省共同生活居住。经多次沟通，罗某某均拒绝将罗大某送回。颜某某遂提起本案申请，请求法院裁定罗某某将罗大某送回原住所并禁止罗某某抢夺、藏匿未成年子女。

【裁判结果判决理由】

审理法院认为，父母对未成年子女抚养、教育和保护的权利是一种重要的身份权，抢夺行为严重侵害未成年子女的人格权益和父母另一方因履行监护职责产生的权利。颜某某以其对儿子罗大某的监护权受到侵害为由向人民法院申请禁令，人民法院依法应予受理并可以参照《民法典》第九百九十七条的规定进行审查。因抢夺子女形成的抚养状态，是一种非法的事实状态，不因时间的持续而合法化。该抢夺子女的行为强行改变未成年子女惯常的生活环境和亲人陪伴，不利于未成年人身心健康，严重伤害父母子女之间的亲子关系。人民法院裁定罗某某自收到裁定之日起七日内将罗大某送回原住所，并禁止罗某某实施抢夺、藏匿子女或擅自将子女带离住所等侵害颜某某监护权的行为。本案裁定发出后，人民法院组织对双方当事人开展家庭教育指导，并现场督促罗某某购买车票将罗大某从B省接回A省。

【典型意义】

解决分居状态下抢夺、藏匿未成年子女问题的前提是及时快速制止不法行为，尽量减少对未成年人的伤害。签发人格权侵害禁令，可以进行事先预防性保护，避免权利主体受到难以弥补的损害。《民法典》第一千零一条规定，对自然人因婚姻家庭关系等产生的身份权利的保护，在相关法律没有规定的情况下，可以根据其性质参照适用人格权保护的有关规定。父母对未成年子女抚养、教育和保护的权利是一种重要的身份权，人民法院针对抢夺、藏匿未成年子女行为参照适用《民法典》第九百九十七条规定签发禁令，能够快速让未成年子女恢复到原来的生活状态，是人格权保护事先预防大于事后赔偿基本理念的具体体现，对不法行为形成有力的法律震慑。

案例四：夫妻一方在婚姻关系存续期间违反忠实义务将夫妻共同财产赠与第三人的行为无效，另一方请求第三人全部返还的，人民法院应予支持——崔某某与叶某某及高某某赠与合同纠纷案

【基本案情】

崔某某与高某某（男）于2010年2月登记结婚。婚姻关系存续期间，高某某与叶某某存在不正当关系，并于2019年3月至2023年9月向叶某某共转账73万元。同期，叶某某向高某某回转17万元，实际收取56万元。崔某某提起本案诉讼，请求判令叶某某返还崔某某的夫妻共同财产73万元。叶某某辩称，高某某转给其的部分款项已消费，不应返还。高某某认可叶某某的主张。

【裁判结果判决理由】

审理法院认为，在婚姻关系存续期间，夫妻双方未选择其他财产制的情况下，对夫妻共同财产不分份额地共同享有所有权。本案中，高某某未经另一方同意，将夫妻共同财产多次转给与其保持不正当关系的叶某某，违背社会公序良俗，故该行为无效，叶某某应当返还实际收取的款项。对叶某某关于部分款项已消费的主张，不予支持。

【典型意义】

根据《民法典》第一千零四十三条规定，夫妻应当互相忠实，互相尊重，互相关爱。婚姻关系存续期间，夫妻一方为重婚、与他人同居以及其他违反夫妻忠实义务等目的，私自将夫妻共同财产赠与他人，不仅侵害了夫妻共同财产平等处理权，更是一种严重违背公序良俗的行为，法律对此坚决予以否定。权益受到侵害的夫妻另一方主张该民事法律行为无效并请求返还全部财产的，人民法院应予支持。不能因已消费而免除其返还责任。该判决对于贯彻落实婚姻家庭受国家保护的宪法和民法典基本原则，践行和弘扬社会主义核心价值观具有示范意义。

人民法院涉彩礼纠纷典型案例[①]

一、已办理结婚登记但共同生活时间较短，离婚时应当根据共同生活时间、孕育子女等事实对数额过高的彩礼酌情返还——王某某与李某某离婚纠纷案

【基本案情】

2020年9月，王某某与李某某（女）登记结婚。王某某家在当地属于低收入家庭。为与对方顺利结婚，王某某给付李某某彩礼18.8万元。李某某于2021年4月终止妊娠。因双方家庭矛盾加深，王某某于2022年2月起诉离婚，并请求李某某返还彩礼18.8万元。

【裁判结果】

审理法院认为，双方当事人由于婚前缺乏了解，婚后亦未建立起深厚感情，婚姻已无存续可能，准予离婚。结合当地经济生活水平及王某某家庭经济情况，王某某所给付的彩礼款18.8万元属于数额过高，事实上造成较重的家庭负担。综合考虑双方共同生活时间较短，女方曾有终止妊娠等事实，为妥善平衡双方当事人利益，化解矛盾纠纷，酌定李某某返还彩礼款56400元。

【典型意义】

彩礼是以缔结婚姻为目的依据习俗给付的财物。作为我国婚嫁领域的传统习俗，彩礼是男女双方及家庭之间表达感情的一种方式，也蕴含着对婚姻的期盼与祝福。然而，超出负担能力给付的高额彩礼却背离了爱情的初衷和婚姻的本质，使婚姻演变成物质交换，不仅对彩礼给付方造成经济压力，影响婚姻家庭的和谐稳定，也不利于弘扬社会文明新风尚。2021年以来，"中央一号文件"连续三年提出治理高额彩礼问题。遏制高额彩礼陋习、培育文明乡风成为全社会的共同期盼。基于彩礼给付的特定目的，一般情况下，双方已办理结婚登记手续并共同生活，离婚时一方请求返还按照习俗给付的彩礼的，人民法院不予支持。但是，也要看到，给付彩礼的目的除了办理结婚登记这一法定形式要件外，更重要的是双方长期共同生活。因此，

[①] 《人民法院涉彩礼纠纷典型案例》，载最高人民法院网站，https://www.court.gov.cn/zixun/xiangqing/419922.html。《打击婚骗行为、促推婚介乱象治理……最高法发布第二批人民法院涉彩礼纠纷典型案例》，载最高人民法院网站，https://www.court.gov.cn/zixun/xiangqing/456091.Hhtml，最后访问日期：2025年2月28日。

共同生活时间长短应当作为确定彩礼是否返还以及返还比例的重要考量因素。本案中，双方共同生活仅一年多时间，给付彩礼的目的尚未全部实现，给付方不存在明显过错，相对于其家庭收入来讲，彩礼数额过高，给付彩礼已造成较重的家庭负担，同时，考虑到终止妊娠对女方身体健康亦造成一定程度的损害等事实，判决酌情返还部分彩礼，能够较好地平衡双方当事人间的利益，引导树立正确的婚恋观，倡导形成文明节俭的婚礼习俗，让婚姻始于爱，让彩礼归于"礼"。

二、男女双方举行结婚仪式后共同生活较长时间且已育有子女，一般不支持返还彩礼——张某与赵某婚约财产纠纷案

【基本案情】

张某与赵某（女）于2018年11月经人介绍相识，自2019年2月起共同生活，于2020年6月生育一子。2021年1月双方举行结婚仪式，至今未办理结婚登记手续。赵某收到张某彩礼款160000元。后双方感情破裂，于2022年8月终止同居关系。张某起诉主张赵某返还80%彩礼，共计128000元。

【裁判结果】

审理法院认为，双方自2019年2月起即共同生活并按民间习俗举行了婚礼，双方在共同生活期间生育一子，现已年满2周岁，且共同生活期间必然因日常消费及生育、抚养孩子产生相关费用，若在以夫妻名义共同生活数年且已共同养育子女2年后仍要求返还彩礼，对赵某明显不公平，故判决驳回张某的诉讼请求。

【典型意义】

习近平总书记强调指出，家庭是社会的基本细胞，是人生的第一所学校。不论时代发生多大变化，不论生活格局发生多大变化，我们都要重视家庭建设，注重家庭、注重家教、注重家风。民法典规定，家庭应当树立优良家风，弘扬家庭美德，重视家庭文明建设；保护妇女、未成年人、老年人、残疾人的合法权益。人民法院在审理涉及彩礼纠纷案件中要坚决贯彻落实习近平总书记关于家庭家教家风建设的重要论述精神和民法典的相关规定。《最高人民法院关于适用〈中华人民共和国民法典〉婚姻家庭编的解释（一）》第五条关于未办理结婚登记手续应返还彩礼的规定，应当限于未共同生活的情形。已经共同生活的双方因未办理结婚登记手续不具有法律上的夫妻权利义务关系，但在审理彩礼返还纠纷时，不应当忽视共同生活的"夫妻之实"。该共同生活的事实不仅承载着给付彩礼一方的重要目的，也会对女性身心健康产生一定程度的影响，尤其是在孕育子女等情况下。如果仅因未办理结婚登记而要求接受彩礼一方全部返还，有违公平原则，也不利于保护妇女合法权益。本案中，双方当事人虽未办理结婚登记，但按照当地习俗举办了婚礼，双方以夫妻名义共同生活三年有余，且已生育一子。本案判决符合当地风俗习惯，平衡各方当事人利益，特别体现了对妇女合法权益的保护。

三、已办理结婚登记，仅有短暂同居经历尚未形成稳定共同生活的，应扣除共同消费等费用后返还部分彩礼——刘某与朱某婚约财产纠纷案

【基本案情】

刘某与朱某（女）2020年7月确立恋爱关系，2020年9月登记结婚。刘某于结婚当月向朱某银行账户转账一笔80万元并附言为"彩礼"，转账一笔26万元并附言为"五金"。双方分别在不同省份的城市工作生活。后因筹备举办婚礼等事宜发生纠纷，双方于2020年11月协议离婚，婚姻关系存续不到三个月。婚后未生育子女，无共同财产，无共同债权债务。双方曾短暂同居，并因筹备婚宴、拍婚纱照、共同旅游、亲友相互往来等发生部分费用。离婚后，因彩礼返还问题发生争议，刘某起诉请求朱某返还彩礼106万元。

【裁判结果】

审理法院认为，彩礼是男女双方在缔结婚姻时一方依据习俗向另一方给付的钱物。关于案涉款项的性质，除已明确注明为彩礼的80万元款项外，备注为"五金"的26万元亦符合婚礼习俗中对于彩礼的一般认知，也应当认定为彩礼。关于共同生活的认定，双方虽然已经办理结婚登记，但从后续拍摄婚纱照、筹备婚宴的情况看，双方仍在按照习俗举办婚礼仪式的过程中。双方当事人婚姻关系仅存续不到三个月，期间双方工作、生活在不同的城市，对于后续如何工作、居住、生活未形成一致的规划。双方虽有短暂同居经历，但尚未形成完整的家庭共同体和稳定的生活状态，不能认定为已经有稳定的共同生活。鉴于双方已经登记结婚，且刘某支付彩礼后双方有共同筹备婚礼仪式、共同旅游、亲友相互往来等共同开销的情况，对该部分费用予以扣减。据此，法院酌情认定返还彩礼80万元。

【典型意义】

涉彩礼返还纠纷中，不论是已办理结婚登记还是未办理结婚登记的情况，在确定是否返还以及返还的具体比例时，共同生活时间均是重要的考量因素。但是，案件情况千差万别，对何谓"共同生活"，很难明确规定统一的标准，而应当具体情况具体分析。本案中，双方婚姻关系存续时间短，登记结婚后仍在筹备婚礼过程中，双方对于后续如何工作、居住、生活未形成一致的规划，未形成完整的家庭共同体和稳定的生活状态，不宜认定为已经共同生活。但是，考虑到办理结婚登记以及短暂同居经历对女方的影响、双方存在共同消费、彩礼数额过高等因素，判决酌情返还大部分彩礼，能够妥善平衡双方利益。

四、婚约财产纠纷中，接受彩礼的婚约方父母可作为共同被告——张某某与赵某某、赵某、王某婚约财产纠纷案

【基本案情】

张某某与赵某某（女）经人介绍认识，双方于2022年4月定亲。张某某给付赵某某父母赵某和王某定亲礼36600元；2022年9月张某某向赵某某银行账户转账彩礼136600元。赵某某等购置价值1120元的嫁妆并放置在张某某处。双方未办理结婚登记，未举行结婚仪式。2022年9月，双方解除婚约后因彩礼返还问题发生争议，张某某起诉请求赵某某及其父母赵某、王某共同返还彩礼173200元。

【裁判结果】

审理法院认为，双方未办理结婚登记，现有证据不足以证明张某某与赵某某持续、稳定地共同生活，张某某不存在明显过错，但在案证据也能证实赵某某为缔结婚姻亦有付出的事实，故案涉定亲礼、彩礼在扣除嫁妆后应予适当返还。关于赵某、王某是否系本案适格被告的问题，审理法院认为，关于案涉彩礼136600元，系张某某以转账方式直接给付赵某某，应由赵某某承担返还责任，扣除嫁妆后，酌定返还121820元；关于案涉定亲礼36600元，系赵某某与其父母共同接收，应由赵某某、赵某、王某承担返还责任，酌定返还32940元。

【典型意义】

《民法典》第十条规定，处理民事纠纷，应当依照法律；法律没有规定的，可以适用习惯，但是不得违背公序良俗。法律没有就彩礼问题予以规定，人民法院应当在不违背公序良俗的情况下按照习惯处理涉彩礼纠纷。根据中国传统习俗，缔结婚约的过程中，一般是由男女双方父母在亲朋、媒人等见证下共同协商、共同参与完成彩礼的给付。因此，在确定诉讼当事人时，亦应当考虑习惯做法。当然，各地区、各家庭情况千差万别，彩礼接收人以及对该笔款项如何使用，情况非常复杂，既有婚约当事人直接接收的，也有婚约当事人父母接收的；彩礼的去向也呈现不同样态，既有接收一方将彩礼作为嫁妆一部分返还的，也有全部返回给婚约当事人作为新家庭生活启动资金的，还有的由接收彩礼一方父母另作他用。如果婚约当事人一方的父母接收彩礼的，可视为与其子女的共同行为，在婚约财产纠纷诉讼中，将婚约一方及父母共同列为当事人，符合习惯，也有利于查明彩礼数额、彩礼实际使用情况等案件事实，从而依法作出裁判。

五、短期内多次"闪婚"并收取高额彩礼，可以认定以彩礼为名借婚姻索取财物——赵某诉孙某离婚纠纷案

【基本案情】

2020年10月，赵某（男）与孙某经人介绍相识，同月双方登记结婚。赵某向孙某给付彩礼8.6万元，婚后未生育子女。2021年6月，赵某提起本案诉讼，主张孙某将婚姻作为获取财物的手段，请求判决双方离婚，由孙某返还全部彩礼，主要理由是：婚后孙某主要在娘家居住，双方共同生活时间不超过一个月，期间因孙某一直主张身体不适无夫妻之实，双方还经常因孙某索要财物一事发生矛盾，2021年3月再次为此事争吵后，孙某回娘家不再与其联系。

经法院查明，近4年内，孙某另外还有两段婚姻，均是与男方认识较短时间后便登记结婚，分别接收彩礼8万元、18万元。在两段婚姻所涉离婚诉讼中，男方均提到双方婚后不久即因钱财问题发生矛盾，之后孙某就回娘家居住，没有夫妻生活。

【裁判结果】

审理法院认为，根据已查明的事实及当事人陈述，孙某在四年内就已涉及三起离婚纠纷，结婚仓促，婚姻关系维系时间短，且男方均表示，孙某收取了较高数额的彩礼，婚后双方只有夫妻之名，孙某在双方发生矛盾后即回娘家居住，没有继续与男方共同生活的意思表示。综合全部在案证据，可以认定孙某的行为属于以彩礼为名借婚姻索取财物。故判令解除婚姻关系，由孙某返还全部彩礼8.6万元。

【典型意义】

根据《最高人民法院关于审理涉彩礼纠纷案件适用法律若干问题的规定》第二条规定，一方以彩礼为名借婚姻索取财物，另一方请求返还的，人民法院应予支持。给付彩礼的目的除了办理结婚登记这一法定形式要件外，更重要的是双方形成长期、稳定的共同生活状态。本案中，虽然孙某已与赵某办理结婚登记，但婚姻关系存续时间较短，且孙某主要在娘家居住，双方未能形成长期、稳定的共同生活状态。同时，结合双方经常因孙某索要钱财发生争吵以及孙某之前所涉两次离婚纠纷的具体情况，人民法院认定其有通过婚姻索取财物的行为，判令其全额返还彩礼，再次明确禁止借婚姻索取财物的司法态度，维护正常的婚恋秩序。

六、一方基于索取财物目的与另一方建立恋爱关系、作出结婚承诺，可以认定为借婚姻索取财物——王某诉李某婚约财产纠纷案

【基本案情】

2023年6月，王某（男）与李某通过微信相亲群相识。同月下旬，李某向王某

表达交往意愿，并提出在共同生活和办理结婚登记之前王某要给其25万元，王某表示同意，双方遂建立恋爱关系。自2023年6月至2024年2月，李某多次以支付房屋租金、买首饰及其他生活消费为由，向王某索取12万余元。期间，双方一直异地生活，主要通过微信联络，李某主动与王某联系几乎均以索要钱款为目的，其余时间则以工作忙碌等为由拒接、忽视王某的电话，且其从未回赠过王某财物。因自2024年2月起李某拒接王某电话，对王某的领证提议采取推脱、逃避的态度，并多次表示"给够钱才领证"，双方产生隔阂，王某提起本案诉讼，请求李某返还所得钱款12万余元。李某抗辩称，王某在恋爱中自愿赠与的财物不应返还。

【裁判结果】

审理法院认为，恋爱中的赠与是指男女双方为增进感情，主动、自愿赠与对方财物以表心意，且通常为互相赠与，若日后双方未结婚，赠与的财物一般无须返还。借婚姻索取财物则是一方为取得财物而与另一方建立恋爱关系、作出结婚承诺，给付一方通常是被迫而非自愿赠与财物。本案中，结合双方交往真实意图、给付财物态度、相处模式及感情状况等事实可以看出，李某对双方的感情持漠然态度，其与王某建立恋爱关系是为了利用王某对结婚的期待索要财物从而满足物质需求，李某的行为构成借婚姻索取财物。李某应将王某给付的钱款全部返还。故判令李某返还全部12万余元。

【典型意义】

本案中，李某在此段关系中名为恋爱、实为索财，其仅在有物质需要时才与王某联系。同时，李某虽表示可以结婚，但明确表示"给够钱才领证"，索取财物意图明显。尽管李某索要的单笔款项价值不大，但不能将王某的赠与行为视为正常恋爱中的赠与，而是认定李某借婚姻索取财物，按照《最高人民法院关于审理涉彩礼纠纷案件适用法律若干问题的规定》第二条规定，李某应全部返还。

七、婚介机构以保证"闪婚"为名收取高额服务费，应结合合同履行情况返还部分费用——林某诉某婚介公司服务合同纠纷案

【基本案情】

某婚介公司的广告宣传中有提供"闪婚"服务等内容。2024年1月15日，该婚介公司向林某（男）发送了赵某的个人信息。2024年1月18日，林某与该婚介公司签订《（男方）婚姻介绍服务合同》后支付服务费17万元。2024年1月19日，林某与赵某登记结婚。后双方因发生矛盾，于2024年2月29日经法院调解离婚，赵某退还了彩礼。期间，双方未共同居住。林某遂提起本案诉讼，主张因服务合同目的无法实现，请求由婚介机构返还全部服务费17万元。

【裁判结果】

审理法院认为，婚介机构作为特殊的服务行业机构，应当秉承诚实信用的服务理念为委托人提供服务，严格遵守行业规范，妥善履行合同义务。本案中，婚介机

构在提供婚介服务过程中没有充分评估双方感情基础，未能妥当履行合同义务，反而以提供"闪婚"服务为名借机收取高额服务费。但考虑到婚介机构提供婚姻信息、陪同必然产生一定费用，林某对赵某缺乏了解就匆匆结婚，自身也存在过错，酌情考虑扣除2万元劳务费等合理费用，判令婚介公司返还服务费15万元。

【典型意义】

现实生活中，婚介机构为未婚男女牵线搭桥，成就美好姻缘，本是好事，适当收取服务费亦不违反法律规定。但如利用未婚男女急于寻找佳偶的心理，以提供"闪婚"的中介服务为名收取高额服务费，则该行为违反了婚介服务的应有之义，与社会主义核心价值观相悖。"闪婚"当事人因婚前缺乏深入了解，感情基础不牢，容易"闪离"。在此情况下，当事人主张高额服务费应予返还的，人民法院可以结合婚介机构履行合同情况、当事人离婚原因等因素，认定具体返还金额。

八、因彩礼给付方隐瞒自身重大疾病导致未办理结婚登记的，应考虑其过错情况对彩礼返还数额予以酌减——吴某诉刘某婚约财产纠纷案

【基本案情】

2023年8月，吴某（男）与刘某举行订婚仪式，给付彩礼22.8万元。后因刘某发现吴某隐瞒患有重大疾病导致不能生育的情况，未再办理结婚登记。双方没有共同生活过。吴某遂提起本案诉讼，请求刘某返还全部彩礼22.8万元。

【裁判结果】

审理法院认为，双方未办理结婚登记且未共同生活，符合法律规定的返还全部彩礼的法定情形，但因吴某向刘某隐瞒了自身存在重大疾病导致不能生育的情况，其对未办理结婚登记这一结果存在过错，应对返还彩礼数额予以酌减。经法院调解，刘某酌情向吴某返还彩礼20万元，吴某撤回起诉。

【典型意义】

双方未办理结婚登记且未共同生活时，彩礼给付方要求返还全部彩礼的，人民法院一般应予支持。但本案中，双方未办理结婚登记系因吴某向刘某隐瞒其身患重大疾病导致，吴某存在过错，在处理相关纠纷时应对该情形予以考虑。经人民法院调解，对刘某返还彩礼数额予以适当酌减，体现了对双方当事人利益的平等保护。

图书在版编目（CIP）数据

中华人民共和国民法典：专业实务版：含新司法解释及典型案例 / 中国法治出版社编. -- 北京：中国法治出版社，2025.3. --（法律法规专业实务版系列）.
ISBN 978-7-5216-4982-6

Ⅰ.D923

中国国家版本馆 CIP 数据核字第 2025ZK3297 号

责任编辑：秦智贤　　　　　　　　　　　　　　封面设计：杨鑫宇

中华人民共和国民法典：专业实务版：含新司法解释及典型案例
ZHONGHUA RENMIN GONGHEGUO MINFADIAN：ZHUANYE SHIWUBAN：HAN XIN SIFA JIESHI JI DIANXING ANLI

经销/新华书店
印刷/三河市国英印务有限公司
开本/880 毫米×1230 毫米 32 开　　　　　印张/ 16.25　字数/ 434 千
版次/2025 年 3 月第 1 版　　　　　　　　　2025 年 3 月第 1 次印刷

中国法治出版社出版
书号 ISBN 978-7-5216-4982-6　　　　　　　　　　　定价：48.00 元

北京市西城区西便门西里甲 16 号西便门办公区
邮政编码：100053　　　　　　　　　　　　传真：010-63141600
网址：http://www.zgfzs.com　　　　　　　编辑部电话：010-63141798
市场营销部电话：010-63141612　　　　　　印务部电话：010-63141606

（如有印装质量问题，请与本社印务部联系。）